KB014704

기후변화와 탄소중립

기후변화와 탄소중립

Climate Change and Carbon Neutrality

조명래 · 송동수 · 윤종원 · 김정인 · 이소라 · 변병설 ·
독고석 · 하미나 · 추장민 · 문태훈 · 이재영 · 이태동 지음

한울
아카데미

차례

탄소중립, 어떻게 할 것인가?

녹색전환을 통한 탄소중립

조명래 | 단국대학교 석좌교수, 제18대 환경부 장관

탄소중립은 배출하는 탄소의 양과 흡수·제거하는 탄소의 양을 같게 하여 남는 탄소량을 '제로(0)'로 만드는 것을 의미한다. 다분히 공학적이고 기술적인 문제로 여겨질 수 있지만 '왜, 탄소중립인가, 탄소중립을 어떻게 할까'를 질문해 보면, 탄소중립의 문제는 결코 간단치 않다. 탄소중립을 해야 하는 까닭은 달아오르는 지구 표면의 온도를 멈추게 하기 위한 것이다. 지구의 역사는 지구의 온도가 늘 오르고 내리고 했음을 보여 준다. 하지만 인류는 지난 500만 년 동안 산업화(1850~1900년) 이전과 견주어 2℃ 이상 오른 기후 환경에서 살아 본 적이 없다. 2021년까지 1.09℃가 올랐으니 2℃가 오를 시점이 더 가까워지고 있음이 분명하다. 1.5℃가 오르면 2.0℃ 상승은 금방이다. 하지만 1.5℃와 2.0℃는 지구의 기후 환경은 물론 인간의 사회경제적 삶에 끼치는 영향이 현저히 다르다. 예를 들어 1.5℃ 오른 이후에는 50년 빈도의 폭염이 8.4배 더 잦아질 전망이다. 세계 인구의 40%가 거주하는 적도 지역은 생존 한계 온도(습구온도 35℃)에 도달해 더 이상 살 수 없는 곳이 된다. 기후변화는 기후 리스크로 돌변하여 세계경제의 천문학적 비용(세계 GDP 10~20%)으로 다가온다. 기후변화에 대한 급제동이 전에 없이 요구되고 있다. 2018년 인천 송도에서 열린 기후변화에 관한 정부 간 협의체(IPCC) 총회에서 "1.5℃ 상승 제한을 위해 2050년까지 탄소중립을 해야 한다"는 내용의 '1.5℃ 특별보고서'가 채택된 것은 이러한 절박성을 반영한 것이다. 2021년 'IPCC 제1실무그룹의 평가보고서'는 1.5℃ 상승 시점이 2040년 이전이 될 것으로 수정·예측하고 있어 탄소중립의 시점도 더 앞당겨져야 한다는 목소리가 점차 커지고 있다.

탄소중립을 어떻게 할 것인가? 탄소 배출을 하지 않으면 된다. 그러나 탄소 배출을 멈춘다는 것은 화석연료 기반의 현대 문명 시스템을 멈추게 하는 것과 같다. 당장 우리는 철강 생산을 멈추어야 하고 자동차를 타지 말아야 하며 플라스틱 제품을 쓰지 말아야 한다. 그렇게 하자고 주장할 수 있을지는 모르지만 실행으로 바로 옮길 수는 없다. 탄소중립은 탄소의 배출량과 흡수량을 똑같이 하는 '기술적 문제'가 아니다. 탄소중립이 이루어지는 시스템의 구축, 즉 화석연료 기반의 생산과 소비 시스템 그리고 이를 뒷받침하는 정치·경제 시스템을 바꾸는 문제다. 특히 탄소 배출의 하드웨어를 바꾸는 게 아니라 이 하드웨어를 작동시키는 소프트웨어를 바꾸는 게 더 중요하다. 탄소중립의 딜레마는 바로 여기에 있다. 기후변화라는 문제는 전형적인 '공유지의 비극' 문제를 닮아 있다. 목동들이 방목 가축 수를 경쟁적으로 늘리면서, 공동 초지가 끝내 거덜 나는 현상이 공유지의 비극이다. 산업화 과정에서 많은 나라들이 땅에 묻힌 화석연료를 마구잡이로 캐내 쓴 다음 엄청난 양의 노폐물(탄소)을 그냥 내다 버린 결과 기후가 거덜 나게 된 것이다. 기후변화의 문제를 해결하기 위해서는 공유지의 비극이 되는 '외부 불경제(exteral diseconomy)'의 문제를 풀어야 한다. 탄소중립을 위한 시스템의 구축은 바로 탄소중립의 비용과 책임을 내부화하는 시스템의 구축을 말한다.

탄소중립은 에너지 전환, 산업 전환, 모빌리티 전환, 도시 전환, 생태 전환, 라이프 스타일 전환 등의 합으로 이루어진다. 이 합은 곧 '녹색전환'을 말한다. 탄소중립은 그 자체가 목적이 아니라 탄소중립을 지렛대로 하여 '고탄소·기후위기 사회'를 '탈탄소·기후회복탄력 사회'로의 전환, 즉 녹색전환을 이끌어 내는 것이 목적이다. 탄소중립을 위한 시스템의 구축은 에너지, 산업, 모빌리티, 도시, 생태, 라이프 스타일 부문에서 시스템적 전환의 합으로서 전체 사회가 녹색전환되는 것으로 이루어져야 한다. 그러나 탄소중립을 위한 시스템의 구축 혹은 녹색전환은 기득권자들의 이익 침해를 불가피하게 하여 탄소중립의 정치화(혹은 정쟁화)를 불러온다. '비용의 문제'에 더해 '정쟁(정치)의 문제'가 더해지면서 탄소중립은 그 시급성에도 불구하고 현실에서 작동(作動)에 어려움을 겪고 있다. 작금의 세계 상황이 이러하고, 한국 상황도 마찬가지다.

탄소중립을 할 수 있는 시스템의 구축 혹은 시스템으로의 전환이 탄소중립의 올바른 길이고 방도라면, 우리는 이를 크게 3가지 관점에서 바라보고 접근해야 한다. 첫째, 시스템 전환은 비용을 발생시키며, 이것의 내부화가 이루어질 수 있는 제도 기반의 구축이 선행적으로 이루어져야 한다. 탄소 비용의 내부화는 동시에 책임의 내부화를 뜻한다. 이는 개인, 기업, 국가 모두에게 적용되는 것이다. 탄소세의 부담, ESG 책임 경영, 그린뉴딜을 위한 대규모 재정 투입, 모두 기후 비용(예: 탄소 비용)을 개인, 기업, 국가가 각각 내부화하는 것에 해당한다. 둘째, 탄소중립을 위한 시스템으로 전환하기 위한 비용의 지불은 전환 편익을 위한 선지급, 즉 사회적 투자 비용으로 간주되어야 한다. 탄소중립 시대, 우리의 고탄소 산업구조는 바뀌지 않으면 그 자체로 엄청난 부채의 '자초 좌산'으로 전락해 국가 경쟁력을 급격히 약화시킬 것이다. 반면 재정 투입 등을 통한 '탄소중립을 위한 산업 전환'은 탈탄소 혹은 저탄소 산업 생태계를 만들어 새로운 성장 동력과 일자리를 만들어 낼 것이다. 셋째, 탄소중립을 위한 시스템 전환은 장기적인 접근을 필요로 한다. 한국의 경우, 2050 탄소중립 목표의 달성은 정권이 최소한 다섯 차례 바뀐 뒤가 된다. 30여 년을 내다보면서 단기·중기·장기로 나누어 단계별로 추진하되, 최종적으로 시스템 수준의 녹색전환이 이루어지는 방식으로 추진되어야 한다.

탄소중립은 정파적으로 접근해서는 안 되고, 또한 기득권 세력의 단기적 이익의 관점으로 접근해서는 아니 된다. 국가 사회의 새로운 생태 환경적 미래를 여는, 그러면서 지구 공동체의 기후 탄력성을 회복하는 책임과 의무로 탄소중립을 해석하고 풀어 가야 한다. 유럽연합(EU) 의회는 '탄소 마이너스'를 2050 탄소중립 이후의 과제로 이미 설정하고 있다. 그러면서 EU 주도의 글로벌 탄소 통상의 레짐 구축을 주도하고 있다. 여기에는 독일 주도의 '기후 클럽' 구성도 포함되어 있다. EU의 그린딜은 이러한 목표를 달성하기 위한 혁신적인 투자 정책이다. 이는 부상하는 글로벌 탄소 통상의 레짐 아래 (미국과 중국을 견제하면서) 패권을 잡기 위한 의도도 깔고 있다. 탄소중립은 이젠 글로벌 정치의 프레임이자 동시에 콘텐츠가 되고 있다.

탄소중립을 어떻게 하느냐는 일국의 미래까지 좌우할 것으로 보인다. 특히 탄소중립이 장기적으로 비용과 편익 중 어느 쪽을 크게 하는 것으로 귀결될지는 '탄소중립을 어떻게 인식하고 어떻게 추진하느냐'에 달려 있다. 한국의 경우 '강 기술적 시나리오'와 '약 기술적 시나리오'를 비교했을 때, 전자 즉 적극적인 탄소중립이, 후자 즉 소극적인 탄소중립에 비해 GDP에 대한 '플러스' 요인을 더 크게 한다는 것이 한 국책 연구기관의 연구 결과다. '어떻게 하느냐'를 가늠하는 핵심 변수는 '기술', '재정', '정책' 3가지다. 현실적으로 보면, 탄소중립의 가능성은 탈탄소 미래 기술(예: 에너지 부문에서 '그린수소'의 생산 기술, 철강 부문에서 '수소환원제철', 탄소 포집기술 등)의 활용(실용화) 정도에 달려 있다. 기술의 활용 가능성은 국가가 '재정 투입' 등을 통해 기술 인프라를 사회적으로 어떻게 만들어 내느냐에 달려 있다. 나아가 이는 정부가 중·장기적으로 추진할 탄소중립을 위한 정책을 어떻게 가져가느냐에 달려 있다. 유럽의 그린딜은 중·장기적 탄소중립을 위한 개혁 정책의 한 전형을 보여 준다. 하지만 기술, 재정, 정책은 탄소중립을 위한 사회 기술적 변수에 불과하다. 보다 중요한 변수는 '전환적 리더십', '탄소중립의 (기본) 권리화', '사회적 합의', '국민의 참여 및 자발적 실천' 등이다. 기후 민주주의와 기후 정의는 '모두를 위한 탄소중립'의 최종 결과물이지만, 이는 '리더십', '권리', '합의', '실천' 등 탄소중립의 소프트웨어가 잘 작동할 때 담보될 수 있는 것이다.

이 책은 탄소중립을 어떻게 할 것인가에 대한 질문에 답하기 위해 만들어졌다. 2020년 정부는 탄소중립을 선언하고 2021년 탄소중립·녹색성장 기본법을 제정하면서 탄소중립의 제도 기반을 마련했지만 2022년의 정권 교체는 장기적 실행에 대한 전망을 어둡게 한다. 국가와 지구의 미래를 위한, 그러면서 우리 모두를 위한 탄소중립에 대한 국가적·국민적 믿음이 다시 한 번 요청되고 있다. 탄소중립을 왜 하느냐를 질문하기보다, 탄소중립을 어떻게 할 것인가를 새롭게 질문하면서 한 걸음 더 나아가는 정책의 모색이 필요하다는 뜻이기도 하다. 탄소중립에 대한 본원적 문제 제기와 추진 방법론에 대해 모두가 만족할 답을 주는 데는 한계가 있을지 모르지만, 이 책은 이러한 의도로 편집된 것이다. 동시에 탄소중립을 연구하는 학도들이 탄소중립 정책을 이해하고 심화 전공을 찾는 데 길라잡이가 될 교과서로서의 용도도 이 책이 의도하는 것이다. 실제 2022년 국내 최초로 단국대학교 행정법무대학원에 '탄소중립학과'가 개설되면서 전공 학도들을 위한 입문서로서 이 책의 출간이 최초 기획되었다.

탄소중립에 관한 현재의 논의는 2가지 경향을 가지고 있다. 첫째는 2050년 탄소중립을 말하면서 대개 당장 혹은 단기적으로 해야 할 과제 중심으로 논의되는 것이고, 둘째는 핵심 배출원(에너지, 산업, 수송, 건축, 폐기물, 농수산, 흡수 등)에 대한 감축방안 중심으로 논의되는 것이다. 전자와 관련해서는 '2030년 국가 감축목표'(NDC, 2018년 대비 2030년 배출량 40% 감축)의 달성은 2050년 탄소중립 목표 달성에 이르는 경로상 가장 중요한 첫 기착지이자 경유지다. 이 첫 목표지에 어떻게 다다르냐에 따라 이후의 2050 탄소중립 목표 달성의 가능성으로부터 방법 등이 모두 달라진다. 후자와 관련해서, '2050 탄소중립'은 2018년 대비 2050년 탄소배출량을 83.9~88.9%를 줄이고 남는 것은 흡수·제거하는 방식으로 이루어지기 때문에 배출원별 감축량 목표를 실제 어떻게 달성하느냐가 자연히 최대의 관심거리가 되고 있다. 이 책의 구성도 이러한 경향을 따르고 있지만, 장의 편성은 탄소중립을 위한 정책 형성(policy-making)의 흐름, 즉 '정책 틀·목표의 설정 → 분야별 주요 (감축)시책 추진 → 지원 체계의 강구'의 흐름에 맞춰져 있다. '제1장 기후변화와 탄소중립'이 기후변화와 탄소중립의 관계에 관한 개관을 통해 개별 장에서 전개될 논쟁점들을 제시한다면, '제2장 탄소중립을 위한 법'은 탄소중립의 법제도적·정책적 배경과 맥락을 그린다. '제3장 탄소중립을 위한 에너지 전환', '제4장 산업 전환: 기업 전환, 녹색경영, 녹색금융', '제5장 탄소중립을 위한 자원순환경제', '제6장 탄소중립과 도시계획'은 온실가스 감축의 문제를 주로 다룬다. 반면 '제7장 생태계 보전과 탄소 흡수', '제8장 기후변화와 건강', '제9장 기후변화 취약성과 기후 정의'는 기후변화에 대한 적응과 함께 기후 탄력성 회복의 문제를 다룬다. 끝으로 '제10장 탄소중립을 위한 지방자치단체의 역할과 과제', '제11장 기후위기와 교육의 생태적 전환', '제12장 그린뉴딜의 비교 정치'는 탄소중립의 실행 및 지원 체제에 관한 것을 다룬다. 각 장별 내용과 논점을 좀 더 자세히 살펴보면 다음과 같다.

제1장 기후변화와 탄소중립(조명래)은 기후변화의 개념과 역사, 온난화에서 행성적 한계로 나타나는 기후변화의 양상과 결과 등을 살펴보면서, 탄소중립의 개념, 당위성, 원리, 추진 체계 및 방법 등을 개관하고 있다. 탄소중립은 기후변화 대응의 한 방법에 해당한다. 기후변화 정책은 그동안 글로벌 협약 체제 내에서 '(온실가스 배출) 저감과 (기후변화에 대한) 적응' 중심으로 추진되어 왔지만 이른바 '무임승차'의 문제(공유지의 비극 문제)를 안고 있다. 탄소중립은 이러한 문제를 어떻게 극복할 것인가? 이에 대한 답으로 이 장은 사회의 모든 주체들이 기후 비용과 책임을 (자발적으로) 내부화하면서 탄소 배출을 줄일 수 있는 시스템을 부문별로 만들어 가는 전환적 탄소중립 정책을 제안하고 있다.

제2장 탄소중립을 위한 법(송동수)은 탄소중립의 개념 설명과 함께 이 실행을 제도화하는 탄소중립의 법제를 소개하고 있다. 한국은 2021년 세계에서 열네 번째로 「탄소중립기본법」(정식 명칭 「기후위기 대응을 위한 탄소중립·녹색성장 기본법」)을 제정했다. 「탄소중립기본법」은 탄소중립 정책의 틀과 골격을 제공하면서 동시에 탄소중립의 지원체계 역할을 한다. 그래서 「탄소중립기본법」을 보면 탄소중립을 어떻게 해야 하는지가 전반적으로 그려진다. 「탄소중립기본법」은 국가 목표 및 전략 수립, 거버넌스, 계획 체계, 시책 과제, 지원 체제, 녹색성장 지원 등에 관한 장과 조항들로 편성되어 있다. 탄소중립의 올바른 실행을 뒷받침하기 위해서는 부문별 관련 개별법(예: 에너지 관련 법, 도시계획 관련 법 등)들이 제·개정되어야 한다.

제3장 탄소중립을 위한 에너지 전환(윤종원)은 탄소중립에서 핵심인 에너지 전환의 문제를 다룬다. 기후변화는 화석연료 사용에서 연유한 온실가스(특히 이산화탄소)의 누적적 배출에 의한 것이다. 따라서 화석 에너지를 청정 연료인 신재생 에너지로 바꾸는 것이 탄소중립의 핵심이면서 가장 힘든 과제에 해당

한다. 일상에서 필요한 에너지의 대부분(80% 이상)은 앞으로 '전기화(전력화)' 해야 한다. 이를 위해서는 발전 용량을 현재보다 2.5배 이상 늘리되, 필요한 에너지의 70~80%는 재생 가능 에너지로 공급해야 한다. 이와 함께 에너지 공급 시스템을 '로컬 분산적 시스템'으로 바꾸고, 에너지 효율화와 저렴화(재생 가능 에너지 한계비용의 제로화)를 위한 에너지 신기술들(예: 그린수소 생산 기술, 에너지 저장 기술, 마이크로 그리드 기술 등)을 확보해야 한다. 무엇보다 국민 개개인이 '에너지 소비자'에서 '에너지 프로슈머(prosumer)'로 바뀌어야 한다.

제4장 산업 전환: 기업 전환, 녹색경영, 녹색금융(김정인)은 탄소중립의 성공을 좌우하는 산업의 녹색전환에 관한 방법을 다룬다. 산업 부문은 전환 부문을 포함하면 전체 온실가스의 73%, 전기나 열 사용에 따른 간접 배출을 포함하면 54%를 차지한다. 산업의 녹색전환은 철강, 석유화학, 자동차, 반도체, 시멘트 등의 분야에서 원·연료의 탈탄소화, 공정(공급체인 포함)과 제품의 탈탄소화에 의해 좌우된다. 이는 녹색경영 혹은 ESG 경영을 통해 탄소 가격을 내부화하면서 이를 새로운 비즈니스 모델로 만들어 가는 기업 전환과 함께 추진되어야 한다. 전환 관련 기술 및 비용의 문제는 정부의 지원 정책(예: R&D 지원, 녹색금융 등)으로 함께 풀어 가야 한다. 전환의 비용을 전환의 편익으로 만들어 내기 위해 산업 전환은 '경쟁력 있는 녹색산업 생태계'를 만들어 내는 것으로 추진되어야 한다.

제5장 탄소중립을 위한 자원순환경제(이소라)는 자원순환경제 구축을 통한 탄소중립을 실현하기 위한 정책 방안을 논의하고 있다. 자원을 추출하고 가공하는 과정에서 전체 온실가스 배출량의 50%가 발생한다. 따라서 신규 자원의 채취와 생산을 최소화하고 폐기되는 자원의 재사용, 새 사용, 재활용을 늘려 (즉, 제품의 순환 주기를 늘리고 소각 매립을 줄여) 온실가스 배출을 줄여야 한

다. 순환경제란 경제계에 투입된 물질을 폐기하지 않고 생산단계에 다시 투입하여 자원의 가치를 최대한 지속시키고 폐기물 발생을 최소화하는 경제 시스템을 말한다. (사업장의) 직접 배출에 대한 한계저감 비용이 커지자 물질 흐름과 관련된 간접 배출이 감축 관리의 새로운 영역으로 주목받으면서 선형경제에서 순환경제로의 전환이 탄소중립의 한 방편이 되었다.

제6장 탄소중립과 도시계획(변병설)은 도시 전환을 통한 탄소중립의 가능성과 도시계획적 방안을 모색하고 있다. 도시는 지표면의 2%에 불과하지만 세계 GDP의 80%, 에너지 소비의 66%, 탄소 배출의 75%를 차지하고 있다. 지금도 세계 도시는 매일 뉴욕의 맨해튼 면적만큼 늘고 있다. 도시 전환 없이 탄소중립은 불가능하다. 직주 근접을 위한 (에너지 사용을 줄이는) 혼합적 토지 이용 및 콤팩트 도시 구조로의 재편, 건축물의 에너지 효율화 및 탈탄소화(패시브 하우스, 액티브 하우스), 교통 수단 및 체계의 탈탄소화(전기차·수소차의 보급 확대, 충전 시설의 확충 등), 에너지 및 자원 순환체제의 구축(에너지 자립마을 조성, 폐기물 재활용·재사용률의 제고 등), 물 순환의 회복, 도시 숲(산림) 및 습지 조성 등으로 도시의 기후 탄력성 제고 등이 탄소중립을 위한 도시 전환의 과제들이다.

제7장 생태계 보전과 탄소 흡수(독고석)는 기후 영향의 생태학적 역학을 설명하면서 취약성과 회복력이 강한 지역들이 기후 변화에 능동적으로 대처할 수 있는 관리 방안과 기법을 소개하고 있다. 특히 온실가스를 포집·저장·활용할 수 있는 기술(예: CCS, CCUS, DAC, e-fuel 등)과 기법(예: 산림과 습지 조성, 건폐지의 개방 등)의 개발과 활용을 중요하게 다루고 있다. 이 분야는 탄소중립 관련 기술 R&D나 정책 개발의 블루 오션에 해당한다. 탄소중립은 탄소 순 배출을 제로화하는 것으로 끝나는 게 아니라, 기후환경 변화에 탄력적으로 적

응하면서 생물다양성 보전을 위한 지구 생태계의 복원, 생태 순환과 동조하는 사회 시스템의 구축으로까지 이어져야 한다.

제8장 기후변화와 건강(하미나)은 지구의 기후 환경과 생물의 한 종으로서 사람의 건강은 서로 연결되어 있음을 전제로 기후변화의 올바른 대응이 기후 건강 개선이라는 공편익(co-benefit)을 담보하는 것임을 주장한다. 예를 들어 온실가스 배출을 감축하는 여러 정책은 지구온난화를 완화할 뿐 아니라, 그 자체로 건강에도 이롭다. 에너지 시스템과 수송 체계의 녹색전환, 육식 기반의 식품 생산과 소비 체계의 식물 기반으로 전환하는 것은 대기오염과 미세먼지의 노출을 줄이고, 신체활동 수준을 높이며, 영양 불균형을 줄인다. 하지만 이 장은 온실가스 감축에서 출발하기보다 기후 건강의 대응이란 관점(적응의 관점)에서 시작하여, 기후변화에 탄력적으로 대응하는 생태 환경의 조성을 통한 건강의 보전(자연 기반 건강의 보전)을 도모하는 다양한 정책 방안을 논구하는 데 역점을 두고 있다.

제9장 기후변화 취약성과 기후 정의(추장민)는 기후 취약성에 대한 엄밀한 정의와 이를 기초로 기후 불평등, 나아가 환경정의 개념의 확장으로 기후 정의를 각각 규정한 후, 기후 정의를 구현하기 위한 정책 방안을 '절차적 정의, 분배적 정의, 교정적 정의'의 범주로 나누어 살펴보고 있다. "지구상의 인구 20%가 80%의 탄소를 배출하는 반면, 배출하지 않는 80% 인구는 기후변화의 피해에 대해 배출하는 인구 20%보다 상대적으로 더 많이 노출되어 있다." 기후 정의가 어떠해야 함을 보여 주는 예다. 기후 정의는 2015년 파리협정문에 등장한 것이면서 한국의 「탄소중립기본법」에 들어와 있는 정책 언어다. 탄소중립 정책에서 '기후 정의'는 '정의로운 전환(just transition)'으로 구현될 탄소중립의 '목표' 개념이면서, 동시에 정의로운 전환이 될 수 있도록 탄소중립의

과정과 그 결과를 관리하는 '수단' 개념이기도 하다.

제10장 탄소중립을 위한 지방자치단체의 역할과 과제(문태훈)는 중앙정부 주도의 탄소중립을 언젠가는 지방정부 주도의 탄소중립으로 바꾸어야 한다는 것을 전제로, 탄소중립을 위한 지자체의 역량과 의지강화 방안을 논구하고 있다. 먼저 탄소중립을 위한 지역사회의 기반(정보 공개, 참여, SDG 설정)을 만들어야 한다고 강조한다. 나아가 SDG 중심의(정합적) 정책 체계를 갖추고 그 속에서 (「탄소중립기본법」상의) 지역 탄소중립의 과제들이 추진되어야 한다고 한다. 끝으로 지자체의 탄소중립 정책은 지역의 에너지 사용과 온실가스 배출량을 최소화하는 방향으로 정책 내용이 합리적으로 개선되어 나가야 한다고 한다. 탄소중립을 위한 지자체의 책임과 역할 강화는 향후 관련 정책 및 연구의 중요한 주제가 될 것으로 보인다.

제11장 기후위기와 교육의 생태적 전환(이재영)은 기후변화란 현상의 대두와 이를 인지하는 우리의 실천적 인식 사이의 간극에서 기후위기가 발생한 것으로 간주하면서, 그 간극을 메우기 위한 '교육의 생태적 전환'을 제안하고 있다. 생태전환 교육은 생태 문명으로 전환하기 위해 필요한 의지와 역량을 생산하는 과정으로서의 교육이라는 의미(변화 주체로서의 교육)와 생태 문명으로 가기 위한 교육 자체의 전환의 의미를 함께 가지고 있다. '지구생태시민'은 생태전환 교육이 대상으로 하는 행위 주체자로의 학습자 모습이다. 기후위기 대응으로서 탄소중립의 당위성을 지식으로 내면화할 뿐 아니라 행동으로 실천하는 깨어 있는 '지구생태시민'으로 거듭나는 것을 돕는 것이 생태전환 교육의 소임이자 콘텐츠인 셈이다.

제12장 그린뉴딜의 비교 정치(이태동)는 유럽연합(EU), 미국, 한국의 그린뉴

딜에 대한 상호 비교분석을 통해 환경 위기와 경제 위기의 복합 위기를 극복하고자 하는 그린뉴딜 정책의 가능성과 한계를 논의하고 있다. 비교의 기준은 정책의 주체, 목표, 내용, 수단 등이다. 투입할 재정을 충분히 확보하고 또한 정책의 타깃, 내용, 추진 방법 등을 구체적이면서 실효적인 것으로 강구하는 것이 그린뉴딜의 성공을 담보한다고 한다. 2050 탄소중립은 글로벌 어젠다이다. 탄소중립의 글로벌화는 그린뉴딜을 중심으로 한 국가 간 협력에 의해 뒷받침되어야 한다. 제레미 러프킨(Jeremy Rifkin)은 세계 탄소배출의 60~70% 이상을 차지하는 미국, EU, 중국이 앞장서 그린뉴딜을 추진하면 사실상 '글로벌 그린뉴딜'을 이끌어 '글로벌 탄소중립'을 달성할 수 있다고 주장한다.

제1장

기후변화와 탄소중립

조명래 | 단국대학교 석좌교수, 제18대 환경부 장관

1. 들어가는 말

기후변화는 지금 전 지구인에게 가장 널리 회자되고 있는 일상 낱말이면서 정책 언어 중 하나다. 기후변화 그 자체가 아니라, 그로 인한 영향이 전 인류의 첨예한 관심거리가 되고 있기 때문이다. 생명체로서 인류[1]는 지구의 생물 물질로 생성되고 진화해 왔다. 생명 유지를 위한 물질과 에너지를 끊임없이 제공하는 지구의 기후 환경으로부터 인류는 절대적인 영향을 받지 않을 수

---

[1]   인간과 인류는 비슷하면서도 다른 의미를 갖는다. 인간(人間)은 일본의 한자에서 나온 것으로 '사람 사이', 즉 사람이 무리 지어 사는 상태로서 '사회'와 같은 의미를 갖는다. 반면 인류(人類)는 사람 종류, 즉 종으로서 사람을 지칭하는 말이다. 계통학에서 사람은 사람 과, 사람아 과, 사람 족, 사람아 족, 사람 종, 사람아 종 등으로 세분화되는 직립(척주) 보행동물로 현생인류는 호모 사피엔스(Homo Sapience) 혹은 '호모 사피엔스 사피엔스(Homo Sapience Sapience, 슬기롭고 슬기로운 사람 종)'란 사람 종으로 분류되며, 진화 과정에서 생긴 관련 유사 종들이 모두 소멸하여, 이종이 없다.

없다. 개체로 보면 사람의 생명 유지와 지탱에 절대적이지만, 집단으로 보면 (인류) 문명의 생성과 번성에 지구의 기후 환경은 절대적인 영향자다.

인류가 다른 생물종과 달리 집단을 이루며 군집 생활을 하는 가운데 문명 (civilization)이란 것을 이룩해 왔다. 그러나 인류가 문명을 이루어, 지금과 같은 문명적 삶을 사는 것도 400만 년 전 출현한 이래 지난 1만여 년의 시간 동안만 가능했다. 그 가능성이 곧 지구의 기후 환경이다. 진화를 거듭해 왔지만, 인간의 (지적·육체적) 능력이 더욱 발전되고 또한 발휘될 수 있는 호혜로운 기후 환경 덕에 지금과 같은 문명을 이룩한 것이다. 생명체로서 사람의 몸과 몸의 환경이 되는 지구환경 간의 관계로 좁혀보면, 인류 문명은 개체로서 사람들이 집단적인 삶을 꾸릴 수 있는 것을 허용한 지구환경이 조성되어 있었기에 가능했던 것이다. 몸과 몸의 환경, 문명과 지구환경은 같은 관계이고 같은 것이다.

사람의 몸은 36.5℃의 평균온도를 늘 유지하고 있다. 생명 유지를 위해 몸의 내부 장기들이 작동하면서 들고 나는 열의 균형적 총합이 36.5℃인 것이다. 사람 몸의 신체 작용은 지구의 기후 환경에 의해 보호받고 있다. 그것은 지구의 기후 환경도 일정한 항상성을 유지하기 때문에 가능한 것이다. 사람 몸의 평균온도가 있듯이 사람에 호혜로운 기후 환경을 제공하는 지구도 평균온도를 가지고 있다. 대개 14~15℃ 내외다.[2] 미국의 해양대기청에 의하면 2019년 지구의 평균온도는 14.85℃다. 지구의 어느 지역은 아주 덥고 어느 지역은 아주 추우며, 어느 지역은 비가 많이 오고 어느 지역은 비가 오지 않는

---

[2] 지구는 에너지가 풍부하고 물이 많으며, 탄소가 흔하기 때문에 생명이 탄생하고 지탱될 수 있다. 그러나 이러한 조건들이 생명의 작용으로 가능한 것은 지구의 적절한 기후 덕이다. 지구는 생명이 없는 타 행성과 달리 태양과 적당하게 떨어져 있고, 대기 중에 온실가스가 있어 생명이 살기에 적합한 온도를 유지하고 있다. 지구 전체의 평균온도는 14~15℃를 중심으로 1~6℃ 내외의 폭으로 변화를 거듭해 왔다(정회성·정회석, 2013: 26).

지구의 기후 환경은 이런 미기후 작용의 총합으로 평균온도를 유지하고 있다.

실제로 지난 1만여 년간, 지질연대로는 홀로세(Holocene) 동안, 지구의 평균온도 진폭은 1℃ 내외에 불과했다. 그 기간 이룩한 인류의 문명은 사람의 능력보다 바로 사람의 신체 작용에 유리한 호혜로운 지구환경, 즉 지구의 안정된 평균온도 덕택이라 할 수 있다. 지금 우리가 말하는 기후변화는 이러한 기후의 상태가 바뀌고 있다는 것을 의미한다. 기후변화가 문제시되는 것은 인류의 생명적·문명적 삶이 미래에는 더 이상 지탱될 수 없을 것이라는 우려 때문이다. 따라서 오늘날 우리가 말하는 기후변화는 기후변동의 문제, 즉 온도가 오르거나 내리며, 비가 많이 오거나 적게 옴으로써 발생하는 문제를 넘어 인류의 생명 미래에 관한 문제를 불러오고 있다는 데 심각성이 있다.

하지만 기후변화, 즉 '기후가 변하는 상태'를 모두가 똑같이 인식하고 있는 것은 아니다. 근자에 들어 합의도가 높아지고 있지만, 기후변화의 진실성은 여전히 논란거리가 되고 있다. 지구의 기후 환경이 바꾸고 있는지, 아닌지는 근본적으로 과학의 문제다. 그러나 그 과학은 사물과 현상을 분석하고 해석하는 인식의 문제로부터 자유롭지 못하다. 다행스럽게도 지난 수십 년간 과학자들의 노력 덕택에 기후변화는 이젠 '사실(facts)'로 인식되고 있지만, 그 원인과 처방(대응)은 또 다른 차원의 문제로 남아 있다. 그 문제는 사실에 관한 과학의 문제이면서, 동시에 가치와 정책과 관련된 규범의 문제이기도 하다.

따라서 기후변화에 관한 연구는 기후변화를 어떻게 분석하고 설명하느냐도 중요하게 다루어야 하지만, 이와 함께 기후변화의 원인 그리고 결과(영향)의 문제들을 어떻게 찾고 해소할 것인가도 중요하게 다루어야 한다. 기후변화에 관한 과학과 정책이 갖는 근본적인 어려움은 기후변화란 현상이 (과학자를 포함한) 사람들이 보편적으로 갖고 있는 시공간적 인식 능력과 행위의 스케일을 훨씬 벗어나 있다는 점이다. 이는 기후변화에 관한 논의와 실천 대응에서 딜레마를 낳는다. 또 다른 딜레마는 (경제학에서 말하는 외부 불경제와 같은)

외부성의 문제로 바라봄으로써, 기후변화의 문제 심각성을 누구나 이야기하면서, 나의 문제로 내재화(내부화)하려고 하지 않는다. 탄소 배출이 지금의 지구온난화를 초래한 주된 원인이라고 모두가 이야기하지만, 그렇게 말하는 어느 누구도 스스로, 자발적으로 나의 문제로 환원해, 배출을 줄이려 하지 않는다. 이 장은 기후변화의 문제를 현상과 정책의 영역으로 나누어 살펴보면서, 탄소중립을 통한 기후변화의 극복 가능성을 모색해 보고자 한다.

2. 기후변화란?

1) 기후란?

기후는 일정 지역에서 장기에 걸쳐 나타나는 기온, 비, 눈, 바람 따위 등 대기 현상의 평균적인 상태를 말한다. 기후와 대별되는 것이 날씨다(이하, 반기상, 2016). 날씨는 기압, 기온, 습도, 바람, 구름의 양과 형태, 강수량, 일조, 시정(대기의 혼탁 정도) 등의 기상요소를 종합한 상태지만, 매일매일의 기상변화라 할 수 있다. 날씨는 그래서 일상 조건에 깊이 관계된다. 비가 내리면 우산을 준비하고, 더우면 시원한 옷을 입는 것이 그렇다. 이러한 날씨란 기상 현상이 장기에 걸쳐 특정 지역(광역)에 나타는 종합적이면서 평균적인 현상(대기 현상)에 해당한다. 기후는 그 지역의 풍토와 생활양식을 조건 지어 사람들이 더불어 살아가는 지역 문화를 만들어 낸다. 가령 추운 지역에서는 두꺼운 벽으로 된 집을 짓는다면, 더운 지역에서는 통풍이 잘 되는 구조로 집을 짓는다.

기후란 말은 기(氣)와 후(候)란 한자말이 합쳐진 것으로, 기원전 2000년경 중국의 『황제내경(皇帝內經)』 육절상장론(六節藏象論)의 "5일을 후(候)라 하고, 3후를 기(氣)라 하며, 6기를 시(時)라 하고, 4시를 세(歲)라고 한다"라는 구절에서 나온다. 즉, 기후는 계절을 구분하는 24절기(節氣)와 72후(候)에서 유래한 말이다. 영어권에서 기후(climate)는 '기울다(slope)'라는 뜻의 그리스어 'klima' 란 어원에서 비롯된 것으로, 이는 천문학적으로 지축의 기울어짐 혹은 태양의 고도 변화와 연관성을 갖는다. 시간의 개념으로 계절의 변화와 관련된 말이다. 그래서 같은 기후란 말도, 서양권에서는 시간대별로 달라지는(차이지는) 대기의 '상태(候)'를 강조하는 '시후(時候)'의 요소가 강하다면, 동양권에서는 지역별 차이나 상태를 강조하는 '지후(地候)'의 성격이 강하다. 이러한 기상 변화의 패턴이 뚜렷한, 즉 기후란 현상이 뚜렷한 곳은 대개 지구상에서 '중위도 지역'이다. 이런 지역에서는 고대부터 사람들이 매년 혹은 여러 해에 걸쳐 반복적으로 나타나는 기후를 파악하여 그에 맞춰 시간별(계절별)·지역별로 적응된 삶의 방식을 지역의 문화 혹은 (더 긴 시간의 개념으로) 문명으로 구축해 왔다.

2) 기후의 변화

날씨는 날마다 변한다. 특히 계절에 따라 날씨는 다르다. 그 변화가 좀 더 긴 시간 동안 주기적으로 같은 패턴으로 나타나면, 이는 곧 기후가 된다. 즉, 장기적인 날씨의 평균으로 기후는 긴 시간의 날씨 패턴이 반복되는 현상이기 때문에 기후는 변하지 않는 것이다. 그러나 현실에서는 긴 시간 동안, 날씨는 반복적 변화 패턴, 즉 기후가 같은 패턴으로 반복되지 않는다. 변한다는 뜻이다. 기후는 통상적으로 날씨의 30년 통계를 가지고 특정하게 된다. 이는 세계기상기구(WMO: World Meterological Organization)가 기후를 정의하는 방식이다. 이때 30년은 1951~1980년, 1961~1990년 등과 같이 역법에 정해진 기간으로, '기후 기간'으로 부르기도 한다. 사람들이 환경에 적응해 살아간다는 것은 바로 이러한 기후 기간의 기후 패턴에 맞추어(적응해) 살아가는 것을 의미한다. 그 지역의 식생들도 이러한 '기후 기간'의 지역 기후에 맞추어 성장하면서 타종들과 상호의존 관계를 만드는 지역의 생태계를 구성한다. 그러나 이러한 기후는 평균 혹은 정상 상태를 벗어나는 때가 있다. 정상 상태를 벗어난 날씨를 이상기상(예: 온도 상승, 집중 폭우 등)이라 하며, 이는 기상재해를 수반한다. 하루의 날씨가 아닌 계절이나 월평균 값이 평년에 비해 크게 벗어나는 상태가 지속되면, 이는 '이상기후'라 부른다. 최근의 지구온난화로 인한 '기후변화'가 대표적인 예다. 이상기상과 달리 기후변화는 지구 생태계에 심각한 장애(예: 생물종 감소)를 발생시키거나 국가나 문명에 심대한 타격(가뭄과 사막화, 경제성장의 둔화, 작목체계 변화 등)을 주게 된다. 기후는 이렇듯 고정된 값이 아니라 지속적으로 변하는데, 기후변화는 장기 경향, 변동성, 불연속 변화 등의 양상으로 분석된다. 기후변화를 정의함에 있어서, 가장 중요한 것은 시간 스케일이다. 일반적으로 약 10년 정도에 걸쳐 나타나는 평균적 변화를 '기후변화'라 부른다.

기후란 지상(地上)과 수륙(水陸)의 형세(形勢)에 의해 생기는 날씨의 현상을 총칭하는 것이다. 기후의 변화는 날씨의 장기적 패턴(기후)을 만들어 내는 지상과 수륙의 형세(생태계)를 거꾸로 거기에 적응해 살아가는 사람을 포함한 생물종의 서식을 위협하게 된다. 따라서 기후변화는 날씨의 변화로 끝나지 않고 지역의 기후 환경(기후에 의해 조성된 생태 환경), 나아가 지구의 기후 환경을 변경시키게 된다. 지표면은 크게 바다와 대륙으로 구성되어 있고, 그것을 공기가 둘러싸고 있다. 이들은 긴밀하게 상호 작용하고, 그 안에 수많은 생명체가 살아가고 있다. 지구의 지표면은 그래서 그 자체로서 대기권(atmosphere), 수권(hydrosphere), 암석권 혹은 지권(lithosphere), 생물권(biosphere), 빙권(cryoshpere)으로 구성된 생태 환경 시스템으로 기능한다. 이러한 생태 환경 시스템은 기후의 작동과 변화를 만들어 내는 것이란 점에서 기후(환경) 시스템[3]이기도 하다. 기후의 변화는 따라서 날씨 변화의 총합으로만 특징지어지는 것이 아니라 대기권, 기후 시스템, 즉 대기권, 수권, 암석권, 생물권 등의 변화로 볼 수 있다. 이 중 하나라도 변화가 일어나면 기후변화의 원인으로 작용하게 된다. 오늘날 기후변화는 현상적으로 온난화와 같은 대기권의 변화를 대표 지표로 삼는다.

3) 기후변화의 요인

기후와 기후(환경) 시스템은 서로 영향을 주고받지만 지구의 기후변화를 추동하는 핵심 요인은 지구의 안팎에서 생성되지만 지구 내로 들고 나는 에너지의 흐름을 구성하는 것들과 관련된다. 대표적인 것이 태양 에너지다. 80분 동안 지구에 닿는 태양 에너지는 인류가 1년간 소비할 에너지양에 버금갈 정도로 막대하다(이상훈, 2021: 80). 태양 에너지는 지구의 반사와 복사를 통해 적당한 열 온도로 만들어져 지구에 생명체가 살 수 있는 환경을 만들어 준다. 이러한 조절은 지구의 기후 시스템을 구성하는 대기권, 수권, (설)빙권, 암석권(지권), 생물권 사이의 에너지 흐름의 균형에 의해 가능하다. 기후변화는 각 권 간의 비선형적 에너지·물질 흐름의 균형이 깨진 것을 의미하며, 그 까닭은 자연적인 요인과 인위적 요인으로 나눌 수 있다. 기후변화의 자연적 요인으로는 태양과 지구의 관계 변화(지구의 자전축 기울기, 공전궤도의 변화 등), 태양 활동도[특히 태양 조도(solar irradiance)], 화산활동, 해양 변동 등을, 반면 인위적 요인으로는 지표면 상태의 변화(도시 개발, 농업 활동, 산림 파괴, 물 순환의 단절

---

3) 기후계로 불리기도 하는 기후 시스템은 대기권, 수권, 지권, 생물권, 빙권의 5개 권역이 매우 복잡한 상호작용을 하면서 전체로 연결되어 있다. 수권(해양)은 대기에 열과 수증기를 공급하고, 대기권은 기상 현상을 통해 물과 열적인 순환에 영향을 주며, 빙권(지구 표면의 눈과 얼음)은 태양 에너지의 반사도(Albedo)를 변화시켜 지구 복사량의 균형에 영향을 주고, 지권은 식생과 토양을 통해 대기와 에너지를 교환한다. 생물권은 탄소 순환 등으로 기후 시스템에 영향을 준다. 5개 권역 사이에서 일어나는 에너지와 수증기 등의 상호 교환, 비선형적 상호작용을 통해 연결되어 있어, 각 권역에서의 어떠한 변화도 기후 시스템 내에서 독립적일 수 없다.

등)와 온실가스의 증가 등을 들 수 있다.

오늘날 기후변화는 지구의 평균기온이 변하는 현상으로 이해되며, 여러 요인에 의해 야기된다. 태양 활동, 특히 태양 조도는 지구의 열수지 근원이다. 총 태양 조도는 태양 활동에 따라 변하므로 지구에 입사되는 에너지도 변하면서 이에 따른 지구의 기후를 변화시킨다. 지구는 태양에서 오는 가시광선 등의 짧은 파장의 복사 에너지를 받아 약 30%를 반사해 지구 밖으로 되돌려 보내고, 나머지 70%가량을 흡수한다. 흡수된 에너지는 적외선 등 장파 복사로 재방출되는데 이 과정이 평형을 이루면 복사평형 상태라 부르고, 이때의 온도를 복사평형 온도라고 한다. 흡수하고 재발하는 과정에서 대기의 온실가스가 장파 복사를 흡수하면, 지구의 복사평형 온도는 온실가스가 없을 때보다 높아진다. 따라서 태양 에너지 강도가 변하거나, 수륙 분포, 식생 분포, 빙하 면적 등이 변하고, 온실가스 양이 달라지면 지구의 열수지가 달라지고, 복사평형이 이루어지는 결과에 따른 온도 변화 등이 복합적으로 작용하여 기후변화가 나타나는 것이다. 열수지 변화를 야기하는 요소가 갖는 영향력을 복사 강제력이라고 한다. 복사 강제력이 양의 값이면 지구가 우주로 재방출하는 양보다 흡수하는 양이 많다는 의미이므로, 결과적으로 지구의 기온을 올리게 된다.

산업혁명 이전 시기에는 자연적인 요인이라 할 수 있는 총 태양 조도가 기후변화의 주요 원인이었다면, 현재는 산업화 과정에서 배출된 온실가스란 인위적 요인이 더 우월한 기후변화 요인으로 작용하고 있다. '정부 간 기후변화 협의체(IPCC: Inter-government Panel on Climate Change)'는 2005년 '지구온난화의 기여도' 평가에서 복사 강제력의 평균 지구적 추정치에 근거해 이산화탄소가 온난화를 증가시키는 가장 중요한 온실가스임을 밝혔다.[4] 탄소 배출은 화

---

4) 온실가스는 지구온난화에 영향을 주는 여러 요인 중 하나다. 온실가스는 지구에 대한 온실가

석연료의 연소와 토지 개발로 증가하고 있다는 점에서, IPCC는 제5차 보고서를 통해 (이산화탄소를 배출하는) 인간이 기후 시스템에 가장 명백한 영향을 미치는 것임을 지적했다.

3. 기후변화와 인류 문명

1) 400만 년 전에서 1만 년 전까지

약 600만 년 전 침팬지와 고릴라로부터 분리된 유인원은 약 400만 년 전 기후변화로 땅으로 내려와 두 다리로 살면서 인류로 진화하게 되었다(정회성·정회석, 2013: 30). 당시 지구에는 빙하기가 도래하여 인류가 생존하던 아프리카의 기후는 춥고 건조해졌다. 온도가 낮아지면서 나무 위에서 구할 먹잇감이 부족해지자 나무 위에서 내려와 먹기를 찾기 시작한 게 인류(오스트랄로피테쿠스로 불리는 상시 직립보행 원인으로 고릴라에 가까웠음)의 기원이 되었다. 기후변화는 이렇듯 인류의 탄생과 진화, 나아가 문명의 구축에 절대적이다. 직립보

스 효과의 36~70%를 일으키는 수증기, 온실가스 효과의 최대 9~26%를 일으키는 이산화탄소, 4~9%를 일으키는 메탄 및 3~7%를 일으키는 오존 등을 포함한다. 최근의 온난화 기여도에서는 이산화탄소가 가장 중요한 요인이다. 보통 공기 중 78%는 질소, 21%는 산소, 온실가스는 1% 내외다. 자연발생 상태에서 탄소는 0.03%에 불과하지만, 산업화 이후 지금까지 0.01% 증가했다. 지난 10년 동안 이산화탄소는 대기 중에 44%, 해양 흡수 23%, 지표면 흡수 29% 등으로 분석되었다. 사실, 다른 행성과 달리 이산화탄소를 0.03% 정도 포함하고 있는 대기 덕분에 지구는 평균온도가 약 15℃ 이내의 생명이 살기에 적합한 곳이 되었다. 온실효과가 없다면 지구 평균온도는 영하 18℃ 정도일 것으로 추정하고 있다. 온실효과 덕분에 지구 평균온도는 무려 33℃나 높아진 것이다(정회성·정회석, 2013: 49). 하지만 이산탄화탄소 농도가 전에 없이 높아지면서 온실효과로 인한 기온의 급격한 상승은 지구가 생명이 살기에 더 이상 안전한 곳이 되지 못한다.

행의 유인원은 신생대5)인 약 250만 년 전 호모 계통(Homo 屬, 현생인류 출현의 실질적인 기원)으로 진화하고 185만 년 전 도구를 쓰는 종으로 거듭 진화했다. 발달된 두뇌와 도구를 이용해 (빙기와 간빙기의 반복으로 인한) 변덕스러운 기후 변화와 환경에 적응하면서 초기 인류는 석기시대란 전(前) 문명 시대를 열었다. 50만 년 전에 불을 발견하고 이용하게 되는 인류의 종으로 거듭 진화하면서 기후에 대한 적응 능력이 더욱 향상되었다.

이러한 진화 속에서 호모 사피엔스로 불리는 현생인류는 대개 30만 년 전, 빙하의 영향이 없던 아프리카에서 탄생했다.6) 직립원인으로 시작하여 250만 년 호모 속으로 진화한 후 지구상에는 우리 인류(호모 사피엔스)를 포함한 7종의 사람 혈통7)이 있었지만 사람 종만 유일하게 살아남았다. 그것은 신생대의 극심한 기후 변동, 특히 약 플라이스토세(258만 년 전~1.2만 년 전) 동안 많은 빙기(氷期)로 생존하기 힘들었기 때문이다. 특히 빙기 때는 기후변동이 커, 극단적인 날씨가 지금보다 10배 이상 발생하고는 했다. 살아남은 호모 사피엔스는 두뇌 발달이 어느 정도 완성되면서 석기시대를 뛰어넘는 빙하기 문명의

---

5) 신생대는 3기와 4기로 나뉜다. 3기는 6600만 년 전 시작되는 '팔리오세', 5600만 년 전 시작되는 '에오세', 3400만 년 전 시작되는 '올리고세'(이상은 '팔레오기'로 불리는 신생대 '고제3기'에 속함)에 이어 2300만 년 전 시작되는 '마이오세', 530만 년 전에 시작되는 '플라이오세'(이상은 '네오기'로 불리는 신생대 '신제3기'에 속함)로 나눠진다. 4기는 250만 년 전 시작되는 '플라이스토세(홍적세)', 1만 2천 년 전 시작되는 '홀로세'(충적세: 1.2만 년 전~현재)로 나눠진다. 4기의 플라이스토세는 구석기 시대와 겹쳐진다. 플라이스토세 말기에서 홀로세 초기로 이어지는 시점에 구석기에서 신석기 시대로의 전환이 이루어졌다.

6) 약 30만 년 전 등장한 호모 사피엔스(슬기로운 사람)는 해부학적으로 현재의 우리와 동일했다. 5만 년 전에는 정신적으로까지 동일한 보다 진화된 호모 사피엔스 사피엔스(슬기롭고 슬기로운 사람)가 출현했다. 현재 유일하게 살아남은 사람 종은 바로 '호모 사피엔스 사피엔스'다.

7) 호모 루돌펜시스, 호모 에르가스터, 호모 에렉투스, 호모 하이델베르겐시스, 호모 네안데르탈렌시스, 호모 사피엔스. 마지막 생존자인 호모 사피엔스는 호모 하이델베르겐시스에서 진화한 것으로 추정된다.

기반을 구축할 수 있었다. 호모 사피엔스는 '낯선 사람과 네트워크를 형성하는 능력', 즉 직계 집단을 넘어 다른 집단과 네트워크를 만드는 능력이 있어 다른 사람 종보다 더 큰 무리를 지어 협력하며 산 덕분에 기후 환경에 대한 적응력을 높일 수 있었다.

2) 지난 1만 년의 기간

신생대의 마지막 빙하기는 약 2만 년 전에 끝났다. 이후 온난화가 시작되었지만 약 1만 2천 년 전에 소빙기(小氷期)[8]가 1천 년 정도 지속되었다. 소빙기를 끝으로 기온은 다시 올랐다. 지난 최종 빙기인 2만 년 전[9]부터 소빙기가 끝나는 1만여 년 전까지 1만 년 동안 지구의 평균기온은 무려 4℃ 정도 올랐다.[10] 이 4℃의 오름은 산업화 이전(1850~1900년)보다 2℃, 현재보다 1℃가 높은 것이다. 이후 1만년 동안 (정확히는 신생대 최종 빙기의 마지막 소빙기가 끝나는 1만 2천 년 전부터 현재까지 이어지는 기간 동안) 지구의 기후는 변동성이 크게 줄었다. 지난 10만여 년 동안[11] 지구의 기후는 요동을 쳤다. 그러나 지난 1만여

---

8) 이때(1만 2700년 전)를 북대서양의 '영거 드라이아스(Younger Dryas) 시대'라고 부르며 1천
    년간의 소빙기가 지속되었다. 1만 4천 년경에 일어난 대규모 빙하의 붕괴물인 '해빙수 펄스
    (Meltwater Pulse)'의 유입으로, 적도로부터 들어오는 난류가 막혀 북대서양의 온도가 급격히
    떨어지면서 소빙기가 시작되었다. 당시 유럽 지역은 한여름 기온이 8~9℃, 겨울에는 영하 2
    0℃ 밑으로 떨어졌다.

9) 신생대 제4기 플라이스토세 중 마지막 2만여 년 전 시기는 가장 한랭했던 빙하기로 최후 빙기
    라 부른다. 오늘날 빙하는 육지의 10% 정도를 덮고 있지만 당시에는 30%를 차지했다. 최후 빙
    기 동안 북서 유럽과 북미에는 3천 미터 내외로 대륙빙이 두껍게 덮여 있었고 해수면도 지금보
    다 100미터 내외로 낮았다.

10) 지난 100년간 1℃ 상승은 이 1만 년 동안의 4℃ 상승에 견주면 그 속도가 25배나 빠른 것이다.

11) 지난 10만 년 동안의 대부분을 차지했던 빙하기와 기온이 낮아 해양에서 증발되는 수증기 양
    의 감소로, 지구의 사막은 지금보다 훨씬 넓었다. 또한 열대와 고위도 지역 간 기온차가 커 바

년 동안 지구의 평균기온은 1℃ 이내의 진폭을 유지해 올 정도로 안정되었다. 이 안정은 인류가 문명을 일궈낼 적절한 기후 환경이 조성되었다는 것을 의미한다. 지질연대로 1만 2천 년 전부터 지금까지를 따뜻한 간빙기인 홀로세(충적세)라고 부른다. 홀로세는 인류가 자연과 조화로운 '완전한' 시대를 말한다. 2만 년 전부터 기후가 따뜻해지기 시작했고, 1만 2천 년 전이 되어서야 현재의 따뜻한 간빙기인 홀로세로 들어서게 된 것이다.

홀로세에 들어 인류는 작물을 경작하기(농업) 시작했고 한곳에 정착하여 살 수 있게 되었다.[12] 하지만 문명은 홀로세로 들어선 후 약 5천 년 뒤(지금으로부터 7천 년 전)에 탄생하게 된다(조천호, 2019). 그 까닭은 빙하기에서 간빙기로 넘어가면서 대륙 빙하가 녹아 해수면이 급격하게 상승했기 때문이다. 1만 2천 년 전부터 지구의 기후는 안정되었지만, 그 후 5천년 동안 해수면 고도는 100년에 약 1미터씩 상승했다. 가장 빠를 때는 100년에 250센티미터로 상승할 정도였다. 7천 년 전에 비로소 해수면 상승이 멈추고 대륙의 가장자리가 완전히 물에 잠긴, 오늘과 같은 세계지도가 만들어졌다. 이 무렵 메소포타미아에서 문명이 처음으로 등장하면서 이후 이집트·인더스·황허 문명의 탄생으로 이어졌다.

이렇듯 4대 문명이 번영을 누리기 시작한 시점은 해수면 상승이 일단락된 7천 년 전 시점과 일치하는 것이다. 메소포타미아·이집트·인더스·황허 4대 고대문명의 공통점은 큰 하구 주변에 발달한 비옥한 퇴적층에서 탄생했다는

람도 강했다. 이러한 기후 환경에서 인류는 농업에 기반을 둔 정주 생활을 영위할 수 없었다.

12) 지구상 최초의 농경은 1만 2천~1만 년 전 사이 서남아시아 비옥한 초승달 지역에서 시작되었다. 이 지역을 비롯해 인류 역사 대부분의 초기 농경지는 반 건조 지역에 있다. 반 건조 지역은 강수량이 적어 나무보다 한해살이풀이 자라기 좋은 초지로 형성되어 있다. 한반도의 농경 역사는 5천 년 전으로 거슬러 올라간다. 홀로세 기후 최적기의 절정이었던 5500년~5000년 전에 한반도에 조와 기장 농경이 시작되었고, 3500년~2800년 사이 초기 벼 농경문화가 성장했다(박정재, 2021).

점이다. 문명이 발생하려면 여러 일에 종사하는 많은 사람들을 먹여 살릴 수 있는 식량의 생산능력이 뒷받침되어야 한다. 4대 문명 발원지는 해수면 상승이 멈춘 뒤, 하구 주변에 비옥한 퇴적층이 조성되어, 농업 생산과 교역 활동이 용이한 지역으로서 특징을 공통으로 갖고 있다.

홀로세 동안 자연적 기후변동이 있었지만, 수백 년의 시간 규모에서 기온이 단지 최대 약 1℃ 정도 변했다. 이러한 기후 조건 아래 안정화되고 다양화된 자연(환경)으로부터 인류는 문명적 삶에 필요한 자원과 서비스를 풍부하게 제공받을 수 있었다. 지금도 우리는 홀로세 동안 조성된 산림, 경작지, 목초지, 산호초, 물고기, 포유류, 박테리아, 빙하, 공기, 광물, 담수 등으로부터 다양한 생태계 서비스를 받고 있다. 현대사회와 경제 발전의 기반이 되는 유용한 지구 생태계가 홀로세 동안 정착되고 풍부해진 것이다. 13~19세기 동안에는 지구 평균기온이 약 1℃ 정도 낮아진 소빙기가 찾아왔다. 추위, 가뭄, 생산물 감소 등으로 전 세계의 많은 사람들이 곤궁한 환경에 놓이게 되었다(조천호, 2017). 홀로세 후기의 기후변화를 불러온 주요 요인은 태양흑점 수의 변화와 화산활동이다. 태양흑점 수가 적은 시기를 극소기[13]라 한다. 조선에서 1670년(경술년)과 1671년(신해년)에 전대미문의 대기근이 발생해 수많은 사람들이 아사했다. 20년 후인 1695년부터 4년간 을병 대기근이 발생하여 또 많은 피해를 입었다. 이 시기는 1645~1715년 사이의 몬더 극소기와 겹친다(박정재, 2021). 그러나 18세기 중반 시작된 산업혁명은 이러한 기후적 한계를 극복하는 사람 중심의 근대 문명을 탄생시키게 된다.

---

13)   1010년에서 1070년까지 흑점이 적었던 시기를 오르트 극소기, 1260년에서 1340년까지를 울프 극소기, 1410년에서 1540년까지를 스푀러 극소기, 1645년에서 1715년 몬더 극소기, 1790년에서 1830년까지를 달튼 극소기로 부른다.

3) 산업화 이후와 현재

1만 2천 년 전 빙하기를 끝으로 시작된 홀로세 시대의 기후 안정은 18세기 중반부터 100여 년간 영국을 중심으로 확산된 산업혁명을 거치면서 더 이상 지탱이 불가능해졌다. 산업혁명은 과학적 기술과 장비의 활용, 자원의 과다 채취, 대량 생산과 대량 소비, 폐기물의 과다 배출 등을 특징으로 하는 근대적 생산방식이 산업 전 분야로 확산되는 것을 말한다. 이러한 산업적 생산방식은 자연의 파괴와 훼손을 불가피하게 하지만, 그로 인한 환경오염의 정도는 생태계가 이를 받아들여 복원할 수 있는 수용력의 정도에 의해 좌우된다. 대기오염, 수질오염, 토양오염과 같은 환경오염이 일정한 단계(tipping point)를 지나면 회복력을 상실해 생태 시스템, 나아가 기후 시스템에 고장을 일으킨다. 기후변화는 기후 및 생태 시스템의 고장을 보여 주는 대표적인 종합지표다.

18세기 중반 산업혁명의 시작으로 홀로세 초기 농업·농촌 기반의 문명이 산업·도시 기반의 문명으로 바뀌면서 그간 유지된 사람과 자연 사이의 균형과 공존의 등식이 깨지게 되었다. 기후변화를 한 지표로 한다면, 이는 산업혁명으로 수십 억 년간 지표 아래 묻혀 있는 화석연료를 태워 산업적 생산과 소비를 뒷받침한 것에서 비롯된다. 이 과정에서 과다 배출된 온실가스(대표적으로 이산화탄소)가 대기권에 누적적으로 쌓이면서 온난화를 일으키게 된 것이다. 지구의 평균기온 상승이란 측면에서 산업혁명의 효과는 (유럽 밖으로 산업화가 확산되는) 20세기 들어 나타나기 시작하다가 20세기 중반을 거치면서 (특히 제2차 세계대전을 거치면서) 가속화된다. IPCC가 지구 평균기온 상승의 정도를 가늠하기 위해 기준으로 삼는 시기는 '1850~1900년'으로, 이를 '산업화 이전'이라 부른다. 산업화 이전 대비 2020년 지구의 평균기온은 1.09℃ 올랐다.

그러나 현재와 같은 기후변화가 본격화된 것은 1970년대부터라 할 수 있다. 기후변화에 속도가 붙은 것은 1950년대 이후 이른바 '거대한 가속화(Great

Acceleration)의 결과라 할 수 있다. '거대한 가속화'는 사회경제 활동의 급격한 상승과 이와 반비례하여 지구 시스템의 급격한 악화(down-grading)를 각각 보여 주는 24개 글로벌 지표들이 1950년대 이후 일제히 'J곡선으로 급상승'한, 즉 기하급수로 증가한 현상을 가리킨다(〈그림 1-1〉 참고). 사회경제 활동(시스템) 관련 지표로는 '인구', '국내총생산(GDP)', '해외투자', '물 이용', '종이 사용', '비료 소비', 내연기관 자동차', '1차 에너지 사용', '통신', '관광', '댐 건설', '맥도널드 매장' 등이다. 지구 시스템의 악화 관련 지표로는 '대기 중 이산화탄소

〈그림 1-1〉 대가속화(Great Acceleration): 사회경제 트렌트(a)와 지구 시스템 트렌드(b)

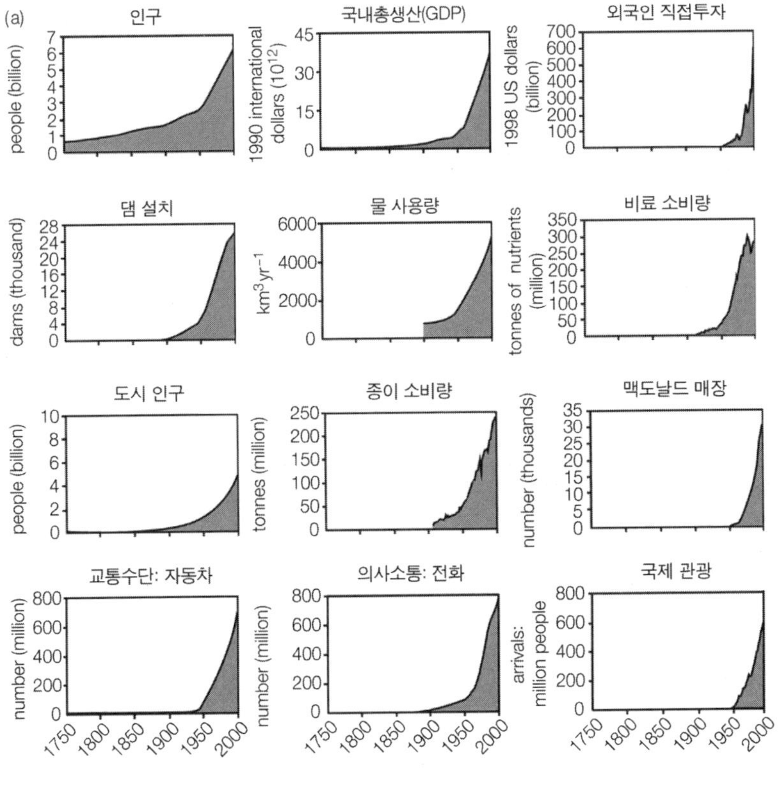

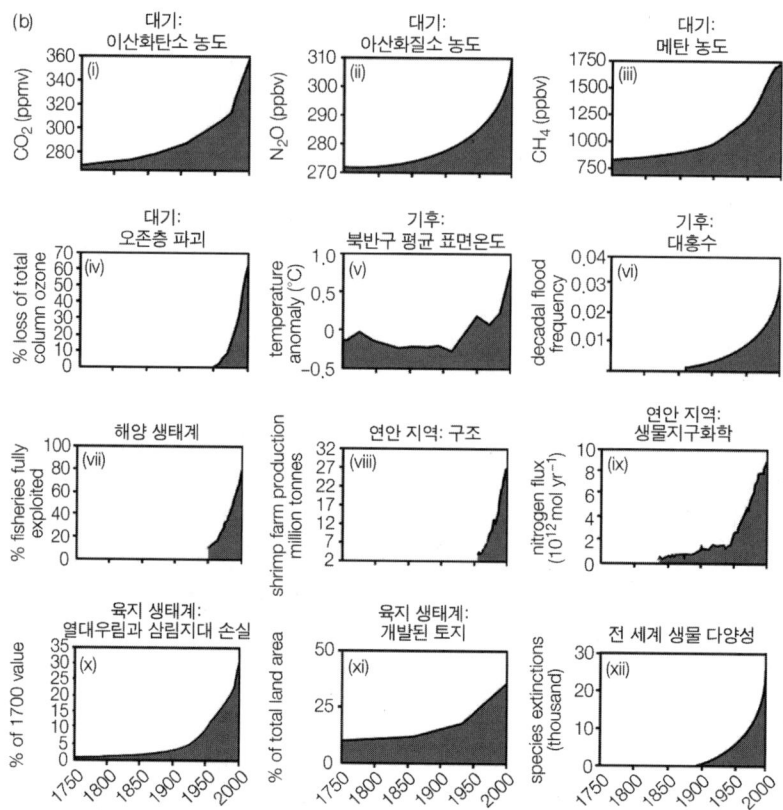

자료: Steffen et al.(2015).

농도', '대기 중 이산화질소 농도', '오존 감소', '북반구 표면 온도', '열대우림, 삼림 유실', '개간·간척 부지', '대홍수', '남획 어종', '홍수 빈도', '해양 질소', '멸종 생물' 등이다.

이 '거대한 가속화'로 인한 지구환경의 급변은 결국 '지질연대'마저 바꾸는 결과를 초래하고 있다는 것이 이른바 '인류세(Anthropocene)' 논쟁이다(이별빛 달빛 엮음, 2022). 자연에 대한 인간의 과도한 영향으로 기후를 포함한 지구 시스템과 생명의 상호작용이 특징이라 할 수 있는 지질시대가 '홀로세'를 넘어

'인류세'로 이동하게 된 것이다. 산업화 이전 대비, 지구 평균기온의 급격한 상승으로 홀로세 시대의 안정된 기후는 더 이상 지탱이 불가능해진 것이다(강금실, 2022). 인류가 출현한 것은 홀로세 전인 신생대 4기이지만, 마지막 빙하기를 벗어나 홀로세로 들어선 후 기온의 진폭이 1℃에 머물면서 인류의 생존에 안정적인 환경조건이 처음으로 구축되었고, 문명의 출현은 그 결과인 셈이다. 그러나 '거대한 가속화'를 거치면서, 지구의 기후 안정성을 지탱해 왔던 지구의 평균기온이 홀로세 동안의 1℃ 내외 진폭 범위를 벗어나고 있다. 화석연료의 과도한 사용과 그로 인한 온실가스의 배출 누적으로 지구의 기후 및 생태 순환 시스템 붕괴와 함께, 생물종과 지구환경 간의 상호작용을 보여 주는 지구 지질의 시간대마저 변하고 있는 것이다. 기후변화로 촉발되었지만 지질연대를 규정하는 기준석으로 좁혀 본다면, 충적세를 잇는 '인류세'의 새로운 기준석은 핵무기 실험 낙진, 플라스틱, 콘크리트, 알루미늄, 닭뼈 등으로 거론된다. 인류세의 기준석은 산업화에 의해 대량으로 생겨난 새로운 인공물질들이 지층에 퇴적되어(자연으로 다시 돌아가) 미래에 가서는 지금 시대의 지질 특성을 규정하게 되는 것으로, 기술 화석(technofossil)으로 불린다.

4. 기후변화의 양상

1) 기후변화 회의론의 허와 실

2022년 WMO는 '2021년 글로벌 기후보고서'를 통해 기후변화의 심각성을 보여 주는 4대 핵심지표인 온실가스 농도, 해수면 상승, 해수 온도, 해양 산성도 등이 2021년 기준으로 역대 최고치를 기록했다고 밝혔다. 2020년 이산화탄소 농도는 413.2ppm으로 산업화 이전 대비 149%로 역대 최고에 달했다.

지구 평균 해수면은 2013~2021년 기간 연평균 4.5mm씩 상승하여 2021년에는 최고치를 경신했다. 1993~2002년 사이 연평균 2.1mm에서 무려 2배 이상 상승한 속도다. 해수 온도의 경우, 해양 상층부 2천 미터는 지금까지 지속적으로 따뜻해져 수백, 수천 년이 지나도 되돌리기 어려운 수준에 달했다. 해양 산성화를 나타내는 pH 값은 지난 2만 6천 년 중 가장 낮은 수준이다. 인위적으로 발생하는 이산화탄소 연간 배출량 23%를 해양이 지속적으로 흡수해 온 결과다. 기후변화를 체험할 수 있는 지구 연평균 온도는 2015~2021년 7년간 가장 높아, 산업화 이전 대비 1.11℃ 높았다. 이런 제반의 지표를 근거로 안토니우 쿠테흐스(Antonio Guterres) 유엔 사무총장은 "기후재앙이 더 가까워지고 있다"고 언급했다. 이러한 사실에도 불구하고 일부에서는 기후변화를 여전히 불편한 진실 정도로 여기고 있다. 이른바 기후변화 회의론자들은 지구온난화가 인간이 만들어 낸 것이 아니라 자연스러운 현상에 불과한 것을 환경주의자들이 과장하는 것이라고 주장한다. 기후변화 회의론의 주장과 모순은 다음과 같다(이하 이재경, 2017).

"기후변화는 과거부터 있던 자연적 현상이다." 회의론자들은 빙하기가 지난 70만 년간 10만 년 주기로 발생했으며, 과거 이산화탄소 수준이 현재의 수준보다 더 낮았음에도 오히려 기온은 현재보다 높았다고 한다. 하지만 과거에 온난화는 비정상적 규모의 화산 분출과 같은 자연적 요인이 두드러졌지만, 현재의 온난화는 지하에 매장되어 있는 화석연료의 사용과 탄소의 배출을 유발하고 그 흡수는 줄이는 토지 개발(도시 개발 등)에 의해 발생한 것으로 그 책임은 사람에게 있다. 온실효과 이론을 지지하는 IPCC는 지구온난화의 약 55%는 이산화탄소에 의해 발생한 것이며, 이는 전적으로 인간의 활동에 의한 것임을 밝히고 있다.

"지구온난화는 태양의 활동 때문이다." 회의론자들은 과거 온난화의 기간 동안 태양의 흑점 수가 꾸준히 증가하는 등 태양 활동이 지구의 기후에 영향을 끼쳤다고 주장한다. 하지만 지난 40만여 년 동안 지구온난화의 지속은 태양이 약간 냉각되는 추세 속에서 나타나고 있다. 과학자들은 흑점 활동이 지구온난화에 미치는 영향은 온실가스로 인한 영향보다 10배 이상 작다고 한다.

"지구온난화는 나쁜 현상이 아니다." 간빙기인 홀로세의 온난화 기간 동안 인류는 문명을 일구었다. 인간에게 가혹했던 시기는 기근과 질병의 발발, 폭풍우 등이 발생한 암흑기와 소빙하기 때였다. 하지만 지금의 지구온난화는 농업, 건강, 경제 및 환경에 미치는 부정적 영향이 긍정적인 영향을 능가하고 있다. 특히 폭염, 가뭄, 홍수, 해수면 상승 등 자연재해는 사회 및 경제 전반에 악영향을 끼치고 있다.

"지구온난화에 대한 합의는 존재하지 않는다." 회의론자들은 이산화탄소를 방출하게 되면 미래에 지구의 대기가 재앙적 수준으로 가열될 것이라는 확실한 과학적 증거도 없고, 또 이에 대한 합의도 없다고 한다. IPCC와 같은 세계의 모든 나라들이 참여하는 다양한 국제기구 등을 통해 기후변화에 대한 과학적 논쟁, 데이터 생산 및 축적, 합의가 있어 왔다. 과학에 관한 합의는 정치적 합의와 달리 과학적 연구를 기반으로 하며 제한된 조건과 확률 아래 이루어지더라도 지속적인 검토와 보완을 통해 그 정밀성을 높여 가게 된다.

"지구는 오히려 추워지고 있다." 회의론자들은 미래의 기후가 따뜻해질 것이라는 예측에 대한 과학적 신뢰가 부족하고, 지구온난화 또한 멈추었고 오히려 냉각화가 시작되었다고 한다. 그러나 실제 측정 결과에서 지구는 많은 열을 여전히 축적한 채, 평균기온을 계속 올리고 있는 현재뿐만 아니라 미래 진행형임이 확인되고 있다. 현재 활용되고 있는 기후변화 모델은 기후와 관련해 실제 관측된 데이터를 활용하여 기후변화를 진단하고 예측하고 있다.

요컨대 현재의 지구온난화를 지구의 단순한 기후변화일 뿐이라고 치부하기에는, 그 속도와 영향이 최근에 올수록 빠르고 광범위하며, 개입이 없는 한, 미래에는 더욱 강해질 것임을 많은 과학적 데이터가 보여 주고 있다. 인류는 지구의 생태계가 회복 불가의 임계점에 다다르기 전에 기후변화의 원인을 제어할 수 있는 방법을 찾아야 한다(박정재, 2021). 이는 인류의 미래 생존을 좌우하는 사안이다.

2) 기후변화의 사실(facts): IPCC 제1실무그룹 제6차 평가보고서(AR6)

IPCC는 '기후변화와 관련된 전 지구적 위험을 평가하고 국제적 대책을 마련하기 위한 목적'으로, 1988년 WMO와 유엔환경계획(UNEP)이 공동으로 설립한 유엔 산하 국제협의체다. 이 기구에는 각국의 기상학자, 해양학자, 빙하전문가, 경제학자 등 3천여 명의 전문 인력이 참여하고 있다[14]. IPCC는 지난 30여 년간 기후변화, 지구온난화를 과학적으로 분석·요약하고 해결책을 제시하는 보고서를 5~8년 주기로 발표해 왔다. 이 보고서들은 그간 기후변화에 관한 유엔협약, 교토의정서, 파리협정의 기반이 되었다. 1990년 이후 제5차 보고서까지 나왔고 2022년 현재 제6차 보고서의 작성 및 발표가 진행 중이다. 2021년에는 제6차 보고서 중 제1실무그룹의 평가보고서(기후변화 2021: 과학적 근거)가 발표·승인되었다. 2021년 유엔기후변화협약(UNFCCC: United Nations Framework Convention on Climate) 제26차 당사국 총회(COP 26)와 2023년 실행할 첫 파리협정의 이행 점검에서 과학적 근거로 사용되는 동 보고서는 전 세

---

14)   IPCC는 3개의 실무그룹(Working Group)과 1개의 테스크 포스(Task Force)로 구성되어 있다. 제1실무그룹은 기후변화에 관한 '과학적 근거(the Physical Science Basis)'와 사실(예: 강수량, 기온 변화, 극단적 날씨, 식량, 전염병 등)의 분석·정리, 제2실무그룹은 기후변화의 '영향, 적응, 취약성(Impacts, Adaptation and Vulnerability)' 등 정책 처방[제1실무그룹이 분석한 기후변화의 영향(결과)에 대한 적응/취약성 대응방안 강구], 제3실무그룹은 '기후변화의 완화(Mitigation of Climate Change)'[제1실무그룹이 분석한 기후변화의 원인(온실가스 등)을 줄이는 방안 강구]를 각각 다룬다. IPCC 보고서는 평가보고서(AR), 특별보고서(SR), 방법론 보고서(MR) 3가지가 있고, 평가보고서와 특별보고서를 합쳐 종합보고서라 한다.

〈표 1-1〉 IPCC 제1실무그룹 제5차 보고서와 제6차 보고서에서 주요 기후변화 요소의 비교
((c)AR6: 2019년 측정 기준, AR5: 2011년 측정 기준)

비교 요소		AR6 제1실무그룹 보고서 (2021년 발간)	AR5 제1실무그룹 보고서 (2013년 발간)
온실가스 농도*	이산화탄소	410ppm	391ppm
	메탄	1866ppb	1803ppb
	아산화질소	332ppb	324ppb
이산화탄소 농도 사례		최근 200만 년간 전례 없음	최근 80만 년간 전례 없음
전 지구 평균 지표면 기온 (산업화 이전 대비)		1.09℃ 상승 (2011~2020년)	0.78℃ 상승 (2003~2012년)
전 지구 평균 해수면 (1901년 대비)		0.20m 상승 (2018년)	0.19m 상승 (2010년)
총 인위적 복사 강제력 (1750년 대비)		2.72W/m2 증가 (2019년)	2.29W/m2 증가 (2011년)
2081~2100년(세기말) 전 지구 평균 지표면 온도상승 범위**		1.0~5.7℃ (산업화 이전 대비)	0.3~4.8℃ (1986~2005년 대비)
2081~2100년(세기말) 전 지구 평균 해수면 상승 범위**		0.28~1.02m 상승 (1995~2014년 대비)	0.26~0.82m (1986~2005년 대비)
역사적 이산화탄소 누적 배출량		2390GtCO$_2$ (1850~2019년)	1890GtCO$_2$ [(1861~1880)~2011년]

자료: IPCC, 2021.

계적으로 가장 권위 있는 기후변화 관련 과학적 근거이자 사실을 담고 있다. AR5 이후 관측 기반의 자료와 개선된 분석 방법 등을 활용해 기후변화의 상태와 미래 전망 등을 담고 있는 보고서의 내용은 'a. 현재의 기후 상태', 'b. 미래의 기후 전망', 'c. 위험 평가와 지역별 적응을 위한 기후 정보', 'd. 미래 기후변화 억제'로 구성되어 있다.

(1) 현재의 기후 상태

인간의 영향 때문에 대기와 해양, 육지가 온난해지고 있는 것은 명백한 사실이다. 지난 2천 년 동안 평균기온 상승은 1850년 이후 계속 관측되고 있다(〈그림 1-2〉 위). 1850년 이후에서도 1970년 이후 지난 40년간 기후가 지속적

으로 온난해졌다(즉, 가장 빠르게 증가했다)15). 특히 금세기의 지난 20년간 상승폭이 주요 원인으로 추정된다. 1850~1900년16) 대비 AR5(2003~2012년)에서는 지구 지표면 온도가 0.78℃ 더 높아졌지만, AR6(2011~2020년)에서는 1.09℃ 더 높아졌다. 육지의 온도 상승폭(1.59℃)이 해양(0.88℃)보다 더 컸다.

　1850~1900년부터 2010~2019년까지 인간이 유발한 지구의 표면 온도 총 증가량의 범위는 0.8~1.3℃이고 최적 추정치는 1.07℃다. 나눠서 보면, 온실가스가 1.0~2.0℃ 온난화에 기여했고, 기타 인간요인(주로 에어로졸)이 0.0~0.8℃ 냉각화에 기여했으며, 자연적 요인이 지구의 표면 온도를 영하 0.1~0.1℃ 변화시키고, (기후 시스템의) 내부 변동성이 지구의 표면 온도를 영하 0.2~0.2℃ 변화시켰다. 전반적으로 보면(〈그림 1-2〉 아래), 온실가스로 약 1.5℃ 올랐고, 황산염 등 미세먼지의 차단으로 0.4℃ 내려갔으며, 태양의 변화나 엘리뇨 등 자연적 요인으로 인한 영향이 없어, 결국 약 1.1℃ 가까이 올랐다. 인간에 의해 방출된 온실가스, 즉 인간적 요인이 온난화 기여에 절대적이다. 이를 근거로 IPCC는 관측된 기후변화의 원인으로 인간의 영향이 명확하다고 결론을 내렸다. 참고로 IPCC는 제1차 보고서(1990)에서 "인간의 영향을 확신하지 않는다"고 했고, 제2차 보고서(1995)에서는 "인간의 영향이 원인 중 하나"였다고 했으며, 제3차(2001), 제4차(2007), 제5차(2013) 보고서에서는 인간의 영향이 각각 "66% 이상, 90% 이상, 95% 이상"이라고 했다. 특히 제5차 보고서에서는 "관측된 온난화가 명백하다"고 했다. 제6차 보고서에는 "그간의 관측 기반 추정자료와 고기후 기록 등에서 얻을 수 있는 정보가 개선되어 기후 시스

---

15)　가장 최근의 온난기인 약 6500년 전 중 수백 년 동안의 온도보다 최근 10년(2011~2020년)의 온도가 더 높다. 그 보다 앞선 가장 최근 온난기는 약 12만 5000년 전이었는데, 당시 수백 년 동안 온도는 1850~1900년 대비 0.5~1.5℃ 높아 가장 최근 10년 동안 관측된 온도와 비슷하다.

16)　1850~1900년은 지구 표면온도를 추정할 수 있을 정도로 전 지구를 충분히 관측하기 시작한 가장 빠른 기간이며, 산업화 이전의 조건에 상응하는 기준이 된다.

〈그림 1-2〉 기온 상승과 그 원인

• 지구 표면온도 변화(10년 평균) 추정치(1~2000년)와 관측치(1850~2020년)

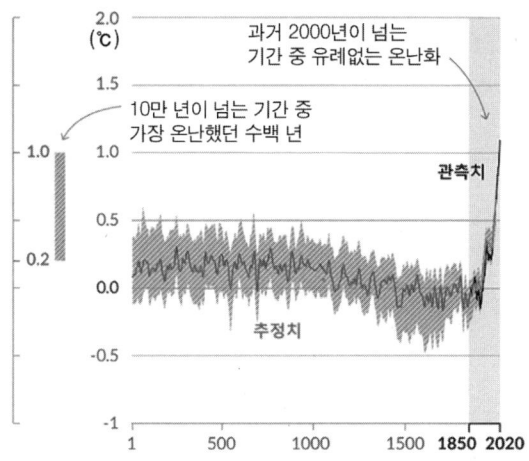

• 1850~1900년 대비 2010~2019년 관측된 온난화(왼쪽)
• 원인 규명 연구를 통해 평가된 1850~1900년 대비 2010~2019년 온난화 기여도(오른쪽)

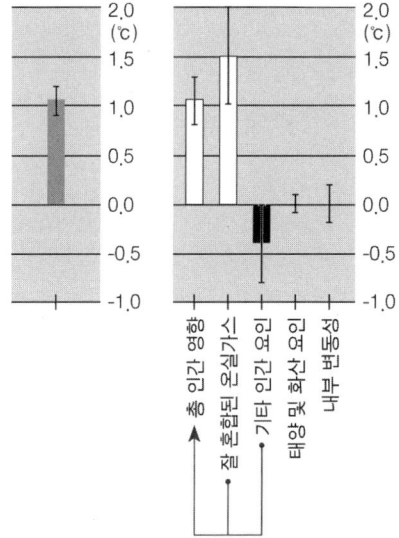

자료: IPCC, 2021.

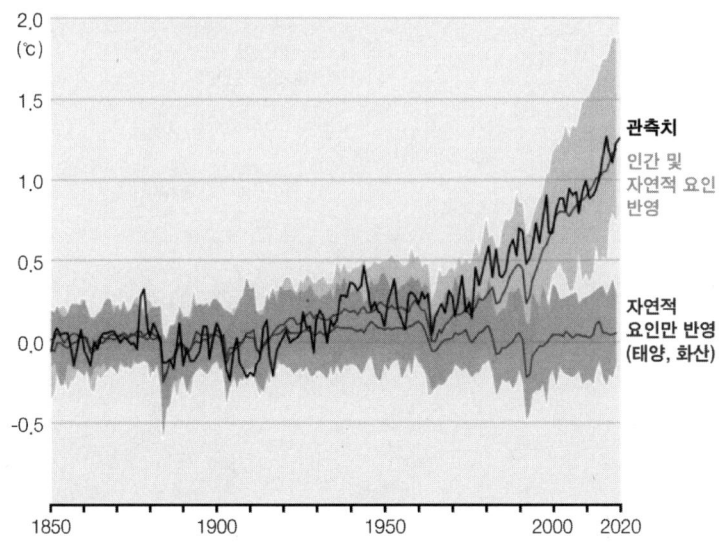

〈그림 1-3〉 지구의 표면온도 변화(연평균) 관측치와 인간 및 자연적 요인과 자연적 요인만
　　　　　 고려한 모의 결과(1850~2020년)

- 검정 실선: 1850~1900년 대비 관측된 연평균 지표 온도.
- 연한 음영 실선: CIMP6 기후 모델로 모의한 1850~1900년 대비 인간 및 자연적 요인을 모두 고려한 연
  평균 지표온도 변화.
- 진한 음영 실선: CIMP6 기후 모델로 모의한 1850~1900년 대비 자연적 요인(태양, 화산)만을 고려한 연
  평균 지표온도 변화.
- 연한 음영 실선 및 진한 음영 실선은 다중 모델의 평균값을 나타내며 음영 영역은 모의 결과 중 신뢰도가
  매우 높은 범위.

자료: IPCC, 2021.

템의 각 요소와 현재까지 변화를 포괄적으로 바라볼 수 있게 되었다"는 입장
을 바탕으로 하여 "기후변화에 대한 인간의 영향이 명백하다"는 결론을 내린
것이다. 이는 관측치와 모의치의 비교에서도 확인된다(〈그림 1-3〉 참고).

　인간 활동에 의해 유발된 것이 명백한 것으로 판정되는 '잘 혼합된 온실가
스(GHG: Green House Gas)'의 농도 증가는 1750년 이후의 관측에 의한 것이
다. 2011년 이후(AR5에 보고된 측정치), 대기 중 농도가 계속 증가하여 2019년
평균 이산화탄소(CO_2) 농도는 410ppm, 메탄(CH_4) 농도는 1866ppb, 아산화질

소(N_2O) 농도는 332ppb에 달했다. 2019년 대기 중 이산화탄소 농도는 적어도 200만 년 중 가장 높고, 메탄과 아산화질소는 적어도 80만 년 중 최고 수준이다. 적어도 과거 80만 년 동안 빙하기와 간빙기 사이의 수백만 년에 걸친 자연적 변화와 비교할 때, 1750년 이후 이산화탄소(47%)와 메탄(156%) 농도 증가량은 과거보다 훨씬 크고 아산화질소 증가량(23%)은 과거와 비슷한 수준이다.

인간 활동에 의한 복사 강제력(radiative force)[17]이 1750년 대비 2019년에 $2.27Wm^{-2}$으로 증가했고 이로 인해 기후 시스템이 온난해졌다. 이러한 온난화는 주로 온실가스 농도 증가에 기인한 것이다. 이산화탄소는 인위적으로 배출되는 전체 온실가스 양의 80%를 차지하면서 온실가스 배출량 증가를 주도하고 있다. 인위적으로 배출되는 이산화탄소 배출량의 80~85%는 화석연료 사용에서 비롯된 것이고, 15~20%는 삼림 훼손 등 토지 이용에 따른 것이다. 지역별로 차이가 있지만 육지와 해양은 지난 60년간 거의 일정한 비율(전 세계 연평균 약 56%)로 인간 활동에 의해 배출된 이산화탄소를 흡수해 왔다[18]. 배출된 이산화탄소의 반(44%) 가까이는 대기 중에 100년 이상 머물고 누적되면서 지금의 온난화를 일으키고 있는 것이다.[19] 기후 시스템의 온난화에 대한 기여도를 보면 해양 온난화가 91%를 차지하고, 육지 온난화, 얼음 손실, 대기 온난화가 각각 5%, 3%, 1%를 차지하고 있다.

기후 시스템의 온난화와 더불어 대기권(대류권), 육상권(지권), 빙권, 해양권

---

17) 복사 강제력은 지구가 흡수하는 일사량과 그중 다시 우주로 방출되는 에너지의 차이를 말하며, 클수록 지구 온도가 올라간다.

18) WMO에 의하면, 지난 10년 동안 배출된 이산화탄소 중 해양이 23%, 지표면이 29%를 흡수하고 나머지 44%는 대기 중에 머무는 것으로 분석되었다.

19) 1997년 채택된 교토의정서는 이산화탄소, 메탄, 아산화질소, 육불화황, 수소불화탄소, 과불화탄소 6가지 온실가스를 규제 대상으로 명시했다. 이산화탄소는 온실가스 배출량의 약 80%, 온실효과 기준으로 65% 비중을 차지하며 대기 중에 100~300년 체류한다. 메탄은 온실효과의 15~20%를 차지하고 체류 시간이 12년 정도지만, 온실가스 효과는 이산화탄소의 28배에 달한다.

(수권), 생물권에서 광범위하고 급속한 변화가 발생하고 있다. 대기권의 경우, 온실가스로 인한 대류권 온난화로 최근 10년간 지구 표면의 관측 온도(산업화 이전 대비 1.09℃ 상승)는 지구 역사상 가장 최근 온난화기인 약 12만 5천 년 전 수준에 육박하게 되었다. 육상권의 경우, 육지의 평균 강수량은 1950년 이후 증가했고, 1980년 이후 그 증가율은 더 커졌다. 육지 대부분에서 1950년 이후 호우의 빈도가 많아지고 강도가 높아졌다. 육지 증발산량 증가로 일부 지역의 농업 및 식생 가뭄이 증가하고 있다. 1950년대 이후 대부분의 육지에서 폭염 등 극한 고온의 빈도가 많아지고 강도가 높아진 반면, 한파 등 극한 저온의 빈도는 줄어들고 강도도 약해지고 있다. 이러한 변화는 대부분 인간의 영향에 의한 기후변화의 결과다. 빙권의 경우, 1990년대 이후 전 세계 빙하 감소와 1979~1988년부터 2010~2019년 사이에 발생한 북극 해빙면적 감소가 두드러지고 있다. 특히 2011~2020년 연평균 북극 해빙면적은 적어도 1850년 이후 최저 수준에 달했고, 2020년 늦여름 북극 해방면적은 적어도 과거 1천 년 중 가장 적었다. 1950년대 이후 전 세계 대부분의 빙하가 동시에 감소하고 있는 자연현상은 적어도 과거 2천 년 동안 유례가 없었다. 빙권의 이러한 변화도 인간의 영향이 그 주된 요인으로 간주된다. 해양권의 경우, 1970년대 이후 지구 해양 상층부(0~700m)가 온난해지고 있고, 해수 표면의 산성화가 빠르게 진행되고 있다. 20세기 중반 이후 많은 지역의 해양 상층부에서 산소 농도가 감소했다. 1901~2018년에 지구의 평균 해수면은 0.2m 상승했다. 평균 해수면 상승률은 1901~1971년에 연간 1.3mm였고, 1971~2006년에는 1.9mm로 높아졌으며, 2006~2008년에는 연간 3.7mm로 더욱 가파르게 증가했다. 적어도 1971년 이후 이러한 해수면 상승의 주된 요인은 인간이 끼친 영향일 가능성이 크다. 1900년 이후 지구 평균 해수면 상승 속도는 과거 3천 년 동안 가장 빠르다. 지난 100년간의 지구 해양은 최근 퇴빙기(약 1만 1천 년 전) 말 이후 가장 빠르게 온난화되었다. 과거 5천만 년 동안 장기간에 걸쳐 표면 해수 pH가

상승했지만, 최근 수십 년간 관측된 표면 해수 pH가 낮았던 것은 과거 200만 년 동안 유례가 없는 현상이다. 생물권의 경우, 1970년 이후 지구온난화와 함께 육지 생물권의 변화가 진행되고 있다. 기후대가 양 극지방으로 이동하고 있으며, 1950년 이후 중위도 온대 지역에서 생장기가 10년마다 최대 2일까지 길어졌다.

(2) 미래의 기후 전망

미래의 온실가스, 토지 이용, 대기오염물질에 대한 기후 반응을 AR5보다 더 광범위하게 연구하기 위해 5가지 배출 시나리오가 고려되었다. 이 시나리오들을 바탕으로 기후 시스템 변화에 대한 기후모델 전망이 이루어졌다. 21세기 전반에 대한 전망 결과는 1850~1900년 대비 단기(2021~2040), 중기(2041~2060), 장기(2081~2100)로 나누어 제시되었다. SSP 시나리오는 사회경제적인 추세인 '공통 사회경제 경로(Shared Socio-economic Pathway)'와 2100년 기준 복사 강제력에 따른 온실가스 배출의 정도를 가지고 미래의 기후 변화를 예측하는 시나리오다. 이 보고서에서는 〈표 1-2〉와 같이 최저, 저배출, 중배출, 고배출, 최고배출 5가지 SSP 시나리오가 사용되었다.

〈표 1-2〉 시나리오별 지구의 평균 기온

구분	단기, 2021~2040		중기, 2041~2060		장기, 2081~2100	
시나리오	최적 추정치(℃)	가능성 매우 높은 범위(℃)	최적 추정치(℃)	가능성 매우 높은 범위(℃)	최적 추정치(℃)	가능성 매우 높은 범위(℃)
SSP1-1.9	1.5	1.2~1.7	1.6	1.2~2.0	1.4	1.0~1.8
SSP1-2.6	1.5	1.2~1.8	1.7	1.3~2.2	1.8	1.3~2.4
SSP2-4.5	1.5	1.2~1.8	2.0	1.6~2.5	2.7	2.1~3.5
SSP3-7.0	1.5	1.2~1.8	2.1	1.7~2.6	3.6	2.8~4.6
SSP5-8.5	1.6	1.3~1.9	2.4	1.9~3.0	4.4	3.3~5.7

자료: IPCC, 2021.

고려된 모든 배출 시나리오에서 지구의 표면 온도는 적어도 21세기 중반까지 계속 상승한다. 향후 몇십 년간 이산화탄소와 기타 온실가스 배출량이 극적으로 감소하지 않는 한 21세기 안에 지구온난화 수준이 (산업화 이전 대비) 1.5℃와 2℃를 넘어설 것으로 보인다. 보고서는 가까운 미래(2021~2040년)에는 온실가스를 가장 적게 배출하는 시나리오에서도 1.2~1.7℃ 상승이 불가피할 것으로 예상된다. 온실가스를 가장 많이 배출하는 시나리오에서는 온도 상승분이 1.3~1.9℃다. 온실가스 배출량에 따라 중미래(2041~2060년)와 먼 미래(2081~2100년)의 지구 온도 상승폭은 점점 더 벌어진다. 온실가스를 가장 적게 배출하는 시나리오에서는 중미래에 지구 온도가 1.7~2.6℃, 온실가스를 가장 많이 배출하는 시나리오에서는 1.9~3.0℃ 오른다. 먼 미래에서는 각 시나리오에 따른 지구 온도 상승분이 각각 1.0~1.8℃와 3.3~5.7℃로 최대 4℃ 가까이 벌어진다. 1850~1900년보다 지구의 표면 온도가 2.5℃ 이상 높았던 시기는 300만 년 전이었다.[20]

특히 마지노선인 1.5℃ 지구온난화 수준을 초과할 가능성을 기준으로 비교한다면, '매우 높은 온실가스 배출 시나리오(SSP5-8.5)'에서 '가능성이 매우 높고', '중간 및 높은 배출 시나리오(SSP2-4.5와 SSP3-7.0)'에서 '높고', '낮은 및 매우 낮은 배출 시나리오(SSP1-2.6와 SSP1-1.9)'에서도 '낮지 않다'. 전체 평균으로

---

[20] 지난 500만 년 동안 지구가 가장 뜨거웠던 때가 플라이오세였던 300만 년 전 시기로, 이때의 온도가 산업화 이전보다 2℃가량 높았고 현재보다 1℃가 높았다. 해수면은 현재보다 25m 더 높았다. 대기권의 이산화탄소 농도는 360~440ppm 수준이었다. 지구 평균온도가 1℃(산업화 이전 대비) 높아진 현재 대기권의 이산화탄소 농도는 410ppm으로 산업화 이전 278ppm의 약 1.5배 증가해 300만 년 전과 비슷한 수준이라 할 수 있다. 이산화탄소 농도가 2배가 되면 지구 기온은 1.2℃씩 오른다. 현재의 온실가스 배출 추세로는 이산화탄소 농도도, 지구 평균기온도 계속 오를 것이고, 그에 따른 (온난화의 결과로) 해수면 상승도 계속될 것이다. 분명한 것은, 인류는 지난 500만 년 동안 산업화 이전에 비해 2℃ 높은 기후 환경에서 살아 본 경험이 없다는 사실이다. 따라서 2℃ 이상 기온 상승이 초래할 기후 환경의 변화가 인류의 미래 생존에 어떤 영향을 줄지는 지금으로서 쉽게 상상할 수 없다.

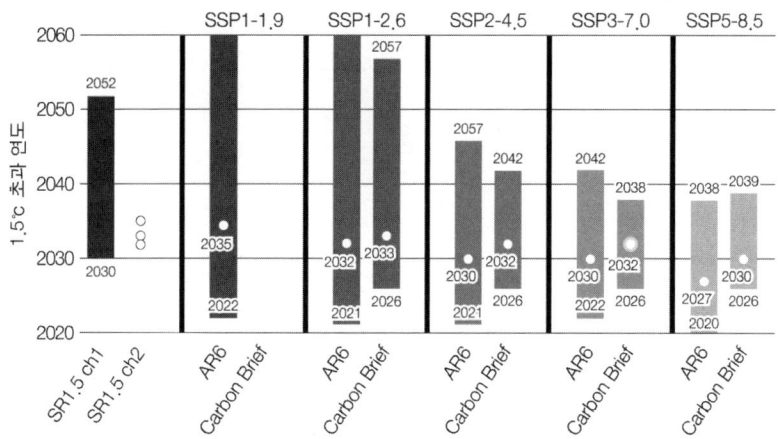

〈그림 1-4〉 1.5℃ 상승시점 예측

주: IPCC 1.5도 특별보고서(SR1.5); IPCC 제6차 보고서(AR6); 카본 브리프(Carbon Brief) 추정치.
자료: IPCC, 2021.

보면 1.5℃를 넘는 시점이 2021~2040년으로, 2018년 '지구온난화 1.5℃ 특별
보고서'에서 제시한 '2030~2052년'보다 9~12년이 앞당겨진다(〈그림 1-4〉). 그
만큼 지구온난화 속도가 빠르고, 탄소배출 저감을 위한 각고의 노력이 없다
면 마지노선 1.5℃가 쉽게 깨질 것이라는 전망이다.

  기후 시스템의 많은 변화가 지구온난화 심화와 직접적으로 연관되며 더욱
커지게 된다. 특히 지구온난화가 심화될 때마다 극한 현상의 빈도와 강도에
대한 미래 전망도 더 증가하게 된다(〈그림 1-5〉). 육지의 극한 고온(폭염)의 경
우, 1.5℃ 상승 시, 10년 주기 폭염의 빈도는 1850~1900년 대비 4.1배 증가하
고 강도는 1.9℃ 상승하며, 50년 주기 폭염은 8.4배 증가하고 강도는 2℃ 상
승한다. 육지 호우(홍수)의 경우, 1.5℃ 상승 시, 10년 주기 홍수 빈도는 1.5배
증가하고 강도는 10.5% 올라간다(습해진다). 10년 주기 농업 및 식생 가뭄은
1.5℃ 상승 시 2.0배 증가하고 강도도 올라간다(+0.5 sd). 한편 지구온난화가
지속되면 물 순환 변동성, 전 지구 몬순 강수량, 우기 및 건기의 강도 등을 포

〈그림 1-5〉 기온 상승의 영향

- 육지 호우

  (10년 기준): 인간 영향을 배제한 기후에서 평균 10년에 한 번 발생한 1일 호우 사례의 빈도 및 강도 증가

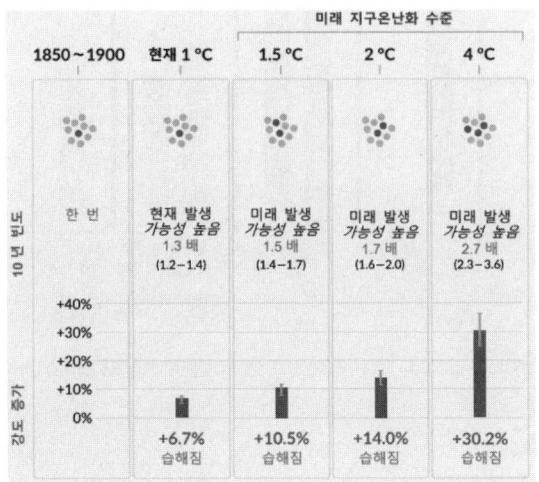

- 건조화 지역의 농업 가뭄 및 식생 가뭄

  (10년 기준): 평균 10년에 한 번 발생한 농업 가뭄 및 식생 가뭄의 빈도 및 강도 증가 (인간 영향을 배제한 기후에서 건조해지는 지역)

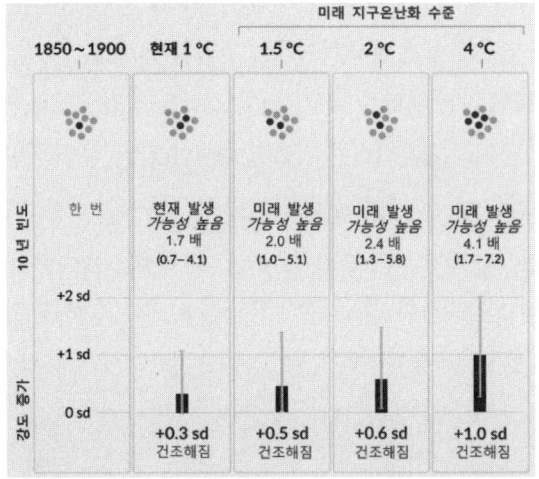

• 육지의 극한 고온
  10년 기준: 평균 10년에 한 번 발생한 이상기온 사례의 빈도 및 강도 증가
  (인간 영향을 제외한 기후 조건)

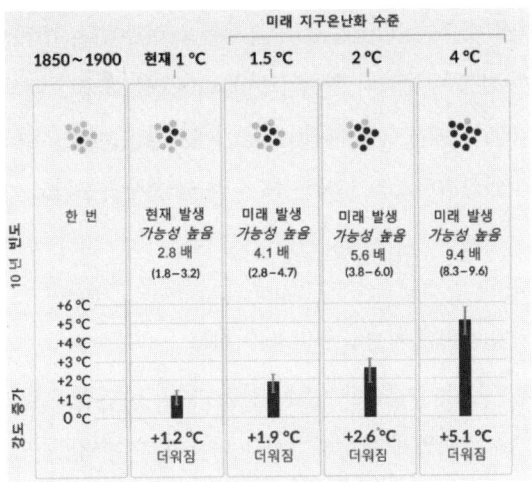

50년 기준: 평균 50년에 한 번 발생한 이상기온 사례의 빈도 및 강도 증가
(인간 영향을 제외한 기후 조건)

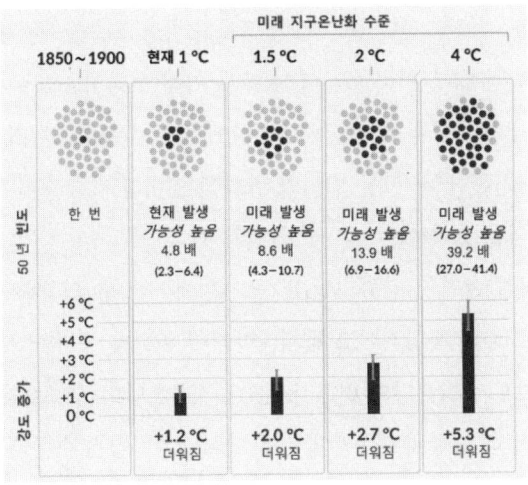

자료: IPCC, 2021.

함한 전 지구 물 순환의 불균형이 더욱 강화될 것으로 전망된다. 이산화탄소 배출량이 증가하는 시나리오에서는 해양과 육지 탄소흡수원이 대기 중 이산화탄소 누적률을 낮추는 데 덜 효율적일 것으로 전망된다. 1850~2019년에 육지와 해양 흡수원은 배출량의 59%인 1430GtCO$_2$를 흡수한 것으로 관측되었지만, 1850~2100년까지 5가지 시나리오 중, '매우 높은 배출 시나리오(SSP5-8.5)'에서는 배출된 이산화탄소의 38%만 육지 및 해양에 흡수되고 나머지는 대기에 남는다.

(3) 위험 평가와 지역별 적응을 위한 기후 정보

과학적 기후 정보는 기후 시스템이 인간 영향, 자연적 요인, 내부 변동성 사이의 상호작용에 어떻게 반응하는지를 다룬다. 기후 반응 및 가능한 결과 범위에 대한 지식은 기후 관련 위험과 적응 계획을 평가하는 기후 서비스를 지원하게 된다. 전 지구, 지역 및 국지 규모의 과학적 기후 정보는 관측 자료, 기후모델 결과, 맞춤형 진단 등 다양한 정보를 바탕으로 구축된다.

자연적 요인의 내부 변동성은 특히 단기 미래에 지역 규모에서 인위적 변화를 강화하거나 상쇄할 것이나 100년 정도의 지구온난화에 미칠 영향은 미미할 것이다. 가능한 한 모든 범위의 변화에 대비한 계획을 수립할 때 이와 같은 가감 효과를 고려하는 것은 중요하다.

지구온난화가 추가로 심화되면 모든 지역에서 기후 영향요인(Climate Impact Determinants)의 복합적이고 동시다발적인 변화가 증가할 것으로 전망된다. 다양한 기후 변화요인의 변화가 1.5℃ 지구온난화 수준보다 2℃ 지구온난화 수준에서 더욱 광범위하게 발생할 것이고, 더 높은 수준의 온난화에 더 크게 확산 및 강화할 것이다. 참고로 '기후 영향요인'은 사회나 생태계의 특정 요소에 영향을 주는 물리적 기후 시스템 조건(평균값, 사례, 극한 현상 등)을 말한다. 기후 영향요인은 '더위와 추위', '강수와 가뭄', '바람', '눈과 얼음', '기타',

'해안', '공해' 7가지 유형으로 분류되고, 평균 표면온도, 평균 강수량, 평균 풍속, 눈, 빙하, 빙상, 대기오염 날씨, 해양 온도 등 총 35개로 구성되어 있다. 지구온난화가 심해질수록, 특히 한국을 포함한 동아시아 지역에서 폭염 등 더위 관련 기후 영향인자가 증가하고, 호우와 홍수 또한 빈번하고 더 강화될 전망이다.

(4) 미래 기후변화 억제

〈그림 1-6〉은 인위적 이산화탄소 누적 배출량과 그에 따른 지구온난화 사이에 선형에 가까운 관련성 있음을 확인해 주고 있다. 이는 과거에서는 물론, 미래에서도 마찬가지다. 누적 이산화탄소 배출량 $1000GtCO_2$당 지구 표면온도가 $0.27{\sim}0.63\degree C$ 상승(최적 추정치 $0.45\degree C$)할 가능성이 높다. 과학적으로 볼 때, 이러한 관계는 인간이 유발한 지구의 온도 증가를 일정 수준으로 안정화하기 위해서 인위적 이산화탄소 배출량이 넷제로(Net-Zero)[21]에 도달해야 함을 의미하지만, 지구의 온도 증가를 일정 수준으로 억제하는 것은 이산화탄소 누적 배출량을 잔여 탄소배출 총량 내로 억제해야 함을 의미한다. 쉽게 말해, 잔여 탄소배출 총량은 온난화를 특정 온도 이하로 유지하면서 추가로 더 배출할 수 있는 이산화탄소 양을 의미한다.

〈표 1-3〉에서 보듯, 1850년부터 2019년까지 총 $2390GtCO_2$[22]의 인위적 이산화탄소가 배출되었다. 잔여 탄소배출 총량은 지구의 한계온도와 다양한 수준의 확률로 산출되는데, 표에서는 2020년 초부터 전 지구 이산화탄소 배출량이 넷제로에 도달할 때까지 기간에 대해 산출된 것이다. 이 값은 이산화탄

---

21) 넷제로는 특정 기간 동안 인위적 이산화탄소 배출량이 인위적 이산화탄소 제거와 균형을 유지하는 조건을 의미한다.

22) 1Gt(giga ton)=10억 톤.

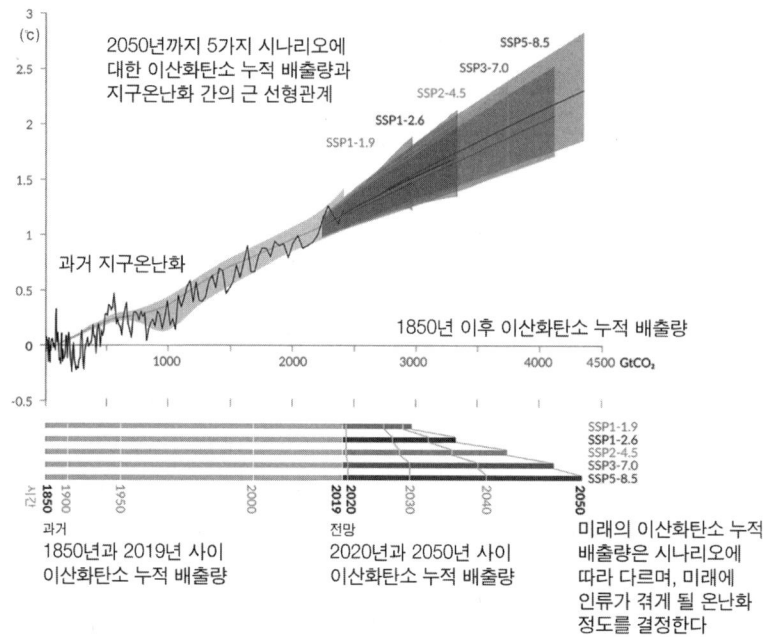

〈그림 1-6〉 1850~1900년 이후 지구 표면온도($\degree$C) 상승과 이산화탄소 누적 배출량($GtCO_2$)의 관계

- 상단 그림: 검정 실선은 1850년부터 2019년까지 누적 이산화탄소 $GtCO_2$ 배출량의 함수로 1850~1900년 이래로 관측된 전 지구 지표면 온도를 보여 준다. 2019년까지의 음영 영역과 이 영역 중앙에 있는 선은 과거 인간에 의한 지표 온난화에 상응하는 추정치를 보여 준다. 2019년 이후의 음영 영역은 전 지구 지표면 온도 전망에 대한 매우 높은 신뢰도를 가진 영역으로 이 영역 중앙에 있는 선들은 5가지 시나리오에 대해 2020년부터 2050년까지 누적 이산화탄소 배출량의 함수로서 중간 추정치를 보여 준다.
- 하단 그림: 각각의 시나리오에 대한 과거 및 전망된 누적 이산화탄소 배출량.

자료: IPCC, 2021.

〈표 1-3〉 잔여 탄소배출 총량

1850~1900년 기간과 2010~2019년 기간 사이의 지구온난화($\degree$C)		1850년부터 2019년까지 이산화탄소 누적 배출량($GtCO_2$)				
1.07(0.8~1.3, 가능성 높은 범위)		2390(+/−240, 가능성 높은 범위)				
1850~1900년 대비 추정된 한계온도($\degree$C)	2010~2019년 대비 한계 온도까지 남아 있는 지구온난화($\degree$C)	2020년 초부터 산출된 잔여 탄소배출 총량($GtCO_2$)				이산화탄소 외 온실가스 배출량 감축 변화
		한계온도로 지구온난화 억제 가능성				
		17%	33%	50%	67%	83%

1.5	0.43	900	650	500	400	300	이산화탄소 외 온실가스 배출량 저감 정도에 따라 왼쪽의 값이 220 GtCO$_2$ 이상 증가 또는 감소할 수 있음
1.7	0.63	1450	1050	850	700	550	
2.0	0.93	2300	1700	1350	1150	900	

자료: IPCC, 2021.

소 배출량을 의미한다. 가령, 1.5℃ 상승 제한을 목표로 상정 시, 이를 50% 확률로 달성하려면 앞으로 500GtCO$_2$을 더 배출할 수 있고, 67% 확률로 달성하려면 400GtCO$_2$을 더 배출할 수 있다. 1.5℃ 상승이란 한계온도의 목표 달성을 위해 앞으로 더 배출할 수 있는 여유, 즉 이산화탄소 총량이 그만큼 각각 남아 있다는 의미에서 이를 '잔여 탄소 배출량'이라고 부른다. 잔여 탄소 배출량을 달리는 '탄소 예산(Carbon Budget)'이라 부르기도 한다. 2021년 전 세계 온실가스 배출 총량 363억 톤을 기준으로 한다면, 50% 확률의 500GtCO$_2$는 향후 13.7년간 더 배출할 수 있고, 66% 확률의 400GtCO$_2$는 향후 10.9년간 더 배출할 수 있다(〈표 1-3〉). 앞으로 1.5℃ 달성을 위해 쓸 수 있는 탄소 예산은 11년에서 14년 정도 쓸(배출을 허용할 수 있는) 양에 불과하다는 뜻이다.

3) 행성적 한계로서 기후변화: 환경문제에서 지구 시스템의 문제로

기후변화는 지구 평균기온의 급격한 상승으로 확인되지만 기후변화는 이것으로 끝나지 않는다. 온난화는 기후 시스템을 구성하는 대기권, 지권, 수권, 빙권, 생물권 간에 수증기와 열에너지의 비선형적 흐름을 증대시켜 지구 전역에 다양하고도 극단적인 기후 현상을 발생시킨다. 물 부족, 가뭄, 생물다양성의 붕괴, 녹은 빙하로 인한 해수면 상승, 연안 도시와 농지의 침수, 해양의 산성화, 해양 생태계의 붕괴, 식량 부족, 도시 열섬, 오존층의 파괴, 유해 물질의 순환과 퇴적 등은 모두 기후변화의 영향 인자를 통해 발생한 기후변화의 양상에 속한다. 따라서 기후변화는 인간에 의해 배출된 이산화탄소의 농도 증가와 그로 인한 지구 표면온도 상승을 대표 지표로 하면서 지구의 기후 환경 시스템에서 발생하는 다양한 이상 현상을 포괄한다. 기후변화의 정도는 이러한 현상 중에서 대표적인 것을 지표로 가늠될 수 있을 것이다.

2009년 스웨덴 '스톡홀름 회복탄력 센터(Stockholm Resilience Center)'의 록스트룀 연구 팀은 인류세 시대, 한번 넘어서면 지구 시스템의 안정성을 돌이킬 수 없는 환경 변화를 가늠하기 위한 진단 키트와 같은 9개의 '행성적 한계(planetary boundaries)'를 제안했다. 여기에는 '기후변화', '생물다양성 상실', '생물지화학적 순환(인, 질소 농도)', '성층권 오존 고갈', '해양 산성화', '민물(담수) 이용', '토지이용 변화', '신(화학)물질 오염(noble identities)', '대기권 에어졸 부하' 9가지가 포함된다. 요한 록스트룀(Johan Rockström)과 마티아스 클룸(Mattias Klum)(2017)은 『지구 한계의 경계에서(Big World Small Planet)』에서 이 9가지 경계를 작동 방식에 따라 3가지 범주로 구분해 설명하고 있다. 먼저 기후변화, 성층권 오존 고갈, 해양 산성화는 하나의 상태에서 다른 상태로 전환이 쉬운 것으로 지구 전체에 직접적으로 영향을 끼치는 '지구의 문턱 값(threshold)'에 해당한다. 이 3가지는 9가지 중에서 '빅3'로 불린다. 다음으로, 토지이용 변화, 담수 소비, 생물다양성 상실, 생물지화학적 순환(인, 질소 농도)은 더딘 지구의 변인이지만 지구 시스템의 복원력에 영향을 주는 것으로, 전 지구 차원의 변화와 다른 '지방, 지역 문턱 값'이다. 마지막으로, 신물질 오염, 대기 중 에어로졸 부하는 인간이 만든 것이고 인간에게 위험한 것이지만, 복잡한 과정과 인과 구조 때문에 아직까지 안전한 위험 한계를 설정하지 못한 '인간건강의 문턱 값'이다(강금실, 2021).

9가지 행성적 한계 중에서 지구 시스템의 안정성을 유지하는 데 가장 중요한 요소는 기후 시스템과 생물다양성이다. 이것을 '핵심 경계'라 한다. 생물다양성 약화가 기후변화에서 비롯된 것이란 점에서 인간에 의해 유발된 기후

<그림 1-7> 행성적 한계

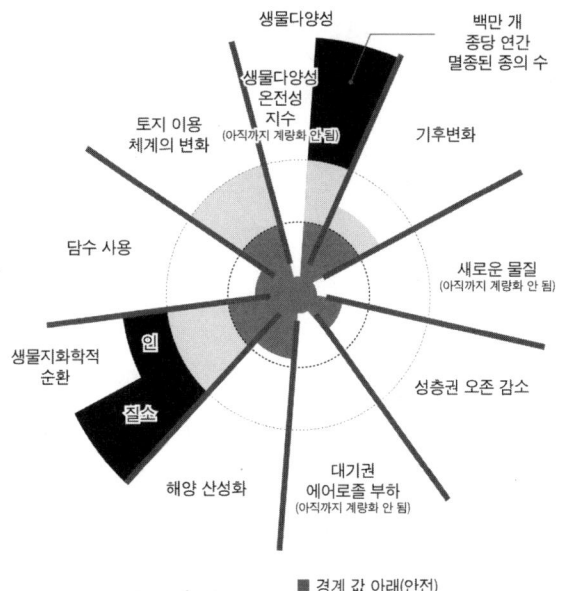

생물다양성

백만 개
종당 연간
멸종된 종의 수

생물다양성
온전성
지수
(아직까지 계량화 안 됨)

토지 이용
체계의 변화

기후변화

담수 사용

새로운 물질
(아직까지 계량화 안 됨)

생물지화학적
순환

인

질소

성층권 오존 감소

해양 산성화

대기권
에어로졸 부하
(아직까지 계량화 안 됨)

■ 경계 값 아래(안전)
□ 불확실성 지대에 있음(점증하는 위험)
■ 불확실성을 넘어서는 지대에 있음(높은 위험)

자료: https://www.stockholmresilience.org/research/pla~a~ry-boundaries.html

지구 시스템 과정	통제 변인	경계 값	현재 상태	경계 값 초과 여부	산업화 이전 값
1. 기후변화	대기 중 이산화탄소 농도(ppm)	350	412	예	280
	복사 강제력 변화(watts/m^2)	1.0	3.101	예	0
2. 생물다양성 감소율	멸종률(백만 개 종당 연간 멸종된 종의 수)	10	>100	예	0.1~1
3. 생물지화학적 순환	질소 순환(인류 사용으로 인해 대기에서 제거된 질소의 양)(연간 백만 톤 단위)	35	121	예	0
	인 순환(바다로 흘러 들어가는 인의 양)(연간 백만 톤 단위)	11	8.5~9.5	아니오	-1
4. 해양 산성화	전 지구적 표층수의 평균 탄산칼슘 융해도(오메가 단위)	2.75	2.90	아니오	3.44

5. 토지 이용	지표면(육상) 중 농지로 전환된 비율(%)	15	11.7	아니오	low
6. 담수	전 지구적 인구(사람)의 담수 사용량(Km³/yr)	4000	2600	아니오	415
7. 성층권 오존 감소	오존 농도(DU: Dobson Unit)	276	283	아니오	290
8. 대기권 에어로졸 부하	대기 중 전체 미립자 농도(지역 기준)	아직까지 계량화하지 못함(밝혀지지 않음)			
9. 화학적 오염 (새로운 물질)	환경으로 방출된 유독 물질, 플라스틱, 환경 호르몬, 방사선 오염물의 농도	아직까지 계량화하지 못함(밝혀지지 않음)			

시스템의 변화가 생물다양성을 포함한 다른 행성적 경계의 값을 좌우하는 으뜸 변수에 해당한다. 그러나 현재 거대한 가속화에 놓인 지구환경은 세계 인구, 온난화, 생태계 붕괴, 그 밖의 예기치 못한 놀라운 사건들(예: 코로나19 팬데믹, 경제 위기 등)에 의해 훼손과 파괴의 압박을 누적적으로 받고 있다. 9가지 행성적 한계 중 '기후변화', '생물다양성 상실', '토지이용 확대,' '생물지화학적 순환(질소, 인에 의한 오염)' 4가지는 이미 행성적 한계, 즉 안전 지대를 넘어 위험 지대로 들어섰다(〈그림 1-7〉 참고).[23] 이 중 기후변화는 자체의 경계 값(예: 이산화탄소 농도 400ppm)을 막 지났지만, 변화 모멘텀의 가중과 시스템 영향력의 증가로 인해, 다른 경계 값들을 더욱 높일 것으로 보인다. 기후변화로 인한 지구환경의 위기는 지구 자체의 문제로 전면화될 참이다.

행성적 한계로 측정되는 지구환경의 문제는 지금까지 알고 있는 일국 차원의 매체오염 중심 환경문제와 그 성격이 근본적으로 다른 '지구 시스템(earth system)의 문제'로 확장하여 인식되어야 한다(Birman, 2021). 이는 '내 주변(sur-

---

23) 2022년 2월, 14명의 과학자들은 학술지 《환경 과학과 기술(Environmental Science and Technology)》에서 환경오염물질과 플라스틱을 포함한 기타 새로운 (화학)물질 영역에서 행성적 한계를 넘어섰다는 결론을 제시한 바 있다.

〈표 1-4〉 전통적 환경 정책 패러다임의 한계

- 프랭크 버먼(Frank Bierman)은 논문 「인류세 시대 환경 정책의 미래: 패러다임 전환을 위한 시간」에서 전통적인 환경 정책 패러다임이 5가지 이유에서 한계에 직면해 있다고 주장한다.
1. 인간-자연 이분법(dichotomy of humans and nature)의 강조.
2. 사회생태적 체제 접근(social-ecological system approach)과 같은 통합적 연구 개념 (integrated research concept)을 수용하지 못함.
3. 행성적 정의와 민주주의(planetary justice and democracy)를 강조하지 않음.
4. 인류세 시대 새로운 규범적인 도전(예: 지구 평균온도 상승 1.5℃ 내 묶기)의 대응 실패.
5. 인간종과 비인간종 생존(human and non-human survival)의 문제를 정치적으로 주변화하는 위험.

자료: Bierman(2021).

rounding)'의 문제로서 인식되던 전통적인 환경문제가 무의미해짐을 말해 준다(〈표 1-4〉 참고)[24]. 기후위기 시대 (개별 국가) 환경 정책은 '인간-자연 이분법 극복', '통합적 연구 개념 수용', '행성적 정의와 민주주의의 배려', '1.5℃ 상승과 같은 새로운 규범의 대응', '인간종과 비인간종 생존의 주류화' 등을 포괄할 수 있어야 한다.

5. 기후위기, 기후 리스크, 기후 대응

1) 기후변화에서 기후위기

2019년 영국의 일간지 ≪더 가디언(The Guardian)≫은 기후변화가 초래한 현실의 심각성, 비가역성, 위험성을 제대로 전달하기 위해 '기후변화' 대신 '기

---

24) 영어 'environment'는 16세기 프랑스어 'environ'에서 유래한 것으로 '나와 주변(자연)'에 대한 데카르트식 이분법 사유(Cartesian dichotomy)를 반영하고 있다. 현재의 환경문제는 더 이상 나와 주변이 구분되지 않는다는 의미에서 'environment'를 'invironment'로 대체해야 한다는 주장이 제기되고 있다. '행성적 한계'로 환경문제를 확장할 때 이 또한 유의미성을 잃는다.

후위기(climate crisis)'(혹은 '기후비상', '기후붕괴'), '지구온난화' 대신 '지구가열화 (global heating)'란 말을 쓰기로 했다. 기후변화는 기후가 변하고 있다는 상황을 설명하는 말에 불과하다. 기후변화는 지구의 역사에서 계속 있었던 현상이지만, 오늘날의 기후변화는 과거와 달리 인간에 의해 유발된 것이다. 온실가스의 농도 증가에 따른 지구의 평균기온 급상승이 그러하다. 이로 인해 지구 전역에서는 폭염, 폭우, 가뭄, 해수면 상승, 북극빙 감소, 동식물 멸종, 식량난, 기후 난민 등과 같은 극한 기후와 그 피해들이 속출하고 있다. 기후변화로 인해 지구의 생태 환경적 위기와 함께 경제사회적 위기가 갈수록 깊어지고 있는 것이다. 기후위기는 기후변화의 급격성과 위험성을 말해 줄 뿐 아니라, 또한 그로 인한 생태 환경적·사회경제적 위기까지 망라하여 표현하는 것이라 할 수 있다. 2020년대 초반에 겪은 코로나19 팬데믹은 기후위기와 경제위기가 복합화한 것이지만, 그 뿌리에는 기후변화로 인한 생태계의 교란이 있다는 점에서 기후위기로 시작하여 사회경제 위기로까지 확장된 것이라 할 수 있다.

이렇듯 기후변화의 기후위기로 전화(轉化)는 단순한 용어의 변경만 의미하지 않는다. 오늘날 기후변화의 영향, 위험, 피해는 기후라는 '자연의 영역'을 넘어 '사회의 영역'에까지 뻗치고 있다. 따라서 기후위기는 극한 기후의 빈발로 그려지는 기후위기에 더해 기후(위기)로 인한 사회·경제의 위기까지를 묶어서 이해되고, 대응되어야 할 현상인 것이다. 1970년대부터 기후변화는 본격화되었지만, 21세기 초반 20년을 거치면서 변화의 속도와 강도는 훨씬 높아졌다. 또한 향후 25~30년간 지구는 더 따뜻해지고 기후는 더 극한으로 치달을 것이다. 산업화 이전 대비 1.5℃ 상승 시 적도 지역(지구촌 인구의 40% 거주 지역)은 생존 한계온도(습구온도 35℃)에 도달해 거주는 물론 생명 자체를 보전하기 힘든 상황이 될 것이다. 극지방의 만년설이 녹아 사라지면 세계 대부분의 해안 도시는 물에 잠기게 된다. 주요 글로벌 대도시(예: 뉴욕, 도쿄, 런던

등)의 침수는 글로벌 경제 질서에 엄청난 혼란과 위기를 가져올 것이다. 기후 변화로 인한 식량난의 가속은 대규모 난민을 발생시키고, 그로 인한 국제사회의 정치적 갈등과 불안정이 깊어질 것이다. 기후변화가 이대로 방치되면 지구 역사상 여섯 번째 대규모 동식물 멸종도 예견될 수 있다. 기후변화를 넘어서는 기후위기는 멀지 않는 미래에 인류에게 생명과 문명의 위기로 다가오게 된다.

2) 기후 재난과 기후 리스크

기후변화의 위기에서 사회경제의 위기로 이어지는 길목에서 발생하는 대표적인 기후위기는 폭염, 폭설, 태풍, 홍수, 침수, 가뭄, 산불 등 각종 기후 재난(climate disaster)의 빈발이다. 기후 재난은 극한 기후와 같은 기상이변에 의해 야기되는 자연 재난의 양상을 취하지만, 이로 인한 사회경제적 재난의 요소까지 포함하고 있다는 점에서 복합 재난의 성격을 띠기도 한다. 기후 재난은 인명 손실, 자산 손실, 경제활동 위축, 복구·복원 비용 등 각종 경제적 피해를 유발한다. 기후 재난의 발생 빈도와 그 피해 규모는 기후변화의 진행과 비례하여 증가하는 경향이 뚜렷하다. 유엔재난위험경감사무국(UNDRR)에 의하면 1980~1999년에 주요 자연재해 발생 건수는 4212건으로, 그 피해액이 1조 6300억 달러(약 1907조 원)였으나, 2000~2019년에는 7348건, 2조 9700억 달러(3476조 3850억 원)로 각각 1.7배, 1.8배 증가했다. 그러나 실제 경제에서 점증하는 기후 재난으로 인한 경제적 피해와 손실은 이보다 훨씬 클 것으로 보인다. 2019년 글로벌 재보험사들이 추계한 전 세계 기후 재난 피해액은 세계 경제 30위인 필리핀의 GDP 규모에 해당하는 420조 원에 달했다. 향후 기후변화로 인한 피해액의 증가는 지구 평균기온 상승과 비례하거나 이를 능가할 것으로 예상된다. 현재의 추세라면, 기후변화로 인한 경제 피해액이 곧 글로벌 총 생산의 10% 이상이 될 것으로 전망된다.[25] 세계경제포럼(WEF)은 탄소배출의 감축 노력이 없어 지구 평균기온이 3.2℃까지 오르면 2050년까지 세계경제의 GDP가 최대 18%까지 하락할 것으로 전망하고 있다. 파리협정 목표인 1.5℃ 달성 시에도 4% 정도 하락할 것으로 예견하고 있다. 한편 한국의 경우 한국환경연구원(KEI, 2021)의 최근 보고서에 의하면, 기후변화를 방치시 2020년부터 2100년까지 누적 기후 피해액이 3128조 원으로 GDP의 4.2%에 이를 것으로 전망하고 있다. 탄소중립과 같은 적극적인 리스크 관리를 시행할 경우, 피해 규모는 1667조 원으로 약 47%가량 감소하여 GDP의 1.26% 수준으로 줄어들 것으로 보고 있다.

기후변동 확대로 나타나는 기후위기는 이렇듯 각종 기후 재난을 통해 직간접의 경제적 손실과 피해를 발생시킨다. 사회경제적 활동을 하는 입장에서 이는 비용을 수반하는 기후 리스크에 해당한다. 기후 리스크는 기후위기로 인해 발생하는 사회경제적 리스크를 의미하지만, 기후변화 시대에는 '물리적 리스크'와 '전환(이행) 리스크' 2가지가 포함되어 있다. 폭염, 폭우, 태풍, 산불 등으로 인해 시설 및 장비의 손상, 생산비의 증가, 원자재 가격 앙등, 물류비 증가, 판매 감소, 나아가 자본 손실, 노동생산성 하락 등은 물리적 리스크에 해당한다. 이는 기후변화에 적절히 대응하지 못함으로서 발생하는 리스크다. 기후변화에 대응하는 과정에서도 리스크가 발생한다. 가령 탄소 배출을 줄이기 위한 친환경 원·부자재로의 전환, 생산공정의 전환, 가치 사슬의 전환 등은 그 자체로 비용을 유발하지만, 전환하지 않으면 또한 기회의 비용이 발생한다. 하지만 물리적 리스크와 달리 전환 리스크는 극복하거나 제어가 되면 기회의 편익으로 전환될 수 있는 성질의 리스크다.

기후 리스크는 일종의 '외부 불경제(external diseconomy)'로 개별 경제활동

---

25) 참고로 코로나19로 2021년 글로벌 총 생산액은 3.3% 감소했다.

주체들에 의해 부담이 되지 않았지만, 이제는 사회경제적 비용으로서 공동체로 내부화해야 한다. 기후 변동의 확대에 따라 리스크 또한 증가하면서, 사회경제 활동에서 기후 리스크는 글로벌 리스크의 대표적인 요소로 떠오르고 있다. 세계경제포럼(다보스 포럼)의 '글로벌 리스크 리포트'에서, 2007~2010년에는 자산 가치의 붕괴, 중국 경제의 성장 둔화, 재정 위기, 석유가격 급등 등 경제적 리스크가 다수였지만, 2011년부터 폭풍, 사이클론, 홍수, 생물다양성 손실, 기후변화 등 환경 리스크가 처음으로 등장했다. 2022년 리스크 보고서에서는 향후 10년간 전 세계에 영향을 미칠 10대 리스크로 '기후변화 대응 실패', '극심한 날씨', '생물다양성 상실', '사회적 응집력 훼손', '생계 위기', '감염병', '인간 환경 파괴', '자연자원 위기', '부채 위기', '지리 경제적 대결' 등이 순서로 뽑혔는데, 10대 리스크 중 6개는 기후환경 관련 리스크다. 기후 리스크가 글로벌 (경제) 리스크의 중심으로 떠오르고 있다.

2020년 국제결제은행(BIS)은 생산성을 좌우하는 자본과 노동력 손실을 발생시키고, 나아가 화폐, 금융의 안정성까지 흔들 수 있다는 의미에서 기후 리스크를 그린스완(Green Swan)이라 부른다. 금융 위기와 같은 불확실한 리스크를 가리키는 블랙스완은 양적 완화와 같은 수단으로 사후적 대응이 가능하지만, 그린스완은 리스크 정도가 광범위해 문명의 붕괴까지 초래할 수 있다. 그린스완으로 불리는 기후 리스크는 기업뿐만 아니라 다양한 경로를 통해 사회경제 전반에 영향을 미친다. 기후변화로 인한 '물리적 리스크'와 기후위기 대응 과정에서의 규제적 리스크(예: 탄소가격제 등)는 경제 부문의 '이행 리스크'로 전파되어 가정과 기업, 경제 전반에 영향을 끼치게 된다.

3) 기후 대응: 기후 정책, 기후 관리, 기후 운동

기후위기는 기후 리스크의 확대로 이어져 막대한 사회경제적 비용을 발생시키며, 또한 기후 환경의 불안정을 심화시켜 지구의 생태 환경적 미래를 위태롭게 한다. 기후변화에 대한 적절한 대응은 지구촌 모든 구성원들이 짊어져야 할 책무(글로벌 책임)나 다름없다. 특히 오늘날 기후변화는 온실가스의 누적적 배출과 같은 인위적 요인에 의해 촉발된 것인 만큼, 그 대응과 회복은 생물종의 하나로서 인류 전체의 책임에 해당한다. 이는 인류세 시대 기후변화 문제에 대한 올바른 해석이고 올바른 해법인 것이다. 기후위기는 인간에 의해 촉발된 기후변화의 결과지만, 기후변화가 기후위기로 치달은 것은 (원인자 책임 원칙에 따라) 인간이 제대로 (사전·사후) 대응하지 못한 결과이기도 하다. 기후변화는 과학의 문제기도 해서 그 대응 또한 (기후변화의) 과학에 기초해 이루어져야 할 것이다. 따라서 기후(변화에 대한) 대응은 글로벌 그리고 국가별로 사회경제적 경로에 맞춰 설계된 탄소 배출 시나리오(로드맵)에 따라 이루어져야 한다. 대응의 주체를 중심으로 본다면 정부는 정책(국가의 원리)으로, 기업은 기후 경영(시장의 원리)으로, 시민사회는 기후 운동[결사(공동체)의 원리]으로, 기후변화에 대한 대응 방식을 차별적이면서 상호 보완적 관계로 강구해야 한다.

정부의 기후 정책은 기후변화라는 '외부 불경제의 문제'를 국가가 법제도와 재정을 활용해 완화 내지 해소하는 것이 된다. 국가 차원에서 기후 문제에 대한 정책 대응이 본격화된 것은 1992년 리우회의[리우데자네이루에서 개최된 유엔환경개발회의(UNCED: United Nations Conference on Environment & Development)]에서 UNFCCC이 체결되면서부터라 할 수 있다. 글로벌 책임 구조 내에서 대응하되, 국가별 대응에서는 저감과 적응 두 축을 중심으로 하게 되었다. 따라서 현재 대부분의 국가들은 UNFCCC 틀 내에서 국가별로 차별화된 저감과 적응 중심의 기후 대응정책을 펴고 있다. 저감(mitigation) 정책은 온실가스의 배출량 감축을 주된 내용으로 한다. 감축 총량을 목표로 정하고 재생 가능 에너지로의 전환(재생 에너지 확대), 탄소배출 공정과 시설(생산 시설, 운송 수단,

건물 등)의 전환 등과 같은 주 배출원에 대한 감축 관리를 핵심적 정책 수단으로 활용한다. 적응 정책은 해수면이 상승하고 혹한이나 혹서, 가뭄과 폭풍과 같은 극한 기후현상으로 나타날 때 각종 피해를 예방, 대처, 복원 등의 방식으로 줄이는 것을 주된 내용[예: 작부 체계의 변경, 온열질환(자) 예방과 보호, 도시 숲 조성, 기후 친화적 건물 등]으로 다룬다. 개별 기후정책은 대개 국가 혹은 지방 기후변화 대응 종합계획 틀 내에서 추진되지만, 최근에는 '수동적인 감축과 적응', 나아가 '적극적인 복원(예: 생태 복원)과 전환(예: 탈탄소 경제로의 전환)'을 위한 개별 정책들을 중·장기 틀로 묶어 대규모 재정투자를 동반하는 방식으로 추진되기도 한다. 유럽연합(EU)의 그린딜(Green Deal)이 그러하다. 강도 높은 재생 가능 에너지로의 전환, 탈탄소 기술의 개발과 보급, 탈탄소 산업 생태계의 조성, 순환경제의 구축, 농업 생산 및 식생활 구조의 탈탄소화, 생물종 보호와 생태 복원 등의 프로그램을 포괄하는 그린딜은 막대한 재정 투입을 기반으로 추진되고 있다. 2050년 탄소중립과 이를 통한 '탈탄소 사회의 전환'은 그린딜의 최종 목표이다.

한국은 일찍이 2008년에 기후변화에 대응하는 녹색성장 정책을 도입하고, 이듬해에 제1차 녹색성장 5개년 계획의 일환으로 "2020년까지 온실가스를 '배출전망(BAU: Business As Usual)' 대비 30% 감축"하는 목표를 발표했다. 2010년에는 「저탄소 녹색성장 기본법」을 제정(2011년 시행)하면서 '온실가스 목표관리제'를 도입했다. 2012년 온실가스 목표제를 통한 온실가스 감축 활동을 시작으로 2015년부터 배출권 거래제[26]가 시행되었다. 적응과 관련해서

---

26) 배출권 거래제는 2014년 「온실가스 배출권의 할당 및 거래에 관한 법률」 제정을 통해 도입되어 2015년부터 시행 중이다. 2007년 교토의정서에 온실가스를 비용 효과적으로 감축하는 방안의 하나로 '배출권 거래제'가 포함되면서 국제사회에 소개되었다. 한국은 교토체제 아래 감축 의무국(38개 선진국)이 아니면서 EU를 이은 두 번째 나라로서 배출권 거래제를 시행하고 있다. 배출권 거래제란 정부가 연간 배출총량을 정해 놓고 산업별·업종별·기업별로 배출량을

는 녹색성장 기본법에 따라 2011년부터 5년 단위의 '국가 기후변화 적응 대책'
이 수립·추진되고 있다. 그러나 범부처 기후변화 대응은 파리 신후기체제
(2015년 파리기후협정 체결, 2020년부터 시행)에 대비하면서 본격화되었다. 먼저
정부는 파리기후협정에 따라 '2030년 자발적 국가 감축목표(NDC: Nationally
Determined Contribution)'를 작성하여 2015년 유엔에 제출했다. NDC 실행을
뒷받침하기 위해 2016년에 '2030 온실가스 감축 기본 로드맵'을 확정하고, 또
한 같은 해 '제1차 국가 기후변화대응 기본계획(2017~2036)'을 수립했다. '2030
년 감축 목표'는 '2030년 BAU 대비 37%'로서 국내 감축 25.7%, 국외 감축
11.3%로 구성된 것이었지만 과도한 국외 감축비중으로 논란을 불렀다. 제1
차 국가 기후변화대응 기본계획은 기후변화에 대한 적응뿐만 아니라 온실가
스 감축, 국제 협력 등을 포함한 종합적인 대책으로 파리 신기후체제 출범에
맞추어 작성되었다. 2018년에는 국가 온실가스 감축 목표의 이행 가능성을
높이는 데 초점을 두어 '2030 국가 온실감축 기본 로드맵 수정안'을 마련했다.
2019년에는 기후변화 전반에 대한 대응체계 강화 및 '2030 국가 온실가스 감
축 로드맵'의 이행 점검 및 평가 체계를 조기에 구축하기 위해 '제2차 국가 기
후변화대응 기본계획(2020~2040)'이 수립되었다. 로드맵 수정을 거치면서,
'2030년 BAU 대비 37% 목표'에서 국내 감축비율을 기존 25.7%에서 32.5%로
늘리고 해외 감축비중을 11.3%에서 4.5%로 줄였다. 또한 BAU 방식을 절대
량 방식으로 바꾸어 '2030 NDC'를 '2030년 BAU 대비 37.5%'에서 '2017년 대

할당하여 그 한도 내에서 배출하도록 하되, 그 이상으로 배출할 경우 그 이하로 배출해 배출
여력이 있는 배출자(기업)로부터 배출할 수 있는 권리를 구매하여 배출을 허용하는 제도다.
할당량 이상으로 배출할 경우에는 비용을, 할당량 이하로 배출할 경우에는 편익을 발생시키는
것을 권리화하고 이를 시장을 통해 거래하도록 하면, 장기적으로(배출 총량을 줄이거나 유상
할당을 늘려 거래 비용을 높이는 장치를 작동시키면서) 배출 총량이 줄어들게 된다. 한국은 전
체 온실가스 배출량 중 배출권 거래 물량이 70% 정도를 차지한다.

비 24.4%로 수정했다. '제2차 국가 기후변화대응 기본계획'은 이를 감축 목표로 설정하고 '전환, 산업, 건물, 수송, 폐기물, 공공, 농축산, 산림' 8대 부문의 온실가스 감축과 기후변화 적응체계 구축을 핵심 추진내용으로 하고 있다. '2030 NDC' 갱신안은 '2050 장기 저탄소 발전전략'과 함께 2020년 말 유엔에 공식 제출되었다. 2020년 '한국판 그린뉴딜'과 '2050 탄소중립'이 발표되면서, 온실가스 감축을 위한 제도적 시스템 구축과 함께 한국 사회의 녹색전환을 이끌어 낼 수 있는 통합적이면서 공세적인 기후변화 대응 정책 프로그램이 마련되었다. 이를 뒷받침하기 위해 2021년 「기후위기 대응을 위한 탄소중립·녹색성장에 관한 기본법」이 제정되어 2022년 7월부터 시행되고 있다.

기후변화와 관련하여 기업의 대응은 다양하고 또한 최근에 올수록 보다 혁신적인 것으로 바뀌고 있다. 탄소배출 저감을 위한 공정 개선, 탈탄소 녹색기술의 도입, 친환경 에너지의 사용, 원·부자재의 교체, 자원 순환, 제품의 녹색 인증제, 녹색자금의 활용, 배출권 거래제 참여 등이 기업 차원에서 강구되는 기후변화 대응 수단들이다. 기업의 이러한 개별 시도들을 묶어 최근에는 '환경 경영' 혹은 '지속가능경영' 등으로 불린다. 기후위기에 따른 기후 리스크는 갈수록 기업 입장에서 점증하는 비용으로 다가온다. 이에 대한 적절한 대응이 없다면 기업들은 매출 감소, 이익 감소 등으로 경쟁력을 상실하거나 심지어 역성장으로 시장으로부터 도태될 수 있다. 기후변화를 일으키는 핵심 원인물질인 온실가스(특히 이산화탄소)의 대부분은 화석연료를 사용하는 기업의 생산 활동에서 배출된 것이다. 이런 측면에서 기업은 기후변화를 일으킨 중요한 '원인자'지만, 원인자에 걸맞은 책임을 지지 않았다. 지금 기후변화의 비용은 기후 리스크를 통해 기업의 몫으로 돌아오고 있다. 따라서 그에 대한 부적절한 대응은 개별 기업의 지속가능성은 물론이고, 크게 보면 화석연료(고탄소)를 기반으로 하는 자본주의 경제의 지속가능성을 옥죄고 있다. 이러한 까닭에 글로벌 비즈니스 기업일수록 기후변화에 대한 대응을 경영의 최우선 과제로 여기고 있는 것이다. 공급망에 들어와 있는 기업들이 사용하는 에너지를 재생 가능 에너지로 바꾸지 않으면 거래 관계를 단절하겠다는 글로벌 기업들의 'RE 100'(재생 가능 에너지 100% 사용) 경영이 비근한 예다. 전 세계적으로 불고 있는 'ESG'[27] 열풍은 ESG형(ESG 기준에 맞는) 투자와 경영이 대세임을 의미한다. 2030년 전후로 세계적인 투자 자금의 90% 이상이 ESG 평가를 거친 것으로 전망되고 있다. 이는 기업의 입장에서 ESG 경영을 제대로 하지 않으면 필요한 투자를 지속적으로 받을 수 없다는 뜻이다. 최근의 ESG 경영은 개별 기업 내에서가 아니라 기업의 가치사슬 전체(공급망 전체)에 연결되어 있는 주요 이해관계자들의 협력을 통해 이루어지는 추세다(조명래, 2021a, 2022c). 원자재를 공급받는 단계(upstream), 생산과정을 운영하는 단계(onstream), 제품이 출하되어 유통·소비되고 폐기되는 단계(downstream), 각각에서 탄소 배출을 저감하는 조치가 ESG 경영에 의해 취해져야 한다. E, S, G 각 요소의 관리는 기업 경영에서도 그간 비재무적 분야에 속했다. 하지만 기업의 재무적 이익 실현은 바로 이러한 비재무적 요소들에 의해 좌우되고 있다. 최근에 올수록 기업의 ESG 정보공시 기준들이 기후 리스크의 위험에 어느 정도 노출되어 있고 또한 어느 정도 위험 관리와 대응이 이루어지고 있는 것을 중심으로 하고 있다.[28] 기후위기 시대, '기후변화 관련 위험관리 프로세스'의 관리가 ESG 경영의 핵심으로 떠오르고 있는 것이다(조명래, 2022c).

---

27)   ESG는 Environmental, Social, Governance의 머리글자를 모은 것이다. 2004년 유엔 사무총장 코피 아난(Kofi Annan)이 글로벌 투자사(금융사)들에게 환경적으로 지속 가능하고(E), 사회적으로 책임을 지며(S), 민주적인 공정 경영을 하는(G) 기업들에게 투자하도록, 그렇게 해서 투자대상 기업이 지속 가능한 발전에 기여할 수 있는 '책임지는 투자(책임 투자, Responsible Investment)'를 주문한 데서 ESG 개념이 도출되었다.

28)   2015년 G20 재무 장관들과 중앙은행 총재들이 '금융안정위원회'에 자료 공개 가이드라인을 요청하면서 만들어진 TCFD(Task Force on Climate-related Financial Disclosure) 공시안, 즉 '기후변화 관련 재무정보 공시안'이 대표적인 예다.

기후변화에 대한 시민사회의 대응은 기후변화의 원인자이면서 피해자로서 시민들이 기후 이슈에 대해 집단적으로 반응하면서 자의식적 실천을 통해 기후 문제를 해결하고자 하는 집합적 행동을 말한다. 기후 이슈에 민감하게 반응하고 주체적으로 해결하고자 하는 집합적 시민을 '기후 시민'이라 부를 수 있다. 또한 그들이 조직하고 전개하는 시민운동을 '기후(시민) 운동'이라 할 수 있다. 기후 운동은 전통적인 시민 환경운동의 연장선에 있는 것으로 보일 수 있지만, 몇 가지 측면에서 구분된다. 우선 기후 운동은 청년 세대가 주도하는 경우가 많다. 스웨덴의 그레타 툰베리(Greta Thunberg)가 이끄는 '기후 파업'[29]이 대표적인 예다. 또한 기후 운동은 기성세대가 이끄는 기존 기후 정책의 급진화를 요구하는 경우가 많아 세대 갈등과 더불어 가치 갈등의 양상을 띠고 있다. 기후 문제는 특정 세대나 지역이 주도할 수 없는 시공간적 광역성과 복잡성을 띠고 있어, 그만큼 급진적인 해법만 가시적 성과를 보장한다. 하지만 현실 정책은 경로 의존성으로 인해 이런 해법을 수용하기가 쉽지 않다. 이는 기존 환경 운동과 다르면서 동시에 기후 운동이 직면한 딜레마를 말해 준다. 하지만 인류세 시대 기후문제 해결을 위한 '산업화 이전 대비 1.5℃ 상승 제한'은 규범적인 문제인 만큼, 현실 정책에서 이의 수용을 아무리 강조해도 지나치지 않다. 기후 운동은 이런 점에서 경로 의존적인 기존 기후정책의 패러다임 전환을 이끌어 낼 수 있는 가장 중요한 영향자라 할 수 있다. 한국의 시민사회를 무대로 전개되는 '청소년기후행동', '대학생기후행동', '가톨릭기후행동', '기후위기비상행동', '기후정의동맹' 등의 기후 운동도 운동의 지향성 측

---

29) 툰베리는 2018년 8월부터 매주 금요일 등교를 거부하고 정부와 기성세대에 기후변화 위기 대응을 촉구하는 시위를 스웨덴 의회 앞에서 벌였다. '기후를 위한 학교 파업(school strike for climate)'이란 피켓 때문에 그녀의 시위는 '기후 파업'으로 불렸다. 툰베리가 시작한 기후 파업은 '미래를 위한 금요일', '기후를 위한 청년 파업' 등으로 불리면서 전 세계 학생들과 직장인들이 참여하는 대규모 시민운동으로 확산되면서 기후(시민) 운동의 한 전형이 되었다.

면에서는 '기후 파업'과 크게 차이가 나지 않는다. 기후문제 해결을 위해서는 국가가 지금보다 훨씬 근본적인 해법(경제의 탈탄소화, 재생 에너지로의 전환, 기후정의 실현 등)을 내놓아야 한다는 것이 기후 운동의 일반적인 목표다. 그러나 정부가 선도적으로 그린뉴딜이나 탄소중립 등의 정책을 추진하는 과정에 함께하면서, 시민 스스로 일상 실천을 통해 기후 문제를 해결하고자 하는 '포지티브 기후 운동'도 갈수록 다양화되면서 확산되고 있다. 이러한 기후 운동은, 기후위기에 대응하는 탄소중립 혹은 탈탄소화를 시민 주체들이 탄소 배출을 자발적으로 줄이는 일상 실천을 통해 상향적으로 이끌어 내야 할 개혁적 과제로 인식하는 것에 기초하고 있다. 시민들의 의식과 생활 방식이 바뀌지 않으면 탄소중립이나 탈탄소화 과제는 기술적 문제로 축소된 채 관료적 절차에 의해 시도되지만 성과를 낼 수 없는 것으로 전락하게 될 뿐이다. 이런 점에서 기후 시민들이 일상생활을 통해 탄소중립과 탈탄소화를 자의적으로 이끌어 내는 집합적 실천으로서의 기후 운동은 가장 확실한 기후 문제의 해결책이라 할 수 있다. "모든 국민은 건강하고 쾌적한 환경에서 생활할 권리를 가진다"는 헌법 제35조의 '환경권'은 시민들이 기후변화 대응을 위한 탄소중립과 탈탄소화를 요구하고 보장받을 권리가 될 수 있다.

6. 기후변화 대응을 위한 전환적 정책: 탄소중립과 녹색전환

1) '공유지 비극'으로서 기후위기와 그 극복: 기후 비용의 내부화, 탄소중립, 녹색전환

기후위기는 산업화 과정에서 개별 국가들이 각자의 이익 극대화를 위해 화석 에너지의 과도 사용과 그에 따른 온실가스의 과다 배출로 야기된 것이다.

기후위기는 이런 점에서 '공유지의 비극(Tragedy of the Commons)'30)을 그대로 닮아 있다. 오늘날 기후변화는 인간을 포함해 지구에 존재하는 모든 생명체에게서 생존에 필수적인 공유 자원, 즉 맑은 공기, 깨끗한 물 그리고 서식지를 뺏음으로써 많은 생명을 멸종에 이르게 하고 있다. 기후변화의 문제는 본질적으로 공유 자원의 관리 문제로서 매우 까다로운 외부 효과(externality)를 유발한다. 외부 효과란 개별 경제주체의 소비나 생산 활동이 시장을 통하지 않고서, 즉 가격을 지불하지 않고서 다른 경제주체에게 긍정적·부정적 영향을 미치는 현상을 지칭하는데, 부정적 경우가 대부분이다(이영환, 2020).

이 부정적인 외부 효과의 문제는 '무임승차(free rider)의 문제'라고도 불린다. 남이 지불한 비용으로 만들어진 편익을 무단으로 편취하는 '무임승차'는 향유해야 할 승차 서비스의 질을 떨어뜨리다가, 종국에는 운영비의 과중으로 공급을 멈추게 한다. 공유지(혹은 공유재) 이용에서 '무임승차 문제'는 외부 효과의 하나(외부 불경제)로 기후위기와 같은 '공유지 비극'의 중요한 까닭이 되고 있다. 기후란 공유 초지에 목동(나라)들이 더 많은 소를 서로 방목한(각자의 산업화를 위해 더 많은 화석연료를 사용하고 더 많은 온실가스를 배출한) 결과 초지(기후)가 황폐화되어 누구도 더 이상 이용할 수 없게 되는(기후의 혜택을 누릴 수 없는) 상황이 기후위기인 것이다. 그러나 공유지의 비극은 '공유지의 비극'을 풀어 가는 과정에서도 되풀이된다. 탄소중립의 글로벌화에는 '무임승차 문제'가 필히 걸림돌이 된다는 뜻이다.

'지구 공유지 비극'의 딜레마를 어떻게 풀어 가느냐는 기후위기를 어떻게

---

30) '공유지의 비극'은 주인이 따로 없는 공동 초지에 농부들이 더 많은 소를 경쟁적으로 방목하여 개인의 이득을 극대화하고자 하지만, 수용력을 벗어난 방목장은 결국 황폐화되어 누구도 쓸 수 없게 되는 (비극적) 결과가 초래되는 현상을 일컫는다. 이 용어는 생물학자 가렛 하딘 (Garrett Hardin)의 「공유지의 비극」이란 논문이 1968년 ≪사이언스≫ 잡지에 발표된 이후 널리 사용되기 시작했다.

극복할 수 있느냐의 방식을 조건 짓는다. 『공유의 비극을 넘어(Governing the Commons)』의 저자이자 2009년 노벨 경제학상을 수상한 엘리너 오스트롬 (Eliner Ostrom)은 기후위기의 무임승차 문제와 관련하여 획일적인 해결 대안 에만 의존하지 말고 공동체의 자율적인 관리를 통해 보다 나은 해결책을 찾 아야 한다고 주장한다. 공동체 자율 관리는 사적 이익 추구에 매몰된 개인들 이 기후위기와 같은 공동체의 문제를 소통과 참여를 통해 자각하고(기후 가치 의 내면화), 기후위기 극복을 위한 비용의 자발적 지불을 통해 공동체(기후)의 편익을 실현하는 방식이다(조명래, 2022). 이는 아서 세실 피구(Arthur Cecil Pigou)의 '환경 비용의 내부화'[31] 원리를 지구의 다원적 공동체 차원으로 확대 하는 것이라 할 수 있다. 기후 비용의 공동체 내부화는 기후문제 해결을 위한 공동체 책임 구조의 내부화와 비용 지불로 창출된 기후 편익의 사회화(예: 고 탄소·기후위기 사회에서 탈탄소·기후안전 사회로의 전환)를 등식으로 한다.

1.5℃ 달성을 위한 '탄소중립'은 기후 비용(탄소 비용 등)을 지구의 다원적 공 동체로 내부화하여 기후 문제를 해결하는 방식이 될 수 있다. 탄소중립의 다 원적 공동체란 다양한 스케일의 탄소중립 공동체(예: 글로벌 탄소중립 공동체, 국가적 탄소중립 공동체, 지역적 탄소중립 공동체)를 말한다. 진정한 탄소중립의 실현은 고탄소·기후위기 사회에서 탈탄소·기후안전 사회로의 전환, 즉 녹색 전환 그 자체이다. 이런 점에서 기후변화 대응을 위한 탄소중립 정책은 '전환 적 정책(Transitional Policy)'이라 할 수 있다.

---

31) 이는 '피구세(Piguvian Tax)'로 불리는 녹색세(Green Tax, Environmental Tax) 도입의 이론적 근거가 되었다.

2) 글로벌 수준: 탄소 통상과 글로벌 탄소중립 레짐

지구 기후 시스템의 문제로서 기후변화에 대한 대응은 글로벌 수준에서 이루어져야 한다. 기후와 관련된 국제 협력은 기후변화 대응 정책의 기본 틀 (frame)이자 전제가 된다. 1992년 브라질 리우데자네이루에서 개최된 UNCED 에서 채택된 UNFCCC는 기후변화 관련한 글로벌 수준의 첫 대응이다. 선진 국과 개도국 모두 '공동의 그러나 차별화된 책임(Common but Differentiated Responsibilities)'에 따라 각자의 능력에 맞게 온실가스 감축을 약속한 것이 협약 의 핵심 내용[32]이다. 그러나 UNFCCC의 협약 사항은 국제사회에서 기대된 성과를 거두지 못한 채 이어지는 협의와 협력을 통해 보완과 실행력을 강구 해 나가고 있다. 1997년 일본 교토에서 개최된 제3차 유엔기후변화 당사국 총회(COP 3)에서는 선진국들의 수량적 온실가스 감축 의무를 규정한 교토협 약(2005년 발표, 2020년까지 시행)이 체결되었다. 교토의정서(Kyoto Protocol)는 기후변화의 주범인 6가지 온실가스(이산화탄소, 메탄, 이산화질소, 수소불화탄소, 과불화탄소, 육불화황)를 정의하고, 부속서 I 국가들에게 제1차 공약 기간(2008~ 2012) 동안 온실가스 배출량을 1990년 수준 대비 평균 5.2% 감축하는 의무를 부과했다.[33] 그러나 어렵게 설정한 제2차 공약 기간(2013~2020)에 미국 등 여

---

32) UNFCCC는 차별화된 책임 원칙에 따라 부속서 I에 포함된 42개국(Annex I)에 대해 2000년까 지 온실가스 배출 규모를 1990년 수준으로 안정화할 것을 권고했다. 부속서 I에 포함되지 않 는 개도국에 대해서는 온실가스 감축과 기후변화 적응에 관한 보고, 계획 수립, 이행과 같은 일반적 의무를 부여했다. 협약 부속서 II(Annex II)에 포함된 24개 선진국에 대해서는 개도국 의 기후변화 적응과 온실가스 감축을 위해 재정과 기술을 지원하는 의무를 규정했다. UNFCCC는 당초 설정한 목표 달성에 실패했지만, 기후변화 대응을 위한 글로벌 수준의 정책 을 어떻게 가져가야 할지에 대한 절차, 방법, 내용 등의 기본 틀이 되었다. 기후변화 당사국 총 회인 COP(Conference of Parties)는 여전히 UNFCCC의 포트폴리오에 따라 격년별로 열린다.

33) 그 밖에 교토의정서는 이른바 신축성 메커니즘(Flexibility Mechanism)으로 불리는 청정개발 체제(CDM: Clean Development Mechanism), 배출권 거래제(ETS: Emission Trading Scheme),

러 국가들이 참여하지 않게 되면서 교토기후체제는 '공유지 비극'과 '무임승차의 문제'로 결국 실패했다.[34] 이어서 2011년 COP 17 더반 플랫폼(Durban Platform)[35]을 기반으로 개최된 2015년 제21차 당사국 총회(COP 21, 파리)에서는 2020년부터 모든 국가가 참여하는 신기후체제의 근간이 될 파리협정(2016년 발효, 2021년부터 시행)이 체결되었다. 이로써 선진국에만 온실가스 감축 의무를 부과하던 교토기후체제를 넘어 모든 국가가 자국의 상황을 반영하여 참여하는 보편적 체제가 마련되었다. 파리협정은 지구 평균기온 상승을 산업화 이전 대비 2℃보다 상당히 낮은 수준으로 유지하고, 1.5℃로 제한하기 위해 노력한다는 전 지구적 장기 목표 아래 모든 국가가 2020년부터 기후 행동에 참여하며, 5년 주기로 이행 점검을 통해 기후변화 대응 노력을 강화하도록 하고 있다. 파리협정에서는 모든 국가가 스스로 결정한 온실가스 감축 목표(NDC)를 5년 단위로 제출하고 국내적으로 이행토록 하고 있으며, 재원 조성과 관련해 선진국이 선도적 역할을 수행하고, 여타 국가들은 자발적으로 참여토록 하고 있다. 2023년부터 5년 단위로 파리협정의 이행 및 장기 목표의 달성 가능성을 평가하는 전 지구적 이행 점검(global stocktaking)을 실시하게 된다. 2018년 IPCC 1.5℃ 특별보고서에서 2℃ 대신 1.5℃ 상승을 실질적인

공동이행제도(JI: Joint Implementation)를 도입하여 온실가스를 비용 효과적으로 감축하고 개도국의 지속 가능한 발전을 지원할 수 있는 계기를 마련했다.

34) 교토의정서는 이산화탄소 등 6대 온실가스를 대상으로 1990년 대비 2012년까지 5.2% 감축을 목표로 했다. 그러나 모든 교토의정서 회원국에 대해 감축 의무가 부여되었던 것이 아니다. 기후변화에 상대적으로 더 큰 책임을 지닌 38개 선진국에만 온실가스 감축량이 배분된 반면, 중국, 인도 등 신흥 개도국에 대해서는 감축 의무가 유예되었다. 2009년 당사국 총회(COP 15)에서 회원국 간 구속력 있는 합의 도출에 실패함으로써 교토기후체제는 사실상 붕괴로 이어졌다.

35) 2011년 제17차 당사국 총회(COP 17, 더반)에서는 2020년 이후 모든 당사국이 참여하는 새로운 기후변화 체제 수립을 위한 '더반 플랫폼' 협상을 출범시키기로 합의했다. 이 협약에 따라 2015년 파리협정이 체결되었다.

목표로 설정하고 이것의 실현을 위한 '2050 탄소중립'을 제안함에 따라, 파리 신기후체제는 사실상 '글로벌 탄소중립 레짐(Global Carbon Neutrality Regime)'으로 기능하고 있다. 하지만 감축량의 배분과 감축 의무가 부여되지 않은 채, '투명한 자발적 감축과 이행 점검'만 권고하는 낮은 수준의 국제 협력, 즉 구속력과 이행력을 결여한 '연성적 레짐(soft regime)'에 불과하다. 때문에 2021년부터 시행되고 있지만, 파리 신기후체제도 '무임승차'의 문제로부터 결코 자유롭지 못하다.

2021년 5월 유엔기후변화대응기구(UNFCCC)가 발표한 '온실가스 공보(Greenhouse Gas Bulletin)'에 의하면, NDC를 갱신한 143개국의 온실가스 삭감 약속을 집계한 결과, 2030년 배출량이 2010년 대비 16% 오히려 증가한 것으로 드러났다. 이런 추세로는 금세기 말까지 지구 온도가 2.7℃ 상승할 것으로 추산했다. 이는 2100년까지 1.5℃ 상승을 제한하기 위해 2030년까지 2010년 대비 최소 45% 감축해야 한다는 IPCC(2018년 지구온난화 1.5℃ 특별보고서)의 권고와는 정반대로 가고 있는 것이다. 탄소중립이 대세를 이루는 것 같지만, 이렇듯 실상은 '소를 더 풀어 각자의 이익을 극대화하려는 가운데 공동 초지의 황폐화와 고갈'이 임박한 '공유지의 비극'이 여전히 높은 수준에서 계속되고 있는 것이다(조명래, 2022b).

이런 상황에서 EU를 중심으로 한 '탄소 통상(Carbon Trade)'이 본격화되면 파리 신기후체제가 보다 견고한 레짐으로 발전될 수 있을 것이다. 사실 IPCC의 1.5℃ 특별보고서가 제기한 'NDC 상향 및 2050년까지 탄소중립'의 요청에 가장 빠른 반응을 보이고 있는 것은 EU다. 2019년 12월 EU는 기후변화 대응을 통한 지속 가능한 성장인 그린뉴딜과 탈탄소 사회로의 전환인 탄소중립을 두 축으로 하는 '유럽 그린딜(European Green Deal)'을 발표했다. 또한 EU는 2021년 6월 유럽 기후법을 제정하고, 7월에는 2030년까지 1990년 대비 55% 이상 온실가스를 감축하기 위한 12개 항목을 담은 입법 패키지[36] 'Fit for All'

을 발표했다. 해당 안에는 '탄소 국경세 도입', '2035년부터 EU 내 신규 휘발유·디젤 차량 판매금지', '교통·건설 부문 탄소비용 부과' 등의 방안이 포함되었다.

이 중 핵심은 탄소 국경세로 불리는 '탄소국경조정제도(CBAM: Carbon Border Adjustment Mechanism)'다. CBAM은 EU 역내로 수입되는 제품 가운데 역내 제품보다 탄소 배출이 많은 제품에 세금을 부과하는 조치다.[37] 하향적 의무 부여 없이 각국의 자발적 행동을 원칙으로 하는 파리협정과 달리 국제적인 통상규칙 제정을 통해 탄소 비용의 부과를 강제하는 CBAM 도입은 파리협정이 해결하지 못했던 문제를 푸는 하나의 해법으로 기대되고 있다(한국환경

---

[36] 2021년 7월 14일 EU집행위원회는 '2030년까지' 목표달성 시한을 정해 EU 역내 온실가스 순(Net) 배출량을 "1990년 대비 최소 55% 감축하겠다"는 'Fit for 55'를 발표했다. 'Fit for 55'는 '기후위기 관련 외부효과 해결'을 위해 탄소 국경세뿐 아니라 배출권 거래, 에너지 세제 개편, 신재생 에너지, 자동차와 항공운송, 건축물과 산림 토지까지 광범위한 영역을 아우르며 양적·질적으로 탄소 경제의 혁신을 요구하는 과제들로 구성된 '온실가스 감축 포괄 패키지'다. 2035년까지 '내연기관 자동차의 완전 퇴출' 및 전기차 등 '대체 연료 자동차'로의 전환, '온실가스 배출권 거래제' 적용대상 확대, '기후사회기금(Climate Social Fund)' 조성, 탄소 배출이 많은 철강, 시멘트, 알루미늄 업종 등을 대상으로 '탄소 국경세'를 부과하되 2023~2025년 시범 운영 후 2026년부터 본격 시행할 예정이다. 또한 현재 '에너지 용량별'로 부과되고 있는 에너지 세제를 '에너지 종류별'로 전환하고 향후 약 10년간 EU '신재생 에너지 비율 40%'로 현재 대비 2배로 확대하게 된다. 건축물 분야에서는 소비 에너지의 50%를 신재생 에너지 대체를 목표로, 공공 건축물을 단계적으로 '리노베이션'해 '온실가스 관련 일자리 창출'과 병행한다. 2025년부터는 '청정 항공유 급유 의무화' 및 '항공유 과세' 도입, 2030년까지 삼림 토지 이용 변화 관련 '30억 그루의 나무 식재', '농가의 탄소 포집 시 인센티브' 지급 등이 예정되어 있다(김호준, 2022).

[37] CBAM은 2023년부터 철강, 시멘트, 알루미늄, 비료, 전기제품 대상으로 우선 시행하고 (2023년 발효 후 3년간의 계도 기간을 거친 뒤) 2026년부터 전면 시행될 예정이다. 대외경제정책연구원에 의하면, EU가 탄소 국경 조정세로 이산화탄소 1톤당 30유로를 부과하면, 한국은 연간 1조 2천억 원을 추가 부담해야 한다. 관세율로 보면 1.9% 상승 효과라고 한다. 한편 국회미래연구원에 의하면, EU가 탄소 국경 조정세를 전면 도입 시 국내 산업이 CBAM에 대응하지 않으면 총 부담액이 8조 2456억 원으로 EU 수출액의 11%를 차지할 것으로 분석되지만, 저탄소 정책으로 대응하면 9619억~1조 2359억 원을 절감할 수 있다.

연구원, 2021: 276~285).

전 세계 경제 규모의 3분의 2, 전 세계 배출량의 65%를 차지하고 있는 EU, 일본, 중국, 미국 등이 탄소중립을 선언하고 있는 가운데, EU와 미국을 중심으로 탄소 국경세가 도입되고 IMF의 탄소세 인상 권고에 따라 각국별로 탄소 가격제가 도입 확대되면 이른바 '탄소 통상'을 중심으로 하는 새로운 글로벌 경제 질서, 나아가 글로벌 탄소중립의 경성적 레짐(hard regime)의 등장이 가시화할 것으로 예견된다. 그러나 정합성을 갖춘 글로벌 레짐이 되기까지는 탄소배출 측정의 표준화 부재, 탄소 가격의 국가 간 차이, 중복 혹은 이중 과세, 교역 마찰, 자국 산업 보호주의, 발전 도상국의 반대 및 탄소 감축 기술 및 재원 부족 등의 문제들이 선제적으로 풀려야 한다.

3) 국가적 수준: 탄소중립의 정책화와 녹색전환

2018년 IPCC의 1.5℃ 특별보고서 발표에 이어 2019년 개최된 유엔기후행동정상회의를 계기로 전 세계 140여 개국(2022년 1월 기준)이 탄소중립기후행동에 가입하는 등 '2050 탄소중립' 동참을 선언해 왔다. 파리협정 참여국(195개국)들은 '산업화 이전에 비해 2℃ 훨씬 아래로(well below), 더 나아가 1.5℃를 넘지 않도록 노력'하기로 합의한 바에 따라 (당사국의 의무로서) 2050년까지 국가별로 탄소중립을 달성하겠다는 자발적 의지를 보이고 있는 것이다. 그뿐만 아니라 파리협정에 따라 2020년 말까지 유엔에 국가별 2030 NDC(2030년 국가별 자발 감축 목표치)를 제출했던 참여국들은 2050 탄소중립 목표를 보다 적극적으로 달성하기 위해 기제출된 2030 NDC를 경쟁적으로 높이고 있다. 한국 정부도 당초 제출한 2018년 대비 2030년 26.6% 감축 목표치를 2021년 탄소중립기본법 제정(2030년 NDC를 35% 이상으로 규정)을 통해 40%까지 상향해 2021년 COP 26에서 발표했다.

탄소중립은 배출되는 탄소량과 흡수·제거하는 탄소량을 같게 해 잔여 배출량이 '순 제로(Net-Zero)'가 되는 것을 의미한다. '순 제로'가 되기 위해 중요한 것은 배출된 탄소를 흡수하고 제거하는 것이 아니라 배출되는 탄소량 자체를 선제적으로 대폭 줄이는 것이다. 배출량의 80~90% 이상을 다양한 방식으로(예: 화석연료 수요 억제, 에너지 전환, 산업 생산의 탈탄소화, 그린 모빌리티의 확대, 자원 재활용, 친환경적 농수산업 경영 등) 먼저 줄이고, 부득불 남는 탄소를 숲, 습지 등을 통해 흡수하거나 CCS(Carbon Capture & Storage) 혹은 CCUS(Carbon Capture, Utilization & Storage)로 불리는 탄소 포집기술과 저장장치 등을 이용해 제거·활용함으로서 탄소 배출의 순 제로, 즉 탄소중립이 실현된다. 탄소중립이 실현되기 위해서는 '기술', '재정', '정책' 3대 요소가 적절히 뒷받침되어야 한다. 탄소 배출을 줄이거나 없애는 것은 대개 기술적 문제에 해당한다. 그러나 탄소 배출을 줄일 수 있는 기술들(장치, 시설 등)은 앞으로 연구 개발을 통해 발굴되고 실용화 테스트를 거쳐야 할 미래 기술들이 대부분이다.[38] '미

---

38) 2021년 과기정통부는 '탄소중립 기술혁신 추진전략'을 발표하면서 태양광·풍력·수소·바이오 에너지, 철강·시멘트, 석유화학, 산업 공정 고도화, 수송 효율, 건물 효율, 디지털화, 이산화탄소 포집·저장·활용(CCUS) 등 10대 핵심기술을 발표했다. 태양광·풍력·수소·바이오 에너지 등 에너지 전환을 이룰 3대 핵심기술은 기초·원천 연구개발(R&D)을 토대로 기술 고도화를 꾀한다. 태양광의 경우 현재 27% 발전 효율을 2030년까지 35%로 올리고, 풍력의 경우 육·해상 대형 풍력 국산화를 통해 5.5메가와트(MW)의 발전 용량을 2030년 150MW로 늘릴 계획이다. 수소는 1kg에 충전 단가를 현재 7천 원에서 2030년까지 4천 원으로 낮추고, 바이오 에너지는 화석연료 대비 150%인 현재 가격을 2030년에 화석연료 수준으로 만들게 된다. 철강·시멘트 산업은 단기적으로 저탄소 연료 및 원료 대체기술을 개발하고, 장기적으로는 수소환원제철 기술을 확보해, 2040년에 철강은 100% 수소환원제철로, 시멘트는 65%를 순환 연료로 생산된다. 석유화학 산업은 저탄소 원료와 공정 전기화 기술을 확보해 2040년 제품의 가격 경쟁력을 확보할 참이다. 산업공정 효율 극대화를 통해 2040년 탄소저감 효율을 95%까지 높인다. CCUS의 경우, 기술 개발과 실증을 통해 2030년 이산화탄소 포집 가격 경쟁력을 톤당 30달러 수준으로 낮출 계획이다. 이 밖에 정부는 무탄소 차세대 수송 기술을 확보해 2045년 주행 거리를 975km까지 늘리고, 2030년 탄소중립 건물 효율을 30%까지 향상시키는 기술도 확보할 계획이다. 또한 차세대 전력망 등을 통해 2030년까지 전략 사용량도 낮출 계획이다.

래 탈탄소 기술'로 불리는 이러한 기술들은 불확실성을 포함한 막대한 비용을 발생시키고 있다. 탄소중립에서 이 비용은 곧 '기후 비용'이며, 탄소 배출자들(예: 기업)들이 탈탄소 기술을 도입·활용한다는 것은 '기후 비용의 내부화'를 의미한다. 새로운 기술과 시설 도입 비용의 부담, 탄소세의 부담, 탄소 비용의 내부 가격화 등은 '기후 비용의 내부화' 방법들이고, 이는 탄소중립에 관한 책임의 내부화이기도 하다. 그러나 불확실성이 큰 탈탄소 미래 기술(공유재 성격)의 비용을 시장이 직접 부담하는 데는 한계가 있다. 탈탄소 미래 기술을 탄소중립을 위한 생산·산업의 인프라(공유재)로 본다면, 그 구축은 정부가 재정으로 감당해야 할 몫이 될 것이다. 탈탄소 미래기술 개발을 위한 국가재정 지출은 기후 비용을 국가가 내부화하는 것이며, 개발된 기술의 범용적 활용을 통해 탄소 배출을 현저히 줄여 기후변화의 완화와 같은 사회경제적·환경적 편익을 만들어 낸다면 비용의 공동체 내부화는 편익의 공동체 내부화로 이어진다. 기후환경 분야에 국가의 막대한 재정을 투입해 환경도 개선하고 일자리도 만들며 소득도 창출하고자 하는 '그린뉴딜' 혹은 '그린딜'은 바로 이러한 성질의 국가재정 정책에 해당한다. 탄소중립 정책은 이런 점에서 탄소중립의 비용과 책임을 국가 공동체로 내부화하는 것이며, 또한 이를 통해 공동체 편익을 만들어 내는 것이 되어야 한다. 탄소중립 정책은 바로 이러한 역할을 하는 것이 되어야 한다.

한국환경연구원(KEI, 2021)에 의하면, 탄소중립 정책 추진 시, 한국의 GDP는 탄소중립 정책을 추진하지 않을 때와 비교하면 0.57~2.42%가량 감소할 것으로 추정된다. 그러나 여기에 기후피해 비용(GDP 1.26%, 탄소중립으로 기후 피해의 감소로 얻은 편익의 값)을 반영한다면, 실제는 GDP의 '+0.69%~ −1.16%'에 이를 것으로 보인다. 탄소중립이 GDP에 '플러스'가 될지, '마이너스'가 될지는 탄소중립을 어떻게 하느냐에 달려 있다. 탄소중립의 경제적 비용에 영향을 미치는 변수는 크게 2가지다. 첫째는 기술 혁신이다. 예를 들어 최종 에너지 중 전기 또는 수소 비중이 높을 경우 전환 비용은 감소한다. 실제 영국의 '제6차 탄소 예산 보고서(2020)는 적극적인 탄소중립 정책이 시행되면 2050년에 전망 GDP 대비 3%의 경제적 이득이 발생하는 것으로 분석하고 있다. 둘째는 정부의 적절한 재투자다. 예를 들어 정부가 탄소 가격에 대한 수입을 고용 증대에 활용할 경우 일자리 증가 효과가 있는 것으로 예측된다. 정부의 탄소가격 수입 중 50%가 재투자된다면 탄소중립 정책을 하지 않을 때보다 GDP가 증가한다는 연구 결과도 있다. 전반적으로 보면, '강한 기술적(적극적인) 시나리오'의 탄소중립이 '약한 기술적 시나리오'의 탄소중립에 비해 GDP와 일자리 창출에 보다 긍정적인(+) 효과를 끼친다고 할 수 있다. 능동적인(proactive, high-road) 탄소중립은 이렇듯 소극적인(passive, low-road) 탄소중립에 비해 비용이 더 들더라도 편익을 더 많이 산출해 낼 수 있다. 이 편익은 '전환의 편익(Benefit of Transition)'으로 '탄소중립을 통해 녹색전환'을 적극적으로 이끌어 낼 때 더 크게 발생한다. 녹색전환이 되는 방식으로 탄소중립이 될 때 발생하는 편익이 곧 전환의 편익이다. 녹색전환으로서 탄소중립은 하드웨어적 방식으로 탄소 배출을 단순히 줄이는 게 아니라 탄소 배출이 '순제로'가 되는 '사회적 시스템(Social System)'의 구축을 의미한다. 이 같은 사회적 시스템에서는 기후위기에 대해서도 효과적인 회복 탄력적 대응이 가능하다. 따라서 탄소중립을 통한 녹색전환은 '고탄소 기후위기 사회'에서 '탈탄소 기후안전 사회'로 사회적 패러다임이 옮겨 가는 그 자체가 된다.

2021년 정부는 '2050 탄소중립 시나리오'를 발표했다(〈그림 1-8〉 참고). 핵심 내용은 6대 배출부문(전환, 산업, 수송, 건물, 농축산, 폐기물)별로 온실가스 배출량을 2018년 대비 83.9(B안)~88.9(A안)%를 줄이고, 남는 것(80.4백만~117.3백만 톤)은 흡수하거나 제거하는 방법과 경로를 강구하는 것에 관해서다. 2050 탄소중립의 달성 여부는 다음의 쟁점해소 여하에 달려 있다. 첫째, 전환 부문에서 '에너지의 전기화'(사용 에너지의 대부분을 전기 에너지로 대체)와 이를 뒷받

〈그림 1-8〉 한국의 2050 탄소중립 시나리오

• 2050 탄소중립 사회 부문별 미래상

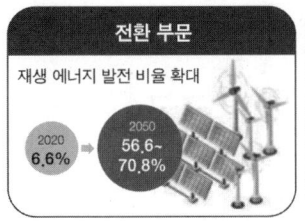

전환 부문

재생 에너지 발전 비율 확대

2020 6.6% → 2050 56.6~70.8%

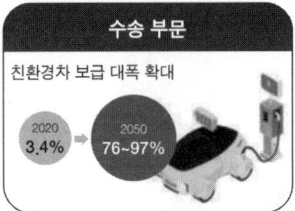

수송 부문

친환경차 보급 대폭 확대

2020 3.4% → 2050 76~97%

산업 부문

연·원료 대체 산업공정 스마트화

철강 100% 수소 + 전력 기반 전환

시멘트 유연탄 100% 친환경 연료 대체

석유화학 바이오, 수소 연료 활용 기존 납사도 52% 전환

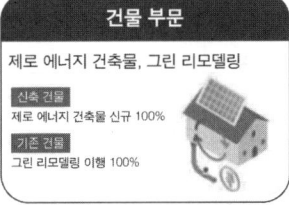

건물 부문

제로 에너지 건축물, 그린 리모델링

신축 건물
제로 에너지 건축물 신규 100%

기존 건물
그린 리모델링 이행 100%

농축수산 부문

농기계·어선 연료의 전력화·수소화, 저탄소 가축 관리

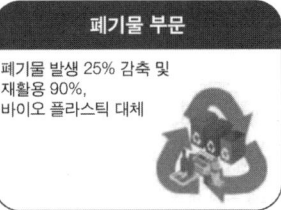

폐기물 부문

폐기물 발생 25% 감축 및 재활용 90%, 바이오 플라스틱 대체

1) 2018년 기준, 한국의 온실가스는, 전환(에너지) 37%, 산업 36%, 수송 14%, 건물 7%, 농축산 4%, 폐기물 3%가 각각 배출되고 있다. 각 배출원별로 온실가스 배출을 최대로 줄이거나 흡수하여 제로화하는 것이 곧 탄소중립이다.
2) 탄소중립 방안: 시나리오에서 제안된 주요 감축 및 흡수 방안
　① 전환 부문: 재생 에너지 비율을 60.9~70.8%로 확대 → (2018년 대비 2050년 온실가스의 감축) 97.0~100.0% 감축.
　② 산업 부문: 연·원료의 대체, 산업 공정의 스마트화(예: 철강-수소환원제철, 석유화학-바이오 수소 연료 활용, 납사 52% 대체, 시멘트-유연탄을 친환경 연료로 100% 대체 등) → 80.4% 감축
　③ 모빌리티 부문: 전기차·수소차 85~97%로 확대 보급 → 90.6~97.1% 감축.
　④ 건물 부문: 신규 건물은 100% 제로 에너지 건물로 전환, 기존 건물은 100% 그린 리모델링 → 88.1% 감축.
　⑤ 폐기물 부문: 폐기물의 25% 발생 감축 및 90% 재활용, 석유계 플라스틱의 47%를 바이오 플라스틱으로 대체 →74% 감축.
　⑥ 농축산 부문: 농기계, 어선 연료의 전력화, 수소화, 저탄소 가축 관리 등, 채식 중심으로 식단 구성 등 → 37.7% 감축.
　⑦ 흡수: 숲, 습지, 해안 등을 통한 흡수(총 2530만 톤: 산림 2360만 톤, 댐·해양·습지 등 160만 톤), CCU와 DAC(Direct Air Capture)를 통한 저장[연간 3880만 톤(A안)-5960만 톤(B안)], 포집 이용[5960만 톤(A안)-2500만 톤(B안)].

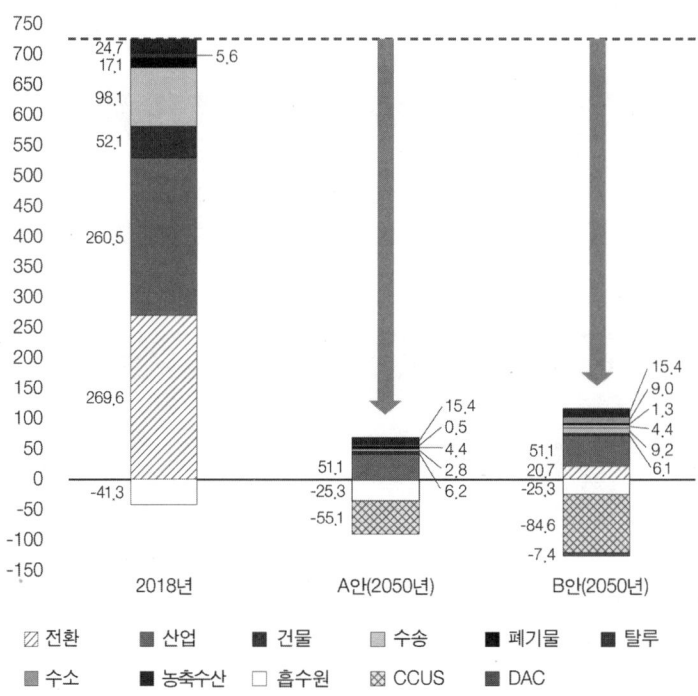

자료: 탄소중립위원회(2021).

침할 최대 70%의 재생 가능 에너지를 어떻게 현실적으로 공급할 것인가. 둘째, 산업 부문에서 탄소 배출을 획기적으로 줄일(80.4% 감축) 연·원료의 대체와 공정의 스마트화를 어떻게 비용 효과적으로 이끌어 낼 것인가. 셋째, 수송부문에서, 내연기관차 운행의 종식을 언제 선언하고 전기차·수소차 보급률 85~97%를 어떻게 실현할 것인가. 넷째, 건물 부문에서 신규 건물의 100% 제로 에너지 건물화, 기존 건물의 100% 리모델링을 2050년까지 어떻게 마무리할 수 있을 것인가. 다섯째, 폐기물(자원 순환) 부문에서 폐기물 발생의 25% 감축, 90% 재활용, 바이오 플라스틱으로 대체를 어떻게 이끌어 낼 것인가. 여섯째, 농축산 부문에서 연료의 전력화 혹은 수소화, 저탄소 가축 관리, 육류 중심의 식단 재편 등을 어떻게 실효적으로 이끌어 낼 것인가. 마지막으로, 흡수 부문에서 CCU 혹은 CCCU 기술을 언제 상용화할 수 있을 것인가.

제기된 질문들을 관통하는 핵심 문제는 '에너지 전환'이다. 화석연료를 재생 가능 에너지로 전환하는 것은 탄소 배출을 줄이는 근본적 방법으로 탄소중립의 모든 분야에 직간접으로 관련된다. 탄소중립의 성공을 좌우할 핵심 변수지만, 이도 파고들면 '기술과 비용의 문제'로 구체화된다. 이 두 문제는 모두 불확실성의 문제를 공통으로 가지고 있지만, 해결 여부는 사회적 합의 협성(동의와 실천 포함)과 사회적 제도 강구(정책, 법제도, 재정, 조직, 리더십 등), 두 조건에 달려 있다. 이는 분야별 탄소 배출자들이 기후 가치의 중요성에 대해 합의하고(동의와 실천), 탄소중립을 위한 기술적 비용의 자발적 지불(비용의 내부화)을 통해 기후 개선의 공동체적 편익을 동시에 만들어 내는 데 참여하는 규칙과 방법(법제도, 재정, 조직, 리더십 등)의 강구가 중요하다는 뜻이다. 탄소중립을 위한 '비용과 편익의 내부화'에 대한 합의를 기초로 만들어 실행되는 제도의 대표적 예가 '탄소가격의 내부화(예: 탄소세, 배출권 거래제, 탄소 국경 조정세 등)'다. 기후위기와 같은 외부 효과에 대한 대응 방법으로 '탄소가격의 내부화'는 허용기준 이상의 탄소 배출과 같은 부정적 외부 효과에 대해서는 배출자의 비용(가격)으로 내부화하는 것과 함께, 사업 외 탄소배출 감축과 같은 긍정적 외부 효과는 배출자의 편익으로 내부화를 이끌어내는 제도다. 탄소배출권 거래제 아래 추가 배출에 따른 과징금이나 추가 유상 배출권 구입, 탄소 인증제 아래 매출 감소나 탄소비용 증가로 인한 가격 경쟁력 약화 등은 배출자의 비용으로 내부화하는 것이라면, 숲 조성, 식생 복구, 친환경 자재 사용, 산림 바이오메스로 건축 등 외부사업 감축에 의해 인정받은 크레딧(credit)의 유가화(有價化)는 배출자의 편익(수입, 보조금, 평판 등)으로 내부화하는 것이 된다. 시장의 원리를 활용하는 것이면서 규제와 유인과 같은 규율의 제도화가 함께 따라가야 하고, 무엇보다 구성원들의 사회적 합의와 수용(자발적 참여 등)

이 뒷받침되어야 한다. 이 모든 요소들을 정책으로 어떻게 묶어 '탄소 가격의 내부화'를 설계하고 실행하느냐에 따라 탄소중립의 성과는 달라진다. 잘 설계된 정책은 자발적 동기와 참여, 시장 거래, 규제와 유인 등의 법·제도 등의 기제들이 적절히 작동하도록 하여, 탄소배출 저감을 넘어 탄소배출 저감을 위한 시스템 구축(저탄소 산업구조로의 전환)까지 가능케 한다.

탄소중립을 위한 부문별 탄소 배출의 획기적 저감은 온실가스를 배출하는 부문별 시스템을 획기적으로 바꾸지 않으면 불가능하다. 화석연료 중심의 에너지 공급 시스템을 재생 가능 에너지 중심으로 바꾸어야 한다. 고탄소 기반의 산업 생산구조를 탈탄소 기반의 산업 생산구조로 바꾸어야 한다. 내연기관차 중심의 모빌리티 구조(산업 및 교통 체계)를 전기차·수소차 중심으로 바꾸어야 한다. 에너지 비효율적인 건축물들을 에너지 효율적인 도시 건축 시

〈그림 1-9〉 「탄소중립·녹색성장 기본법」 체계

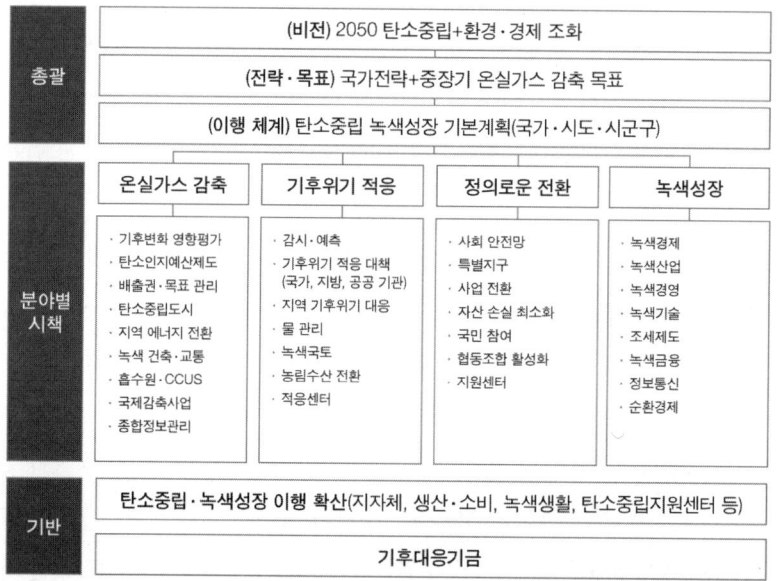

총괄	(비전) 2050 탄소중립+환경·경제 조화			
	(전략·목표) 국가전략+중장기 온실가스 감축 목표			
	(이행 체계) 탄소중립 녹색성장 기본계획(국가·시도·시군구)			
분야별 시책	온실가스 감축	기후위기 적응	정의로운 전환	녹색성장
	· 기후변화 영향평가 · 탄소인지예산제도 · 배출권·목표 관리 · 탄소중립도시 · 지역 에너지 전환 · 녹색 건축·교통 · 흡수원·CCUS · 국제감축사업 · 종합정보관리	· 감시·예측 · 기후위기 적응 대책 (국가, 지방, 공공 기관) · 지역 기후위기 대응 · 물 관리 · 녹색국토 · 농림수산 전환 · 적응센터	· 사회 안전망 · 특별지구 · 사업 전환 · 자산 손실 최소화 · 국민 참여 · 협동조합 활성화 · 지원센터	· 녹색경제 · 녹색산업 · 녹색경영 · 녹색기술 · 조세제도 · 녹색금융 · 정보통신 · 순환경제
기반	탄소중립·녹색성장 이행 확산(지자체, 생산·소비, 녹색생활, 탄소중립지원센터 등)			
	기후대응기금			

스템으로 바꾸어야 한다. 폐기물의 고탄소 처리 방식을 폐기물의 탈탄소 순환 시스템으로 바꾸어야 한다. 따라서 진정한 탄소중립은 부문별 시스템 전환으로서 '에너지 전환', '산업 전환', '모빌리티 전환', '건축·도시 전환', '자원 전환', '라이프 스타일 전환', 나아가 '정치·제도의 전환'의 합으로 이루어지는 것이다. 탄소중립은 그 자체가 목표가 아니라 녹색전환을 통해 기후안전 사회, 탈탄소 녹색사회, 지속 가능한 생태 사회로의 전환을 매기하는 지렛대가 되어야 한다. 2021년 제정되어 2022년부터 시행 중인 「탄소중립·녹색성장 기본법」은 탄소중립 정책을 이 같은 방식으로 운용할 수 있는 최소한의 법적 근거를 마련해 주고 있다(〈그림 1-9〉 참고). 실제 어떻게 운영할지는 정치적 지도자, 정부 관료, 기업, 시민 등의 주요 이해 당사자들이 범사회적으로 추진되어야 할 탄소중립의 의미와 중요성 그리고 기대 성과를 어떻게 해석하고 실천하려고 하는지에 달려 있다.

4) 지역적 수준: 탄소중립의 지역화

기후위기의 무임승차 문제를 해결하기 위해 『공유의 비극을 넘어』의 저자인 오스트롬은 "획일적인 해결 대안에만 의존하지 말고 공동체의 자율적인 관리를 통해 보다 나은 해결책을 찾을 것"을 제안하고 있다(오스트롬, 2010). 그러면서 그는 모든 나라, 모든 단체가 참여하는 거대한 집단이 아니라 서로 긴밀히 얽혀 있는 중소규모 집단의 행동이 무임승차를 해결하는 단초를 제공해 준다고 보면서 기후변화 해결책은 반드시 다(多)중심적이어야 한다고 강조한다. 따라서 공동체 자율 관리의 적정 단위는 곧 '지역' 수준이다. 지구 공동체 내에서 지역이 국가(혹은 국가)라면, 국가 공동체 내에서 지역은 하위 국가적(sub-national) 분권 단위로서 지역을 말한다. 한국으로 치면 광역자치단체나 기초자치단체가 되겠다.

공동체 자율관리 단위로 지역이 탄소중립의 실행적 단위가 되어야 하는 것은 기후위기의 문제가 직접적으로 체감되어 기후 가치의 내면화가 쉽게 이루어지고, 또한 그런 만큼 지역적 특성과 여건에 맞는 기후위기의 구체적인 극복 방안(탄소 배출의 실효적 저감 방안)을 찾고 실행할 수 있는 조건들을 가지고 있기 때문이다. 무엇보다 실행에 있어서 합의를 형성하기가 쉽고 일상생활에서 탄소중립 실현을 위한 절차나 제도를 구축하기가 용이하다는 것도 중요한 까닭이다. 따라서 탄소 절감의 '계량적 목표'를 도출한 후 일정한 '기한'을 정해 두고 이를 달성할 수 있는 영역별 '개별 과제'들을 뽑아 실행하는 탄소중립이 지역적 단위로 이루어지는 것을 '탄소중립의 지역화'라고 부를 수 있다. 탄소중립의 지역화는 '기후 비용과 책임의 지역 내부화'를 동시에 의미한다.

지역 단위의 탄소 중립화를 어떻게 실효적으로 할 것인가는 '탄소중립을 위한 지역의 권능화(empowerment)'를 어떻게 하느냐에 달려 있다. 각국별로 탄소중립이 선언되고, 탄소중립을 위한 정책과 제도를 마련하고 있는 현 단계에서는 글로벌 프레임워크 내에서 국가가 주도적으로 나설 수밖에 없다. 그러나 중·장기적으로 탄소중립은 국가 주도의 하향적 방식에서 지역·주민이 주도하는 상향식 방식으로 바뀌어 한다. 지역 단위로 자율적으로 추진하여, 지역·지방의 탄소중립 합(合)이 대한민국의 탄소중립이 되도록 해야 한다는 뜻이다 (조명래, 2021b). 따라서 탄소중립의 국내 책임은 주민이 참여하는 지역 책임제로 다양하게 제도화되어야 한다. 현재로도 국가 전체 배출량 중 40%가 지방정부의 관리 대상이다. 탄소중립 관련 중앙정부의 책임과 역할을 지방으로 이양한다면 탄소 배출의 60~70% 감축을 지방정부가 주도할 수 있을 것이다. 배출원별로 보면, 에너지와 산업은 중앙정부의 책임 아래 두더라도 일상생활과 관련된 모빌리티, 건물, 자원 순환, 농축산, 탄소 흡수 등에 대한 감축 관리는 지방정부 책임 아래 두어야 할 것이다. 탄소중립의 지역화를 위해서는 지역별 탄소중립 인프라를 조속히 구축(인벤토리 구축, 탄소중립 시나리오 및 로드맵 작성, 기본계획 수립, 탄소중립 이행 책임관 지정, 지방탄소중립위원회 구성 등)하고 탄소중립 사업(교통, 건축, 토지 이용 등의 분야)을 실효적으로 추진하도록 해야 한다. 이 대부분은 '탄소중립·녹색성장법'(본법, 시행령)과 관련 법들에 규정으로 반영되어 있는 것들이다. 국가의 탄소중립과 달리 지역의 탄소중립은 '구체적 사업'으로 추진할 수 있다는 것이 큰 장점이다. 따라서 탄소중립·녹색성장법 등의 규정들을 어떻게 해석하고 적용해 지역의 탄소중립을 실현해 낼지는 모두 지역공동체 구성원들의 의지와 책임의 몫이다.

지역이 하나의 자율적 탄소중립 단위로 작동하기 위해서는 지역 에너지 투입과 산출 구조가 파악되고 관리되는 '지역 신진대사 체제(urban or regional metabolic system)'가 설정되어야 한다. 구체적으로 이는 '지역의 탄소 계정(regional carbon account)'을 말한다. 지역 배출량의 산정과 감축량 목표의 설정은 이 탄소 계정을 근거로 이루어져야 하고, 지역의 탄소중립에 관한 마스터플랜인 '지역 탄소중립 기본계획'도 이에 기초해 수립되어야 한다. 실행 차원에서 지역의 탄소중립(감축, 적응, 전환) 목표를 달성할 수 있는 영역이자 수단으로는 '지역 중소기업(산업)', '역내 수송·교통(scope 1, 2)', '건물', '폐기물(자원순환)', '농수산업', '흡수(산림, 숲, 습지, 하천, 경작지 등)', '생태 복원' 등이 될 것이다.

먼저 산업 부문에서는 일정 규모 이상의 기업과 업종에 대해서는 중앙정부가 감축 관리하고, 그 외 지역 소재 중소기업, 영세기업 등에 대해서는 지자체가 배출의 감축 관리를 맡도록 해야 한다. 이를 위해서는 지역의 탄소배출 인벤토리(정보) 구축이 아주 중요하다. 수송 부문에서 지역 간 교통은 중앙정부가 감축·관리하고, 역내 교통(역내 등록 승용차, 화물차 등)은 지방정부가 다양한 정책 수단(예: 전기차·수소차로 전환 지원, 전기차·수소차 충전소 설치 운영, 교통수요 관리, 친환경 대중교통 및 모빌리티 확대 등)을 이용해 감축·관리하되, 이 또한 정확한 인벤토리 작성의 선행이 요구된다. 건물 부문에서는 신규 건축물의 제로 에너지화, 기존 건물의 그린 리모델링은 지자체가 전담하되, 가구·건물 단위의 재생 가능 에너지의 자가 생산 및 이의 연계화(그리드화)를 단계적으로 확대하여 분산형 로컬 에너지 시스템을 구축하도록 해야 한다. 폐기물 부문에서는 역내 생산 및 생활 활동에서 발생하는 폐기물의 감량으로부터 재활용·재사용을 확대하여 지역적·상대적으로 완결적인 물 순환, 에너지 순환, 자원 순환 체계를 구축하도록 해야 한다. 이를 통해 신규 자원 및 에너지 투입의 최소화, 최종(소각, 매립용) 폐기물의 최소화에 의한 탄소배출 감축의 최대 실현을 이끌어 내야 한다. 농수산 부문에서는 도시 농업(city farming), 친환경 농업, 로컬 푸드제, 저탄소 식품 소비 장려(육식 중심에서 채식 중심으로 식단 구성 등) 등을 실시하여 일상생활의 탄소 배출을 자발적으로 최소화하도록 해야 한다. 흡수원 조성과 관련해서는 지역의 잔여 배출을 흡수할 수 있는 총량에 상응하는 면적의 산림, 도시 숲, 공개 공지, 수변 구역, 습지, 갯벌 등을 도시계획상의 지역·지구로 지정하고 도시계획 사업으로 조성·관리하도록 해야 한다.

지역의 탄소중립은 탄소 감축을 넘어 기후 탄력성(climate resilience) 회복까지 포괄할 수 있어야 한다. 지역의 기후 탄력성 회복을 위해서는 역내 훼손지의 생태적 복원으로부터 국토 생태축상의 단절 구간에 대한 생태 복원이 지역의 탄소중립 과제로 포함되어야 한다. 나아가 생태 복원이 생태 순환으로까지 이어지기 위해서는 광역 단위(시·도)의 탄소중립 기본계획 수립 시 '수계(水系)의 중권(中圈) 단위'의 생태순환 계획을 수립하도록 해야 한다. 생태순환 계획에는 탄수 흡수원(생태자원 시설)의 조성과 관리뿐만 아니라 기후위기에 대한 국토의 회복 탄력성 증대를 위한 열과 탄소의 흡수원 조성, 물 순환의 구축, 생태축의 복원, 생물 서식지 보전 및 종 다양성 보전 등에 관한 세부 계획과 사업이 담겨야 한다. 기후영향평가도 광역 단위 생태 순환성을 우선 반영하도록 해야 한다.

탄소중립의 지역화는 초기의 시범 단계, 중기의 확산 단계, 장기의 전면실시 단계로 나누어 추진해야 한다(조명래, 2021b). 먼저 단기적으로(예: 2025년까지) 지자체의 역량 강화 및 지원기반 구축이 필요하다. 이를 위해서는 ① 광역·기초 지자체별 탄소중립 이행 책임관의 지정·운영, ② 지역별·부문별 온실가스 배출량 및 감축 잠재량 산정, 정책별 시나리오 분석 등 지원을 위한 통계지원체계 구축, ③ 국가계획과 연계한 지역 맞춤형 기후변화 대응 계획의 수립 및 이에 연동한 도시·교통 등 부문별 지역 계획(예: 도시기본계획, 지역에너지계획, 지역녹색건축물 조성계획, 지역교통계획 등) 수립의 법제화, ④ 탄소중립 도시의 지정·지원, 지역 탄소중립지원센터 설치 등 지자체 탄소중립 이행 지원 기반의 마련 등이 중점 추진되어야 한다. 중기적(예: 2026~2035)으로는 지역 주도의 탄소중립 촉진과 함께 지역균형발전전략을 연계해 추진해야 한다. 이를 위해서는 ① 탄소중립 이행을 위한 지방정부 책임과 권한 확대, ② 지자체 소유 건물의 제로 에너지화 및 이것(기존 건물의 제로 에너지화)의 민간 부문으로 확산, ③ 미래차, 충전소 보급 등 분야별 목표 할당 및 이행의 의무화, ④ 에너지 지방분권 확대, 주민 참여형 탄소중립 프로젝트의 발굴·확산, ⑤ 지역 주도로 발굴된 그린뉴딜 및 지역균형뉴딜을 탄소중립 사업으로 확대 지원 등이 추진되어야 한다. 끝으로, 장기적(예: 2036~)으로는 지자체 탄소중립 의무화 및 이행점검 체계를 구축해야 한다. 이를 위해서는 ① 광역 및 기초 지자체의 탄소중립 이행 의무의 법제화, ② 지자체 탄소중립 이행 평가·체계 마련 및 성과에 따른 인센티브 확대, ③ 지역 간 탄소배출권 거래 제도화 방안 도입 등이 강구되어야 한다. 지역 간 탄소배출권 거래제는 탄소 가격의 내부화를 공간적으로 구축하는 한 방식으로, 배출 총량을 지역별로 할당하고(탄소 배출 지역 할당제), 정교한 설계를 바탕으로 지역 간 배출권 거래를 허용하여, 탈탄소화 내지 탄소중립화가 지역으로부터 이루어질 수 있게 하는 중요한 방안이다. 이러한 탄소중립화의 지역화는 궁극적으로 지역의 녹색전환으로 이어져야 한다.

7. 나오는 말: 기후변화의 미래와 연구 과제

IPCC에 의하면, 산업화 이전 대비 지구 평균기온 1.5℃ 상승 시점은 2030년대 후반이 될 것으로 예상된다. 실제 50~67% 확률로 1.5℃ 상승 시점을 추정하면 남은 탄소 예산은 11년에서 14년 쓸 수 있는 양에 불과하다. 1.5℃ 상승 이후에 전개될 기후변화의 양상과 그 피해는 지금으로서는 쉽게 상상할 수 없다. 지난 500만 년 동안 인류는 산업화 이전 대비 2℃가 오른 기후 환경에서 살아 본 경험이 없다. 분명한 것은 생명적 삶을 지탱하기가 쉽지 않을 것이라는 사실이다. 이는 지구상의 모든 생물종에 해당하는 것이란 점에서, 지구온난화로 인한 지구 역사상 여섯 번째 대멸종이 막연한 주장이나 과장만은 아닐 터이다.

인류세의 도래는 인류가 만든 시간이 지구의 시간을 대체하는 것을 말한다. 인류세의 기후 문제는 전통적인 환경문제와는 완전히 다른 '지구 시스템'의 문제이다. 기후위기는 더 이상 환경문제가 아니라 넘어서는 안 될 '행성적 한계'의 문제이다. 이 문제를 어떻게 풀 것인가는 전통적 환경 정책 패러다임에 갇힌 정책들로서는 어림도 할 수 없다. 특히 지구 시스템의 문제로서 기후위기에 대한 해법은 우리가 쉽게 가용할 수 있는 시공간적 스케일의 정책 수단으로는 찾을 수 없다. 그럼에도 불구하고, 기후위기가 전통적인 환경문제가 가지는 '문제의 구조'를 그대로 가지고 있다는 점에서는 그간의 환경 정책의 실패로부터 배울 바가 적지 않음을 말해 준다. 공유지의 비극, 즉 외부효과 관리에서의 딜레마가 기후위기의 문제 해결에서도 그대로 반복되고 있다는 사실이 그러하다. 따라서 '공유(지)의 비극을 넘어서'는 원리를 지구적 스케일의 기후 환경문제를 해결하는 데 어떻게 적용할지는 향후 기후 정책을 어떻게 가져갈지에 대한 중요한 실마리를 준다. 이 장은 이에 대한 논의를 전개한 것이지만, 향후 보다 심층적인 연구와 논의가 필요하다.

기후변화는 여전히 진행형이고 그 결과 값이 어떻게 될지에 대해서는 명확한 답이 없다. 기후위기를 말하면서도, 기후위기 이전의 기후변화에 대한 우리의 (과학적) 지식은 여전히 불충분하다. 또한 그 대응으로서 기후 정책은 공공 정책으로서 완결성을 결여하고 있다. '탄소중립'은 기후변화 대응을 위한 것으로 현재 우리가 할 수 있는 정책의 최대치라 할 수 있다. 온실가스 배출을 줄일 수 있는 수준까지 최대한 줄이되 부득불 남게 되는 것은 수단과 방법을 가리지 말고 흡수 제거해야 한다. 하지만 탄소중립이 2050년에 실현된다 해서 기후위기가 해소되는 것은 아니다. 지난 2세기 이상 진행해 온 산업화 과정에서 배출된 이산화탄소의 상당한 양이 대기뿐만 아니라 육지와 바다에도 잠겨 있다. 이미 배출되어 있는 이산화탄소만으로도 지구온난화는 앞으로 적지 않는 시간 동안 계속 진행될 것이라는 게 전문가들의 중론이다. 탄소중립은 진행되고 있는 기후위기를 멈출 수 있는 궁극적 해법은 결코 아니다. 그러나 우리가 현재 할 수 있는 최대치의 해법인 것만은 분명하다. 그 최대치라는 것은 온실가스 배출을 마냥 줄이는 것으로서가 아니라 배출을 제로화할 수 있는 사회경제적, 환경적 시스템을 구축하는 것으로 실현되는 것이다. 탄소중립이 곧 녹색전환이 되어야 한다는 뜻이다. 이 장은 탄소중립을 위한 정책을 녹색전환을 위한 것으로 풀어 가야 한다는 것을 탄소중립 정책의 핵심 이슈로 살펴봤다. 녹색전환으로 풀어 가야 한다는 것은 고탄소 산업 경제구조를 탈탄소 구조로 바꾸고, 기후위기 사회를 기후안전 사회로 바꾸며, 고탄소 라이프 스타일을 탈탄소 라이프 스타일로 바꾸는 '사회적 전환'의 프로세스에 탄소중립을 태워서 가야 한다는 뜻이다. 그래서 탄소중립을 녹색전환을 위한 지렛대로 불렀던 것이다. 결코 쉬운 과제가 아니다. 녹색전환으로 탄소중립 정책을 어떻게 가져가야 할지는 더 많은 공학적·사회과학적 연구를 필요로 한다.

참고문헌

강금실. 2021. 『지구를 위한 변론』, 서울: 김영사.

김호준. 2022. "기후위기의 외부효과 대응". 이투데이, 3월 22일 자.

록스트룀, 요한(Johan Rockström)·마티아스 클룸(Mattias Klum) 지음. 2017. 『지구 한계의 경계에서 (Big World Small Planet)』. 김홍욱 옮김. 서울: 에코리브르.

박정재. 2021. 『기후의 힘』. 서울: 바다출판사.

반기상. 2016. '기후'. ≪지구과학≫. 네이버 지식백과 https://terms.naver.com/entry.naver?docId= 3580715&cid=58947&categoryId=58981

오스트롬, 엘리너(Eliner Ostrom). 2010. 『공유의 비극을 넘어』. 윤홍근·안도경 옮김. 서울: 알에이치 코리아.

이별빛달빛 엮음. 2022. 『인류세와 기후위기의 대가속』. 한울아카데미.

이상훈. 2021. 「탄소배출 없는 전기 에너지」. 한국환경연구원 엮음. 『대한민국 탄소중립』. 서울: 크 레파스북.

이승은·고무현. 2019. 『기후변화와 환경의 미래』. 서울: 21세기 북스.

이영환. 2020. "기후변화와 공유지의 비극". 기초지식칼럼, 11월 16일 자. http://www.bkcolumn. com/main/index.php

이예나. 2022. "G7 의장국 독일이 주도하는 기후클럽을 알아보자". KOTRA 해외시장뉴스. https:// dream.kotra.or.kr/kotranews/cms/news/actionKotraBoardDetail.do?SITE_NO=3&MENU_ID= 410&CONTENTS_NO=1&bbsGbn=242&bbsSn=242&pNttSn=194558

이재경. 2018. 「불편한 진신: 기후변화의 회의론에 대하여」. ≪The Climate Times≫, 1월 4일 자. http://climatetimes.org/?p=1206

정회성·정회석. 2015. 『기후변화의 이해』. 서울: 환경과 문명.

조명래. 2021a. 「ESG의 공기화(公器化)와 사회 주체별 역할과제: 환경사회적 책임사회를 위한 ESG의 위상과 역할」. 서울YMCA 주관 '시민사회와 ESG, 어떻게 연결될 것인가?'에 관한 YMCA 제2회 인사이트 시민포럼 발제문.

조명래. 2021b. 「탄소중립의 이해와 지역화 방안」. 한국지속가능발전학회 주최 '탄소중립 2050과 ESG 경영' 학술세미나 기조발제문.

조명래. 2022a. 「기후 리스크와 ESG 대응」. 인사이트 코리아 주최 '2022 기업시민 포럼'(6월 16일) 기 조강연문.

조명래. 2022b. 「탄소중립과 지구적 책임」. 서울대학교 환경계획연구소 주최 '대전환시대 국토환경

비전 심포지움'(6월 22일) 기조강연문.

조명래. 2022c. 「ESG와 국책연구기관의 ESG 경영」. 경제사회인문연구회 초청 특강자료.

조천호. 2017. "문명은 지성의 산물? 간빙기 맞아 덕보고 있는 것". ≪중앙선데이≫(기후변화리포트), 4월 16일 자.

조천호. 2019. 『파란 하늘, 빨간 지구』. 서울: 동아시아.

최병두. 2021. 「인류세를 위한 녹색전환」. 환경부 엮음. 『녹색전환』. 한울아카데미.

탄소중립위원회. 2021. 『2050 탄소중립 시나리오』. 서울: 탄소중립위원회.

한국환경연구원(KEI) 엮음. 2021. 『대한민국 탄소중립』. 서울: 크레파스북.

—

Bierman, Frank. 2021. "The future of environmental policy in the Anthropocene: time for a paradigm shift." *Environmental Politics*, vol.20, nos.1~2, pp.66~68.

Intergovernmental Panel on Climate Change(IPCC, Working Group I). 2021. *Climate Change 2021: The Physical Science Basis* (Summary for Policymakers). Geneva: IPCC.

Steffen, W., W. Broadgate, L. Deutsch, O. Gaffney, and C. Ludwig. 2015. "The trajectory of the Anthropocene: the Greate Acceleration." *Anthropocene Review*, 2(1), pp.81~98.

제2장

탄소중립을 위한 법

송동수 | 단국대학교 법과대학 교수

1. 개요

오늘날 지구온난화(global warming)에 의한 기후변화는 기후위기를 넘어 기후 비상인 상태를 만들고 있다. 지구의 평균온도는 산업화 이전(1850~1900년)에서 산업화 이후(2011~2020년)까지 1.09℃가 상승했다(IPCC, 2021: 5). 기후변화의 주원인은 산업혁명 이후 경제성장의 원동력이 된 석탄, 석유 등 화석연료 연소로 인한 이산화탄소 배출의 급격한 증가로 분석되고 있다.

그리하여 국제사회는 2015년 파리협정에서 지구 평균온도를 산업화 이전과 대비해 2℃보다 상당히 낮은 수준으로 유지하고, 더 나아가 지구 평균기온의 상승을 1.5℃ 이내로 제한하자는 목표를 세웠다.[1] 이에 대해 기후변화에 관한 정부 간 협의체(IPCC: Intergovernment Panel on Climate Change)는 세계적

---

1)   The Paris Agreement Art. 2.

으로 2030년까지 이산화탄소 배출량을 2010년 대비 최소 45% 이상 감축하고, 2050년경에는 탄소중립을 달성해야 한다는 구체적인 목표까지 제시했다 (IPCC, 2018: 4). 파리협정 비준국인 한국 역시 국가 온실가스 배출량을 2030년까지 2018년 대비 40% 감축하겠다는 국가 온실가스 감축 목표(NDC: Nationally Determined Contributions)를 제26차 유엔기후변화협약(UNFCCC) 당사국총회에 제출하며 2050년도까지 탄소중립을 달성하겠다는 국가적 목표를 선언했다.[2]

탄소중립이란 대기 중의 배출, 방출 또는 누출되는 온실가스의 양에서 온실가스 흡수량을 상쇄한 순 배출량이 영(零)이 되는 상태를 의미한다. 여기서 온실가스란 적외선 복사열을 흡수하거나 재방출하여 온실효과를 유발하는 대기 중 가스 상태의 물질로서 이산화탄소(CO_2), 메탄(CH_4), 아산화질소(N_2O), 수소불화탄소(HFCs), 과불화탄소(PFCs), 육불화황(SF6) 6가지 물질을 말한다. 이산화탄소는 전체 온실효과의 65%를 차지하고 있어 이산화탄소 배출량을 줄이는 것이 온실가스 감축에 가장 실질적·효과적인 방법이다. 그리고 온실가스 대부분에는 탄소가 포함되어 있어, 탄소중립의 '탄소'는 온실효과를 일으키는 온실가스를 통칭하는 용어이다.

탄소를 감축하는 방법에는 그 배출량을 제한하거나 흡수·제거하는 방법이 있다. 먼저 탄소 배출량을 제한하는 방법에는 기존의 화석 에너지 사용과 산업구조를 개편하는 것이 있다. 예를 들어 화석 에너지에서 신재생 에너지로, 제조업 중심 산업구조에서 저탄소 산업구조로 옮겨 가는 것이 이에 속한다. 탄소를 흡수 및 제거하는 방법에는 흡수원을 활용하는 방법과 탄소 포집·이용·저장(CCUS: Carbon Capture, Utilization & Storage) 기술을 활용하는 방법이

---

2)   환경부 보도자료 「2030 국가 온실가스 감축 목표(NDC) 상향안」 유엔기후변화협약 사무국에 제출(2021.12.23); 탄소중립기본법 시행령 제3조 제1항.

있다. 흡수원은 산림, 해양 등 자연을 통해 탄소를 직접 흡수하는 것을 말하는데, 배출되는 막대한 양의 탄소를 흡수원에만 의존하는 것은 현실적으로 쉽지 않다.

한국은 파리협정 이후 다양한 사회적 논의를 거친 후 2020년 10월에 '2050 탄소중립'을 선언했다. 그리고 2021년 9월에 「탄소중립기본법」을 제정·공포했다. 「탄소중립기본법」은 탄소중립을 실현하기 위해 제정된 법률로 정식 명칭은 「기후위기 대응을 위한 탄소중립·녹색성장 기본법」이다. 「탄소중립기본법」은 2050년 탄소중립을 국가비전으로 명시하고, 이를 달성하기 위한 국가전략, 중·장기 온실가스 감축 목표, 기본계획 수립 및 이행 점검(stock-taking) 등의 법정절차를 체계화하고 있다.

「탄소중립기본법」은 2050년 탄소중립을 실질적으로 지향하는 중간단계 목표인 2030년 온실가스 감축 목표를 기존(2018년 대비 26.3%)보다 9% 상향한 35% 이상 범위에서 정하도록 법률에 명시했다(제8조 제1항). 그리고 이는 이후 제정된 「탄소중립기본법 시행령」에 40%로 확정, 규정되었다(제3조 제1항).

「탄소중립기본법」은 탄소중립을 이행하기 위해 다양하고 실질적인 정책수단을 마련하고 있다. 대표적으로 국가 주요계획과 개발사업 추진 시 기후변화 영향을 평가하는 기후변화 영향평가제도, 국가예산계획 수립 시 온실가스 감축 목표를 설정·점검하는 온실가스감축인지 예산제도, 산업구조 전환과 산업공정 개선 등을 지원하기 위한 기후대응기금 등이 이에 속한다.

한편 「탄소중립기본법」은 탄소중립 과정에 취약 지역·계층을 보호하는 정의로운 전환을 구체화하고 있다. 기존 석탄기반 산업, 내연기관 산업 등 탄소중립사회로의 전환 과정에서 피해를 볼 수 있는 지역과 계층을 보호하기 위해 특별지구 지정, 지원센터 설립 등 정의로운 전환의 정책적 수단을 마련하고 있다.

이 장에서는 2050 탄소중립 정책이 시행되고 이를 위한 법률이 제정되기까지 일련의 과정을 먼저 살펴보고 「탄소중립기본법」의 주요 내용을 간단히 설명한다.

2. 기후변화와 온실가스

1) 기후변화

(1) 기후변화의 정의

기후변화란 장기간 동안 기후의 평균 상태나 기후의 변동 속에서 통계적으로 의미 있는 수치를 말한다. UNFCCC 제1조는 기후변화를 "전 지구 대기의 조성을 변화시키는 인간의 활동이 직접적 또는 간접적으로 원인이 되어 일어나고, 충분한 기간 동안 관측된 자연적인 기후 변동성에 추가하여 일어나는 기후의 변화"라고 정의하고 있다. 기후변화는 해수면 상승, 혹한, 폭염 등의 극한 기후를 일으키고, 이로 인해 신종 전염병, 경제활동의 피해 등 잠재적으로 인류의 문명 존속에도 위협이 되고 있다.

(2) 기후변화 요인

① 자연적 원인

기후는 자연적으로 변화하기도 한다. 기후 시스템은 5가지 주요 구성요소(온도, 습도, 강수, 풍속, 낮 길이)로 이루어져 있는데, 이들은 상호 작용하여 기후변화를 일으키기도 한다. 또한 태양의 흑점 수 변화에 따른 에너지 양의 변화가 기후변화를 일으키기도 하며, 지구 공전궤도의 변화, 화산 폭발에 의한 태양 에너지 변화로 인해 기후가 변화하기도 한다.

② 인위적 원인

기후변화와 관련해 주로 문제가 되는 것은 인위적 원인이다. 인간 활동이 대규모로 기후에 영향을 미치기 시작한 것은 산업혁명 초기인 18세기 중엽부터이다. 처음에는 대기오염이 사회적으로 큰 문제였다. 급진적으로 진행되어 온 산업화의 결과물인 대기오염은 영국 등 선진국에서 골치 아픈 문제 가운데 하나였다. 각종 연료의 연소 과정에서 발생하는 아황산가스, 질소산화물, 일산화탄소 등의 대기오염물질로 인해 사람이나 동식물에 해로운 영향을 미치는 현상이 심각하고 광범위하게 발생했기 때문이다.

또한 염화불화탄소(프레온가스) 등의 방출은 복사 강제력에 영향을 주고 성층권의 오존층도 감소시키며, 도시화와 무리한 토지 개발이나 산림 채취 등으로 인한 토지이용 변화는 지구 표면의 물리적·생물학적 특성에 영향을 주었다.

2) 지구온난화와 온실가스

(1) 지구온난화

지구온난화 문제가 처음으로 제기된 시기는 1975년이다.[3] 이후 지구온난화는 끊임없이 주장되었고 과학적으로도 입증되었다. 지구의 평균기온은 산업화 이후 끊임없이 상승했으며, 지난 20년간(2001~2020년) 그 상태는 더욱 악화되었다. 특히 지난 10년간(2011~2020년) 지구의 표면 온도는 1850~1900년 대비 1.09℃나 기록적으로 상승했다. 육지의 상승폭(1.59℃)이 해양(0.88℃)보

---

[3]   미국 컬럼비아 대학교의 해양지구학자인 월러스 브로커(Wallace S. Broecker)가 1975년 8월 ≪과학(Science)≫ 잡지에 논문 「기후변화: 지구온난화의 문턱?(Climatic Change: Are We on the Brink of a Pronounced Global Warming?)」를 발표하면서 처음으로 지구온난화 문제가 학술적으로 제기되었다. https://www.hankookilbo.com/News/Read/201903211569738187

다 높아 그 위험성은 더욱 가중되고 있다. 결과적으로 산업화 시기 이후 기후가 온난화되고 있음이 과학적으로 증명되고 있다(IPCC, 2021: 5).

현재처럼 지구의 평균기온 상승률이 유지된다면 21세기 말 지구 평균기온은 3.7℃ 상승하고, 해수면은 63cm 상승해 전 세계 주거가능 면적의 5%가 침수될 것이다. 또한 평균 지표온도가 상승함에 따라 다수 지역에서 폭염의 발생 빈도와 강도가 증가해 기후변화를 넘어 기후 비상사태를 초래할 것이다.

(2) 온실효과

과학자들은 지구온난화의 첫 번째 원인으로 '온실효과'를 지목하고 있다. 기후 시스템을 움직이는 에너지 대부분은 태양에서 공급된다. 이산화탄소와 같은 온실가스는 태양으로부터 지구로 들어오는 짧은 파장의 복사 에너지는 통과시키는 반면 지구로부터 나가려는 긴 파장의 복사 에너지는 흡수하므로 지표면을 보온하는 역할을 해서 지구 대기의 온도를 상승시키는 작용을 하는데 이것이 바로 온실효과이다.

산업혁명 이후 지속적으로 다량의 온실가스가 대기로 배출됨에 따라 지구 대기 중 온실가스 농도가 증가하여 지표 온도가 과도하게 상승함으로써 지구온난화라는 현상을 초래하게 된 것이다.

(3) 온실가스

이산화탄소, 염화불화탄소, 메탄, 일산화질소 등의 온실가스는 오존층을 파괴하고 지구온난화의 원인이 되는 등 기후변화의 주범으로 인정되어 전 세계적인 규제의 대상이 되고 있다. 온실가스 중에서 온난화에 결정적인 영향을 미치는 이산화탄소는 일상생활에서 보편적으로 사용되고 있는 화석 에너지원의 연소를 통해 발생하며 벌목을 통해서도 방출된다. 메탄은 주로 에너지 분야에서 생성되며, 농업 생산물(특히 목축업)과 벼농사 및 폐기물 매립장 운영에서도 발생한다. 일산화질소는 바이오매스 연소와 같은 농업이나 산성 제품과 알루미늄 산업의 과불화화합물(PFC)을 통해 생성된다.

IPCC에 따르면, 최근 배출된 인위적 온실가스의 양은 관측 이래 최고 수준이다. IPCC 제5차 평가보고서(2015)에 의하면 전 세계 온실가스 배출량이 매해 급격하게 상승해 1970년부터 2011년까지 40여 년간 배출된 누적 온실가스가 1970년 이전 220년 동안의 누적 배출량과 비슷하다고 한다. 인간 활동, 특히 공장이나 가정에서의 화석연료 연소와 생물체의 연소 등이 대기의 구성 성분에 영향을 주는 온실가스를 증가시키고 있기 때문이다.

온실가스 배출이 계속 증가하면 온난화 현상은 심화되고 결과적으로 인간과 자연에 심각한 영향을 미칠 것이다. 따라서 온실가스 배출량을 줄이려는 지속적인 노력이 필요하다.

(4) 이산화탄소

온실가스 중 이산화탄소는 가장 핵심적인 물질이다. 이산화탄소 배출 원인에는 동식물의 호흡 과정, 유기물의 부패와 같은 자연적인 배출 원인도 있지만, 대부분 인위적인 배출 원인에 기인한다. 인위적인 배출 원인은 산림 및 토지 이용과 화석 에너지 사용 또는 산업 공정으로 세분된다. 화석 에너지 사용과 산업 공정으로 인한 이산화탄소 배출량과 산림 및 토지 이용으로 인한 이산화탄소 배출량은 산업혁명 시기인 1850년대에 서로 비슷했으나 2010년에는 7배 차이가 날 정도로 큰 격차를 보이고 있다(IPCC, 2014: 3). 즉, 현재 발생하는 이산화탄소 대부분은 화석 에너지와 산업 공정에서 배출되고 있는 것으로 볼 수 있다.

인위적으로 배출되는 이산화탄소는 식물의 광합성 작용과 해양 흡수 등 자연 흡수원을 통해 45%가량 제거되지만(WMO, 2020: 8) 그렇지 못한 이산화탄소는 대기 중에 장기간 머무르면서 축적되어 이산화탄소 농도를 증가시킨다.

대기 중 이산화탄소 농도는 현재 계속 증가하고 있으며, 2018년 기준 산업화 이전과 대비해 147% 높은 수치를 보이고 있다(WMO, 2020: 7). 따라서 기후변화의 주범인 이산화탄소의 배출량과 농도를 낮추기 위해서는 화석 에너지 사용과 산업 공정으로 인한 이산화탄소 배출량을 절대적으로 감축해야 한다.

3. 온실가스 감축을 위한 국제사회의 노력: UNFCCC

1) 의의

지구온난화로 상징되는 기후변화 위기가 세계적인 관심사로 등장하면서 온실가스의 배출을 제한해 지구온난화를 방지하기 위한 국제사회의 노력이 시작되었다. 제일 먼저 1988년 유엔총회 결의에 따라 세계기상기구(WMO)와 유엔환경계획(UNEP)에 'IPCC'가 설치되었다. 그리고 1992년 6월 브라질 리우에서 개최된 유엔환경개발회의(UNCED)에서 '기후변화에 관한 유엔기본협약(UNFCCC: United Nations Framework Convention on Climate Change)'(약칭: 유엔기후변화협약)이 채택되었다.

기후변화협약은 전문, 본문 26개조 그리고 2개의 부속서로 구성되어 있으며, 협약의 최종 목적은 지구 전체의 온실가스 농도를 안정화시켜 기후변화의 위험을 제거하는 것이다. 한국은 1993년 12월 14일 세계 47번째로 기후변화협약을 비준하여 1994년 3월 21일 발효했다.[4]

기후변화협약 제3조에서는 협약의 목적을 달성하기 위한 행동 원칙을 규

---

[4]   의안번호 140504, 정부 제안일자 1993.11.11, 국회 본회의 의결일 1993.11.30(제165회 정기회 제17차 본회의).

정하고 있는데, 최우선 원칙으로 각 당사국은 정의에 입각해 공동이면서도 그 정도에 있어 차이가 있는 책임으로 기후 체계를 보호해야 한다는 CBDR(Common But Differentiated Responsibilities) 원칙을 설정하고 있다. 하지만 기후변화협약은 그 목표가 모호하고 법적 구속력이 없다는 점, 각국의 구체적인 감축 목표가 없다는 점에서 많은 비판을 받았다.

2) 교토의정서(Kyoto Protocol, COP 3)

1997년 일본 교토에서 개최된 제3차 기후변화협약 당사국 총회(COP 3)에서 기후변화협약의 구체적인 이행 방안을 담은 교토의정서가 채택되었다. 교토의정서의 발효는 2005년 2월 16일에 이루어졌다.

교토의정서는 먼저 기후변화의 주범인 이산화탄소, 메탄, 아산화질소, 수소불화탄소, 과불화탄소, 육불화황 6가지 기체를 온실가스로 명확하게 규정했다(부속서 A). 또한 선진국에 해당하는 부속서 B의 38개 국가에 2008년부터 2012년 사이(제1차 공약 기간) 온실가스 배출량을 1990년 대비 5.2% 이상 감축하라는 의무를 부과했다. 즉, 교토의정서는 감축 의무국에게 온실가스 감축 목표량을 설정하여 기후변화 대응을 위한 구체적인 행동 방안을 제시했다. 다만 각국의 상황을 고려하여 융통성을 허용하고 국가 간 연합을 통해 공동으로 이행할 수 있도록 했다.

더 나아가 교토의정서는 국내적인 수단만으로는 온실가스 감축 목표량을 실현할 수 없다는 점을 인정해 배출권 거래제(Emission Trading Schema)[5], 공

---

5) 탄소배출권이란 온실가스인 탄소를 배출할 수 있는 권리를 말하며, 이러한 권리를 시장 메커니즘 아래 가격을 매개로 거래할 수 있도록 법제도적 인프라를 갖추는 것을 탄소배출권 거래제라고 한다.

동이행제도(Joint Implementation), 청정개발체제(Clean Development Mechanism) 등과 같은 신축성 메커니즘(Flexibility Mechanism)을 도입해 온실가스를 비용 효과적으로 감축할 수 있는 계기를 마련했다.

교토의정서는 선진국과 개발도상국을 구분해 역사적 책임이 있는 선진국에만 온실가스 감축 의무를 부과하는 방식을 취했다. 이렇다 보니 중국이 상당량의 온실가스를 배출하는 국가임에도 개발도상국이라는 이유로 감축 의무국에 포함되지 않는 등 처음부터 그 실효성에 의문이 제기되었다. 급기야 2001년에는 주요 온실가스 배출국인 미국이 비준을 거부하고, 일본·캐나다·러시아가 감축 의무를 포기하면서 교토의정서의 기능은 사실상 유명무실하게 되었다.

한국은 2002년 11월 교토의정서를 비준했으나, 기후변화협약상 개발도상국 지위를 인정받아 온실가스 감축 의무는 지지 않아도 되었다. 경제협력개발기구(OECD) 소속국 중 개발도상국으로 인정받아 멕시코와 함께 온실가스 배출의 감축 의무를 면제받았기 때문이다. 따라서 교토의정서로 인해 당시 국내 산업의 타격은 크지 않았다.

그러나 한국은 온실가스 감축 의무 제1차 공약 기간(2008~2012년)이 끝난 뒤에는 온실가스 감축 의무를 떠안을 수밖에 없는 상황이었다. 왜냐하면 한국은 이미 경제 규모의 확대로 인해 개발도상국 지위를 유지할 수 없었을 뿐 아니라 이산화탄소 배출량도 세계 9위에 달했기 때문이다.

3) 코펜하겐 협정(Copenhagen Accord, COP 15)

2009년 덴마크 코펜하겐에서 개최된 제15차 기후변화협약 당사국 총회(COP 15)에서 "지구의 기온 상승을 2℃ 이내로 제한하고, 선진국은 2010년 1월까지 2020년 온실가스 감축 목표를 제시한다"라는 내용의 코펜하겐 협정이 합의되었다. 코펜하겐 협정은 장래의 협상에 대한 약간의 방향과 가이드라인만 제시했을 뿐 2012년 종료될 교토의정서의 대체와 선진국과 개발도상국의 입장 차이에 따른 장기적이고 구체적인 온실가스 감축 목표를 도출하는 데는 실패했다. 그러나 지구의 기온 상승을 2℃ 이내로 유지하고, 선진국과 개발도상국 간 차이를 인정하면서도 양쪽 모두에게 감축 목표를 규정하고, 기후변화와 관련된 재원 마련에 대한 논의를 끌어냈다는 점에서 그 의미가 있다(윤익준, 2017: 117).

4) 더반선언(Durban Declaration, COP 17)

2011년 남아프리카공화국 더반에서 개최된 제17차 기후변화협약 당사국총회(COP 17)에서는 교토의정서의 실효성 문제와 교토의정서 제1차 공약 기간(2008~2012년) 종료에 따른 신기후체제에 대한 협상이 진행되었다. 그리고 2020년 이후부터 시행될 새로운 기후변화 체제의 발효와 이행에 대한 논의를 2015년까지 마무리하기 위한 '행동 강화를 위한 더반 플랫폼 특별 작업반(ADP)'을 구성하기로 합의했다. ADP는 2015년까지 선진국과 개발도상국을 포함한 모든 기후변화협약 당사국에 적용 가능한 법적 구속력을 가지는 협정을 만들기로 합의했다.[6]

더반선언은 그동안 교토의정서에 구속받지 않은 온실가스 배출국을 새로운 기후변화 체제에 참여하게 하는 법적 구속력 있는 틀을 준비했다는 점에 그 의미가 있다(박시원, 2012: 162). 즉, 기존의 기후변화 체제와는 달리 최근 온실가스 배출량을 급속하게 증가시키고 있는 개발도상국에도 책임을 부과해 선진국과 개발도상국 모두가 참여하는 새로운 감축 시스템이 형성되었다.

---

[6]   Decision 1/CP.17, §2, §4.

5) 도하기후회의(Doha climate change conference, COP 18)

제18차 기후변화협약 당사국 총회(COP 18)가 2012년 11월 카타르 도하에서 개최되었는데, 이곳에서 교토의정서 제2차 공약 기간을 2013년부터 2020년까지 8년간으로 설정하는 것을 뼈대로 한 교토의정서 개정안이 채택되었다. 즉, 유럽연합(EU), 호주, 스위스, 노르웨이 등 선진국들이 참여한 가운데 2013년 1월 1일부터 온실가스 감축을 위한 제2차 공약 기간이 개시된 것이다. 하지만 교토의정서 제2차 공약 기간은 제1차 공약 기간에 참여했던 일본·캐나다·러시아·뉴질랜드 등이 이탈하면서, 참여국들의 온실가스 배출량 합계가 세계 전체 온실가스 배출량의 15%도 안 될 정도로 약화된 가운데 출발했다.

또한 도하기후회의에서 기후변화협약 당사국들은 2020년에 새로운 기후변화 체제를 출범시키기 위해 2013년부터 해마다 두 차례 이상 회의를 열어 2015년까지 신체제에 대한 협상문을 만들기로 합의했다.

한편 도하기후회의에서 한국의 녹색기후기금(GCF: Green Climate Fund) 사무국 유치가 성공적으로 인준되었다. GCF는 개발도상국의 이산화탄소 절감과 기후변화에 대응하기 위해 만들어진 국제금융기구이다. 온실가스를 줄이거나 개발도상국의 기후변화 적응 능력을 높이는 사업에 기금을 투자하고, 투자한 자금이 투명하고 적절하게 운용되고 있는지를 평가하는 역할을 한다.

6) 바르샤바 결정(Warsaw Decisions, COP 19)

2013년 폴란드 바르샤바에서 개최된 제19차 기후변화협약 당사국 총회(COP 19)에서는 지구의 기온 상승을 산업화 이전 대비 2℃ 이내로 억제하기 위한 "국가별 감축 목표(INDC: Intended Nationally Determined Contributions)"[7)]

를 자체적으로 결정해, 2015년 제21차 당사국 총회 이전에 사무국에 제출하기로 합의했다. 또한 2020 신기후체제의 요소와 구체적인 협상 일정 외에 개발도상국의 기후변화 대응 행동에 대한 재정 지원도 함께 논의되었다.

COP 19에서는 2020 신기후체제의 요소와 구체적인 협상 일정에 대한 논의가 있었으나, 이에 대한 구체적인 계획과 합의는 도출되지 못했다. 특히 교토의정서 체제에서 이루어졌던 일정 기준에 따라 국가별로 감축량을 정하는 하향식(top-down)과 국내의 여건에 따라 감축량을 정하는 상향식(bottom-up) 중 어떤 방식을 채택할지를 두고 선진국과 개발도상국 간의 의견 충돌이 있었다. 이 외에도 개발도상국에 대한 선진국의 재정 및 기술 지원방법에 대해 선진국과 개발도상국의 의견 차이로 합의가 이루어지지 못했다.

7) 리마선언(Lima call for Climate Action, COP 20)

2014년 페루 리마에서 개최된 제20차 기후변화협약 당사국 총회(COP 20)에서는 196개국이 기후변화 적응력 향상을 위한 기본 원칙에 합의했고, 신기후체제의 구체적인 요소를 정하는 리마선언을 채택했다. 리마선언에서는 지구 평균온도를 산업화 이전 수준인 2℃ 이하로 억제한다는 것을 기본으로 하여 국가별 온실가스 감축 목표의 제출 범위, 제출 시기, 협의 절차 및 일정 등이 합의되었다. 또한 국가별 온실가스 감축 목표의 제출과 관련해 2015년 당사국 총회 전에 사무국에 제출하도록 했으며, 당사국 총회 사무국은 각국의 제출 내용을 홈페이지에 공개하고 국가별 감축 목표에 대한 종합보고서를 준

---

7) 기후변화 대응을 위한 온실가스 감축 목표를 각국이 스스로 결정해 제출하는 이른바 '국가별 감축 목표'는 COP 19에서 INDC(Intended Nationally Determined Contributions)로 명명되었으나, 파리협정에서는 NDC(Nationally Determined Contributions)로 확정되었다.

비하도록 했다. 이로써 2015년 파리에서 개최되는 제21차 당사국 총회에서 새로운 기후변화 대응 시스템이 완성되기 위한 기반이 최종 마련되었다.

8) 파리협정(Paris Agreement, COP 21)

(1) 의의

2015년 12월 프랑스 파리에서 개최된 제21차 기후변화협약 당사국 총회 (COP 21)에서는 2020년부터 모든 국가가 참여하는 신기후체제의 근간이 되는 국제협약(파리협정이라고 칭함)이 마침내 채택되었다. 파리협정은 전문 및 총 29개 조문으로 구성된 조약으로서 기후변화에 대응하는 국제사회의 지침서이다.

파리협정은 지금까지 이루어져 왔던 기후변화 체제와는 달리 선진국과 개발도상국 모두가 참여하여 전 지구적인 지구온난화 대응이 이루어질 수 있도록 한 협정이다. 즉, 선진국에만 온실가스 감축 의무를 부과하던 교토의정서와 다르게 모든 국가가 자국의 상황을 반영해 온실가스 감축에 참여하는 보편적인 체제가 마련된 것이다.

파리협정은 195개국 모든 당사국을 포용하고 있으며, 지구의 평균기온 상승을 산업화 이전 시기 대비 2℃보다 낮은 수준으로 유지하고, 온도 상승폭을 1.5℃ 이하로 제한하는 것을 장기 목표로 삼고 있다. 파리협정은 2016년 10월 5일 발효 요건이 충족되어 30일 후인 11월 4일 공식 발효되었다. 한국은 국회에서 2016년 11월 3일 파리협정 비준 동의안을 의결하여[8] 파리협정의 당사국이 되었다.

파리협정이 발효됨에 따라 한국 역시 여러 의무를 부담하게 되었는데, 그 중 대표적인 것이 NDC의 정기적인 제출과 적응 계획의 수립, 이행보고서 제

---

8)   의안번호 2002040, 제안일자 2016.9.1, 국회 본회의 의결일 2016.11.3(제346회 제11차 회의).

출 등이다. 파리협정은 기본적으로 자율성을 바탕으로 하는 비구속성에 기초를 두고 있지만, 국제법상 정치적 구속력을 일정 부분 지니고 있기에 성실히 이행해야 한다.

(2) 주요 내용

파리협정의 핵심적인 내용은 모든 당사국이 2020년부터 기후변화 완화를 위한 행동에 참여하며, 5년 주기의 이행 점검을 통해 기후변화 대응을 강화한다는 것이다. 즉, 모든 당사국이 자신들이 자율적으로 결정한 온실가스 감축 목표를 5년 단위로 제출해 국내적으로 이행토록 하고, 이를 위한 재원의 조성은 선진국이 먼저 주도적으로 수행하고 개발도상국은 후속적으로 참여하는 방식이다. 다시 말해 파리협정은 각국의 능력을 감안해 유연성을 인정하면서도, 2023년부터 5년 단위로 파리협정의 장기목표 달성 가능성을 평가하는 이행 점검이라는 수단을 통해 기온 상승의 억제를 유도하는 시스템이다.

파리협정은 선진국에게는 재정 지원 및 기술 이전에 대한 책임을 강조하는 반면, 기후변화 영향에 특히 취약한 개발도상국에게는 그 특수성을 감안해 기후변화협약의 원칙인 '공동의 그러나 차별화된 책임(CBDR)'과 '각국의 다양한 여건(in the light of different national circumstances)'을 반영하여 차별적인 감축 의무와 함께 다각적인 지원을 규정하고 있다. 또한 파리협정에서는 온실가스 감축에 관한 규정뿐만 아니라 재원 지원, 기술 개발 및 이전, 역량 배양 등 다양한 제도를 규정하고 있어 목표 달성이 실질적이고 효율적일 수 있도록 하고 있다. 이러한 제도는 개발도상국이 경제성장을 위해 환경을 위협하지 않도록 재원과 기술적인 부분을 지원하고, 기후변화로 인해 입은 손실과 피해로부터 보호하는 역할을 한다. 다시 말해 파리협정은 그동안 끊임없이 제기되었던 개발도상국의 현실적인 상황이 반영되고, 개발도상국과 선진국 어느 한쪽이 아닌 상호 신뢰에 바탕을 둔 결과물이다.

9) 교토의정서와 파리협정의 비교

〈표 2-1〉 교토의정서와 파리협정

교토의정서	구분	파리협정
• 온실가스 배출량 감축 (1차: 5.2%, 2차: 18%)	목표	• 2℃ 목표 • 1.5℃ 목표달성 노력
• 주로 온실가스 감축에 초점	범위	• 온실가스 감축만이 아니라 적응, 재원, 기술 이전, 역량 배양 등 포괄
• 주로 선진국	감축 의무국	• 모든 당사국
• 하향식(top-down)	목표설정 방식	• 상향식(bottom-up)
• 징벌적(미달성량의 1.3배를 다음 공약 기간에 추가)	목표 불이행 시 징벌 여부	• 비징벌적
• 특별한 언급 없음	목표설정 기준	• 진전 원칙
• 공약 기간에 종료 시점이 있어 지속 가능한지 의문	지속가능성	• 종료 시점을 언급하지 않아 지속 가능한 대응 가능
• 국가 중심	행위자	• 다양한 행위자의 참여 독려

자료: 환경부(2016.: 30).

4. 파리협정 이후의 기후변화 정책

1) 파리협정 후속 조치

한국은 2015년 제21차 기후변화협약 당사국 총회에 온실가스 감축 목표로 2030년 온실가스 배출 전망치(BAU: Business As Usual) 대비 37% 감축 목표를 제출했다. 그리고 파리협정을 효과적으로 이행하기 위한 후속 조치로 2016년 12월에 「기후변화대응 기본계획」과 「2030 온실가스 감축 기본 로드맵」을 수립했다.9) 또한 2017년 12월에는 「배출권 거래제 제2차 할당계획」을 수립했

---

9)　「2030 온실가스 감축 기본 로드맵」에 따르면 2030년 감축량인 3억 1500만t 중 국내의 경우 전

으며, 2018년 7월에는 탈원전 및 석탄화력 축소에 따른 에너지 전환 로드맵, 제8차 전력수급 기본계획 등이 반영된 「2030년 국가 온실가스 감축목표 달성을 위한 기본 로드맵 수정안」을 추가로 발표했다(관계부처 합동, 2018: 2).

하지만 국제사회는 "2030년까지 온실가스를 BAU보다 37% 줄이겠다는 한국의 온실가스 감축 목표는 불확실성에 기초를 두고 있으며 수치도 매우 불충분하다"고 비판했다. 사실 BAU는 경제성장률, 산업구조 등 전제 조건에 따라 달라지기 때문에 실제 감축량을 정확하게 예측하기 어렵다. BAU 대비 감축 목표는 통상적으로 개발도상국이 취하는 방식으로 국내총생산(GDP) 세계 13위, 수출 7위의 경제 규모를 고려할 때 선진국과 마찬가지로 1990년 혹은 2005년과 같이 기준 연도 배출량 대비 절대 감축량을 제시해야 한다는 것이다. 또한 2015년 NDC는 파리협정 체결 전에 작성된 것이므로, 파리협정을 반영해 훨씬 강화해야 한다는 비판이 있었다.

2) 2050 탄소중립

(1) 탄소중립의 의미

탄소중립이란 인간 활동에 의한 온실가스 배출을 최대한 줄이고, 남은 온실가스는 흡수하거나 제거하여 실질적인 배출량이 0이 되도록 하는 것을 말한다. 즉, 탄소중립은 배출되는 탄소와 흡수되는 탄소량을 같게 해 탄소 순 배출량이 0이 되게 하는 것으로, '넷제로(Net-Zero)'라고도 부른다.

탄소중립 개념은 파리협정에 근거를 두고 있다. 파리협정의 목표는 산업화 이전 대비 지구의 평균온도 상승을 2℃보다 훨씬 아래로 유지하고, 나아가

환(64.5백만), 산업(56.4백만), 건물(35.8백만) 등 8개 부문에서 BAU 대비 25.7%인 2억 1900만을 감축하고, 국외 감축 11.3%에 대한 세부 추진계획은 2020까지 마련할 계획이다.

1.5℃로 억제하기 위해 노력해야 한다는 것이다.

IPCC는 2018년 10월 한국 인천 송도에서 개최된 제48차 IPCC 총회에서 치열한 논의 끝에 「지구온난화 1.5℃ 특별보고서」를 승인하고 파리협정 채택 시 합의된 1.5℃ 목표의 과학적 근거를 마련했다. IPCC는 2100년까지 지구 평균온도 상승폭을 1.5℃ 이내로 제한하기 위해서는 전 지구적으로 2030년까지 이산화탄소 배출량을 2010년 대비 최소 45% 이상 감축해야 하고, 2050년 경에는 탄소중립(넷제로)을 달성해야 한다는 경로를 제시했다.

결론적으로 파리협정의 목표를 달성하기 위해서는 필수적으로 2050년까지 탄소 순 배출량이 0이 되는 탄소중립사회로의 전환이 필요하게 된 것이다.

(2) 2050 탄소중립 선언

한국은 2020년 10월 28일 국회에서 열린 대통령 시정연설을 통해 처음으로 탄소중립을 선언했다. 국제사회의 책임 있는 일원으로서, 온실가스 감축과 기후위기 대응에 동참하기 위해 탄소중립을 선언하게 된 것이다. 특히 국제경제가 빠르게 기후위기 대응을 위한 전환에 돌입함에 따라 무역의존도가 높은 한국은 탄소세 등에 큰 영향을 받을 수 있기 때문에 단순히 기후위기 대응을 넘어, 국가 경쟁력을 확보하기 위해서라도 탄소중립이라는 시대적 흐름에 빠르게 대응할 필요가 있었다.

(3) 탄소중립 추진전략

탄소중립이라는 대전환 시대에 능동적으로 대응하기 위해 정부는 관계부처 합동으로 '2050 탄소중립 추진전략'을 마련하고 2020년 12월 7일 '제22차 비상경제 중앙대책본부회의'에서 그 내용을 발표했다.

탄소중립 추진전략은 탄소중립·경제성장·삶의 질 향상의 동시 달성을 목표로, 경제구조 저탄소화, 저탄소 산업 생태계 조성, 탄소중립사회로의 공정

전환이라는 3대 정책방향과 탄소중립제도 기반 강화라는 3＋1의 전략 추진을 주요 내용으로 하고 있다.

(4) 장기 저탄소 발전전략(LEDS)

2020년 12월 15일 국무회의에서 '2050 장기 저탄소 발전전략(LEDS)'이 확정되었는데, 다음과 같은 탄소중립의 5대 기본방향을 제시했다.

① 깨끗하게 생산된 전기·수소의 활용 확대.

② 디지털 기술과 연계한 혁신적인 에너지 효율 향상.

③ 탈탄소 미래기술 개발 및 상용화 촉진.

④ 순환경제로 지속 가능한 산업혁신 촉진.

⑤ 산림, 갯벌, 습지 등 자연·생태의 탄소흡수 기능 강화.

(5) 국가 온실가스 감축 목표(NDC)

한국은 2015년 제21차 기후변화협약 당사국 총회에 온실가스 감축 목표로 2030년 온실가스 BAU 대비 37% 감축 목표를 제출한 이후 지속적인 비판에 직면했다.

그리하여 2019년 12월에는 「녹색성장 기본법 시행령」을 개정해 기존 BAU 방식의 2030 목표를 절대량 방식으로 변경했다. 즉, 기존 온실가스 감축 목표를 2030년 BAU 대비 37% 감축에서 2017년 대비 24.4% 감축이라는 절대량 방식으로 개선했다. 이는 경제성장 변동에 따라 가변성이 높은 BAU 방식의 기존 목표를 이행 과정에서 투명한 관리가 가능하고 국제사회에서 신뢰가 높은 절대량 방식으로 전환한 것이다. 2017년 배출량 대비 24.4% 감축을 한국의 2030년 NDC로 확정한 것이다.

더 나아가 2050 탄소중립위원회는 2021년 10월 18일 제2차 전체회의를 통해 「2030 국가 온실가스 감축 목표 상향안」을 심의·의결했는데, NDC를 "2018년 온실가스 총 배출량 대비 40% 감축"하기로 해 기존의 감축 목표보다 대폭 상향시켰다.

2030년까지 온실가스 배출량을 2018년 대비 40% 감축하는 것은 주요국 대비 늦은 온실가스 배출 정점, 제조업 비중이 높은 한국의 산업구조 등을 고려할 때 감축 속도 면에서 쉽지 않은 도전이다. 따라서 2050 탄소중립 목표 달성을 위해서는 온실가스 감축에 더욱 속도를 낼 필요가 있다.

(6) 탄소중립 시나리오

2021년 10월에는 2050년까지 탄소중립을 실현하기 위한 방향과 속도를 가늠할 청사진이자, 정책방향 전환의 나침반 역할을 할 '탄소중립 시나리오'가 발표되었다. 탄소중립 시나리오에는 탄소중립이 실현되었을 때의 미래상과 산업·수송 등 부문별 전환 내용을 전망하는 내용이 A안과 B안으로 나뉘어 담겨 있다.

탄소중립 시나리오의 내용을 보면, 전환의 경우 A안은 화력발전 전면 중단으로 배출량을 제로화, 재생 에너지 비중을 70.8%로 확대하고, B안은 석탄발전은 중단하지만 액화천연가스(LNG) 발전은 일부 유지해 국내 배출량이 일부 잔존, 재생 에너지 비중을 60.9%로 확대하는 것을 계획하고 있다. 또한 수송의 경우, A안은 전기차·수소차 등 무공해차 보급을 97% 이상으로 확대하고, B안은 무공해차 보급을 85% 이상으로 하면서 혁신적인 기술 개발로 탄소 배출을 중립화한 내연기관차를 일부 잔존시키는 것을 전제로 하고 있다.

〈표 2-2〉 2050 탄소중립 시나리오 최종 총괄표

(단위: 백만 톤 CO₂eq)

구분	부문	2018년	최종본		비고
			A안	B안	
배출량		686.3	0	0	
배출	전환	269.6	0	20.7	• (A안) 화력발전 전면중단 • (B안) 화력발전 중 LNG 일부 잔존 가정
	산업	260.5	51.1	51.1	
	건물	52.1	6.2	6.2	
	수송	98.1	2.8	9.2	• (A안) 도로 부문 전기차·수소차 등으로 전면 전환 • (B안) 도로 부문 내연기관차의 대체 연료(e-fuel 등) 사용 가정
	농축수산	24.7	15.4	15.4	
	폐기물	17.1	4.4	4.4	
	수소	-	0	9	• (A안) 국내생산 수소 전량 수전해 수소(그린수소)로 공급 • (B안) 국내생산 수소 일부 부생·추출 수소로 공급
	탈루	5.6	0.5	1.3	
흡수 및 제거	흡수원	-41.3	-25.3	-25.3	
	탄소 포집·이용·저장 (CCUS)	-	-55.1	-84.6	
	직접 공기 포집 (DAC)	-	-	-7.4	• 포집 탄소는 차량용 대체 연료로 활용 가정

자료: 관계부처 합동(2021: 3).

3) 파리협정 대응 입법화 과정

(1) 한국 환경법 체계

한국 최초의 환경법률은 1963년에 제정된 「공해방지법」이다. 「공해방지법」은 경제개발에 수반하여 발생한 환경오염 등에 대처하기 위해 제정되었으나, 급속한 산업화·도시화가 이루어지던 1970년대에 들어서 다양하고 광역적인 환경문제에 대처하는 데 한계가 있어 1977년 「환경보전법」으로 대체되었다. 종래의 「공해방지법」이 대기·수질 오염 등의 공해적 측면만을 대상으로 한 것에 비해, 「환경보전법」은 대상을 자연환경을 포함하는 전반적인 환경문제와 사전 예방적 기능으로까지 확대했다.

그리고 1980년에 개정된 「헌법」 제35조에 환경권에 관한 규정이 처음 신설된 이후 산업화의 진전으로 인한 환경문제가 더욱 심각해지자, 오염 분야별 대책법의 제정이 불가피하다는 인식하에 한국 환경법은 복수법 체계로 전환하게 된다. 즉, 1990년에 「환경보전법」이 「환경정책기본법」, 「대기환경보전법」, 「수질환경보전법」, 「소음·진동규제법」, 「유해화학물질관리법」, 「환경분쟁조정법」 6개의 법률로 분법화되었다.

2000년대 이래 환경법률은 매년 그 숫자가 증가해 2022년 1월 기준으로 환경부가 관장하고 있는 법률이 총 75개에 이른다. 환경오염 매체를 기준하여 주요 법률을 살펴보면, 최상위 「환경정책기본법」 아래 사전 예방적 규율을 담고 있는 「환경영향평가법」, 자연환경 부문의 「자연환경보전법」, 기후대기 분야의 「대기환경보전법」, 물 환경 부문의 「물관리기본법」, 자원순환 분야의 「자원순환기본법」, 「폐기물관리법」, 토양환경 부문의 「토양환경보전법」, 분쟁조정과 피해구제 영역의 「환경분쟁조정법」, 「환경오염피해구제법」 등이 있다.

(2) 저탄소 녹색성장 기본법

「저탄소 녹색성장 기본법」은 경제와 환경의 조화로운 발전을 위해 저탄소 녹색성장에 필요한 기반을 조성하고 녹색기술과 녹색산업을 새로운 성장 동력으로 활용함으로써 국민경제의 발전을 도모하며 저탄소사회 구현을 통해 국민의 삶의 질을 높이고 국제사회에서 책임을 다하기 위해 2010년에 제정된 법률이다.

녹색성장(Green Growth)이란 환경과 경제의 선순환 구조를 통해 양자의 시너지를 극대화하고 이를 새로운 동력으로 삼는 것을 말한다. 즉, 녹색성장이란 경제성장 패턴을 환경 친화적으로 만들어 새로운 성장 기회를 확보하자는 의미로 설정된 개념이다. 녹색성장이라는 개념은 2005년 환경부와 유엔아태경제사회위원회(UNESCAP)가 공동 주최한 '아시아·태평양 환경과 개발에 관한 장관회의(MCED)'에서 처음 채택되었다. 한국의 압축·고도 성장에 따른 환경훼손 경험을 바탕으로 향후 지속 가능한 경제성장 모델을 제시하기 위해 주창된 개념이다. 아시아·태평양 지역 개발도상국에 있어서 환경 친화적 경제성장의 의미로 사용되었다.

녹색성장의 3대 요소와 내용은 ① 견실한 성장을 하되 에너지·자원 사용량은 최소화(에너지 저소비형 산업구조 개편, 에너지 소비 절약·사용 효율화 등), ② 동일한 에너지·자원을 사용하되, 이산화탄소 배출 등 환경 부하를 최소화(신재생 에너지 보급 확대, 원자력 등 청정 에너지 개발, 이산화탄소 배출 규제, 저탄소·친환경 인프라 구축 등), ③ 신성장 동력으로 개발(녹색기술에 대한 R&D 투자, 신재생 에너지 등 녹색산업 육성 및 수출 산업화 등)을 말한다.

2015년 파리협정이 체결되자, 그 후속 조치를 위한 입법 작업이 필요하게 되었다. 초창기에는 새로운 법률을 제정하기보다 기존의 「저탄소 녹색성장 기본법」을 약간 개정해 이를 뒷받침하자는 의견이 우세했다. 하지만 「저탄소 녹색성장 기본법」은 저탄소 산업 발전을 위한 기본법 역할에는 충분하지만, 기본적으로 성장에 기반을 두고 있기 때문에 파리협정에서 설정하고 있는 NDC의 이행과 같은 기후변화 규율에는 적합하지 않다는 비판이 우세해졌다(김홍균, 2017: 221).

(3) 탄소중립기본법 제정 과정

파리협정으로 기후변화 대응이 더욱 절실해지는 상황에서 「저탄소 녹색성장 기본법」은 신기후체제의 대응 및 온실가스 감축 목표를 달성하기 위한 입법적 기능을 담보할 수 없다는 비판이 계속되자, 입법적 해결책으로 새로운 법률을 제정하려는 움직임이 생겼다. 그리하여 2017년 7월 송옥주 의원이 대표 발의한 「기후변화대응법안」[10]을 시작으로 총 8건의 법률안이 발의되었다.

이후 여러 차례의 공청회와 소위원회 회의를 거치면서 8건 법안에 대한 심사와 통합 작업이 진행되었다. 그리하여 2050 탄소중립을 위한 비전과 목표를 설정하고, 감축목표 달성을 위한 이행 체계를 규정하고 정책 수단을 구체화하는 것을 내용으로 하는 「기후위기 대응을 위한 탄소중립·녹색성장 기본법안」 통합 법률안이 마침내 발의되었다.[11] 그리고 이 통합 법률안은 2020년 8월 19일 국회 환경노동위원회를 거쳐, 2021년 8월 31일 국회 본회의를 통과했다. 이렇게 되자 기존의 「저탄소 녹색성장 기본법」은 폐지되었다.

(4) 탄소중립기본법 제정·공포

「탄소중립기본법」의 정식 명칭은 「기후위기 대응을 위한 탄소중립·녹색성장 기본법」으로, 2021년 9월 24일 제정되어 2022년 3월 25일부터 시행되고 있다. 「탄소중립기본법」은 탄소중립사회를 위한 온실가스 감축과 탄소중립사회로의 전환 과정에서 통합적 역할을 하기 위한 수단으로 제정된 법률이다.

한국은 「탄소중립기본법」 제7조에 2050년까지 탄소중립 달성을 국가비전으로 명시함으로써 세계에서 14번째로 탄소중립을 법제화한 국가가 되었다.

---

10) 의안번호 8221호.

11) 환경노동위원장 발의, '기후위기 대응을 위한 탄소중립·녹색성장 기본법안(대안)', 12217 (2021.8), 3쪽.

<표 2-3> 주요국 탄소중립 및 2030 감축 목표 법제화 현황

국가	법제화 여부		
	탄소중립 목표	2030 감축 목표	비고
EU	○(2050)	○(1990 대비 55%)	유럽기후법
독일	○(2045)	○(1990 대비 65%)	연방기후보호법
프랑스	○(2050)	○(1990 대비 40%)	녹색성장을 위한 에너지 전환법
스페인	○(2050)	○(1990 대비 23%)	기후변화 및 에너지 전환에 관한 법률
덴마크	○(2050)	○(1990 대비 70%)	기후법
헝가리	○(2050)	○(1990 대비 40%)	기후보호법
스웨덴	○(2045)	○(1990 대비 63%)	기후정책 프레임워크(2017.6)
룩셈부르크	○(2050)	○(2005 대비 55%)	국가기후법
아일랜드	○(2050)	○(2018 대비 51%)	기후행동 및 저탄소개발법
일본	○(2050)	×(기후정상회의선언, 2013 대비 46%)	지구온난화 대책의 추진에 관한 법률
영국	○(2050)	×(NDC, 1990 대비 68%)	기후변화법
캐나다	○(2050)	×(NDC, 2005 대비 최소 40~45%)	넷제로 배출 책임에 관한 법률
뉴질랜드	○(2050)	×(NDC, 2005 대비 30%)	기후변화대응법
노르웨이	×	○(1990 대비 50~55%)	기후변화법
네덜란드	×	○(1990 대비 49%)	기후법
미국	×(2050)	×(2005 대비 50~52%)	• 2050 탄소중립 목표: 국내외 기후위기 대응에 관한 행정명령(2021.1) • 2030 감축 목표: NDC
중국	×(2060)	×(탄소배출 정점)	제14차 5개년 계획(2021.3)
러시아	×(-)	×(1990 대비 30%)	• 2050 탄소중립목표: 제시하지 않음 • 2030 감축 목표: NDC

주: 법률에 규정 시 ○ 표시, 법률에 미규정 시 × 표시
자료: 환경부(2021: 8).

5. 탄소중립기본법의 주요 내용

1) 체계

「탄소중립기본법」은 기후위기로 인한 심각한 영향을 예방하기 위해 온실

가스 감축 및 기후위기 적응 대책을 강화하고 탄소중립사회로의 이행 과정에서 발생할 수 있는 경제적·환경적·사회적 불평등을 해소하기 위해 제정된 법률이다. 더 나아가 녹색기술과 녹색산업의 육성·촉진·활성화를 통해 경제와 환경의 조화로운 발전을 도모함으로써, 현·미래 세대의 삶의 질을 높이고 생태계와 기후 체계를 보호하며 국제사회의 지속가능발전에 이바지하는 것을 목적으로 하고 있다(제1조).

「탄소중립기본법」은 총 11장, 83개의 조문으로 구성되어 있으며, 기후위기 대응이라는 목표 아래 비전·목표·이행 체계 및 시책 규정 등으로 이루어져 있다. 2050 탄소중립 및 중·장기 온실가스 감축 목표, 기본계획 등과 함께 4대 시책으로 온실가스 감축, 기후위기 적응, 정의로운 전환, 녹색성장이 규정되어 있다.

(그림 2-1) 「탄소중립기본법」 체계

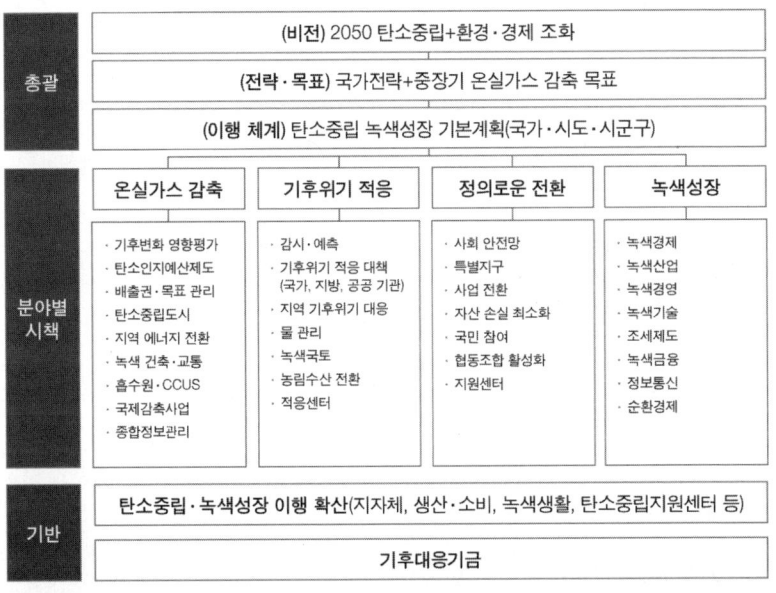

자료: 환경부(2021: 5).

2) 기본 원칙(제3조)

「탄소중립기본법」 제3조는 탄소중립사회로의 이행과 녹색성장은 다음과 같은 기본 원칙에 따라 추진되어야 한다고 규정하고 있다.

1. 미래 세대의 생존을 보장하기 위해 현재 세대가 져야 할 책임이라는 세대 간 형평성의 원칙과 지속가능발전의 원칙에 입각한다.

2. 범지구적인 기후위기의 심각성과 그에 대응하는 국제적 경제 환경의 변화에 대한 합리적 인식을 토대로 종합적인 위기대응 전략으로서 탄소중립사회로의 이행과 녹색성장을 추진한다.

3. 기후변화에 대한 과학적 예측과 분석에 기반하고, 기후위기에 영향을 미치거나 기후위기로부터 영향을 받는 모든 영역과 분야를 포괄적으로 고려해 온실가스 감축과 기후위기 적응에 관한 정책을 수립한다.

4. 기후위기로 인한 책임과 이익이 사회 전체에 균형 있게 분배되도록 하는 기후 정의를 추구함으로써 기후위기와 사회적 불평등을 동시에 극복하고, 탄소중립사회로의 이행 과정에서 피해를 입을 수 있는 취약 계층·부문·지역을 보호하는 등 정의로운 전환을 실현한다.

5. 환경오염이나 온실가스 배출로 인한 경제적 비용이 재화 또는 서비스의 시장가격에 합리적으로 반영되도록 조세 체계와 금융 체계 등을 개편해 오염자 부담의 원칙이 구현되도록 노력한다.

6. 탄소중립사회로의 이행을 통해 기후위기를 극복함과 동시에, 성장 잠재력과 경쟁력이 높은 녹색기술과 녹색산업에 대한 투자 및 지원을 강화함으로써 국가 성장동력을 확충하고 국제 경쟁력을 강화하며, 일자리를 창출하는 기회로 활용하도록 한다.

7. 탄소중립사회로의 이행과 녹색성장의 추진 과정에서 모든 국민의 민주적 참여를 보장한다.

8. 기후위기가 인류 공통의 문제라는 인식 아래 지구의 평균기온 상승을 산업화 이전 대비 최대 1.5℃로 제한하기 위한 국제사회의 노력에 적극 동참하고, 개발도상국의 환경과 사회정의를 저해하지 아니하며, 기후위기 대응을 지원하기 위한 협력을 강화한다.

「탄소중립기본법」 제3조의 기본 원칙은 지속가능발전의 원칙, 기후정의, 오염원인자 부담의 원칙, 참여의 원칙, 협력의 원칙 등 보편적이고 일반적인 환경법의 기본 원칙을 반영한 것이다.

3) 비전·전략·이행 체계(제7조~제13조)

「탄소중립기본법」은 먼저 2050 탄소중립이라는 국가비전을 설정하고, 이를 달성하기 위한 국가전략을 수립하며, 중·장기 온실가스 감축 목표를 규정하고 있다. 그리고 이를 달성하기 위한 탄소중립 녹색성장 기본계획 수립과 이행 점검 등에 대해 차례대로 규정하고 있다.

(1) 국가비전 및 국가전략

「탄소중립기본법」은 먼저 2050년까지 탄소중립을 목표로 하여 탄소중립사회로 이행하고 환경과 경제의 조화로운 발전을 도모하는 것을 국가비전으로 전하고 있다(제7조 제1항). 그리고 이러한 국가비전을 달성하기 위해 정부는 국가탄소중립녹색성장전략(이하 국가전략)을 수립해야 한다. 국가전략에는 국가비전 등 정책 목표에 관한 사항, 국가비전의 달성을 위한 부문별 전략 및 중점 추진과제, 환경·에너지·국토·해양 등 관련 정책과의 연계에 대한 사항, 그 밖에 재원 조달, 조세·금융, 인력 양성, 교육·홍보 등 탄소중립사회로의 이행을 위해 필요하다고 인정되는 사항 등이 포함되어 있어야 한다.

(2) 온실가스 감축 목표

「탄소중립기본법」은 국가 온실가스 배출량을 2030년까지 2018년의 국가 온실가스 배출량 대비 35% 이상의 범위에서 대통령령으로 정하는 비율만큼 감축하는 것을 중·장기 국가 온실가스 감축 목표로 한다고 규정하고 있다(제8조 제1항). 즉, 법률에서 35% 이상의 범위에서 중·장기 NDC를 정하도록 대통령령에 위임하고 있는 것이다. 이에 근거해 중·장기 NDC는 대통령령인 「탄소중립기본법 시행령」 제3조에 "40%"로 명시적으로 규정되었다. 2018년 대비 40% 감축이라는 NDC 상향안은 2021년 10월 탄소중립위원회 전체회의와 국무회의의 심의를 거쳐 12월 UNFCCC 사무국에 제출된 바 있다.

(3) 탄소중립 녹색성장 기본계획

「탄소중립기본법」은 정부가 제3조의 기본 원칙에 따라 국가비전 및 중·장기 감축 목표 등의 달성을 위해 20년을 계획 기간으로 하는 국가 탄소중립 녹색성장 기본계획(이하 국가기본계획)을 5년마다 수립·시행하도록 규정하고 있다(제10조). 그리고 시·도지사가 국가기본계획과 관할 구역의 지역적 특성 등을 고려해 10년을 계획 기간으로 하는 시·도 탄소중립 녹색성장 기본계획(이하 시·도 계획)을 5년마다 수립·시행하도록 하고 있다(제11조).

종합해 보면, 「탄소중립기본법」 시행 후 1년 내에 정부는 20년을 계획 기간으로 하는 국가 탄소중립 기본계획을 수립(주기 5년)하고, 지방자치단체는 국가기본계획을 고려하여 10년을 계획 기간으로 하는 시·도 및 시·군·구 기본계획을 차례로 수립해야 한다. 감축목표 달성을 위해 국가 전체와 지역 단위까지 기본계획을 수립하여 점검하도록 하는 등 탄소중립 이행 체계를 확립하고 있음을 알 수 있다.

<그림 2-2> 비전·전략·이행 체계

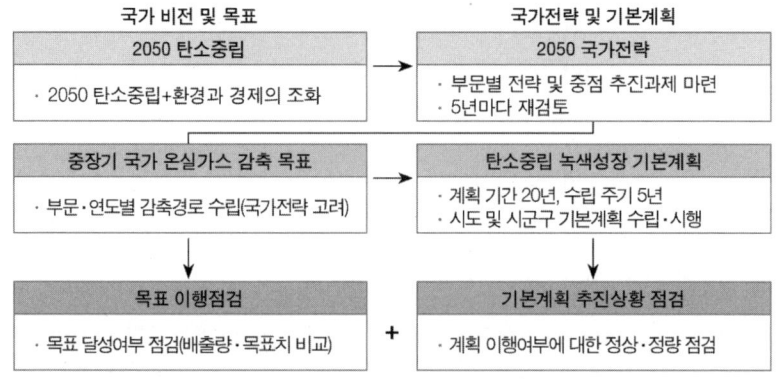

자료: 환경부(2021: 6).

(4) 이행 점검

「탄소중립기본법」은 온실가스 감축 목표, 기본계획 등이 제대로 이행되는
지를 점검하는 통제 수단에 대해서도 규정하고 있다. 2050 탄소중립녹색성장
위원회 위원장이 중·장기 감축 목표 및 부문별 감축 목표를 달성하기 위해 연
도별 감축 목표의 이행 현황을 매년 점검하고, 그 결과 보고서를 작성해 공개
하도록 하고 있다(제9조). 더 나아가 국가기본계획의 추진 상황 및 주요 성과
도 매년 정성적·정량적으로 점검하고, 그 결과 보고서를 작성해 공개해야 한
다(제13조).

4) 2050 탄소중립녹색성장위원회(제15조~제22조)

「탄소중립기본법」은 정부의 탄소중립사회로의 이행과 녹색성장의 추진을
위한 주요 정책 및 계획과 그 시행에 관한 사항을 심의·의결하기 위해 대통령
소속으로 2050 탄소중립녹색성장위원회(이하 위원회)를 두고 있다(제15조). 위
원회는 국가비전, 중·장기 감축 목표 등 탄소중립 기본 방향과 주요 계획 및

정책에 대해 심의·의결하고, 추진 현황과 이행 성과를 점검하는 등의 역할을 수행한다. 즉, 위원회는 탄소중립에 대한 사회 각계각층의 의견을 모으는 일종의 협치(거버넌스) 기구에 해당한다.

위원회는 위원장 2명(국무총리와 민간 위원 중 대통령이 지명하는 사람)과 50명 이상 100명 이내의 위원으로 구성된다. 시·도 및 시·군·구에는 지방탄소중립녹색성장위원회(지방위원회)가 구성·운영된다. 이는 지역 단위에서도 관련 정책 및 계획에 다양한 지역 목소리를 반영할 수 있도록 한 것이다.

5) 온실가스 감축 시책(제23조~제36조)

「탄소중립기본법」의 분야별 시책 중 가장 핵심적인 것은 온실가스 감축 시책이다. 온실가스 감축 시책의 대표적인 수단으로는 기후변화 영향평가와 온실가스감축인지 예산제도 등이 있다.

(1) 기후변화 영향평가

「탄소중립기본법」은 전략환경영향평가 또는 환경영향평가의 대상이 되는 계획 및 개발 사업 중 온실가스를 다량으로 배출하는 사업에 대해서는 전략환경영향평가 또는 환경영향평가를 실시할 때, 소관 정책 또는 개발 사업이 기후변화에 미치는 영향이나 기후변화로 인해 받게 되는 영향에 대해 분석하고 평가하는 기후변화 영향평가를 실시하도록 규정하고 있다(제23조).

이렇듯 온실가스를 다량 배출하거나 기후위기에 취약한 계획·사업에 대해 기후변화의 영향을 사전에 평가하는 '기후변화 영향평가'는 시범 사업을 거쳐 2022년 9월부터 시행된다.

(2) 온실가스감축인지 예산제도

「탄소중립기본법」은 국가와 지방자치단체가 예산과 기금이 기후변화에 미치는 영향을 분석하고 이를 국가와 지방자치단체의 재정 운용에 반영하는 온실가스감축인지 예산제도를 실시하도록 규정하고 있다(제24조). 온실가스 감축인지 예산제도는 국가 예산이 온실가스 감축에 미칠 영향을 분석하여 예산 편성에 반영하고 결산 시 적정 집행되었는지 평가하는 제도로, 기획재정 부와 환경부 주관으로 2023 회계연도부터 적용될 예정이다.

(3) 탄소중립도시

「탄소중립기본법」은 국가와 지방자치단체가 탄소중립 관련 계획 및 기술 등을 적극 활용해 탄소중립을 공간적으로 구현하는 도시(이하 탄소중립도시)를 조성하기 위한 정책을 수립·시행해야 한다고 규정하고 있다(제29조).

우선 환경부와 국토교통부는 공동으로 탄소중립을 공간적으로 구현하는 탄소중립도시를 추진해 나갈 예정이다. 그리고 지자체의 탄소중립모델을 발굴·시행하여 전 국토 확산 기반을 마련하고, 탄소중립 수준을 진단하여 종합적인 탄소중립도시 구축 전략을 마련하는 한편, 배출·흡수 정보를 공간적으로 구현하는 '탄소공간지도'도 제작할 계획이다.

(4) 녹색 건축물과 녹색교통

「탄소중립기본법」은 정부가 에너지 이용 효율과 신재생 에너지의 사용 비율이 높고 온실가스 배출을 최소화하는 건축물(이하 녹색 건축물)을 확대하기 위한 정책을 수립·시행해야 한다고 규정하고 있다(제31조).

더 나아가 효율적 에너지 사용을 촉진하고 온실가스 배출을 최소화하는 교통 체계로서의 녹색교통을 활성화하기 위해 온실가스 감축 목표 등을 설정·관리하고 내연기관차의 판매·운행 축소 정책을 수립·시행해야 한다고 규정하고 있다(제32조). 따라서 산업통상자원부, 환경부, 국토교통부, 해양수산부 등 관계부처가 협업하여 온실가스 감축 목표를 설정하고, 대중교통 활성화, 전기차·수소차 전환, 철도·항공·선박의 친환경화 등 녹색교통을 활성화해 나가야 할 것이다.

(5) 탄소 흡수원

온실가스를 흡수 및 제거하여 감축하는 방법으로 가장 1차적인 수단은 흡수원을 활용하는 것이다. 흡수원은 산림, 해양 등 자연을 통해 온실가스를 직접 흡수하는 것을 말한다. 「탄소중립기본법」은 정부가 산림지, 농경지, 초지, 습지, 정주지 및 바다 숲 등에서 온실가스를 흡수하고 저장하는 탄소 흡수원 등을 조성·확충하거나 온실가스 흡수 능력을 개선하기 위한 시책을 수립·시행해야 한다고 규정하고 있다(제33조).

탄소 흡수원 확충을 위해 농림축산식품부, 환경부, 해양수산부, 산림청 등 관계부처는 산림의 지속 가능한 관리로 탄소흡수 기능을 증진하고, 연안·해양, 농경지, 정주지 등으로 흡수원을 확대해 나갈 예정이다. 하지만 배출되는 막대한 양의 온실가스를 흡수원에만 의존하는 것은 현실적으로 무리가 있어 보인다.

(6) 탄소 포집·이용·저장(CCUS) 기술

한편 온실가스를 흡수 및 제거하여 감축하는 방법으로 최근 주목받고 있는 수단은 CCUS 기술이다. CCUS 기술은 화석 에너지 사용 및 산업 공정에서 대량으로 배출되는 이산화탄소를 인공적으로 포집하고 저장하거나 이용하는 기술로 CCS(Carbon Capture, Storage) 기술과 CCU(Carbon Capture, Utilization) 기술이 있다. CCS 기술은 이산화탄소가 대기에 배출되기 전 먼저 포집하고 이를 옮겨 지중 또는 해양 지중에 반영구적으로 저장하는 것이고, CCU 기술은 포집된 이산화탄소를 저장하는 것이 아니라, 화학적·생물학적 변환 과정을 거쳐 유용한 자원으로 전환하는 기술이다.

「탄소중립기본법」은 정부가 국가비전과 중·장기 감축 목표 등의 달성에 기여하기 위해 이산화탄소를 배출 단계에서 포집하여 이용하거나 저장하는 기술의 개발과 발전을 지원하기 위한 시책을 마련해야 한다고 규정하고 있다(제34조 제1항). 이로써 탄소중립을 달성하기 위한 핵심 기술로서 CCUS 기술을 정부가 육성하고 지원해야 하는 기본 방향에 대한 법적 근거는 마련되었다고 볼 수 있다.

한편 탄소 포집·이용·저장 기술의 실증을 위한 규제 특례 등에 관해서는 따로 법률로 정하도록 하고 있는데(제34조 제2항), 아직까지 규제 특례에 관한 법률이 별도로 제정되지는 않았다. 실증이란 R&D가 완료된 상황에서 시제품을 실제 환경에서 검증함으로써 제품 및 서비스의 안전성을 입증하는 과정을 말한다(이재훈, 2022: 10). 그리고 실증을 위한 규제특례제도란 새로운 융합 제품 및 서비스를 제한된 구역·기간·규모 내에서 규제를 적용받지 않은 상태로 안전성 등을 검증하는 제도이다. CCUS 기술의 활성화를 위해서는 CCUS 기술 실증 연구를 위한 별도의 규제특례법이 조속히 제정되어야 할 것이다.

6) 기후위기 적응·정의로운 전환·녹색성장(제37조~제64조)

(1) 기후위기 적응 시책

기후위기란 기후변화가 극단적인 날씨뿐만 아니라 물 부족, 식량 부족, 해양 산성화, 해수면 상승, 생태계 붕괴 등 인류 문명에 회복할 수 없는 위험을 초래하여 획기적인 온실가스 감축이 필요한 상태를 말한다.

「탄소중립기본법」은 심화되는 기후재난에 선제적으로 대비하고, 기후위기에 적응하기 위한 시책으로 기후위기 예측 및 취약성 평가 강화, 기후위기 적응대책 수립, 지역 기후위기 대응사업 지원 등을 규정하고 있다.

먼저 대기 중의 온실가스 농도 변화를 상시 측정·조사 및 공개하고, 기후위기 감시·예측의 정확도를 높이기 위한 기상정보관리체계를 구축·운영하는 한편, 기후위기가 생태계, 대기, 물 등 환경에 미치는 영향을 조사·평가하기 위한 기후위기적응정보관리체계도 구축·운영해야 한다(제37조).

또한 국가 차원에서 취약성 평가, 취약 계층·지역의 재해 예방을 포함하는 '기후위기 적응 대책'을 5년마다 수립해 점검해 나가고, 시·도 및 시·군·구 단위까지 확대하도록 하고 있다(제38조).

(2) 정의로운 전환

「탄소중립기본법」은 탄소중립 이행 과정에서 피해가 발생하는 지역이나 계층을 보호하고 지원하기 위한 정의로운 전환 시책도 마련하고 있다. 정의로운 전환이란 탄소중립사회로 이행하는 과정에서 직간접적 피해를 입을 수 있는 지역이나 산업의 노동자, 농민, 중소 상공인 등을 보호하여 이행 과정에서 발생하는 부담을 사회적으로 분담하고 취약계층의 피해를 최소화하는 정책 방향을 말한다.

「탄소중립기본법」은 정의로운 전환 시책으로 급격한 탄소중립사회로의 전환에 따른 실업피해 지원, 정의로운 전환 특별지구 지정, 정의로운 전환 지원센터 설치 등을 규정하고 있다. 따라서 산업통상자원부, 고용노동부 등 관계부처는 협업하여 기후위기 사회 안전망을 강화하고, 고용 안정, 실업 지원, 사업전환 지원 등의 종합적인 지원 대책을 마련해야 한다(제47조). 더 나아가, 급격한 탄소중립 이행 과정에서 피해가 큰 취약 지역에 대해 정의로운 전환 특별지구로 지정하여 지원할 수 있으며(제48조), 지원 기구로서 '정의로운 전환 지원센터'도 설립·운영할 수 있다(제53조).

(3) 녹색성장 시책

「탄소중립기본법」은 탄소중립의 핵심 이행수단 중 하나로, 녹색경제를 구현하고 녹색산업을 육성·지원하기 위한 녹색성장 시책도 마련하고 있다. 녹색성장이란 에너지와 자원을 절약하고 효율적으로 사용하여 기후변화와 환경 훼손을 줄이고 청정 에너지와 녹색기술의 연구 개발을 통해 새로운 성장동력을 확보하며 새로운 일자리를 창출해 나가는 등 경제와 환경이 조화를 이루는 성장을 말한다.

「탄소중립기본법」은 녹색성장의 세부 시책으로 녹색경제·녹색산업, 녹색경영, 녹색기술, 조세제도, 금융지원, 녹색기술·산업특례, 표준화 및 인증, 집적지 및 단지 조성, 일자리 창출, 정보통신, 순환경제 등 사회·경제 전반의 녹색전환을 담은 11개 분야별 정책 방향을 규정하고 있다(제54조~제64조).

이러한 녹색성장 시책은 기업의 녹색경영과 녹색기술의 개발 및 사업화를 촉진하기 위해 체제 전환을 위한 기술·금융 지원 등의 방안을 마련하고, 기후위기 대응을 위한 금융상품 개발 등의 시책을 수립하는 것을 그 내용으로 하고 있다. 또한 녹색 기술·산업의 표준화 기반을 구축하고, 녹색 일자리를 창출하는 한편, 녹색 재화·서비스를 촉진하는 방향으로 조세제도를 운영하는 등 사회·경제 전반의 녹색전환을 추진하는 것을 포함하고 있다.

7) 탄소중립 실천 기반 및 재정(제65조~제74호)

(1) 탄소중립 지방정부 실천연대

「탄소중립기본법」은 지방자치단체가 자발적인 기후위기 대응 활동을 촉진하고 탄소중립사회로의 이행과 녹색성장의 추진을 위한 지방자치단체 간의 상호 협력을 증진하기 위해 지방자치단체의 장이 참여하는 탄소중립 지방정부 실천연대(이하 실천연대)를 구성·운영할 수 있도록 하고 있다(제65조). 즉,

지방자치단체장이 직접 참여하는 '탄소중립 지방정부 실천연대'가 법정 조직으로 새롭게 구성되어, 기후행동 실천 및 확산을 위해 행정안전부, 환경부 등 관계부처와 공동 협력하도록 하고 있다. 이로써 지역사회와 국민 생활 속에서 탄소중립을 위한 녹색생활이 확산될 수 있도록 그 실천 기반이 마련되었다.

(2) 탄소중립 지원센터

「탄소중립기본법」은 지방자치단체의 장이 지역의 탄소중립·녹색성장에 관한 계획의 수립·시행과 에너지 전환 촉진 등을 통해 탄소중립사회로의 이행과 녹색성장의 추진을 지원하기 위해 지역에 탄소중립 지원센터를 설립 또는 지정하여 운영할 수 있도록 규정하고 있다(제68조).

탄소중립 지원센터는 시·도 계획 또는 시·군·구 계획의 수립·시행 지원, 지방 기후위기 적응 대책의 수립·시행 지원, 지방자치단체별 에너지 전환 촉진 및 전환 모델의 개발·확산 등의 업무를 수행한다. 이처럼 탄소중립 지원센터는 지역 기반의 탄소중립모델을 발굴·확산할 전문 기관으로서 성격을 지니고 있다.

(3) 기후대응기금

「탄소중립기본법」은 기후위기에 효과적으로 대응하고 탄소중립사회로의 이행과 녹색성장을 촉진하는 데 필요한 재원을 확보하기 위해 기후대응기금을 설치하도록 하고 있다(제69조). 즉, 기후대응기금이란 탄소중립 정책의 안정적 추진과 산업구조 개편 등에 필요한 재원을 마련하기 위한 기금을 말한다.

기후대응기금의 재원은 정부 출연금, 타 회계·기금 전입금, 배출권 유상할당 수입 등으로 조성되며, 온실가스 감축, 산업구조 전환, 취약 지역·계층 지원, 연구 개발 및 인력 양성 등의 용도로만 사용되어야 한다(제70조).

기후대응기금은 2022년 1월부터 신설 운영되고 있는데, 2022년에는 총 2.4

조 원 규모로 편성되었다. 2022년 기후대응기금은 2050 탄소중립 실현을 위해 ① 온실가스 감축, ② 신유망·저탄소 산업 생태계 조성, ③ 공정한 전환, ④ 제도·기반 구축 등 4대 핵심 분야에 중점적으로 지원될 예정이다(기획재정부, 2022: 2).

기후대응기금은 향후 온실가스 감축효과를 극대화하는 감축 사업을 최우선 지원하고, 녹색 금융·기술 개발 사업 등에도 투자 규모를 지속적으로 확대해, 탄소중립을 뒷받침하는 대표적인 재정 프로그램으로 안착·발전시켜 나갈 계획이다.

참고문헌

관계부처 합동. 2018.7. 「2030년 국가 온실가스 감축 목표 달성을 위한 기본 로드맵 수정안」.

관계부처 합동. 2021.10.18. 「2050 탄소중립 시나리오안」.

기획재정부. 2022.1.25. 「기후대응기금 제1차 기금운용심의회 개최」.

김홍균. 2017.8. 「신기후변화 체제(파리협정)의 평가와 그 대응」. ≪환경법연구≫, 제39권 제2호,
221쪽.

박시원. 2012.9. 「제17차 유엔 기후변화 더반 당사국 총회의 평가와 정책적 시사점」. ≪환경정책연구≫,
제11권 제3집.

윤익준. 2017.5. 「파리협정의 주요 쟁점 및 전망」. ≪한양법학≫, 제28권 제2집, 117쪽.

이재훈. 2022.1.3. 『규제특례제도 분석을 통한 R&D 분야 법제 개선 연구』. 최종보고서(기관-2021-
011). 한국과학기술기획평가원.

환경부. 2016.5. 「교토의정서 이후 신기후체제 파리협정 길라잡이」.

환경부. 2021.8.31. 「2050 탄소중립을 향한 경제·사회 전환 법제화」.

—

IPCC. 2014. *Climate Change 2014 Systhesis Report*. WMO·UNEP.

IPCC. 2018. *Global Warming of 1.5℃: Summary for Policymakers*. WMO·UNEP.

IPCC. 2021. 『기후변화 2021 과학적 근거』. 제6차 평가 주기 제1실무그룹 보고서.

WMO. 2020. "WMO Statement on the State of the Global climate in 2019." No.1248. WMO·WMO.

제3장

탄소중립을 위한 에너지 전환

윤종원 | 단국대학교 신소재공학과 교수

1. 탄소중립을 위한 에너지 전환의 필요성

세계 개발은 산업혁명 이후 천연자원의 과잉 개발에 크게 의존해 왔다. 화석연료의 광범위한 사용, 삼림 벌채 및 기타 인위적 활동으로 인해 대기 중 온실가스(GHG: Green House Gas) 농도가 계속 증가해 지구의 기후변화가 발생했다. 악화되는 지구의 기후변화에 대응해 2050년까지 탄소중립을 달성하는 것은 지구상에서 가장 시급한 과제이다. 이를 위해서는 온실가스 배출량을 줄이고 이산화탄소 포집을 촉진하기 위해 현재 생산 시스템을 개혁하는 것이 가장 중요하다. 이 장에서는 신에너지 및 재생 에너지 생산 기술을 포함하여 탄소중립과 지속 가능한 개발을 달성하기 위한 솔루션을 제공하는 혁신적인 에너지 전환 기술을 설명한다. 이와 같은 에너지 전환 기술에 관한 지식은 글로벌 커뮤니티에 영감을 주고 기후변화를 완화하고 인간 활동을 지속 가능하게 지원하는 혁신적인 전환 기술의 추가 개발을 주도할 수 있다.

1) 에너지 전환의 필요성

(1) 사회경제적인 관점

경제 확장 및 도시화의 엔진인 산업화는 세계 인구의 증가와 관련되어 다양한 분야의 발전을 가속화했다. 2050년까지 세계 인구는 2020년 78억 명에서 99억 명으로 증가가 예상되며 그에 따른 생활수준 향상을 고려할 때 80%의 더 많은 에너지와 70%의 더 많은 식량을 필요로 하게 된다. 지난 2세기 동안 세계 경제는 천연자원의 과잉 개발과 생물권에서 생명을 유지하는 생지화학적 순환 과정의 변화에 크게 의존해 왔다. 현재 석유자원 사용 및 삼림 벌채는 에너지 수요 증가에 대한 자연스러운 현상이다. 이러한 비친환경적 관행은 온실가스의 인위적인 배출 증가의 근본 원인이 된다. 2016년에 에너지 및 식품 시스템은 전체 온실가스(주로 이산화탄소 형태) 배출량의 90% 이상을 차지했다. 주로 에너지 관련 이산화탄소 배출량이 70% 증가할 것으로 예상하기 때문에 2050년까지 온실가스 배출량은 50% 증가할 것이다. 이러한 배출이 현재의 속도로 계속된다면 탄소 순환이 동적 평형상태에서 벗어나 기후 시스템에 돌이킬 수 없는 변화가 발생한다. 따라서 탄소 배출량을 줄이고 탄소 격리를 늘리기 위한 공동의 노력은 다양한 사회경제적 관점에서 시작되어야 할 것이다.

(2) 탄소중립을 위한 노력

지속해서 증가하는 온실가스 증가에 대응해 모든 국가는 2015년 12월 12일 파리에서 기념비적인 유엔기후협약에 서명하여 온실가스 배출과 기후변화에 공동으로 대처하기로 했다. 2015년 파리협정에 따라 모든 국가는 2050년까지 탄소중립을 달성해 지구온난화를 2.0℃ 미만으로 유지하고 지구온난화를 1.5℃ 미만으로 억제하기 위한 노력에 합의하기로 했다. 2020년 지구 평균기온 상승은 1.2℃였다. 기후 데이터를 기반으로 하여 지구 기후변화를 역전시키기 위해 온실가스 농도를 줄이기 위한 노력에 박차를 가해야 할 필요가 시급해졌다. 탄소중립을 달성하고 인간 활동을 지속 가능하게 지원하려면 육상 및 해양 생태계에서 탄소 격리를 촉진하는 동시에 화석연료 사용을 줄이는 것이 가장 중요하다. 탄소중립을 달성하기 위한 다양한 전략이 여러 국가에서 계획되어 있지만, 탄소배출량을 순 제로로 줄이는 것은 매우 어렵다. 국제에너지기구(IEA: International Energy Agency)에 따르면 2050년까지 세계가 탄소 중립을 이루려면 2021년에 새로운 원유, 천연가스, 석탄의 추출 및 개발을 중단해야 한다. 이와 관련해 탄소가 없는 자원(햇빛, 조수, 바람, 물, 파도, 비, 지열발전)이나 바이오매스(식물 또는 동물의 유기물질)는 순 이산화탄소 배출량 제로라는 말과 현실 사이의 간극을 메우는 열쇠가 될 것이다.

(3) 재생 가능한 에너지 자원

재생 가능한 자원은 현재 전 세계 에너지 수요의 3천 배 이상을 제공할 수 있다고 한다. 재생 가능 에너지(전기, 열 및 바이오 연료 형태)에 대한 전 세계 수요는 지난 10년 동안 확대되었으며, 전 세계 전력 생산에서 재생 가능 에너지의 비율은 2019년 27%에서 2020년 29%로 증가했다. 재생 에너지 사용의 이러한 진보에도 불구하고 기존의 화석 에너지에서 재생 에너지로의 전환 속도가 빠르지 않기 때문에 세계는 2050년까지 탄소중립과 지속 가능한 개발을 달성하기 위해 보다 시급하게 에너지 전환을 가속화할 필요가 있다. 이는 토목공학, 환경공학, 생명공학, 나노 기술 및 기타 분야의 최근 과학기술 발전의 결과로 개발된 다양한 학제 간 연구와 통섭의 접근 방식으로 달성할 수 있을 것이다.

2. 탄소중립 구현을 위한 에너지 전환 기술

재생 불가능한 자원의 에너지 과소비는 에너지 부족, 온실가스 배출, 기후 변화 및 환경 악화를 증가시켜 인류를 위협하고 있다. 그 결과 인류의 생태적 인식과 저탄소 또는 무탄소 에너지로의 전환이 과거 그 어느 때보다 우려되고 있다. 이러한 우려를 해결하기 위해 전 세계적으로 일련의 정책이 개발되어 왔다. 청정 에너지 중 태양 에너지, 풍력 에너지, 해양 에너지와 같은 재생 에너지는 탄소중립을 달성하는 가장 중요하고 효율적인 수단으로 알려져 왔다. 자원 소비가 적고 오염 위험이 낮고 국가 에너지 안보를 보장하고 '탄소중립'이라는 목표를 달성하기 위한 전략적 접근 방식으로 알려진 원자력 에너지, 수소 에너지 외에 바이오 에너지도 핵심 기술이다. 에너지 공급 및 소비 구조를 재편성해야 한다. 재생 에너지의 핵심 기술(〈그림 3-1〉)과 이러한 기술이 탄소 중립성 구현에 미치는 영향은 아래에서 논의될 것이다.

〈그림 3-1〉 탄소중립을 위한 에너지 통합 시스템

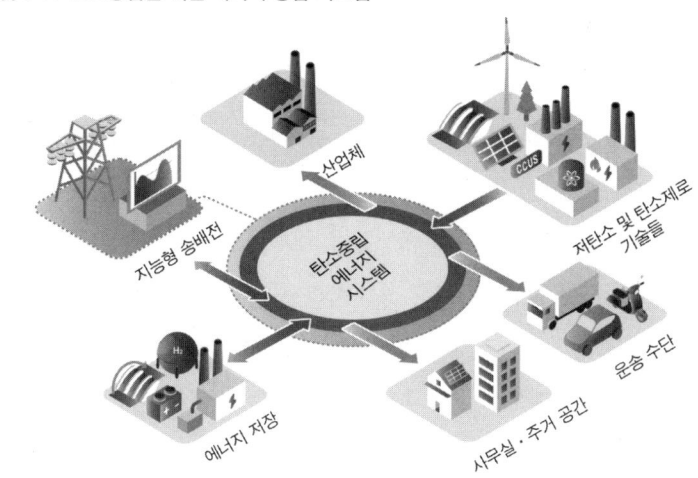

자료: UNECE 홈페이지.

1) 재생 에너지 기술

(1) 태양 에너지

태양 에너지는 무한정의 자원이고 재생 가능하며 어디에나 있는 특성 때문에 전 세계 재생 에너지 공급에서 중요한 역할을 할 수 있다고 판단된다. 현재 화석 공급원(예: 석유, 석탄, 천연가스)은 여전히 전 세계의 총 에너지 소비를 지배하고 있다. 대조적으로 탄소 배출을 생성하지 않는 태양 에너지, 수력발전, 풍력 및 조력 에너지는 에너지 소비의 작은 부분만을 구성하고 있다. 탄소 중립을 달성하기 위해서는 재생에너지 사용을 늘리는 것이 필수적이다. 따라서 기존 화석연료를 햇빛으로부터 재생 가능한 에너지로 교체하는 것은 이산화탄소 배출량을 줄이고 탄소중립을 향한 에너지로 전환하는 데 있어 핵심적인 사항이다.

① 태양전지

빠르게 발전하는 태양광 발전 기술은 태양 에너지를 활용하는 강력한 방법으로 인식되었다. 현재까지 상용화된 태양광 발전의 대부분은 1세대 태양전지인 결정질 실리콘계이다. 기술의 성숙도 및 관련 산업과의 연관성 그리고 모듈 수준에서의 높은 에너지 변환 효율 등이 그 이유이다. 2세대 태양전지인 화합물 반도체를 이용한 박막 태양전지의 가파른 성장도 주목할 사항이다. 3세대 태양전지로 분류되는 유기 태양전지, 페로브스카이트 태양전지, 양자점 태양전지도 연구 단계에서 가파른 성장을 하고 있다. 〈그림 3-2〉는 세대별 태양전지, 종류별 태양광 변환 효율을 나타낸 것이다. 에너지 전환을 위한 중요 요소로 태양전지 패널과 태양광 그리드 연결 시스템도 꼽을 수 있다.

〈그림 3-2〉 태양전지 종류별 공인인증 효율

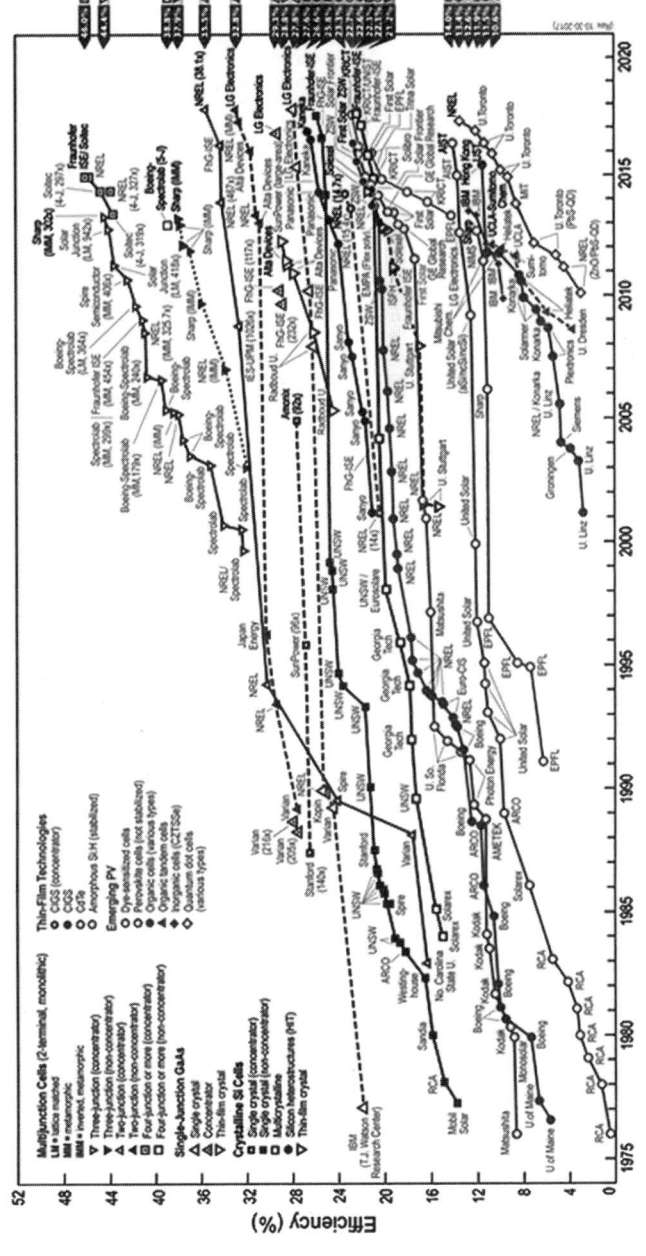

자료: NREL(National Renewable Energy Lab).

㉮ 실리콘계 태양전지 기술

실리콘 태양전지 제작 시 가격 측면에서 가장 높은 비중을 차지하는 것은 실리콘 기판이며 태양전지 제조원가에서 28% 이상의 비중을 차지한다. 태양전지에 사용되는 기판의 두께는 약 180μm이며, 만일 기판의 두께를 80μm 이하로 줄일 수 있다면 제조원가를 15% 이상 절감할 수 있다고 한다. 활동도는 자동차와 비행기와 같은 이동 장치로 사용 범위를 넓힐 수 있어 태양전지의 경쟁력을 높일 수 있는 중요한 방법이 된다.

㉯ CIGS계 박막 태양전지

박막 태양전지는 원재료의 절감, 제작 공정의 연속성 등의 장점이 있으며, 이미 상용화에 들어간 것이 Si, CIGS, CdTe를 광 흡수층으로 하는 무기 박막 태양전지다. 그중 CIGS계 박막 태양전지는 Cu(In, Ga)Se$_2$로 구성된 박막을 광 흡수층으로 사용하는 태양전지를 말한다. CIGS 박막의 두께는 2μm 정도로 얇게 제작된다. 실리콘 웨이퍼 기판을 사용하는 실리콘 태양전지와 달리 CIGS 태양전지의 장점은 유리 기판이나 폴리머와 같은 유연한 기판 위에 전

〈표 3-1〉 화합물계 태양전지 종류별 효율

	종류	특징	변화 효율	단계
화합물계	CIGS계	• Cu, In, Se 등을 원료로 하는 박막형 • 장점: 자원 절약, 양산 가능, 저가격 • 과제: In의 자원량	~19%	실용화
	CdTe계	• Cd, Te을 원료로 하는 박막형 • 장점: 자원 절약, 양산 가능, 저가격 • 과제: Cd의 독성	~18%	실용화
	집광계	• 3족 원소와 5족 원소로 된 화합물 다접합, 집광기술 적용 • 장점: 초고성능 • 과제: 저가격화	셀 효율 ~38%	연구 단계

자료: 2020 신·재생 에너지 백서.

지의 핵심층을 적층해 형성된다는 것이다. 단점은 In의 자원량이 제한적이어서 대체 원소를 찾아야 한다는 것이다.

㈐ 페로브스카이트 태양전지

페로브스카이트 결정 구조(ABX_3)는 육면체이며 2가의 A원소 및 4가의 B원소 모두 무기물로 구성되고 X에는 산소 원소로 구성된 구조(예: $BaTiO_3$)에서 다양한 전기적 기능을 발현하는 물질로 알려져 왔다. 이와 다르게 태양전지에 사용되고 있는 구조는, A자리의 원소는 유기물이며 B자리의 원소는 무기물이고, X자리에는 할로겐족 원소로 구성된 유무기 하이브리드형 화합물 구조체이다. 이때 A자리에는 1가의 $CH_3NH_3{}^+$ 또는 $HC(NH2)_2{}^+$ 같은 유기물로 구성된다. B자리에는 2가의 Pb^{2+} 또는 Sn^{2+} 같은 무기물, X는 Cl⁻, Br⁻, I- 같은 원소로 구성된다. 메틸암모늄납요오드화물($CH3NH3PbI3$)이나 포름아미디늄납요오드화물($HC(NH2)_2PbI3$) 같은 페로브스카이트 화합물은 지구에 풍부한 원소로 이루어져 있다. 제작 시 장점으로는 유기용매에 쉽게 용해되며 비교적 저온에서 인쇄 용액공정으로 저렴하게 제작할 수 있다는 것이다. 따라서 페로브스카이트 태양전지는 현재까지 개발된 3세대 태양전지 중 가장 실용화에 근접해 있다고 평가된다.

② 태양열 에너지

태양열 에너지는 태양으로부터 발생하는 열을 에너지로 이용한 것으로 집열부에서 태양열 에너지를 모아 열로 교환하고, 축열부에서 이 열을 저장한다. 그리고 필요할 때 이용부에서 열을 공급받는 방식으로 작동하는 원리이다. 이 태양열 에너지는 에너지 밀도가 낮고 시간별·계절별 변화가 심한 에너지이지만 다른 재생 에너지보다 설치 및 설비가 간단하고 비용이 저렴해 현재 많이 사용되고 있다.

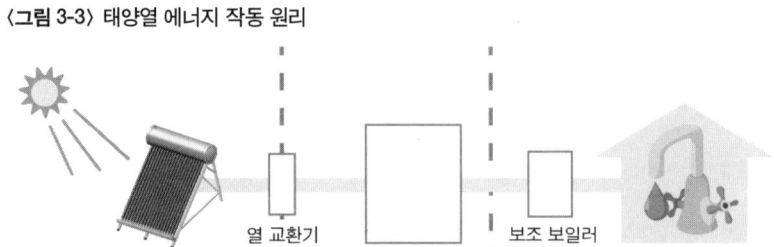

〈그림 3-3〉 태양열 에너지 작동 원리

열 교환기   보조 보일러

집열기   축열조   온수

집열부   축열부   이용부

자료: 전라남도 신재생에너지홍보관.

(2) 풍력 에너지

바람은 태양에 의해 지구 표면이 고르지 못하게 가열되었을 때 발생하는 공기의 움직임으로 인한 것이다. 이는 풍력을 간접적인 태양 에너지로 간주할 수 있음을 의미한다. 풍력 에너지는 태양 에너지와 마찬가지로 '탄소중립' 실현에 중요한 역할을 할 것이다. 지구에는 풍부한 풍력자원이 있으며 주로 초원·사막·해안 지역 및 섬에 분포한다. 부지 위치는 풍력 에너지의 경제, 기술 및 구현에 상당한 영향을 미치고, 세계는 풍력발전을 중시하며 적극적으로 지지하고 있다. 그러나 풍력 에너지 활용을 방해하는 문제 중 하나는 풍력 터빈에서 발생하는 소음이다. 풍력 터빈에서 발생하는 소음을 줄이거나 최소화하고 풍력 에너지를 현명하게 활용하는 전략이 시급하다. 풍력 에너지 생산에 대한 또 다른 우려는 풍력 터빈이 부적절하게 위치할 경우 충돌, 교란 또는 서식지 파괴를 통해 새에게 부정적인 영향을 미칠 수 있다는 것이다. 지구상의 풍력자원은 풍부하지만, 경관 전체에 걸쳐 풍력자원이 고르지 않게 분포되어 있어 풍력 터빈이 생산하는 전기 에너지를 수송하는 데 어려움이 있다. 그리고 속도와 방향 면에서 바람의 예측할 수 없는 특성은 발전에 대한 가변적이고 불안정한 위상, 진폭 및 주파수를 초래하여 그리드에 통합하기 어렵게 만들 수 있으며, 결과적으로 풍력 에너지 낭비를 초래할 수 있다. 풍력 터빈을 설치하는 비용은 현재 상당히 높아서 이 기술의 광범위한 채택을 방해하는 요인이 되고 있으며, 에너지 사용자의 요구를 충족시키기 위해 풍력 에너지 기술을 탐색하고 개발하는 데 더 큰 노력을 기울일 필요가 있다고 생각된다.

① 풍력발전

풍력발전은 바람이 가진 운동 에너지를 변환하여 전기 에너지를 생산하는 발전 시스템이다. 육상에 설치된 풍력발전기를 육상 풍력발전기, 해상에 설치된 풍력발전기를 해상 풍력발전기로 분류하며 해상 풍력발전기는 설치 형식에 따라 고정식과 부유식으로 분류된다.

② 풍력발전의 원리

블레이드가 바람을 받아 회전할 때 회전 운동 에너지가 만들어지며, 증속기는 기어를 이용해 초기의 저속 회전을 발전용 고속 회전으로 전환하여 회전 운동 에너지를 증폭시키고, 증폭된 회전 운동 에너지는 발전기를 거쳐 전기 에너지로 변환되는 원리이다.

③ 국내 풍력발전 증진 동향

2003년 정부는 제2차 신재생 에너지 기술 개발 기본계획을 확립하여 성공적으로 마무리했다. 또한 2012년 기준 풍력발전 설비 2237MW 보급을 마쳤고, 그 이후 2021년에 환경부에서 풍력 환경평가 전담창구를 실·국장급으로 격상하며 친환경 풍력발전 확산을 도모했고 풍력산업 지원을 강화하기 위해 지방청이 맡았던 환경영향평가를 일원화했다. 환경부는 풍력 환경평가단을 운영하여 친환경 풍력발전 확산을 추진하는 등 해상 풍력 환경영향평가에 대한 지원을 확대했다. 또한 한국 주변의 해역에 해상 풍력이 자리 잡을 때의 환경 영향을 연말까지 조사하며 해상풍력 환경영향 위험지표를 구축했다. 그리고 조류의 서식지와 활동 반경에 관한 위성항법장치(GPS) 관측 연구를 진행했으며 해상풍력 환경영향 위험지도를 고도화했다. 해상 풍력발전 환경 조사·평가 안내서를 만들었으며 민간 사업자 또는 평가 대상자 등이 활용할 수 있도록 했다. 환경부는 2021년 2월 풍력 환경평가 전담 팀을 풍력 환경평가단으로 격상했고 평가단 산하에 7개 풍력 환경평가 지원단을 구성했다. 이와 함께 풍력발전 소통 강화 협의체를 구성하여 시민과 풍력업계의 의견을 자세히 검토했으며 갈등을 적극적으로 해소하기 위한 노력도 보여 주었다. 그런데도 2022년에는 주민 수용성 문제, 복잡한 인허가 절차 등으로 사업이 지연되고 있고 해외 평균 인허가 기간(3~4년)에 비해 국내는 5~6년으로 매우 느리므로 사업의 추진 속도도 느리다. 따라서 2022년 1월 기준 정부는 풍력 에너지 보급 계획을 강구하겠다고 했다. 산업부는 10%에서 12.5%까지 RPS 의무 비율 확대로 해상 풍력 내부망 연계 거리에 대한 가중치 추가 부여, 고정가격 제약 입찰물량 확대 등을 통해 개인 사업자의 적절한 경제성 확보를 지원할 계획이다. 또한 풍력 입지 적합성 분석, 제공 및 지자체 사이의 이격거리 확대 등 풍력 에너지 관련 규제와 절차를 개선하며 풍력발전 특별법을 제정할 계획이라고 밝혔다.

(3) 해양 에너지

해양 에너지는 해양의 수역에 포함된 에너지를 말하며 재생할 수 있고 청정한 특징을 지니고 있다. 해양 에너지 매장량은 전 세계적으로 방대하며 전 세계에 전력을 공급하기에 충분하다. 일반적으로 조력 에너지, 파도 에너지, 해류 에너지, 열에너지, 삼투 에너지 5가지의 에너지 형태가 있다. 해양 에너지 이용에 관한 연구는 수십 년 전에 시작되었다. 지리적 분포는 에너지 형태에 따라 광범위하게 다르며 활용 기술도 상당히 다르게 나타난다. 조석 에너지는 수위와 관련된 위치 에너지 및 조류의 운동 에너지를 포함하여 조석에 포함된 에너지다. 조수는 해수와 달 또는 태양의 중력 상호작용에서 비롯된다. 조력 에너지는 연간 약 1200TWh로 추정되며 이는 조력 에너지를 수확할 수 있는 제한된 위치로 인해 모든 해양 에너지 형태 중에서 상대적으로 낮게 나타난다. 1960년대에 초기에는 조석 에너지 활용이 활발하게 진행되었으나 현재는 조력 에너지가 활용되는 해양 에너지의 가장 큰 부분을 차지하고 있다. 다른 유형의 장치도 개발 중이지만 조류 전력을 활용하는 것은 주로 터빈에 의존한다. 파동 에너지는 파동의 운동 에너지와 위치 에너지로 널리 분포되어 있다. 그것은 본질적으로 운동 에너지 일부를 바다 표면의 물로 전달하는 바람에서 나온다. 전 세계적으로 파력 에너지의 잠재력은 연간 2만 9500TWh로 알려져 있다. 파도 에너지를 수확하는 기술은 조력 에너지보다 덜 성숙했고 다양한 유형의 장치가 상용화를 위해 소규모로 테스트 중이다. 주요 장치형태에는 점 흡수기, 감쇠기, 진동수주 장치 및 오버토핑 장치가 포함된다. 전자기 발생기를 이용한 기존의 대형 소자 외에 마찰 전기 나노 발전기를 기반으로 한 신기술 네트워크는 또한 경제적으로 파력 에너지의 효과적인 수확을 위해 개발되고 있다. 해류 에너지는 전 세계적으로 대규모 해수 순환에 따른다고 할 수 있을 것이다. 그것은 물 흐름의 운동 에너지며, 이 에너지원의 공급은 변동이 거의 없이 안정적이다. 열에너지는 해수의 상층을 가열하여 심해의 물과 온도를 다르게 만드는 태양의 조사에서 비롯된다. 이러한 온도 차이는 주로 열 사이클을 기반으로 하는 발전에 활용될 수 있다. 효율 향상을 위해서는 높은 온도차가 필요하므로 이러한 형태의 에너지는 주로 열대지방에 분포한다. 이 에너지의 잠재력은 연간 4만 4천 TWh로 추정되며 이러한 형태의 에너지 활용은 대학과 연구 기관에서 아직 연구 단계이다. 염분농도 구배 에너지라고도 하는 삼투 에너지는 염 농도가 다른 수역 사이에 존재하는 에너지다. 바닷물의 염도는 전 세계적으로 균일하지 않으며, 민물이 바닷물과 만나는 강어귀에서 염분농도 구배가 형성된다. 이러한 에너지의 추출은 해수에서 견고한 고성능 멤브레인에 의존한다. 해양 에너지 매장량은 전 세계적으로 방대하며 전 세계에 전력을 공급하기에 충분하며 조력 및 파력 에너지를 수확하는 기술은 상용화를 앞두고 있다. 해류 에너지, 열에너지 및 삼투 에너지를 수확하는 기술은 아직 초기 개발단계에 있다. 해양 에너지 활용의 주요 과제는 가혹한 해양 환경에서 경제적 비용 경쟁력과 기술적 신뢰성에 달려 있다. 이러한 도전을 극복함으로써 해양 에너지는 세계에 풍부한 청정 에너지를 제공할 것으로 판단된다.

(4) 바이오 에너지

바이오매스는 식물에서 나오는 재생 가능한 에너지원이며, 바이오매스의 가장 중요한 공급원은 농업과 임업 잔류물, 도시 고형 폐기물, 동물 폐기물, 인간 하수 및 산업 폐기물의 바이오제닉 물질이다. 바이오매스는 연간 전 세계 에너지 소비의 13~14%를 제공한다. 바이오매스의 열화학적 전환에는 가스화, 열분해 및 연소가 포함된다. 연소는 바이오매스에서 얻은 전체 재생 에너지의 약 90%를 생산하며, 열분해는 산소가 없는 상태에서 약 400~1000℃ 온도에서 열분해 때문에 바이오매스를 고체, 액체 또는 기체 제품으로 전환하여 산, 에스테르 및 알코올과 같은 구성 요소를 생성할 수 있다. 가스화는 500℃ 이상, 바람직하게는 700℃ 이상의 온도에서 공기, 산소 또는 증기를 반응시켜 수소(H_2), 일산화탄소(CO) 및 메탄(CH_4)과 같은 가스를 생성함으로써 탄소 물질을 가연성 또는 합성 가스로 전환하는 방식이다. 화학적 전환은 식물성 기름과 동물성 지방을 에스테르화 또는 에스테르 교환 반응을 통해 지방산 에스테르로 전환시켜 바이오 디젤을 생산하게 된다. 원료가 사용 가능한 연료가 아닌 트라이글리세라이드로 구성되어 있으므로 에스테르 교환 공정이 필요하다. 트라이글리세라이드는 각각 메틸 또는 에틸알코올의 존재하에 대부분 알칼리성 촉매를 사용하여 메틸 또는 에틸 에스테르(바이오 디젤)로 전환된다. 유채유(80~85%)와 해바라기유(10~15%)는 바이오 디젤 생산에 사용되는 주요 식물성 기름 원료이다. 생물학적 전환에 사용되는 가장 일반적인 바이오매스 공급 원료는 농업 및 임업 잔류물과 같은 목질계 바이오매스이다. 목질계 바이오매스는 세계에서 가장 풍부하고 널리 이용할 수 있는 재생 가능 자원이며 주로 셀룰로스, 헤미셀룰로스 및 리그닌이라는 3가지 이질적인 바이오 폴리머로 구성된다. 셀룰로스 바이오 에탄올 생산에는 ① 전처리, ② 효소 가수분해, ③ 발효의 3가지 주요 단계가 포함된다. 전처리는 효소에 의한 바이오매스 접근성을 높이기 위해 물리적·화학적 또는 물리 화학적 방법을 사용한다. 풍부한 바이오매스 자원의 존재에도 불구하고 에너지 생산을 위해 바이오매스 사용에 대한 작업이 여전히 필요하며, 생산성을 높이고 비용을 절감하여 총 에너지 소비에서 재생 가능한 에너지의 비중을 더욱 확대하기 위한 주요 노력이 필요하다.

(5) 지열 에너지

지열 에너지는 지구 내부에 포함된 비탄소계 열에너지로 안정성, 연속성, 고용량의 장점이 있다. 미래 에너지 구조에서 안정적이고 지속적인 기본 부하를 제공하는 데 중요한 역할을 할 것이다. 지열발전은 지열 에너지의 주요 활용형태로 자연 지열증기(또는 지열 유체로 가열된 저비점 작동 유체증기)를 사용해 터빈을 구동, 전기를 생성한다. 현재 지열발전 기술은 주로 증기 발전, 플래시 발전 및 이원 발전 시스템을 포함하고 있다. 지열 에너지의 직접 이용은 열에너지의 형태로 발생하며, 이는 일반적으로 중저온 지열 자원에 적용할 수 있다. 현재 지열 직접이용 기술은 주로 지열 열펌프, 지열 난방, 지열 냉장, 지열 온실, 지열 건조 등이 있다. 지열 이용률이 높은 나라인 아이슬란드는 지

열 에너지가 2020년 국가 에너지 생산의 62%를 차지해 미래 탄소제로 국가
목표를 달성하는 데 도움이 되고 있다. 2021년에 미국 에너지부(DOE) 지열
에너지 연구를 위한 프론티어 천문대(Frontier Observatory for Research in Geo-
thermal Energy)는 최첨단, 무탄소 강화 지열 프로젝트를 위해 최대 4600만 달
러의 자금을 지원하는 17개의 프로젝트를 채택했다. 터키는 2020년 기준 지
열발전 용량이 1549MW인 지열 에너지 분야에서 가장 빠르게 성장하는 국가
중 하나로 알려져 있다. 2020년 전 세계 지열 이용은 연간 약 3억 톤의 이산화
탄소 배출량 감축을 달성했으며 중국에서는 연간 약 1억 톤의 이산화탄소 배
출량 감축을 달성했다.

2) 신에너지 기술

신에너지는 석유, 석탄, 천연가스와 같은 전통적인 화석연료를 사용할 때
발생하는 문제점을 해결하기 위해 연구·개발된 새로운 에너지다. 대표적인
신에너지로는 수소 에너지, 연료전지, 석탄을 액화하거나 가스화해서 얻은 에
너지가 있다.

(1) 수소 에너지

수소는 지난 200년간 산업용으로 필수품이었다. 수소 수요(현재 연간 > 80Mt)
는 1975년 이후 3배 이상 증가했으며 계속 증가 추세이다. 지금까지 수소는
거의 전적으로 화석연료에서 생산되어 전 세계 천연가스의 약 6%와 전 세계
석탄의 2%를 소비하여 연간 약 8억 3천만 톤의 이산화탄소를 배출하고 있다.
최근 수소 에너지는 전력망과 유사한 완전 재생 가능 에너지 시스템을 구축
하는 데 사용될 수 있고 에너지 시스템 전환에 필요한 부문 통합을 제공하고
에너지 최종 사용을 탈탄소화하는 데 사용할 수 있으므로 큰 관심을 받고 있

〈그림 3-4〉 수소경제사회의 개념도

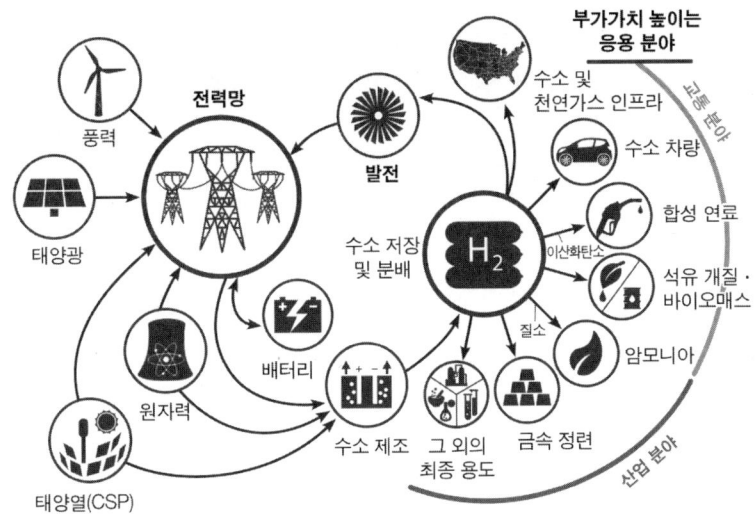

자료: 2019 녹색기후기술백서.

다. 재생 가능 에너지를 사용한 수소 생산은 가까운 장래에 기술 및 경제적 실행 가능성이 매우 크다고 할 수 있다. 인공지능(AI)의 빠른 발전과 함께 배치 및 학습을 통해 전해조 비용과 공급망 물류를 줄일 수 있을 것으로 예상, 청정수소 생산이 확대될 것으로 전망된다. 전기분해를 통한 수소를 생산한 후 안전하고 저렴한 수소 저장·운송 기술 개발이 필요하게 되었다. 수소는 기체, 액체 및 고체 상태로 저장할 수 있다. 현재로서는 이러한 기술 중 어느 것도 수소 경제를 구축하기에 충분히 성숙하지 못했다. 또한 수소는 계절 간 에너지 저장과 같은 장기 에너지 저장에 가장 저렴한 방법임에도 불구하고 높은 안전성과 함께 저비용으로 대량의 수소를 저장하는 능력을 높이는 것은 여전히 해결해야 할 과제이다.

(2) 연료전지

수소 연료전지 기술은 급속도로 발전해 상용화를 앞두고 있으며 미라이, 클래리티, 넥쏘 등 수소 전기차와 대형 차량, 기차, 선박 등의 상용 판매가 이루어지고 있다. 이제 주요 문제는 허용 가능한 수준의 내구성과 효율성을 유지하면서 비용을 줄이는 것이다. 수소로 생산되는 에너지 집약적 상품의 취급에 더 많은 관심을 기울이는 다른 기회(합성유기 재료·약제, 제철, 건설·해양 벙커 또는 암모니아·메탄올 생산을 위한 공급 원료 등)가 더욱 중요해졌다. 이제 고성능 장비 도입 기술을 개발하고 에너지 사용·변환 효율을 높이고 수소의 업그레이드를 최적화해야 한다. 산업구조 및 수소 에너지의 광범위한 사용을 가능하게 하는 더 낮은 비용으로 새로운 전략·기술 및 인프라에 대한 근본적인 이해와 개발에 대한 장기적인 투자가 필요하게 되었다. 신에너지의 관점에서 수소 에너지는 연료전지와 밀접한 관계가 있으며, 연료전지는 수소를 활용한 에너지 변환 기술 중 가장 높은 효율을 갖고 있다. 연료전지는 연료가 갖는 화학 에너지를 전기 에너지로 변환하는 장치로 산화·환원 반응을 통해 전기를 얻는다. 연료로 수소를 이용할 경우 오로지 물만이 부산물로 발생하기 때문에 기존 화석연료나 원자력 발전 및 내연기관 자동차를 대체하면 환경오염이 전혀 없이 에너지를 생산할 수 있다. 연료전지는 수소와 산소의 화학반응으로 전력과 열을 발생시킨다. 수소를 이용하는 연료전지는 기존의 내연기관 연소 방식보다 2배 더 높은 효율을 얻을 수 있고, 발전 시 발생하는 것은 오로지 물뿐이기 때문에 환경오염물질 발생을 최소화하는 친환경적인 에너지원이다.

① 고분자전해질 연료전지

고분자전해질 연료전지는 고분자전해질을 중심으로, 양쪽에 연료 극과 공기 극이 위치하며, 연료 극에서는 수소의 산화 반응, 공기 극에서는 산소의 환원 반응이 일어나면서 전기를 생산하는 원리이다.

② 용융 탄산염 연료전지

용융 탄산염 연료전지는 용융 상태의 탄산염을 전해질로 사용하는 연료전지이다. 공기 극에서 산소 및 이산화탄소가 외부 회로에서 전달된 전자와 결합하여 탄산 이온을 형성한 후에 생성된 탄산 이온이 용융 탄산염으로 구성된 전해질을 통해 연료 극으로 전달된다. 연료 극에 전달된 탄산 이온은 연료전지의 연료인 수소와 결합하면서 물과 이산화탄소가 되고, 이때 유리된 전자가 외부 회로를 통해 흐르면서 전기를 생산한다.

③ 고체 산화물 연료전지

고체 산화물 연료전지는 800℃ 전후의 고온에서 공기와 연료가스의 에너지를 전기화학 반응을 통해 열에너지와 직접 전기 에너지로 변환해 공해 물질의 배출이 거의 없는 청정 에너지 변환 장치이다.

④ 인산형 연료전지

인산형 연료전지는 액상의 인산을 전해질로 사용하는 연료전지로 전기를 발생시키는 원리이며, 고분자전해질 연료전지와 원리가 같다. 인산형 연료전지는 약 200℃ 전후에서 운전되기 때문에 고분자전해질 연료전지보다는 일산화탄소에 내피 독성이 강해 화석연료를 분해하는 개질기와 연계하여 사용할 경우 일산화탄소를 제거하기가 비교적 쉽다. 액상 전해질을 사용하기 때문에 분산 전원용으로 사용되는 연료전지이다.

〈그림 3-5〉 연료전지

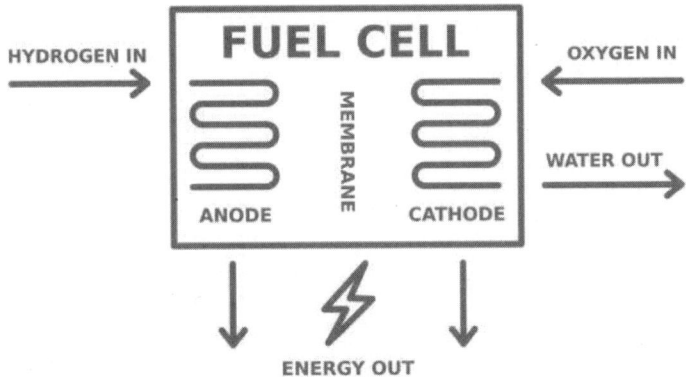

자료: 한화그룹 홈페이지.

3) 비재생 에너지 기술

비재생 에너지란 자원의 소비되는 양이 자원의 생산되는 양보다 많은 에너지를 의미한다. 석유, 석탄, 천연가스, 원자력 등이 그 대표적인 예이며, 천연 자원들은 현재 많은 산업에서 주요 핵심원으로 자리 잡고 있다. 그러나 환경에 부정적인 영향을 미치고 재생할 수 없으므로 언젠가는 자원 공급이 불가능해지는 단점을 가지고 있다. 따라서 이런 문제들을 해결하기 위해 비재생 에너지와 다르게 친환경적이며 재생할 수 있는 신에너지원이나 재생 에너지원을 개발하고 있다. 다만 아직은 기존에 사용하고 있는 천연자원들을 완전히 대체하기에는 효율성의 관점에서 한계가 있으므로 기존에 사용하던 비재생 에너지원을 환경 친화적으로 개선하기 위해 원자력 발전, 핵융합 발전과 같은 여러 가지 연구를 진행 중이다.

(1) 원자력 발전

모든 물질은 원자로 이루어져 있는데 중심에 있는 원자핵과 그 주위에 존재하는 전자로 구성된다. 그중 질량이 무겁고 큰 원자핵을 가지는 원소는 외부에서 유입된 중성자를 흡수할 때 2개 이상의 원자핵으로 분열이 일어나면서 많은 에너지를 방출하고 2~3개의 중성자가 생성되는데, 이런 현상을 핵분열이라고 부른다. 핵분열이 발생했을 때 생성되는 에너지는 질량-에너지 등가 법칙인 $E=mc^2$에 따라 핵분열이 일어나면서 감소한 원자핵의 질량만큼 전환된 에너지를 이용하는 것이 원자력 발전이다. 원자력 발전은 화력발전과 달리 화석연료 대신 우라늄과 같은 방사성 원소를 이용하며 이 원소의 핵분열 시 발생하는 에너지를 사용하여 증기를 생성하고 이 증기로 터빈을 가동해 전기를 생산한다. 원자력 발전에 가장 흔히 사용되는 물질은 우라늄-235(U-235)이다. 한국은 석유뿐만 아니라 우라늄의 매장량도 적기 때문에 수입에 의존하고 있지만, 우라늄은 많은 나라에서 쉽게 구할 수 있고 석유에 비해 적은 양만으로도 높은 효율을 보여 주기 때문에 수송과 저장이 더 쉬워 연료 공급 면에서 안정적이다. 현대에 와서 지구는 지구온난화와 같은 환경문제에 직면하고 있다. 이는 화석연료 사용에 따른 이산화탄소와 같은 환경오염물질의 발생과 연관이 있는데 원자력 발전은 이산화탄소를 배출하지 않기 때문에 화석연료보다 환경 친화적이다. 원자력 발전은 다른 발전 방식보다 많은 초기 투자비용이 요구되는 단점이 있지만, 연료비가 타 방식보다 매우 저렴하고 연료비가 차지하는 비율이 낮으므로 원료인 우라늄의 가격이 상승하더라도 유지 비용에 큰 영향을 미치지 않는 경제적인 장점이 있다. 또 화석연료보다 연료의 효율이 높다. 우라늄 1g은 석탄 3t, 석유 9드럼에 해당하는 열에너지를 만들기 때문에 소량으로도 뛰어난 열에너지 생산 효율을 보여 준다.

(2) 핵융합 발전

핵융합 발전 기술은 원자력 발전과 달리 현재 상용화되어 있는 기술이 아니다. 하지만 이 기술을 통한 기댓값이 상당한 파급효과를 일으킬 것으로 예상해 다양한 나라들이 상용화를 목적으로 기술 개발을 추진하고 있다. 국내에서도 국제 핵융합 실험로 공동 건설 프로젝트 ITER에 속해 있으며 독자적으로 개발한 KSTAR로 핵융합 발전 기술 상용화를 추진 중이다. 핵융합은 가벼운 2개의 원자핵이 충돌하여 1개의 새로운 무거운 원자핵을 형성하는 현상을 말한다. 핵분열과 상반되는 물리 현상이다. 핵융합은 고온, 고압의 환경을 가진 태양에서 주로 발생하는 현상이다. 따라서 지구에서 핵융합 현상을 발생시키기 위해서는 원자가 플라즈마 상태로 존재해야 한다. 플라즈마 상태는 제4의 물질 상태라고 부르기도 하며 고온의 열원 때문에 가열되어서 원자가 기체 상태를 넘어 전자, 이온 등 입자들로 나누어져 중성을 이루고 있는 상태를 말한다. 이때 원자의 무게가 가벼울수록 핵융합 반응이 일어날 가능성이 커지기 때문에 핵융합의 원료로는 가장 가벼운 원소인 수소를 사용하는 것이 일반적이다. 그중 삼중수소와 이중수소를 반응시키는 것이 핵융합 현상을 발생시키는 데 가장 유리한 조건이다. 핵융합 현상에서 발생하는 에너지 또한 핵분열 현상과 같이 아인슈타인의 질량-등가 법칙인 $E=mc^2$에 따라 핵융합이 일어나면서 발생하기 전후 원자핵의 질량 차이만큼 전환되는 에너지를 이용하는 것이 핵융합 발전이다. 핵융합 때문에 발생한 에너지 값은 핵분열에 의해 발생한 에너지 값보다 7배 이상 크다. 융합 현상에 의해 발생한 에너지를 사용해서 증기를 만들고 증기를 사용해서 터빈을 가동해 전기를 생산하는 방식이다. 핵융합 반응을 유도하는 방법은 2가지이다. 자기 가둠 핵융합(MCF: Magnetic Confinement Fusion)은 플라즈마를 자기장을 활용해서 가두는 방법이며 스텔러레이터(Stellarator)와 토가막(Tokamak)이 MCF를 이용하는 대표적인 핵융합로이다. 관성 가둠 핵융합(ICF: Inertial Confinement Fusion)은 삼중수소와 중수소를 혼합시킨 연료 펠릿에 레이저를 쏘아 압력과 열을 가해 핵융합을 유도하는 방법이다. 핵융합 발전의 연료는 중수소와 삼중수소를 사용하는데, 중수소는 바닷물을 통해 구할 수 있으며 중수소를 얻기 위한 추출 비용 또한 저렴하다. 삼중수소는 리튬을 통해 얻을 수 있으며 리튬은 매장량이 상당하므로 결과적으로 핵융합에 필요한 연료들을 매우 안정적으로 공급할 수 있다. 원자력 발전처럼 이산화탄소와 같은 환경오염물질을 배출하지 않을뿐더러 원자력 발전과는 달리 방사성 폐기물 또한 발생하지 않아서 추가적인 폐기물 처리 비용이 발생하지 않는다. 이런 점에서 원자력 발전보다 더 경제적이며 친환경적이다. 핵융합 발전은 제어에 실패하더라도 플라즈마 상태의 연료가 노벽으로 흡수가 일어나면서 핵융합 반응이 정지하기 때문에 안정성이 높다. 연료의 효율성도 매우 높아 중수소와 삼중수소 1g은 8t가량의 석유가 만들어 내는 에너지와 같은 에너지를 만든다.

4) 친환경 에너지와 저장장치 기술

최근 태양광, 풍력, 수력 등 온실가스 배출이 없어 청정 에너지라고 불리는 신재생 에너지는 자연 및 주위 환경에 따른 조건 등을 조절할 수 없어 구름이 많거나 바람이 불지 않는 날씨 등과 같은 악조건에서는 전기를 생산하지 못할 가능성이 있고, 발전기가 가동되면 많은 전기를 한번에 전력망으로 쏟아낼 수 있다는 단점이 있다. 하지만 에너지 저장 장치가 있다면 전기를 저장해서 사용해야 하는 순간에 사용할 수 있으므로 위와 같은 문제들을 해결할 수 있다. ESS(Energy Storage System)는 생산량이 일정하지 않은 신재생 에너지의 단점을 보완하고 전기 품질을 유지하면서 전력 계통을 안정화할 수 있는 수단으로 최적화되어 있다. 또한 생산된 전기를 저장 장치에 저장해 에너지가 필요할 때 전력을 공급해 전력 사용의 효율을 향상시키는 장치이다.

(1) 에너지 저장 장치의 종류와 기존 에너지 저장 장치의 문제점

① 에너지 저장 장치의 종류

에너지를 저장하는 방식으로 에너지 저장 장치의 종류를 구분할 수 있다. 종류로는 물리적 저장인 양수 발전(pumped Storage), 압축 공기 에너지 저장(CAES: Compressed Air Energy Storage), 플라이휠(fly wheels) 등이 있고, 전기화학적 저장 장치로는 리튬이온 전지(Li-ion battery), 납 축전지(Lead-acid battery), 흐름 전지(RFB: Redox Flow Battery) 등이 있으며, 화학적 저장 방식인 수소 연료와 합성 천연가스 및 전기적 저장 방식인 슈퍼 커패시터(super capacitor) 등이 있다.

② 기존 에너지 저장 장치의 문제점

기존 에너지 저장 장치를 친환경적 측면이 고려되지 않은 저장 장치라고 정의하고 시작하자면 망간 전지, 알카라인 전지 같은 경우 저비용이지만 사용 후 재충전이 불가능해 폐기해야 한다는 점이 존재하며, 납과 카드뮴 같은 유해 물질은 존재하지 않지만, 망간 외 니켈, 철, 아연 등과 같은 물질은 매립할 경우 토양과 지하수가 오염된다는 큰 단점이 존재한다. 하지만 2차 전지는 1차 전지와 다르게 충전할 수 있고 수명이 길어 오래 사용할 수 있다는 장점이 있다. 흔히 사용되는 2차 전지 중 납 축전지와 니켈-카드뮴 전지는 납과 카드뮴이라는 유해 물질을 함유하고 있어 친환경적이지 않다는 단점이 있다.

(2) 친환경 에너지 저장 장치의 원리 및 특징

① 리튬이온 전지

2차 전지 중 하나인 리튬이온 전지는 리튬이온이 양극재(+)와 음극재(-)

사이의 화학적 반응(산화·환원 반응)을 통해 에너지를 저장하는 원리를 지니고 있다. (+)극의 리튬이온이 (−)극으로 이동하면서 전지가 충전되고, (−)극의 리튬이온이 (+)극으로 돌아가며 에너지를 방출 및 방전하게 되는데 (+)극과 (−)극 사이에는 전해질이 이동통로 역할을 하며, (+)극과 (−)극이 서로 닿지 않게 사이에 분리막이 존재한다. 리튬이온 전지에서 리튬은 양이온이 되려는 성질이 있어 (+)극에 들어가게 된다. 리튬이온 전지의 장점은 기존 납 축전지와 비교했을 때 4~5배 더 높은 에너지 밀도를 지니고 있고, 기존 전지 대비 3배의 높은 전압과 환경규제 물질인 카드뮴, 수은, 납이 포함되어 있지 않다는 점과 재활용을 할 수 있다는 점에서 친환경적이고 긴 수명을 보여 준다. 하지만 리튬이온 전지의 단점으로는 니켈-카드뮴 전지에 비해 제조 공정이 비싸고, 액체 전해질을 사용해 누출될 수 있을뿐더러 화재 위험이 있다는 것과 충·방전을 할수록 전지의 수명이 감소한다는 점이 있다.

② RFB

RFB 역시 리튬이온 전지와 마찬가지로 전기화학적 저장 방법을 이용해 산화·환원 반응으로 전기를 저장하는데, (+)·(−)극 전해액 내에 활성 물질을 넣고 (+)·(−)극 전해액을 만들어 탱크에 저장한 후 펌프를 이용해 전극에 공급하여 전극 표면에서 전해액 내 활성 물질의 산화·환원 반응을 이용해 에너지를 저장한다. RFB의 장점으로는 높은 안정성과 이론적으로 반영구적인 점, 용량 출력 설계 자유도가 높다는 점이 있으며 단점으로는 리튬이온 전지는 유기계지만 RFB는 수계가 기반이기 때문에 낮은 작동 전압으로 용량이 적다는 점이 있다.

③ 해수 전지(sea water battery)

해수 전지란 해수에 있는 Na^+와 물로 전기를 생성 및 저장하는 원리이다.

리튬이온 전지의 Li처럼 Na^+가 (+)극과 (−)극을 이동하며 에너지를 생성 및 저장하고 이 역시 산화·환원 반응의 원리를 갖는다. 충전 시 (−)극에서 Na가 환원해 O가 발생하고 방전 시 (−)극에서 산화한 Na (+)극에서 O가 환원된다. 해수 전지의 장점으로는 저비용 및 친환경적으로 해수를 이용하기에 화재 위험이 적고 고갈되지 않는 자원이라는 점이 있으며, 단점으로는 전지의 크기가 크고, 전해질이 세라믹 소재이기 때문에 출력에 한계가 존재한다는 점이 있다.

④ 슈퍼 커패시터

커패시터는 축전기라고도 불리며 슈퍼 커패시터는 말 그대로 초고용량 커패시터를 의미한다. 충전 원리는 커패시터 한쪽 판에 (+)전하, 반대 판에 (−)전하가 대전되어 두 판 사이의 전위차가 전지의 전압과 같아질 때까지 전하가 이동해 두 금속판에 각각 같은 양의 전하가 분포되게 하고, 전하 사이의 전기적 인력으로 인해 전하가 그대로 충전되게 하는 것이다. 슈퍼 커패시터는

〈그림 3-6〉 전기 이중층 커패시터, 슈도 커패시터 및 2차 전지의 작동 원리

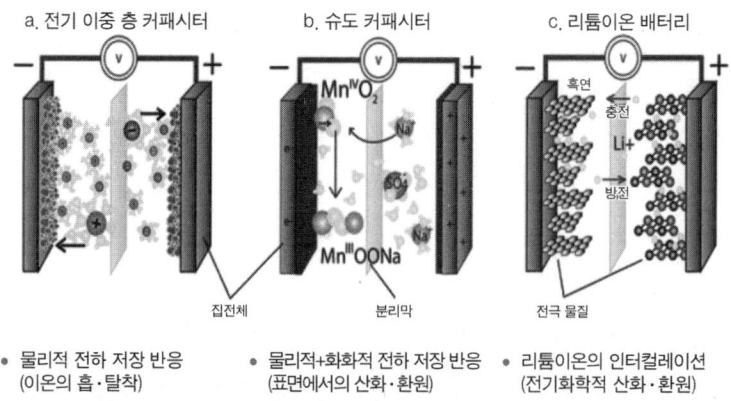

a. 전기 이중 층 커패시터

b. 슈도 커패시터

c. 리튬이온 배터리

집전체   분리막   전극 물질

- 물리적 전하 저장 반응 (이온의 흡·탈착)
- 물리적+화학적 전하 저장 반응 (표면에서의 산화·환원)
- 리튬이온의 인터컬레이션 (전기화학적 산화·환원)

활성탄 표면에 전하의 물리적 흡·탈착으로 에너지를 충·방전할 수 있다. 기존 커패시터는 출력 밀도는 높지만 에너지 밀도가 작다. 그러므로 저장할 수 있는 용량이 적어 빠르게 방전된다는 단점이 있다. 그래서 전자 기기 배터리로는 주로 리튬이온 전지가 사용되었는데 슈퍼 커패시터는 앞서 말한 단점 및 문제점들을 보완하고자 일반적인 커패시터보다 많은 에너지를 저장하고 출력은 리튬이온 전지보다 크다는 특징을 가지고 있다. 그 밖에도 높은 전력 밀도, 빠른 충·방전 속도, 긴 수명 등 부하 응답이 느린 신재생 에너지 발전 시스템에 연계할 경우 전력품질을 확보하기 쉽다는 점이 있으나 아직까지는 배터리보다 에너지 밀도가 낮다는 단점이 있다.

⑤ 수소 저장

수소 저장은 재생 에너지로 생산한 잉여 전기를 수소로 저장하고 다시 재공급하는 기술을 의미한다. 수소 저장은 액체와 고체로 저장되는데 액체로는 고압 압축 저장기술과 저온 액화 저장기술로 저장하고, 고체로는 고체 수소 저장기술을 이용한다. 수소 저장의 원리는 간단하게 고압용기 내부에서 압축 및 수로의 온도를 액화 온도까지 낮춰 저장하는 것으로 고체 상태의 금속 수소 화합물에 원자 상태로 저장하거나 다공성 물질 표면에 분자로 물리적으로 흡착시켜서 저장하는 기술이다. 수소 저장의 장점으로는 수소 에너지가 전기로 변환될 때 나오는 물질은 환경에 해가 없는 수소이기 때문에 지속적인 공급이 가능해 저장이 쉽다는 것이고, 단점으로는 사용에 안전이 가장 크게 요구되며 수소 특성상 불이 붙기 쉽고, 폭발 시 범위가 넓다는 것이다. 또한 수소에 불이 붙으면 불의 색이 무색이라 식별이 어렵다는 점이 있다.

(3) 에너지 저장기술 동향

① 국외 에너지 저장기술 동향

친환경 에너지 도입을 선도하는 국가인 독일은 2050년까지 친환경 에너지의 비중을 60%까지 증가시키는 것으로 목표를 수립했고 미국과 유럽을 비롯해 많은 국가가 기후변화협약에 대응해 친환경 에너지 도입을 확대하고 있다. 미국은 2030년까지 20%, 호주는 2020년까지 23.5%, 인도는 2030년까지 40%, 중국은 2020년까지 15%를 도입하는 목표를 세웠다. 시장 규모는 2015년에 15억 달러에서 2018년에 39.86억 달러로 38.5% 성장했고, 2024년에는 연간 33.9% 성장해 229억 달러의 시장이 실현될 것으로 전망하고 있다. 또한 미국과 일본의 리튬이온 전지 시장은 향후 12년간 총 500억 달러로 세계 시장 수익 중 33%를 차지하는 가장 큰 시장이 될 것으로 예상한다.

② 국내 에너지 저장기술 동향

위 선진국들과 마찬가지로 한국의 산업통상자원부가 최근 '신재생 에너지 3020 이행계획'을 발표했다. 이는 2030년까지 53GW의 재생 에너지를 추가로 설치하고 신재생 발전의 비중을 20%까지 높이는 것을 목표로 잡은 것이다. 위 정책과 연계하여 에너지 저장기술 시장이 커질 것으로 전망되며, 이미 2차 전지 기술 중 리튬이온 전지 산업에서 한국은 두각을 나타내고 있었고, 많은 지원이 있었지만, 자동차와 전자기기 시장이 큰 한국은 대부분 소형 리튬이온 전지와 차량용으로 에너지 밀도를 향상하는 쪽으로 진행해서 ESS 분야로는 상대적으로 적은 투자가 이루어졌다. 국내의 ESS 시장을 보면 2017년에 4322억 원에서 2018년에 1조 7810억 원으로 3배가 성장했지만 2019년도에 화재와 신재생 에너지 가중치 감소 정책으로 시장 규모가 감소했지만 이후 꾸준히 상승하는 모습을 보여 준다. 국내의 풍력과 태양광 발전량이 발전

시장 내에서 비중이 커질수록 에너지 저장장치 설치 수요의 증가가 필수적이기 때문에 에너지 저장장치 시장 규모도 성장해 이에 따른 에너지 저장장치 연구의 발전이 기대된다.

5) 송배전·전력 정보통신기술

발전소에서 생산된 전력은 변전소를 거쳐 멀리 있는 공장이나 가정으로 수송되는데, 발전소에서 변전소로 보낸 뒤 변전소에서 전압이나 전류를 바꾸고 소비자에게 분배해 공급하는 과정이다. 지난날에는 송배전을 포함한 전력망

〈그림 3-7〉 송전·변전·배전 과정

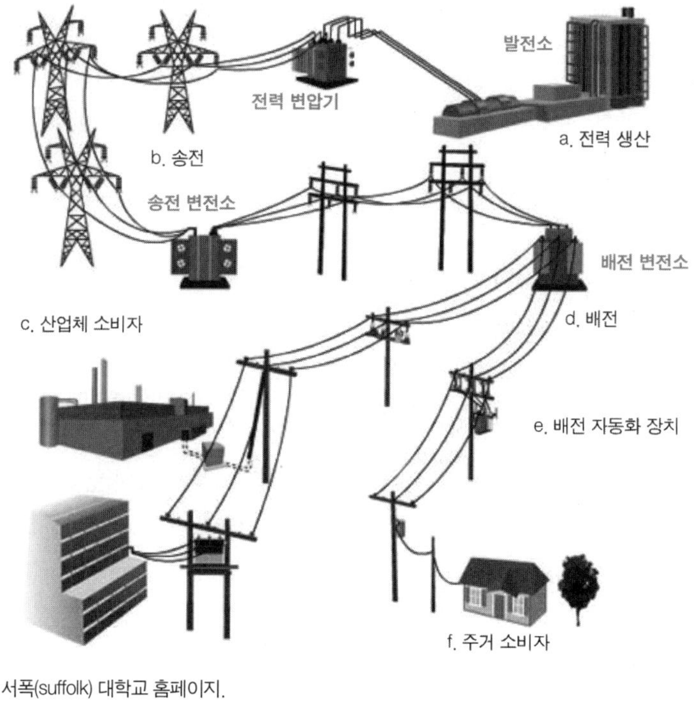

자료: 서폭(suffolk) 대학교 홈페이지.

이나 전력 산업에서 아날로그 기기가 주종을 이루었지만, 최근 여기에 정보통신기술이 접목되기 시작해 송배전·전력 정보통신기술이 등장했다. 송배전·전력 정보통신기술은 송전, 변전, 배전망 등에 다양한 정보통신기술을 적용해 전력망을 운영·관리하는 효율을 높이며, 신뢰도가 높은 전력 서비스를 제공하는 것이다. 송배전·전력 정보통신기술은 송배전 시스템과 전기 지능화 기기로 구분할 수 있다. 송배전 시스템은 송전선로, 변전 설비, 배전 설비를 포함하는 포괄적인 전기 공급 시스템을 말하며, 전기 지능화 기기는 소비자가 능동적으로 전력 이용의 손실을 줄이고 에너지 절약의 효율을 극대화할 수 있는 기술, 제품, 연계 기술 및 시스템 등을 의미한다.

(1) 송배전 시스템

제품을 생산해도 유통되지 않으면 소용없듯이, 전력을 발전해도 송배전되지 않으면 소용이 없다. 송배전은 송전과 배전을 합친 단어이며 그사이에 변전을 거치는 시스템이다.

① 송전

송전선로는 3종류(765kV, 345kV, 154kV)로 나뉜다. 1990년도 이전까지 한국의 기간 송전망은 345kV, 지역 송전망은 154kV였지만, 1990년도 후반부터 765kV 송전 사업이 시범 도입되었고, 점점 확대되는 추세이다. 765kV 송전선로가 주목받는 이유는 765kV가 345kV에 비해 동일전력 수송 시 부지 면적이 47% 정도 줄어들고, 송전 용량이 약 3.4배 정도 크다. 또한 송전 손실이 7분의 1이라는 장점이 있다. 현재 각 송전망의 설치 용량은 〈표 3-2〉와 같다.

<표 3-2> 송전·변전 설비 현황

구분		1990년	2000년	2010년	2015년	2020년 3월	2021년 9월
송전선로 (c-km)	765kV	-	595	835	1,014	1,024	1,024
	345kV	4,935	7,281	8,580	9,403	9,800	9,878
	154kV	14,497	18,706	21,261	22,524	23,298	23,584
	계	19,432	26,582	30,676	32,941	34,122	34,486
변전 용량(MVA)		51,685	128,700	256,318	298,294	320,188	332,012
변전소 수(개소)		319	483	731	822	866	884

주: 송전선로 중 지중선은 4,319c-km임(수중선로 포함).
자료: 한국전력공사.

② 변전

변전소는 전압을 내리는 변압변전소, 전압을 올려주는 승압변전소로 구분된다. 변전소는 변압기의 대수와 변압기의 용량으로 결정되며, 변압기 용량의 기본 단위는 MVA(Mega Volt Ampere, 전압×전류)이다. 이는 한 번에 얼마만큼의 전력을 승압·감압할 수 있는지에 대한 용량을 나타내며 변압기 1대의 단위는 bank라고 한다.

㉮ 승압변전소

발전소에서 막 나온 전류를 고압 송전선로에 보내기 위해 전압을 올리는 역할을 한다.

㉯ 강압변전소

1차 강압변전소

승압변전소에서 받은 전류를 낮춰서 2차 변전소에 보내는 형태로 송전선로상에서 강압한다. 예시로 765kV → 345kV 또는 345kV → 154kV로의 강압 작업을 수행한다.

2차 강압변전소

송전선로에서 배전 선로에 보내는 강압 작업을 수행한다. 예시로 154kV →
22kV로의 강압 작업이 있다.

③ 배전

배전은 송전선로의 고압전기가 실제로 소비자들에게 전달되는 과정을 의
미한다. 2차 변전소에서 22kV로 강압된 전기는 배전변전소에서 6.6kV로 강
압되며, 도시에서 종종 볼 수 있는 고압전선은 6.6kV의 전압이다. 그리고 산
업 현장의 경우 이처럼 생성된 전압은 직접 전성이 되는데 상업용이나 가정
용의 경우 주상 변압기에서 220V 또는 110V로 변압되어 송전된다.

〈표 3-3〉 배전설비 현황

구분	2000년	2015년	2016년	2017년	2018년	2019년	2020년 8월 말 기준
공장(c-km)	351,264	465,278	474,098	483,467	493,330	504,403	527,400
지지물(천기)	6,439	8,960	9,112	9,287	9,465	9,642	9,892
변압기(천대)	1,308	2,127	2,158	2,203	2,260	2,325	2,369

주: 배전선로 중 지중선은 55,675c-km임(2019.12).
자료: 한국전력공사.

(2) 전기 지능화 기기

전기 지능화 기기는 기존 전력망에 IT를 접목해 실시간으로 전력 정보를
상호 교환하고 양방향 통신망을 구성함으로써 소비자의 전력 사용 중 에너지
절약을 유도하고 에너지를 효율적으로 사용하게 하여 에너지 효율을 최적화
하려는 기술이다. 즉, 소비자에게 다양한 전력 정보와 서비스를 제공함으로
써 에너지 이용 효율을 향상하고 소비자들의 자발적인 참여를 유도하여 에너
지의 효율적인 소비를 가능하게 하는 것이 전기 지능화 기기의 핵심이라고

할 수 있다.

전기 지능화 기기 분야는 기존의 단방향 폐쇄적 에너지 공급에서 AMI(Advanced Metering Infrastructure, 지능형 전력계량 시스템) 기반의 양방향 EMS(에너지 관리 시스템)로 변하고 있다. 전기 지능화 기기의 목표는 스마트 미터나 에너지 저장 시스템(ESS) 등의 보급을 통해 에너지 소비의 합리화를 이루고 부하 관리를 실현해 최대 전력을 감소하는 데 있다. 전기 지능화 기기의 하위 기술로는 AMI, ESS와 EMS 연계 기술이 있다.

① AMI

AMI라는 기술이 나오기 이전, 기존의 전력 계량 시스템은 검침일이면 검침원이 직접 방문하여 지침을 읽고 그 내용을 전송해서 요금을 부과하는 방식이었다. 하지만 이런 시스템은 시간과 노력이 소요되는 단점이 있어 1990년대에 AMR(Automated Meter Reading, 자동원격검침)이 도입되었지만, 마찬가지로 단순히 한 달에 한 번만 검침한다는 부분에 있어서 소비 전력량의 지속적인 관리에 대한 점을 충족시키지 못했다. 하지만 2000년대 후반에 들어오면서 위와 같은 부분을 보완해 주는 기술이 나왔는데 이렇게 나온 기술이 AMI이다. AMI는 양방향 통신망을 실제로 사용해 전력 사용량, 시간대별 요금 정보 등 전기사용 정보를 고객에게 제공해서 자발적인 전기 절약을 유도하는 AMI로 정의되고 있으며, 이와 같은 예로는 건물의 조명과 냉난방 정보, 가정의 가전기기 사용 정보 등에 대한 전력 소비패턴 분석 및 예측, 전력 소비 데이터의 실시간 확인을 통한 각 수용가에 합리적이고 효율적인 에너지 소비 패턴을 제시할 수 있으며 이에 따른 소비자들의 전기요금 절감 등의 효과 또한 실현할 수 있다.

〈그림 3-8〉 ESS, EMS의 운영 원리

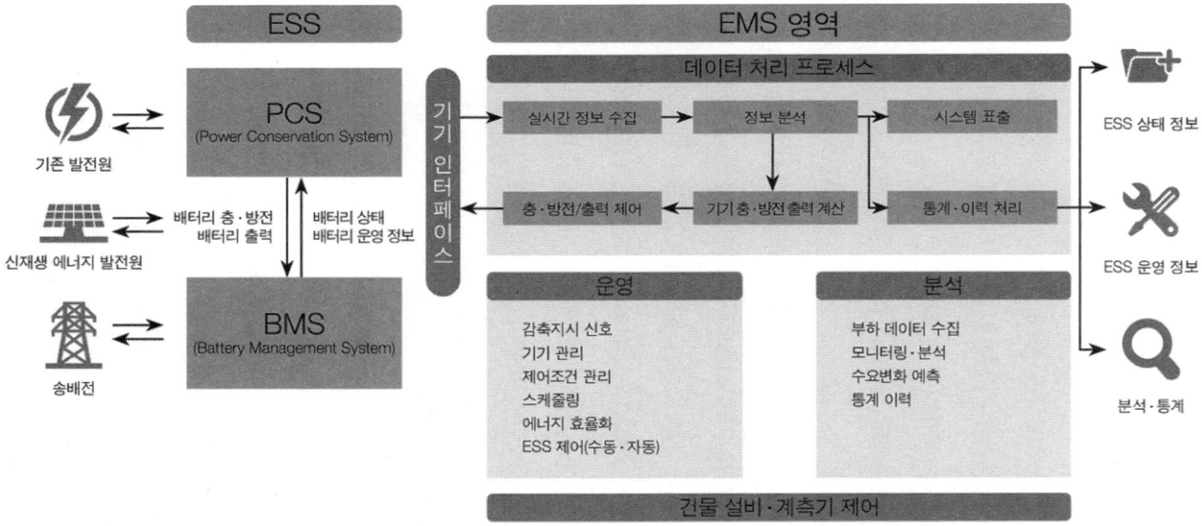

자료: woorizen 홈페이지.

② ESS, EMS

ESS(Energy Storage System)는 생산된 전력을 저장했다가 전력이 필요한 시기에 맞춰 공급해 에너지 효율을 높이는 시스템으로 신재생 에너지의 본격적인 도입과 전력 수요의 증가로 인해 필요성이 높아지는 추세이다.

EMS(Energy Management System)는 여러 종류의 신재생 에너지의 생산 전력 배터리 시스템 내의 에너지 저장과 사용을 목적으로 한 ESS에서 여유 에너지를 저장 혹은 소비할 수 있게 에너지 흐름 제어의 역할을 하고, ESS 상태 등의 정보를 수집 또는 관리하여 최적의 에너지 사용을 목표로 작동한다.

3. 에너지 전환의 미래 전망

탄소는 지구 생명체의 존재에 기여하는 가장 중요한 원소 중 하나이다. 산업혁명 이후 탄소기반 자원은 에너지, 식품 및 기타 상품을 생산하는 데 활용되어 셀 수 없이 많은 방식으로 지구 생태계에 영향을 미치고 있다. 인위적 활동과 도시화를 촉진하기 위한 화석연료의 광범위한 사용과 삼림 벌채는 대기 중 이산화탄소 증가와 관련된 온실효과에서 비롯되는 지구 기후변화와 밀접한 관계가 있다. 현재 국제사회는 탄소 배출을 최소화하고 탄소 격리를 촉진하기 위해 효율적이고 지속 가능한 방법을 개발하는 데 많은 어려움을 겪고 있다. 국제사회가 탄소중립을 향해 모든 역량을 전환함에 따라 전체 환경에서 탄소 흐름에 대한 이해도를 높일 필요가 있다. 따라서 인간의 건강과 환경을 보호하기 위해 현재의 생산 시스템을 유지하고 기후변화 문제를 해결하기 위해서는 재생 불가능 에너지에서 재생 가능 에너지로 전환하는 것이 필수적으로 되었다. 본문에서 제시된 바와 같이, 에너지 전환을 실현하여 재생 가능한 자원을 효율적으로 사용하고 화석연료에 대한 의존을 극단적으로 줄여야 할 것이다. 전 세계 재생 에너지 자원의 잠재력이 세계 에너지 수요를 능가한다는 점을 고려할 때 지속 가능한 발전을 위해서 가장 시급한 요구는 화석연료 사용을 단계적으로 중단하기 위해 현재 재생 에너지 생산 추세를 향상하는 것이다. 탄소가 없는 에너지 자원(태양, 바람, 바다)에서 생산하는 전력과 열의 양을 늘리는 것이 에너지 전환의 큰 방향성이며, 바이오매스에서 바이오 연료와 수소를 생산하는 것도 다른 방향성의 하나로 판단된다. 풍력, 태양열 및 기타 재생 가능한 에너지원으로 화석연료를 대체하여 에너지 대전환을 수행하는 것은 인류의 주요 과제이다. 에너지 저장은 일부 재생 가능 에너지원의 효율적 운영에 매우 중요한 해결책이 될 것이다. 그러나 에너지 저장의 확장성과 비용 효율성에는 많은 제약이 따르게 된다. 에너지 저장은 과학적·기술적 문제와 함께 에너지 저장 산업에 대한 투자와 경쟁을 촉진하기 위해 해결해야 하는 경제적·규제적 문제가 수반된다. 에너지 효율 향상(주거용 냉난방 포함)은 일상생활에서 온실가스 배출량을 줄이는 데 큰 영향을 미치며 에너지 효율성을 극대화하고 탄소중립을 기반으로 한 경제성장 방법을 완전히 이해하려면 심층적이고도 총체적인 연구가 필요하다고 생각된다.

참고문헌

김병만 외. 2020. 「차세대 태양전지 동향」. ≪Bulletin of the Korea Photovoltaic Society≫, 7(1): 33~49.

박미근. 2020. 「유럽의 대용량 에너지 저장장치기술 및 시장동향」. ≪KITA Europe 기술동향 브리프≫, 61: 1~8.

박찬국·이대연·김양수. 2016. 『핵융합발전의 사회경제적 인식 분석』. 에너지경제연구원.

산업통상자원부·한국에너지공단. 2020. 『2020 신·재생에너지 백서』.

양기보. 2021. 「슈퍼커패시터」. ≪한국IR협의회≫, 32: 1~32.

이민식. 2006. 「세계 풍력발전산업의 동향 및 전망」. ≪에너지 포커스≫, 5(1): 138~155.

이지훈. 2020. 「리튬 이온 배터리」. ≪한국IR협의회≫, 21: 1~20.

전용훈. 2022. 「에너지저장장치(ESS)」. ≪에코 타임스≫, 5월 4일 자.

정훈. 2016. 「국내외 태양광 기술개발 및 시장 동향」. ≪Vacuum Magazine≫, 6:2 9~32.

한수현 외. 2019. 『녹색기후기술백서 2019』. 녹색기술센터.

한신·김유종·허지향. 2014. 「Vanadium Redox Flow Battery 개발 및 국내 실증」. ≪Journal of the electric world≫, 4: 48~54.

—

Touhchstone, Liz Ahlberg. 2017. "Tiny nanoclusters could solve big problems for lithium-ion battery." https://iee.ucsb.edu/news/tiny-nanoclusters-could-solve-big-problems-lithium-ion-batteries

—

https://home.kepco.co.kr [한국전력공사(KEPCO) 홈페이지]

https://inss.kins.re.kr (국제원자력안전학교 홈페이지)

https://www.knfc.co.kr [한전원자력연료(KNF) 홈페이지]

https://www.knrec.or.kr (한국에너지공단 신·재생에너지센터 홈페이지)

https://www.lgensol.com (LG에너지솔루션 홈페이지)

https://www.scienceall.com/사이언스올-과학백과사전/ (사이언스올 과학백과사전)

https://www.woorizen.com (woorizen 홈페이지)

제4장

산업 전환
기업 전환, 녹색경영, 녹색금융

김정인 | 중앙대학교 경제학부 교수

1. 경제와 환경 변화의 배경

1) 환경문제의 위기

(1) 녹색경영과 ESG 대두

세계의 초일류 기업들은 환경 산업을 근거로 한 그린경제(Greenomics: Green+Economics)로 기업경영 전략을 녹색경영으로 전환하고 있다. 그 이유는 지금까지 경제를 대표하는 시장은 상품이 주류였던 '상품 시장'이었지만, 미래에는 지구온난화의 주범인 온실가스를 줄이는 친환경 상품과 함께 에너지 시장에서는 청정 에너지를 공급하는 시장이 중요한 시장이 될 것으로 전망하기 때문이다. 이미 환경을 고려한 제품의 디자인, 환경 마케팅 등을 통해 환경 산업은 창출되고 있다.

결국 미래의 핵심 단어는 '저탄소', '녹색 제품과 금융', '신재생 에너지'로 표현될 것이다. 기업들은 환경문제를 해결하지 않으면 소비자들에게 외면받는 것은 물론이고 주가 가치도 하락하여 기업의 존폐에도 영향을 받을 수 있다고 믿는다. 이미 ESG(Environment, Social, Governance) 기업의 핵심 경영가치로 확고한 것이 이를 증명한다.

국내외 기업들은 기업경영 전체를 그린경영(Green Management)으로 바꾸고 있는 것이다. 세계 5대 석유회사 중 하나인 영국 BP(British Petroleum) 사는 2002년부터 '석유를 뛰어넘어'라는 경영 이념으로 석유를 대체할 수 있는 신재생 에너지에 막대한 투자를 하고 있다. 에너지바이오사이언스(energybioscience) 연구원을 설립하면서 생물로부터 에너지를 만들기 위해 미국의 버클리 대학교와 로렌스 버클리 국립연구소와 공동으로 바이오 연료 연구에 10년간 5천억 달러를 투자하기로 결정했다. 네덜란드의 로열 더치 쉘 사는 신재생 에너지 투자를 통한 친환경 기업으로서의 이미지 제고를 위해 홍보에도 적극적이고, 수송용 연료를 대체하기 위한 방법을 옥수수, 유채꽃, 사탕수수 등 농업 자원에서 찾고 있다. 이미 2세대 바이오 연료로 불리는 짚이나 폐목재, 낙엽 등으로부터 효소를 이용해 에탄올을 추출하는 바이오 에탄올 기술 개발 업체에 지분 투자를 했다. 일본의 토요타 자동차는 하이브리드 자동차로 시장에서 선두를 달리고 있다.

(2) 녹색금융과 재정

세계적 금융학자 윌리엄 괴츠만(William N. Goetzmann)은 『금융의 역사』라는 책에서 유럽이 산업혁명에 성공할 수 있었던 것은 당시 발달했던 금융시장 때문이라고 주장한다. 금융시장은 증기기관과 같은 혁신적인 기술에 자본을 제공하고 위험을 분산시키는 역할을 한 것이다. 금융의 역할은 탄소중립을 달성해야 하는 지금도 필수적이다. 화석연료 중심의 인프라를 무탄소 기반으로 전환하는 일은 어렵고, 장기간에 걸친 대규모 투자를 필요로 한다.

산업혁명 시대를 이끌던 석탄 발전소는 이제는 곧 서서히 사라질 운명이다. 특히 기후위기가 더욱 가속화되고 있는 상황에서 많은 국가들이 기후·환경 리스크를 최소화하기 위해 녹색금융(Green Finance)의 활성화를 시도하고 있다. 2021년 발표된 '한국형 녹색분류체계(K-Taxonomy)'도 이러한 노력인 것이다.

한국형 녹색분류체계는 단순한 녹색산업 분류 체계를 의미하지 않는다. 녹색금융을 통해 국가와 기업이 처한 다양한 기후위기와 환경 그리고 재무 리스크 등에 대응하는 '녹색분류체계' 지침서라는 점에서 매우 바람직한 시도라고 본다. 금융 선진국이라는 유럽연합(EU)의 분류 체계를 근거로 해서 기후변화 완화, 적응, 순환경제 등 6개 분야에 대한 인정, 배제 그리고 보호 기준을 설정했다는 점은 관심 있게 보아야 한다.

(3) 기후변화 관련 제도의 강화와 친환경 산업구조 전환

2020년 이후부터 유럽을 중심으로 기후변화 감축을 적극적으로 실현하기 위해 다양한 규제들이 도입되고 있다. 우선 탄소 국경세 도입, 기업의 기후변화 관련 재무공시정보 의무화, RE100(Renewable Energy 100) 등이 대표적이다. 제도 중에서 자발적인 듯하지만 일부 기업에게는 강제적으로 시행되고 있는 -신재생 에너지 100%를 원하는- RE100은 이미 기업에게는 부담이 되고 있다. 그리고 ESG의 대두를 비롯한 지속가능경영보고서 발간의 의무화는 이미 일반적인 추세이다.

180여 개 세계 주요국은 탄소중립 선언 후 그린뉴딜을 통한 경제혁신 전략을 발표하고 있다. 유럽은 사회기후기금을 조성하고 2030년까지의 구체적인 행동계획-2030년까지 50%의 온실가스 감축을 목표로 하는-을 담은 법안(Fit for 55)을 통과시켰으며 1조 유로를 투자한다. 미국은 2035년까지 발전 부문의 탈탄소화 및 수소, 에너지 저장 장치 등을 위해서 '에너지와 지구안(Energy Earthshot)'을 추진하고 있으며 더 나은 재건을 위한 1조 2천억 달러 규모의 예산안을 마련했다. 지방정부와 기업은 '제로 캠페인(Race to Zero)'이나 '기후목표 상향 동맹' 등에 454개 도시, 23개 지역, 1660개 기업, 569개 대학과 85개 투자기관이 참여하고 있다.

유럽은 몇십 년 동안 일관적으로 에너지 전환 정책을 실시하여 신재생 에너지 도입이 성공적으로 진행되고 있다. 이런 성공은 정부 주도하의 논의보다는 수요자 변화를 반영하는 양방향 의사결정 과정을 만들면서 에너지 정책을 만들었기 때문에 가능했다. 연구 개발도 연구자 중심이 아니라 민간 참여를 최대한 유도하는 연구 개발이 궁극적으로 성공할 수 있다.

2) 구성과 내용 및 목적

이 장의 구성과 내용 및 목적은 다음과 같다. 국외 국가와 함께 한국도 탄소중립기본법을 수립했다. 이 외에도 앞서 언급했듯이 다양한 환경 이슈가 존재한다. 이런 이슈는 지금까지 소개한 친환경 산업구조 전환, ESG, 녹색경영, 기후금융(Climate Finance)과 재정 사례가 핵심이라고 할 수 있다. 이 장에서는 이러한 것들을 중점적으로 분석하여 향후 환경, 에너지 및 경제 정책에 적용하는 데 참고 자료가 될 수 있을 것이며 나아가 사회적 정책 수용성의 방향을 제시하는 데 목적이 있다. 제2절은 친환경 산업구조, 4차 산업혁명의 주요 기술과 중요한 에너지 전환을 살펴보고, 제3절은 ESG 경영과 관련한 것, 제4절은 녹색경영의 의미와 다양한 사례를 다루고, 제5절에서는 기후금융과 재정 문제들 중에서 핵심적인 것만 살펴보기로 한다.

2. 친환경 산업구조와 에너지 전환

1) 4차 산업혁명과 산업구조 변화

산업구조는 국민경제에서 산업의 구성 비중, 한 나라의 경제발전 상태 및 생산력 구조를 말한다. 산업구조의 변화 요인으로는 산업 정책, 인구, 사회적 여건, 생산기술, 국민소득의 변화 등이다. 일반적으로 개발도상국은 1차 산업>2차 산업>3차 산업의 순으로 진행되고 선진국의 산업구조는 반대로 1차 산업<2차 산업<3차 산업의 순으로 진행된다.

인류는 총 네 차례의 산업혁명을 경험했는데, 4차 산업혁명은 현재 진행 중이다. 18세기 영국을 중심으로 시작한 1차 산업혁명은 증기기관을 통한 기계 동력이 인간 노동력을 대체하는 공업화의 과정이었다. 전기 에너지 기반의 대량생산 혁명이라 불리는 2차 산업혁명은 헨리 포드(Henry Ford)의 컨베이어 시스템 도입으로 대량생산을 통한 원가절감을 실현한 것이 결정적이다. 1970년대에 와서는 3차 산업혁명이 시작된다. 컴퓨터와 인터넷 기반의 지식정보 혁명이 일어나면서 공장 자동화가 시작되었다. 그리고 현재의 4차 산업혁명은 인공지능(AI: Artificial Intelligence), 사물인터넷(IoT: Internet of Things), 로봇기술, 드론(Dron), 자율주행차, 가상현실(VR) 등이 주도하는 '초연결', '초지능', '초융합'으로 정의된다. 이러한 기술들의 발전으로 실제와 가상이 통합되어 사물을 자동적·지능적으로 제어할 수 있는 가상 물리 시스템의 구축이 기대되고 있으며 기존의 산업구조를 획기적으로 변화시킬 것으로 전망된다.

2) 산업 전환의 유형

산업구조를 친환경 구조로 변화하는 추세가 빠르게 일어나고 있다. 전 세계 국가들은 기후위기 대응이라는 공동 목표에 직면해 있으며 코로나19 위기가 초래한 경제 위기를 극복하기 위해 새로운 성장 모델을 모색하고 있다.

주요국은 국가별로 2050년 장기 저탄소 발전전략(2050 LEDS)을 수립해 2020년 말 유엔에 제출했으며 국가별로 녹색성장, 저탄소경제 등의 비전과 함께 장기 온실가스 감축 목표와 세부 수단을 제시하고 있다. 저탄소화를 코로나19 이후 국가의 신성장 동력으로 활용하는 전략도 제시하고 있는데 미국은 전체 산업 에너지 이용의 30%를 차지하는 열과 모터의 비용효율 개선을 중심으로 에너지 집약적 산업 공정 최적화 전략을 추진하고 있다. 일본은 수소와 전기화 기술을 활용해 산업 부문의 화석 에너지 이용을 최대한 줄이는 방안을 추진한다.

산업 전환은 '산업 현대화 또는 구조 고도화'로 지역 내 주력 산업과 연관 사업 및 기업 간 융합연계 협력을 통해 부가가치를 제고하는 것으로 새로운 지식 또는 범용 기술이 특성화된 지역 산업과 융합연계 협력하여 기존 산업 부문의 효율성을 높이고 특성화 분야를 시대에 맞추는 것이다.

또 다른 형태는 '산업 다각화'로 기존의 특성화된 산업 중에서 잠재적 시너지 효과와 관련 연관 기술의 확대와 응용으로 새로운 산업으로 다각화하는 것이다. 프랑스 툴루즈가 항공 주력산업을 유지하면서 전후방 연관 산업을 육성해 위성 및 GPS 기술 산업으로 다각화한 것이 그 예이다.

핵심 품목의 전환과 같은 '산업전이(Transition)'도 있다. 산업 경제의 큰 틀을 유지하면서 핵심 품목을 완전히 바꾸는 것인데 오스트리아가 기계공학을 기반으로 광학 및 의료 기술에 진출한 것이 예이다.

'산업기반 전환(Radical Foundation)'도 있는데 기존 주력 산업에 대한 전면적 구조 개편을 통해 새로운 기술 개발과 혁신역량 기반을 구축하는 것이다. 이탈리아 플로렌스는 관광 주력산업에서 IT 응용기술과 융합연계로 산업 전환을 추진하고 있다. 다음 절에서는 구체적인 사례를 중심으로 살펴보고자 한다.

3) 산업 전환의 사례

구글은 미국 IT 기업 중 가장 먼저 자율주행 사업을 시작, 2009년 무인자동차 기업 웨이모(Waymo)를 통해 10년이 넘게 연구를 진행하고 있다. 웨이모는 2018년 보조 운전자와 승객이 탑승하는 자율주행택시 호출 서비스 웨이모 원(Waymo One)을 출시했으며 현재 사람이 필요 없는 완전 자율주행택시의 시험운영 단계까지 진입했다.

미국 아마존도 자율차를 개발 중이다. 2019년에 자율주행차 기술 수준이 상당한 오로라(Aurora)에 5억 3천만 달러를 투자했다. 라이다, 레이더, 카메라 등을 활용해 운행 경로 데이터를 수집하고 이를 바탕으로 실시간 주행 제어가 가능한 자율주행 레벨4 상용화를 목표로 하고 있다.

반도체 기업 인텔(Intel)은 자율주행 기술업체 모빌아이(Mobileye)를 인수했다. 모빌아이는 도로 매핑과 카메라, 라이더, 레이더 기반 정밀 보조 시스템 기술 융합에 두각을 나타내고 있으며 크라우드소싱 매핑은 장시간에 걸쳐 확보한 빅데이터 지도 기술이다. 매일 100만 대의 차량으로 800만 킬로미터의 거리를 추적해 현재 약 10억 킬로미터의 지도를 완성했다. 애플(Apple)도 2014년부터 전기차 개발 프로젝트인 타이탄을 통해 자체 개발 배터리를 장착한 자율주행 전기차를 개발 중이다.

테슬라는 2003년 설립된 미국의 전기자동차 제조업체이다. 2018년 테슬라 모델3의 양산에 성공한 이후 현재까지 세계 전기자동차 시장 1위를 유지하고 있다. 순수 전기자동차 이외에 AI, 데이터, IoT 등을 접목한 자율주행 분야, 에너지 생성·저장 시스템 분야에도 진출하며 탄소배출 제로에 다가서고자 노력하고 있다.[1]

일본 최대 석유제품 공급업체 에네오스(ENEOS) 홀딩스는 도로포장을 전문으로 하는 자회사 닛포(NIPPO)를 1900억 엔에 매각했다. 그 이유는 도로포장용 아스팔트 혼합물을 생산하는 과정에서 이산화탄소가 나오기 때문이다. 또한 북해 유전에서 원유를 생산하는 영국 자회사를 매각했다. 그러나 2천억 엔을 투입해 태양광 신재생 에너지 업체 '재팬 리뉴어블 에너지(Japan Renewable Nnergy)'를 구매했다 에네오스는 전기차 보급 등으로 2040년에는 일본 국내 석유제품 수요가 급감할 것을 예상해 석유 사업을 재편한 것이다.

오스테드 사는 2006년 덴마크 국영 석유 및 가스 회사를 비롯해 덴마크 내에너지 기업 5개사의 합병으로 설립된 동에너지(Dong Energy)에서 비롯되었다. 당시 동에너지는 열, 전력 생산을 위해 에너지믹스 중 화석연료에 85%까지 의존했으며, 단일 회사로 덴마크 전체 탄소 배출량의 3분의 1을 차지할 만큼 유럽 최대의 탄소 집약적인 기업이다. 하지만 EU와 같이 역내에서 탄소배출량 감축 및 재생 에너지 목표를 세우기 시작해 재생 에너지 시장이 확대되었다.

오스테드 사는 2008년 난방 및 전력의 에너지믹스 85% 화석연료와 15% 재생 에너지의 비중을 향후 40년 안에 완전히 제거하고 친환경계획 수립 후 10년 만에 목표를 조기 달성했다. 기술이 발전하고 사업 규모가 확장되면서 해상 풍력의 잠재성을 인식한 결과로 규모의 확대가 가능했다.

해상 풍력발전 산업이 가지고 있었던 고비용의 문제를 해결하기 위해 2009년 지멘스 사와 3.6MW 풍력터빈 500기 대량공급 계약을 맺었다. 당시 전 세계에서 운영 중이던 총 해상 풍력 터빈 수를 능가하는 엄청난 규모의 계약이

---

1) 지속 가능한 전체 에너지 생태계 구축을 위해 주택 소유자, 기업이 활용 가능하고 재생 에너지 생성·저장·소비를 관리하는 고유한 에너지 솔루션 세트인 파워월(Powerwall), 파워팩(Power-pack), 태양열 지붕(Solar Roof)을 제조한다.

었던 만큼 오스테트 사의 전략적 공급망 구축에 도움이 되었으며 그 후에도 다수의 신규 해상 풍력단지가 비용 효과적으로 건설되었다.

2012년 가스 가격의 하락으로 심각한 경영 위기를 맞았지만 CEO인 헨리크 포울센(Henrik Poulsen)은 대대적인 비용 절감, 비핵심 자산 매각, 지분투자계획을 발표한 후 재생 에너지 비중을 높이고 화석연료와 유틸리티 사업 부문을 청산한다.

2008년에서 2012년까지 금융 위기와 가스가격 하락으로 대부분의 에너지 기업이 해상 풍력발전 투자를 축소했지만 오스테드 사 영국 및 독일에서 시행된 장기 가격보조금제도를 활용해 신규 해상 풍력단지 투자를 더 늘린다.

지속적인 투자와 비용 저감으로 2016년 오스테드 사는 최초로 석탄 및 가스 화력발전소 대비 해상 풍력발전 비용 경쟁력을 확보했는데 신설되는 석탄 및 가스 화력발전소 대비 신규 해상 풍력발전소의 1MWh당 균등화 발전 비용이 낮아지게 된다.

기존의 풍력단지에 유치된 기관투자자 덕분에 네덜란드와 같은 신규 시장과 세계 최초 GW급 풍력단지인 혼시1에 투자할 수 있는 자본을 확보했고 같은 해상 풍력발전 투자와 녹색전환에 초점을 맞춰 전 세계 두 번째 규모의 IPO를 단행했다. 2023년까지 석탄을 기반으로 한 난방 및 발전 사업의 전면 중단을 선언하고 지속 가능한 바이오매스로 전환했다.

바텐볼(VATTENFALL, 스웨덴어로 '폭포') 사는 1909년 스웨덴의 국영기업으로 설립되어 1970년대 중반까지 수력발전 중점 회사였으나 1974년 원자로(링할 1호 및 2호 원자로)를 건설하기 시작해 12개 원자로 중 7개를 소유하게 되었으며 국가 전력 시스템 운영을 담당한다. 독일, 폴란드 및 네덜란드에 진출해 독일에서는 세 번째로 큰 전력생산 업체가 되었다.

'Fossil-free living within one generation'라는 슬로건 아래 온실가스 감축 로드맵을 만들어 에너지믹스를 화석연료에서 풍력, 태양광, 수력, 바이오매스로 전환하고 있다. 2017년 대비 2020년에 38% 감축, 2040년 넷제로(Net-Zero)를 목표로 하고 있다.

독일에서는 폐쇄한 유연탄 기반의 발전소들을 그린수소를 생산 기지로 전환하고 있으며 BMW 등이 폐배터리를 활용한 ESS 사업에도 진출하고 있다. 영국은 세계 최대의 풍력단지를 보유하고 있으며, 최근 열 네트워크 건설 프로젝트를 통해 난방 에너지를 공급해 개별 가스보일러에 비해 최대 90%까지 온실가스 배출량을 줄이는 것을 목표로 삼고 있다. 또한 SMR(소형 모듈 원자로) 등 차세대 에너지원에 대한 R&D에도 투자하고 있다.

에너지 전환을 통한 시사점은 충분하다. 오스테드 사와 바텐볼 사의 2021년 매출액 합계는 약 37조 원으로 한국전력발전 자회사 다섯 군데와 한국수력원자력을 합친 매출액 35조 원보다 2조 원 이상 크다. 두 회사는 이미 풍력을 비롯한 다양한 재생 에너지로 전 세계에서 사업을 진행하고 있지만 한국의 발전사들은 세계 진출 면에서 뒤져 있다.

〈그림 4-1〉 각국의 신재생 에너지 소비 비율

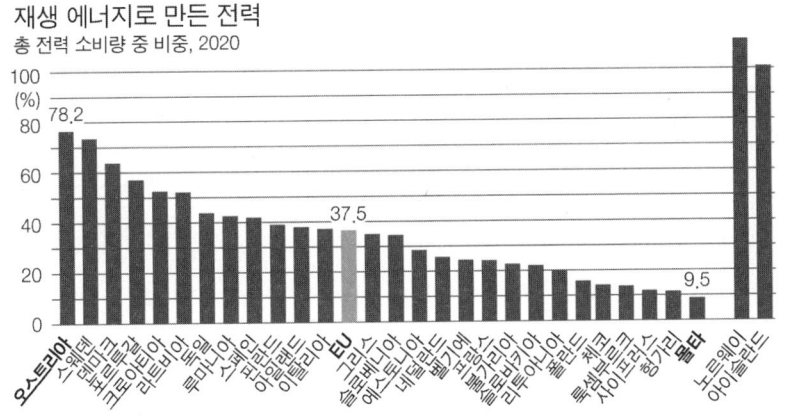

자료: ec.europa.eu/eurostat

EU의 신재생 에너지 소비 비율은 2020년 기준 37.5%이며 오스트리아의 경우 78.2%에 달하지만 몰타는 아직 10% 미만으로 더 많은 재생 에너지를 확보하는 데 초점을 두고 있다. 전력 체계의 개편이나 일률적인 제도의 개선이 필요한 시점이다.

4) 에너지 전환의 핵심 요인

미래 에너지 정책 분야의 중요한 전략은 5S로 요약할 수 있다. 즉, Security(에너지 공급 안정), Saving(절약), Smart(스마트), Storage(저장), Science(과학 연구)이다. 첫 번째 안정적인 에너지 공급망은 중국의 석탄 부족으로 인한 사태라든지 소재, 부품, 장비의 수급 불안에서 이미 감지되고 있다. 또한 탈석탄이 대세이기는 하지만 액화천연가스(LNG) 발전의 확대에 따른 가격의 불안전성, 신재생 에너지 중 그린수소의 공급 불안전성 등을 어떻게 안정적으로 확보해야 하는지가 반드시 고려되어야 한다.

두 번째는 에너지 절약과 효율이다. 한국은 과거 몇십 년 동안 OECD 국가 중에서도 아주 낮은 전력 요금 때문에 에너지 절약이나 효율 증대의 요인이 매우 낮다. 그러나 에너지 공급 정책도 중요하지만 미래는 수요 정책이 더 중요하다는 점에서 과감한 에너지 효율 정책의 도입과 혁신적인 절약 정책의 유도와 인센티브 제공이 필수적이다. 예컨대 한국전력이 실행하고 있는 수요반응(DR: Demand Response)제도의 확산과 홍보가 매우 중요하다. 또한 에너지효율등급제도가 가전제품뿐만 아니라 건물, 자동차, 선박 등 전 방위적으로 적용되도록 해야 한다.

세 번째로 IT와 연계한 에너지 스마트화는 이미 대세다. 사회의 모든 것이 인터넷으로 연결되는 세상인 만큼 스마트 그리드, 스마트 워터, 스마트 팜, 스마트 팩토리 등 모든 것이 스마트를 앞세운다. 이미 전력 분야에서는 스마트화가 진행되고 있지만 좀 더 많이, 빨리, 실용적이고 효율적으로 확산되도록 지원해야 한다. 네 번째로 에너지 저장은 매우 중요한 미래 산업이고 기술이 필요하다. 분산형 에너지로 가게 되면 반드시 에너지 저장 장치가 있어야 한다. 글로벌 배터리 시장은 2020년 500억 달러에서 2025년 1600억 달러로 성장할 것으로 예상된다. 이는 메모리 반도체 시장 1490억 달러를 뛰어넘을 전망이다. 2030년에는 전체 반도체 시장 규모도 추월할 것으로 예측된다. 블룸버그 신에너지 파이낸스는 전 세계 전기차 판매량이 2030년 2600만 대에 달할 것으로 전망한다. 폐배터리 재활용 시장도 확실한 성장 영역이다. 10년 후부터는 전기차 폐배터리가 나오는데 에너지 저장 장치인 ESS용 배터리로 재사용한다면 시장의 주도권을 쥘 것이다. 이미 테슬라는 ESS 시장을 선점하기 위해서 파워월(Powerwall), 파워팩(Powerpack), 메가 팩(Mega Pack) 등에 사활을 걸고 있다.

마지막으로 과학 관련한 연구 개발이다. 미래를 선도하려면 기술 개발과 인력 양성의 쌍두마차는 필수적이다. 과거부터 전문 인력을 양성해 왔지만 시장에 선제적으로 대응하지 못했으며 양적인 것보다는 질적인 것이 중요하고 장기적인 투자와 함께 적절한 시기에 공급되어야 한다. 과감하고 혁신적인 과학기술 정책의 도입과 인력 정책이 필요하다.

3. ESG

1) ESG의 정의와 중요성

E(Environment, 환경), S(Social, 사회), G(Governance, 지배 구조)의 3가지 요소로 이루어진 ESG는 기업 경영에서 지속가능성을 달성하기 위한 3가지 핵심

요소이다. 기업의 중·장기 기업 가치에 직간접적으로 영향을 미치는 환경, 사회, 지배 구조의 측면에서의 비재무적 성과를 ESG의 개념이라고 정의할 수 있다.

코로나19 이전부터 ESG는 탄소 저감, 순환경제, 사회 공헌, 투명한 기업 지배 구조 등을 추구하며 기업 경영의 새로운 트렌드로 각광받고 있다. 특히 기업가치 평가와 투자에 대한 의사결정 과정에서 공급망과 기후환경 리스크, 인권 및 안전에 연계된 리스크가 중대 이슈로 부각되고 있다. 언택트(untact) 기업 비즈니스 시대에서 기업의 지속가능경영은 윤리와 책임, 가치를 넘어 '통합'이라는 키워드를 가지고 수행되고 있으며, 여러 기업들은 ESG 경영으로의 패러다임 전환을 맞이하고 있다.

〈그림 4-2〉 ESG 경영의 핵심 요인과 가속화 요인

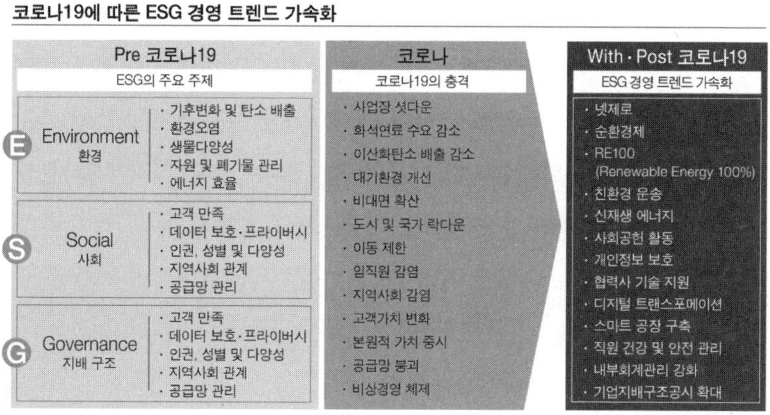

자료: 삼정KPMG 경제연구원(2020: 4).

(1) 기업가치 제고

만약 기업이 주주의 이익만을 추구한다면 환경오염, 사회적 양극화 등의 부정적 외부 효과가 발생하게 된다. 이는 주주를 제외한 이해관계자들의 효

용 감소로 이어진다. 반면 기업이 주주가치 제고를 뒤로 하고, 주주를 제외한 이해관계자의 이익만을 추구한다면 해당 기업은 수익을 창출하지 못해 기업의 존속 자체가 어려워질 수 있다. 정리하자면, 재무적 가치와 사회적 가치 간의 적절한 균형을 유지해야 한다.

사회 전반적으로 지속가능성을 향한 관심과 요구가 늘어남에 따라 이해관계자들의 사회적 가치에 관한 니즈 역시 확대되었다. 이에 기업이 근로자 복지 개선, 환경문제 해결 등 일정 수준의 사회적 책임을 수행할수록 장기적으로 기업가치 제고에 기여한다. 이때 기업의 ESG 경영 성과가 좋을수록 브랜드 가치 제고를 통해 수익성과 성장성이 향상되며, 동시에 평판 위험을 효율적으로 관리할 수 있다. 또한 자본조달 비용이 저렴해져 기업의 위험을 낮추는 데 도움을 준다. 즉, 기업이 ESG 경영을 가속화할수록 기업을 둘러싼 이해관계자들의 전체 효용은 이전보다 증가할 것으로 기대된다.

(2) 사회적 가치의 증대

기업이 ESG 경영을 적극적으로 추구하면 ESG 관련 가치에 효율적으로 자원을 배분할 수 있어 기업뿐만 아니라 고객, 근로자, 공급망, 지역사회까지 재무적 가치와 사회적 가치의 증가 효과를 공유할 수 있다. 예를 들어 기업이 우리 사주의 무상 출연을 확대하고 근로 복지를 개선하면 근로자는 근로 의욕과 주인 의식이 높아져 결과적으로 기업의 생산성과 수익성이 증가한다. 동시에 업무 관련 사고가 감소하는 등 전사적 운영 리스크를 줄이는 효과도 기대 가능하다. 협력 회사와 지역사회 역시 신규사업 발굴과 부정적 외부 효과의 감소를 통해 재무적 가치와 사회적 가치를 균형 있게 창출할 수 있는 기회를 얻을 수 있다.

유럽에서는 그린워싱(Green Washing)을 방지하고자 여러 가지 ESG 공시제도를 도입했으며, 비재무 보고 정보인 NFRD(Non-Financial Reporting Directive),

기업의 지속가능성 보고를 다루는 CSRD(Corporate Sustainability Reporting Dire-ctive), 지속가능 금융정보 규제를 규정하는 SFDR(Sustainable Finance Disclo-sure Regulations, 지속가능 금융 공시 규제)[2] 등이 있다. 우선 NFRD는 비재무 정보 공개 지침으로 이후 CSRD, 즉 기업 지속가능성 보고 지침으로 제도를 확대했다. 물론 NFRD와 CSRD도 기업의 정보 제공에 있어 공시제도로서 효력이 존재하지만 그린워싱을 해결하는 데 더 초점이 맞춰진 SFDR에 대해 자세하게 조사했다.

기후변화 및 투자자의 지속가능성에 대한 인식과 수요 제고에 부응하도록 하며 금융기관에 책임을 부과함으로써 그린워싱을 예방하기 위한 목적이다. 일부는 제품과 기업의 녹색신용을 더욱 분명하게 제공했다고 말한다. 하지만 많은 사람들은 해당 규제 속 세부 사항은 막연하며, 이는 훨씬 더 많은 금융 서비스 업무가 추가될 수 있는 시작점일 뿐임을 발견했다.

금융시장 참가자들은 SFDR에 응하려면 여러 문제들에 직면해야 한다. SFDR은 각 출처에서 제공된 비금융 정보를 요구하기 때문에 추가적인 노력이 필요하다. 게다가 이용 가능성이 널리 분포되지 않았기 때문에 해당 데이터를 본인 네트워크에 적용하는 것이 어렵다.

SFDR의 어려움은 다음과 같다. ① SFDR은 여러 상인들과 여러 출처를 통한 정보를 요구한다. ② 정보 피드(Data Feeds)가 종종 불완전하다. ③ SFDR은 막대한 양의 비금융 정보가 필요하다. ④ 비금융 정보는 소기업에게는 보편적으로 적용하기 어렵다. ⑤ SFDR은 정보수집 과정에 통찰력을 필요로 한다.

또한 아직 초입 단계이다 보니 비교 분석할 사례가 현저히 부족하고 법적 모호성을 가진다. SFDR은 2022년 3월 처음으로 적용되었기 때문에 시행착오가 있을 것이다. EU는 그린워싱을 막고자 지속 가능한 경제활동을 업종에 따

---

[2]　금융기관의 투자, 금융상품 등을 공시할 때 지속가능성 정보를 공시하도록 의무화하는 규제.

라 정의하고 판별하는 분류 체계인 택소노미(Taxonomy) 초안을 2021년 마련
했고 2022년부터 사용 예정이다.

한국의 경우, 기업의 ESG 경영 활동에 관한 각종 비재무 정보는 단일한 공
시보고서를 통해 투자자에게 제공되지 않고 사업보고서, 기업지배구조보고
서, 지속가능경영보고서, 환경정보공개시스템 등을 통해 그 정보가 산재되어
있다. 국회입법조사처는 해외의 공시제도를 차입하기에는 사회적·경제적·문
화적 배경이 다르기 때문에 제도 그대로의 차용은 바람직하지 않다고 밝혔
다. 현재 한국은 한국형 녹색분류체계(K-Taxonomy)를 내놓은 상태이다.

한국형 녹색분류체계 및 적용 가이드(안)를 보면 ① 온실가스 감축과 기후

〈표 4-1〉 주요국의 텍사노미 현황

	EU 녹색 택소노미	기후변화 이니셔티브 (CBI)의 기후채권 택소노미	국제표준화기구(ISO)의 녹색융자 택소노미
수립 연도	2020년	2013년 (정기적으로 개정)	초안에 관한 비밀투표 마감 (2020년 9월)
배경	2018년 EU의 지속가능금융 행동계획 중 첫 번째 주요 행동 분야	녹색채권시장의 성장에 부합하도록 녹색채권으로 인정할 수 있는 사업의 체계적인 분류와 정의 시스템 요구	프로젝트, 자산, 활동이 녹색인지 평가해 채권과 대출을 포함하는 녹색금융상품으로 적격한 투자범주 규정과 표준화 필요
대상 섹터	농림업, 제조업, 전기·가스·증기 및 공기 조절 공급, 상하수도·폐기물 복원, 운수·창고, 정보통신, 부동산·건물, 금융 및 보험, 전문적·과학적·기술적 활동	에너지, 교통, 물, 건물, 토지 이용 및 해양자원, 산업, 폐기물 오염 제어, 정보통신 기술	농림어업, 제조업의 에너지와 자원 효율성, 전력·가스·스팀·에어컨 공급, 물, 하수, 폐기물, 복원, 운송, 정보통신, 부동산·건설 섹터의 활동
사용자	• EU 내 금융상품을 제공하는 금융시장 참여자 • 대기업 • EU와 회원군	채권 발행자, 투자자, 정부 및 지자체	녹색융자상품의 발행자, 발기인, 금융기관 등
특징	가장 광범위하고 구체적인 택소노미이며, 다른 다수의 기구 및 국가 분류체계들을 기준으로 활용	금융권이 주로 기준으로 참고하는 대표적인 금융권 녹색분류체계의 역할을 해옴	EU의 그린 택소노미의 내용과 연계되며 특히 EU 택소노미 DNSH의 주요 내용을 차용

자료: 임소영(2020: 48~57).

〈그림 4-3〉 ESG 또는 지속가능금융 포괄 범위

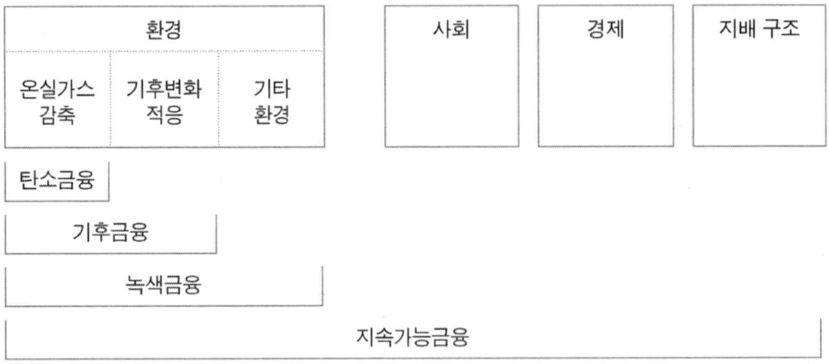

환경			사회	경제	지배 구조
온실가스 감축	기후변화 적응	기타 환경			

탄소금융

기후금융

녹색금융

지속가능금융

자료: 유엔환경계획 금융 이니셔티브(2016).

변화 적응 등 6대 환경목표 가운데 하나 이상의 달성에 기여할 것, ② 심각한 환경 피해가 없을 것(DNSH: Do No Significant Harm), ③ 최소한의 보호 장치를 확보(아동노동, 강제 노동, 문화재 파괴 등 사회적 통념상 허용하지 않는 최소한의 기준 준수) 3가지 기본 원칙에 적합한 것만 녹색경제활동으로 인정하도록 했다.

환경과 관련된 금융 역할에 녹색금융을 그리고 기후변화 감축과 적응에 관련해 기후금융을 각각 하부 개념으로 추가 정의하고 있다. 기후금융이나 지속가능금융 관련 인프라 구축 노력에 집중하면서 환경적 측면, 특히 기후변화 대응 노력을 강화하고 있다. 예컨대 경제활동이 녹색금융 대상인지에 대한 명확한 기준이 제시되어야 녹색경제활동 분류 체계(택소노미) 구축을 통한 리스크 측정, 스트레스 테스트 등이 가능하며 이를 토대로 건전성 가이드라인 제정이나 정보 공개를 제시할 수 있다.

EU가 2008년 발표한 '지속가능금융 액션플랜(Action Plan on Sustainable Finance)'에서도 우선순위로 EU 녹색분류체계를 말하고 있다. 녹색분류체계를 구축하기 위해서는 ① 추구하는 환경 목표, ② 적용 분야 및 관련 경제활동, ③ 녹색판단기준 등에서 충분한 사회적 공감대가 형성되어야 함으로 정부의 법제도에서 기후변화 이외에 다른 환경 목표도 언급하면서 적용 분야와 녹색기준을 제시해야 할 것이다.

현재 한국에서는 다양한 가이드라인이 언급되고 있으나 가장 중요하게 보아야 할 것은 MSCI이다. 모건 스탠리 사가 평가하는 MSCI의 ESG는 관련 분석 중 가장 많은 지표를 보유하고 오랜 기간 별도의 ESG 부서를 창설해 연구를 지속하고 있다. ESG 평가도 다양하게 이루어지고 있는데 인기 있는 평가체계로는 MSCI의 ESG 평가 체계와 톰슨 로이터스의 ESG 체제가 있다. MSCI의 ESG 평가 시스템은 3개 범주와 10개 주제, 37개 핵심 지표로 구성되었다. MSCI는 ESG 인덱스 최다 보유를 자랑하는데 ESG 프레임워크는 가장 중요한 평가다.

MSC는 매년 전 세계 5500여 개 상장회사를 기초로 100여 개 ESG 지수를 작성해 시장 수요를 충족하는데 톰슨 로이터스 ESG는 전 세계 7천 개 이상의 상장기업 점수를 포함하고 있다. 골드먼삭스는 ES 프레임워크만 지향하고 있다. E와 S 평가만 진행하는데 기업이 공개한 정보를 바탕으로 점수를 매긴다. 섹터별로 영위하는 사업이 다르기 때문에 ES 평가항목이 다르다. 기업에 대한 ES 평가는 ES를 '잘한다' 혹은 '못 한다'가 결론이 아니라 글로벌 경쟁사(peer) 대비 ESG 관련 리스크를 얼마나 잘 매니징하고 있는지를 알 수 있도록 한다.

그러나 MSCI와 동일하게 정량적인 숫자(수량, %, 금액)로 표현되는 부분도 있다. 예컨대 ① Resource Intensity: 얼마나 에너지를 절약하는가, ② Waste and Emissions: 탄소 배출, 휘발성 유기 화학물 배출 등 대기와 대기오염 배출, ③ Employee Engagement & Diversity: 이직률, 직원교육 시간, 연봉 수준, 여성 비율, 여성 승진율, ④ Worker Safety: 산업재해 발생률, ⑤ 환경보호 및 지속발전가능 관련 투자 금액 등이다.

정량 평가도 수행하는데 Policy Metrics에서 답변이 Yes이면 0.5점을 부여하고 NO이면 0.5점을 차감한다. 다만 기업의 사회적 책임(CSR: Corporate Social Responsibility)[3] 감사와 ESG 관련 보상은 공개하지 않는다고 해서 점수를 마이너스하지 않는다. 대표적인 것으로 ① Environmental Targets and Policies: 탄소 배출 목표치가 있는가? VOC 감소를 위한 규정 여부가 있는가? ESG 관련 평가를 회사 스스로 하는가? ESG 연관 자산 관리를 하는가?, ② Human Capital: 고용인 다양성, 교육 및 발전 제도 등을 평가하는가? ③ Supply Chain: 하청업체 관련 제도, 공급 체계 내 ESG 고려 여부, 아동근로 유무 평가가 있는가? ④ Customer Policies: 개인정보보호제도, A/S제도, ⑤ Operations: 기업윤리강령, 청탁 및 뇌물 제도, CSR 감사제도 평가 등을 가지고 정량 평가를 하고 있다.

〈표 4-2〉는 MSCI가 수행하는 ESG 지표를 보여 준다. E의 경우 기후변화와 관련한 지표는 탄소 배출, 탄소 발자국, 기후변화 적응과 연관된 취약성, 직접투자 그리고 친환경 파이낸싱 등이 중요한 지표가 된다. 이 외에 천연자원 관련 지표는 물 부족, 생물다양성, 원자재 조달 등이다.

〈표 4-2〉 MSCI ESG 평가의 주제와 세부 지표

3 필라	10 테마	37 ESG 키 이슈	
환경 (Environment)	기후변화	탄소 배출 탄소 발자국	친환경 파이낸싱 직접투자 기후변화 취약성
	천연자원	물 부족 생물다양성&부지 사용	원자재 조달
	오염&낭비	유독성 물질 배출 패키징 원자재	전력 낭비
	친환경 기회	클린테크 기회 그린빌딩 기회	신재생 에너지 기회

---

3) 일반적인 정의는 다음과 같다. "기업활동을 통해 이해관계자를 만족시키고 경제·사회·환경 문제를 기업이 속한 공동체와 사회에 긍정적 영향을 미치기 위한 책임 있는 활동"(김현수, 2006).

사회 (Social)	인적 자본	노무관리 건강&안전	인적자본 개발 공급망 노동자 표준
	제조물 책임법	제품 안전성&제품 퀄리티 화학제품 안전성 금융상품 안전성	개인 정보&데이터 보안성 책임 투자 건강&인구구조 위험
	주주 항의	논쟁의 원천	
	사회적 기회	커뮤니케이션 접근성 금융에 대한 접근성	헬스케어 접근성 영양 기회&건강 기회
지배 (Governance)	기업 지배구조	이사회* 지불*	오너십* 회계*
	기업 행태	기업 윤리 비경쟁 요소 세금 투명성	부정부패&불안전성 금융 시스템 불안정

자료: MSCI 홈페이지 참고 재구성.

4. 녹색(환경)경영

환경경영의 기본 방향은 생태 경제적 효율성(eco-efficiency)의 제고[4]라 할 수 있다. 이는 재화와 서비스의 원단위 절감, 에너지 원단위 절감, 유독물질 사용 축소, 원료 및 폐기물의 재사용과 재활용의 확대, 재생가능자원 사용 확대, 제품의 내구성 증대, 재화와 서비스의 사용가치 증대 등인데 이러한 것을 통칭해 환경성과평가에 대한 척도라고 하며 이를 통해서 기업의 환경 경쟁력을 가름할 수 있는 것이다.

특히 환경경영은 환경성과 개선을 통해 경영성과 개선에도 영향을 미치게 되는데, 이는 기업전략 결과물 중 하나로 환경투자가 기업의 경영 프로세스를 자극해 혁신을 유발하고 이를 통해 원래 의도했던 환경성과 이외의 다양한 경영성과를 촉진하고 기업의 경쟁력을 지원하게 되는 데서 비롯한다고 볼

---

[4] 자원을 덜 이용하고, 오염을 줄이면서 생산을 증가시키는 것으로, 이는 곧 생산성 향상이며 환경문제의 해결과 기업의 경쟁력 향상을 동시에 달성하려는 윈윈 전략이라 할 수 있다.

<〈그림 4-4〉 환경성과와 기업경영 성과

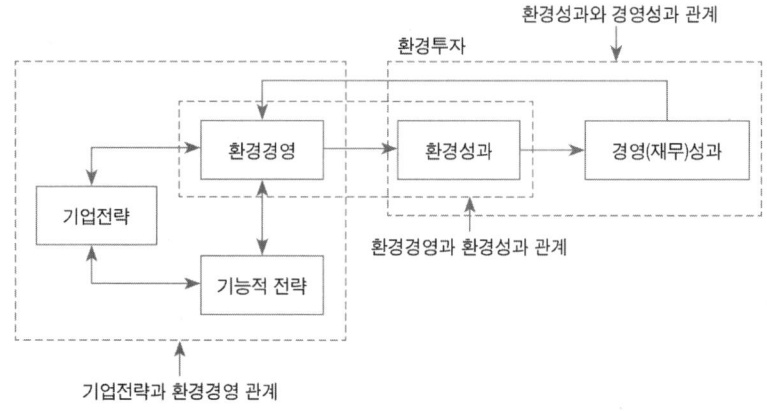

자료: 삼성지구환경연구소(2002).

수 있다.

　흔히 기업전략은 제품 포트폴리오, 시장 포트폴리오, 사업관리 체제 등으로 구성되는 사업전략과 기능전략으로 구분되는데 〈그림 4-4〉에서는 사업전략의 일환으로 기업전략을 환경경영과 기능적 전략으로 구분시켰다. 기업전략의 하나인 환경경영은 제품 및 공정, 그린 마케팅(green marketing), 환경경영 체제에 관한 전략이며, 기업 하부구조까지 모든 곳에 영향을 미치게 된다. 다시 말해 재활용 원자재 사용 및 사용 후 리사이클링(recycling), 'End-of-pipe' 통제 기술, 환경 이슈를 부각시킨 차별화된 마케팅, 지속적인 환경 모니터링 등과 같은 프로그램을 통해 기업전략은 경영 전반과 관련된다(삼성지구환경연구소, 2002). 이러한 전략을 통해 환경경영은 환경성과뿐만 아니라 궁극적으로는 경영성과 개선을 통한 환경성과 제고에 그 목적이 있다고 할 수 있다.

　최근 대두되고 있는 CSR 영역에 대해 기업들은 환경 보존에 대한 책임 원칙을 정하고 있다. 기업의 사회적 책임은 기업이 갖는 책임으로서 사회적 측면에서 발전되었는데 현재는 사회적 측면 이외에 환경적 측면까지 수용하게 되었다. UN Global Compact는 인권(human rights), 노동 기준(labor standards), 환경(environment), 반부패(anti-corruption)의 10대 원칙 중 환경과 관련된 원칙은 환경 도전에 대한 예방적 접근의 지지, 환경에 대한 책임 증진에 솔선, 친환경적인 기술의 개발 및 보조금 지원 등이다. 기업이 사회적 책임을 다할 경우, 장기적인 관점에서는 기업 이미지 제고를 통해 자사의 제품 판매라는 결과로 이어진다는 것이다.

기업경영에 있어 온실가스 감축 및 환경보호를 전략 목표로 정하고 친환경 제품을 개발하고 환경보호와 조화를 이루면서 성장해 가는 장기적이고 전략적인 경영을 의미한다. 제품 생산계획 단계부터 설계, 생산, 유통은 물론 소비자의 사용과 사용 후 처분에 이르기까지 환경적 영향을 고려해 의사 결정한다.

특히 최근부터 IT(정보기술)를 접목한 그린 IT는 그린경영을 실천하는 데 핵심적 역할을 수행하며 그린 IT는 크게 IT 부문의 친환경 활동(green of IT)과 IT를 활용한 친환경 활동(green by IT)으로 구분한다. 이 중 하나는 에너지와 기후변화 등 환경문제에 적극 대응하여 비용 절감, 지속적인 부가가치를 창출하고 경쟁 우위를 점하기 위한 IT 산업의 친환경 경영 활동으로 IT의 에너지 절감과 유해 물질, 폐자원 관리를 통해 IT 부문 자체에 대한 환경규제 준수 및 에너지를 최소화한다.

다른 하나는 기업 운영·공급자 관리 과정에서 환경 지속가능성을 위해 상품·서비스·자원의 라이프 사이클에 걸쳐 최적의 IT를 사용하고 활용해 기업 활동의 친환경성을 모니터링하고 업무 효율성을 극대화하며 물리적 활동을 온라인으로 대체함으로써 기업 전반에 걸쳐 탄소 등 환경오염물질의 배출과 에너지 자원의 소비를 최소화한다.

녹색경영을 통해 경제·금융·건설·교통 물류·농림수산·관광 등 경제활동 전반에 걸쳐 에너지와 자원의 효율을 높이고 환경을 개선할 수 있는 재화의 생산 및 서비스의 제공 등을 통해 추진된다.

녹색경영은 특정 한 업무 분야, 예를 들어 생산 부서에서만 관리되어야 하는 것이 아니라 기업 활동 전 영역에서 다루어져야 하며 기업 가치사슬 전 영역의 총합으로서 평가받아야 할 것이다. 또한 기존에는 환경보호에 의식이 있는 일부 기업들의 선행적인 경영 모델로서만 작용했던 부분이지만, 이제는 ESG 경영 등 녹색경영을 실천하지 않음으로써 기업이 감당해야 하는 위험이 단순히 비용뿐 아니라, 사회적 지탄, 정책 대응 등 다각도로 압박이 들어옴에 따라 모든 기업이 녹색성장과 녹색경영이라는 추세에 적응하기 위해 노력해야 하는 상황이다(고영학·정영배·유우식, 2012).

세계적으로는 이와 관련해 국제표준화기구인 ISO에서 환경경영 시스템인 ISO14001을 제정하여 기업들이 표준화된 환경경영을 할 수 있도록 기준을 제안하고 있다. 국내에서도 녹색성장위원회에서 녹색경영평가지표를 제안하여 국내 기업의 녹색경영 기준을 마련했다.

이를 통해 기후위기와 관련된 온실가스 방출과 관련해 저탄소 기조를 유지

〈표 4-3〉 녹색경영평가지표

주요 항목	내용
소개·준비 사항	• '저탄소 녹색성장(2008)' 비전
배경·동기 부여	• 성장 기회/에너지, 자원고갈 기후변화 위기로 새로운 패러다임 필요
오리엔테이션·목표	• 환경을 통한 성장
평가 목적	• 자원과 에너지의 절약과 효율적 사용 • 온실가스 방출과 환경오염의 최소화 • 사회적 책임 윤리경영
평가 요인	• 전략 • 시스템 • 자원·에너지 절감 • 온실가스·환경오염 • 사회·윤리적 책임
경영전략	• 환경 부가가치 창조를 위한 경영전략
관련 법령	• 저탄소 녹색성장 기본법(2010)

자료: 녹색성장위원회(2009).

<그림 4-5> 녹색경영활동의 접근 방법과 주요 고려요소

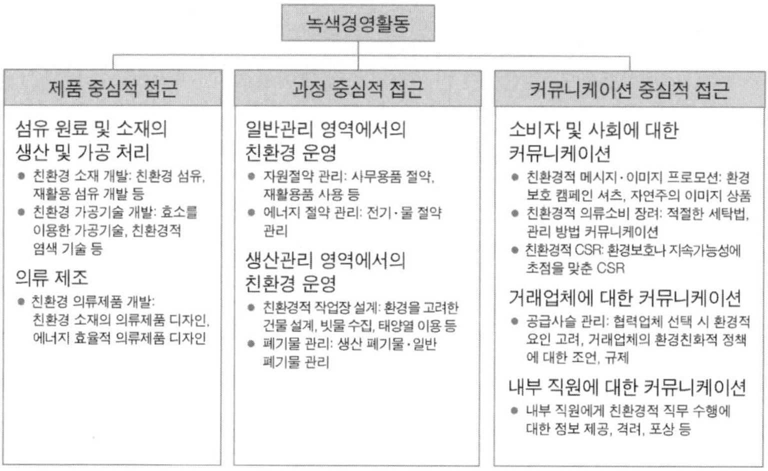

```
                          ┌──────────────────┐
                          │   녹색경영활동    │
                          └──────────────────┘
         ┌───────────────────────┼───────────────────────┐
```

제품 중심적 접근	과정 중심적 접근	커뮤니케이션 중심적 접근
섬유 원료 및 소재의 생산 및 가공 처리 ● 친환경 소재 개발: 친환경 섬유, 재활용 섬유 개발 등 ● 친환경 가공기술 개발: 효소를 이용한 가공기술, 친환경적 염색 기술 등 **의류 제조** ● 친환경 의류제품 개발: 친환경 소재의 의류제품 디자인, 에너지 효율적 의류제품 디자인	**일반관리 영역에서의 친환경 운영** ● 자원절약 관리: 사무용품 절약, 재활용품 사용 등 ● 에너지 절약 관리: 전기·물 절약 관리 **생산관리 영역에서의 친환경 운영** ● 친환경적 작업장 설계: 환경을 고려한 건물 설계, 빗물 수집, 태양열 이용 등 ● 폐기물 관리: 생산 폐기물·일반 폐기물 관리	**소비자 및 사회에 대한 커뮤니케이션** ● 친환경적 메시지·이미지 프로모션: 환경보호 캠페인 셔츠, 자연주의 이미지 상품 ● 친환경적 의류소비 장려: 적절한 세탁법, 관리 방법 커뮤니케이션 ● 친환경적 CSR: 환경보호나 지속가능성에 초점을 맞춘 CSR **거래업체에 대한 커뮤니케이션** ● 공급사슬 관리: 협력업체 선택 시 환경적 요인 고려, 거래업체의 환경친화적 정책에 대한 조언, 규제 **내부 직원에 대한 커뮤니케이션** ● 내부 직원에게 친환경적 직무 수행에 대한 정보 제공, 격려, 포상 등

자료: 고영학·정영배·유우식(2012).

할 수 있도록 하고, 사회적 책임 윤리경영을 강화하고자 노력했다. 이러한 기조는 산업군 전체에 걸쳐 영향을 미치지만, 특히 탄소 배출량이 높은 산업군일수록 녹색경영 및 녹색성장에 대한 요구가 강해지며 관련 대응을 위해 노력하고 있다. 그러나 탄소 배출이 많은 제조업이냐에 따라, 또는 기업의 크기에 따라 녹색경영의 도입과 추진, 효과는 다르다.

저탄소 녹색성장 기본법 제2조 7항에서도 "녹색경영"이란 기업이 경영 활동에서 자원과 에너지를 절약하고 효율적으로 이용하며 온실가스 배출 및 환경오염의 발생을 최소화하면서 사회적·윤리적 책임을 다하는 경영으로 정의하고 있다. 녹색경영은 에너지, 자원을 절약하고 효율적으로 사용해 기후변화와 환경 훼손을 줄이고 청정 에너지와 녹색기술의 연구 개발을 통해 신성장 동력을 확보하며 새로운 일자리를 창출해 나가는 등 경제와 환경이 조화를 이루어 성장할 수 있도록 한다.

녹색경영이 중요한 이유는 소비자가 변화하고 있다는 것이다. 기업 이해관계자들은 예전과 달리 사회적 가치 제고에 보다 많은 니즈를 가지고 있다. 소비자들은 녹색경영의 책임을 소홀히 한 회사의 저렴한 제품보다 가격이 다소 높더라도 녹색경영의 책임을 적극적으로 수행하는 회사의 제품을 선호하는 추세다.

2021년 대한상의 조사에 따르면 60%가 넘는 소비자들이 제품 구매 시 ESG 활동을 고려한다고 응답했다. ESG 활동에 부정적인 기업의 제품을 의도적으로 구매하지 않는 경험이 있다고 응답한 비율도 70%에 육박한다. 특히 환경 혹은 사회에 도움이 되는 소비라면 조금 더 비싼 가격의 제품을 구매하겠다는 응답이 68%에 이르며, 사회문제를 이유로 제품불매 운동에 참여한 경험이 있는 비율도 절반 이상에 이른다.

소비자들의 소비 트렌드가 변화하고 있음을 알 수 있고, 특히 제품이 좋아도 나쁜 기업, 친환경적이지 않은 기업의 제품을 소비하지 않는 것을 알 수 있다. 기업에 있어서 녹색경영은 더 이상 선택이 아니라 필수가 되는 사회구조로 변모하고 있음을 깨닫고 기업이 대응해야 할 것이다.

5. 기후금융과 재정

최근 발표된 '금융권 녹색금융 핸드북'(2022.3)에서는 녹색금융을 "금융 회사가 녹색산업 및 녹색성장과 관련된 기업, 자산 등에 투자, 대출 또는 보증 등 금융 서비스를 제공하는 일련의 활동"이라고 정의했다.

반면 국제사회에서 언급된 녹색금융의 정의를 살펴보면 OECD는 "환경오염과 온실가스 배출을 줄이고 폐기물을 최소화하며 천연자원의 이용 효율성을 높이면서 경제성장을 달성하기 위한 금융", 유엔환경계획 금융기관 이니셔티브(UNEP FI)는 "경제활동 전반에 걸쳐 자원 및 에너지 효율을 높이고 환

〈표 4-4〉 녹색금융의 국내외 정의

구분	정의
저탄소 녹색성장 기본법	녹색경제 및 녹색산업의 지원 등을 위한 재원 조성 및 자금 지원, 저탄소 녹색성장을 지원하는 금융상품의 개발, 저탄소 녹색성장을 위한 기반시설 구축 사업에 대한 민간투자 활성화 등을 포괄
금융권 녹색금융 핸드북	금융 회사가 녹색 산업 및 성장과 관련된 기업, 자산 등에 투자, 대출·보증 등 금융 서비스를 제공하는 일련의 활동
OECD	환경오염과 온실가스 배출, 폐기물을 최소화하며 천연자원 이용 효율성을 높이면서 경제성장을 달성하기 위한 금융
유엔환경계획 금융기관 이니셔티브 (UNEP FI)	(1) 경제활동 전반에 걸쳐 자원 및 에너지 효율을 높이고 환경을 개선하는 상품 및 서비스의 생산에 자금을 제공함으로써 녹색성장을 지원하는 활동 (2) 환경 파괴에 자금이 공급되는 것을 효과적으로 차단하기 위한 자율적인 심사 및 감시 체계를 만드는 활동
국제개발금융클럽 (IDFC: International Development Finance Club)	지속 가능한 개발 프로젝트 및 이니셔티브, 친환경 제품, 지속 가능한 경제개발을 장려하는 정책으로 유입되는 금융
EU집행위원회	녹색 기술·활동·프로젝트의 개발 및 구현 또는 녹색 기술·활동으로 수익을 창출하는 기업에 자금을 제공하는 것
독일 정부	저탄소 및 자원 효율화 경제로의 전환 과정과 기후변화 적응의 맥락에서 금융 부문을 통합하기 위한 전략적 접근
중국인민은행	대출, 사모펀드, 채권, 주식 및 보험을 포함한 금융 서비스를 통해 환경 보호, 에너지 절약 및 청정 에너지와 같은 녹색산업에 대한 민간자본 투자를 유치하기 위한 일련의 정책 및 제도적 장치

자료: 이수환(2021).

경을 개선하는 상품 및 서비스의 생산에 자금을 제공함으로써 녹색성장을 지원하는 활동"이라고 정의했다. 즉, 국내외에서 정의하는 개념을 고려했을 때 녹색금융이란 "새로운 투자 기회를 찾고 기후변화에 선도적으로 대응하는 투자 전략이면서 수익성을 고려한 CSR 측면에서의 위험관리"의 일환으로 파악할 수 있다(윤진수, 2014).

기후금융이란 저탄소경제의 실현을 위해 탄소 배출이 적은 기업에 투자를 유도하는 '탈탄소화 자금흐름'을 의미한다. 2006년 유엔 책임투자 원칙(UN PRI)이 제정된 이후 ESG(Environment, Social, Governance) 중 하나의 요소로만 인식되어 왔지만, 2015년 파리협약에서 처음 기후변화 대응에 대한 금융의 역할이 명시되었고, 2018년 유엔기후변화협약(UNFCCC)에서 공식적으로 정의되었다.

탄소중립에서 금융 부문이 중요한 이유는 기후금융의 공급 주체이기 때문이다. 잘 알려져 있지는 않지만 2015년 파리협정 원문을 보면 기후금융의 중요성을 유독 강조하고 있다. 파리협정의 목적 조항인 제2조는 "기후위기에 대한 지구적 대응능력 강화"가 파리협정의 합의 목적임을 명시하고, 그 목적 달성의 일환으로 3가지 중간 목표[5]에 합의했는데, 그중 하나가 기후금융 활성화이다. 경제 내에서 투자, 대출, 출연 등을 통해 다른 산업 부문의 탄소중립을 견인하는 금융 부문의 고유 기능을 기후위기 대응에 효과적으로 활용할 수 있도록 기후금융 시스템을 활성화하는 것을 기후위기 대응력 강화의 핵심 요소로 인식하고 있다고 해석할 수 있다.

그런데 파리협정 이후 각국마다 감축 목표를 선언하는 등 어느 정도 시간이 흘렀지만 기후금융의 현실은 2050 탄소중립에 필요한 기후금융 수요에는 크게 미치지 못하고 있다. CPI(2021)에 따르면 2020년 전 세계 기후금융 조달(투자)액은 6320억 달러로 추정된다. 파리협정 이전인 2014년 3650억 달러에 비하면 73%나 증가했지만, IEA(2021)에서 2050 탄소중립을 위해 요구하는 기후금융 규모에 비하면 턱없이 부족하다. IEA는 산업화 이전 대비 1.5℃ 이내 온도상승 억제를 가정하고 2030년까지 에너지 전환에 필요한 기후금융 수요를 전 세계적으로 연간 5조 달러, 2040년부터 2050년까지는 연간 6조 달러로 추정하고 있다. 산술적으로 2050 탄소중립을 위해서는 재정을 포함해 금융

---

5) 첫 번째가 지구 온도상승 저지이고 두 번째가 기후재앙 회피를 위한 기후변화 적응(adaptation) 동참이며, 세 번째가 기후금융의 활성화(Making finance flows consistent with a pathway towards low greenhouse gas emissions and climate-resilientdevelopment)이다.

시스템이 감당해야 할 기후금융 규모가 단기간에 8배 이상 확대되어야 한다.

1) 기후금융에서 자본시장의 중요성

탄소중립을 위한 기후금융의 도전적 과제는 단순히 양적 동원능력의 확충에 한정되지 않는다. 어떤 기후금융이 탄소중립에 효율적인 시스템인가에 대한 근본적인 방향성에도 물음을 던진다. 이와 관련해 현재의 기후금융 통계는 시사하는 바가 있다. CPI(2021) 통계는 명시적으로 은행과 자본시장 조달로 기후금융을 분류하지는 않지만, 각각을 추정해볼 수는 있다. 2020년 6320억 달러 기후금융 조달액 중에서 자본시장 조달로 분류할 수 있는 직접 지분, 프로젝트 지분, 시장 금리부 채무 등을 합치면 총 4510억 달러로 전체의 71%에 이른다. 나머지는 무상 기여 340억 달러(전체의 5%)와 대출 성격의 직접 채무와 정책 대출(정책 금리부 채무)을 합쳐 1470억 달러(전체의 24%)로 구성되어 있다.

기후금융 관련 딜(deal)이 탈탄소, 신재생 등 혁신 투자와 관련되어 있어 자본시장 조달이 많은 비중을 차지하는 것으로 해석된다. 다만 유의점은 기후금융의 절반 이상(51%)이 공적 기후금융으로 조달된 점이다. 자본시장 조달이든 대출 조달이든 거의 절반이 공적 금융기관을 통해서 조달된 것이다. 투자 불확실성으로 민간의 자발적인 투자를 유도하기 힘든 기후금융 프로젝트의 특성을 반영하는 것으로 파리협정에서 공적 기후금융의 중요성과 마중물 효과를 강조하는 맥락과 상통한다.

기후금융에서 자본시장의 중요성과 관련해, 최근 학술 연구에서 흥미 있는 한 가지 발견은 자본시장 조달이 은행 조달보다 이산화탄소 감축에 효과적이라는 연구 결과다. ECB(2019, 2019b)는 1990년대부터 최근까지 48개 국가를 대상으로 한 실증 분석을 통해 자본시장(민간 신용+시가총액) 대비 시가총액 비중이 발전할수록 일인당 탄소 배출량은 줄어든다는 결과를 제시하고 있다. 구체적으로 자본시장 비중이 1%p 높아지면 일인당 탄소 배출량은 0.024MT 줄어드는 것으로 추정된다. 이 같은 실증 결과는 앞서 언급한 대로 기후금융 프로젝트의 혁신성과 관련이 있다. 혁신자금 조달에서는 자본시장 조달이 보다 효율적이며, 현실에서도 자본시장이 발전한 나라에서 녹색특허가 많이 출원되는 것으로 확인된다.

결국 글로벌 경제에서 탄소중립 선언을 통한 저탄소경제로의 이행 압력이 커질수록 기후금융에서 자본시장의 활용도는 점점 강조될 것으로 보인다. 금융 시스템적으로는 저탄소경제로 전환하는 과정이 지금까지의 은행 중심 시스템에서 자본시장의 균형적이고 선도적인 발전을 가속화하는 금융 다이내믹으로 작용할 것으로 보인다.

2) 기후금융으로 인한 자본시장의 변화

금융안정위원회(FSB) 분석처럼 전환위험(transition risk)과 재난위험(physical risk)을 함께 갖는 기후 위험은 복잡성, 장기 지속성, 분산 불가능성(특히 재난위험)을 속성으로 하는 반면, 전통적 자본시장은 재무 중심, 분산 가능성, 단기주의 속성을 가지고 있다. 기후금융과 자본시장의 조화를 위해서는 기후금융 속성을 기존 자본시장 패러다임에 통합할 필요가 있으며, 이 과정에서 시간 불일치 문제와 가치평가 체계의 변화가 나타날 것으로 보인다.

장기 시계의 기후금융과 단기주의의 자본시장 가치평가 간 시간 불일치 문제는 ESG를 계기로 이미 제도 개선이 진행 중이다. 다만 기후위험 요소는 ESG 중에도 초장기 속성을 가지고 있다는 점에서 기존의 가치평가와 투자성과 평가의 단기주의와 상충이 클 수 있다. ESG를 계기로 ESG를 가치평가 체계에 통합하고 기관투자자의 수탁자 책임에 반영하는 글로벌 흐름은 긍정적이다. 그러나 시간 불일치 문제의 보다 진전된 해소를 위해서는 ESG를 하나의 투자 전략으로 좁게 이해하는 시각에서 벗어나 금융회사 전반의 성과평가와 보상 체계에 일관되게 반영할 필요가 있다.

특히 기후위기 관련 규제흐름이 강조될수록, 후술하는 포트폴리오 넷제로가 중요한 금융 회사의 최적화 제약 요인으로 작용하리라 예상되는 만큼, ESG를 가치평가, 성과평가, 보상 체계에 반영하려는 움직임은 커질 것이며, 그렇게 될 때 기후금융과 자본시장의 시간 불일치 문제는 완화될 수 있을 것이다.

ESG의 가치평가 통합과 관련해 가장 큰 애로는 평가의 투명성이다. 기존의 재무 중심 가치평가는 매우 투명하고 객관적이며 독립적이었다. 데이터가 모든 것을 말해 준다. 그러나 ESG는 기본적으로 질적 지표다. 투명성과 객관성이 생명인 가치평가에 질적 지표를 반영하는 과정은 그 자체가 잘 설계되지 않을 경우 자본시장의 투명성을 오히려 해칠 수 있다. 더구나 기후 위험을 통합한 가치평가는 경제에서 고탄소 부문을 좌초 자산화(stranded assets)하고, 저탄소 부문의 그린 프리미엄을 가치화하는 등 경쟁과 산업의 지형을 변화시킬 가능성이 높다. 이런 점에서 ESG 통합은 자본시장에 커다란 도전이다. 때문에 ESG 가치평가 시대에는 재무 중심 가치평가 때보다 엄정한 감독자의 역할이 중요하다.

가치평가 프로세스와 방법론의 객관성과 전문성, 투명성 그리고 가치평가 기관에 대한 금융 규제가 지금까지와는 다른 차원에서 요구될 수 있는 것이다. 유럽의 ESG 인덱스에 대한 감독 규제나, MSCI 등 ESG 평가 기관의 금융 회사 등록, 평가 프로세스와 방법론에 대한 공개, 녹색분류(택소노미)에 기반한 녹색채권기준, 녹색투자상품 인증 등과 같은 자본시장 평가 인프라에 대한 근년의 강화된 규제는 ESG를 통합하면서도 자본시장의 투명성과 신뢰를 제고하기 위한 변화로 이해된다.

마지막으로 기후금융에 따른 자본시장의 체질 변화이자 자본시장이 기후금융에 기여하는 가장 적극적인 고유의 분야가 있다면 배출권 시장이다. 배출권은 재산적 가치가 있는 무체의 투자자산으로서, 에너지 시장과 연계되어 가치와 수급이 결정되는 것이 해외의 일반적 현상이다. 배출권 할당 대상 기업 간의 좁은 거래 시장으로는 가격발견 기능이 제대로 작동할 수 없고, 배출권의 미래 제출을 위해 현재 거래를 하는 거래 구조상 현·선물 시장이 겸비된 자산 시장으로 발전할 때 탄소 가격이 제대로 발견될 수 있다. 현·선물 시장을 통해 가격 효율성이 담보된 탄소 가격은 무엇보다 탄소감축 비용의 예측 가능성을 높임으로써 국가적으로나 기업 차원에서 가장 효율적인 감축전략 수립을 가능하게 할 것이며, 기후금융 관련해서도 객관적인 탄소 가격이 존재함에 따라 양적지표를 이용한 ESG 평가를 가능하게 하며 자본시장의 투명성과 신뢰에도 긍정적으로 기능할 것이다.

3) 금융 부문의 대응: 넷제로 선언

국가 단위 탄소중립과 기업 단위 탄소중립은 목표와 범위, 전략 등에서 단순 비교가 어렵지만, 상호 보완적인 것은 틀림없다. 그리고 기업 단위 탄소중립은 기업의 ESG 경영 적극성에 따라 달라질 뿐만 아니라, 금융 자원 배분권으로 기업 부문의 탄소중립을 견인할 수 있는 금융 부문의 탄소중립 의지도 매우 중요한 변수가 된다. 기후금융의 역할과 기여에 대해 파리협정이 강조하고 있고, 기후금융을 위한 공적 금융의 통제 가능성과 민관 합동 기후금융의 중요성 등을 고려할 때, 금융 부문을 통한 산업 부문의 탄소중립 유도 노력은 글로벌 차원에서 점점 강조될 것이다. 그리고 그 구체적인 정책은 금융 부문의 넷제로 선언과 이행 전략으로서 녹색금융의 체계화가 될 것이다. 넷제로는 금융 회사가 탄소중립을 선언하는 것으로, 국가 탄소중립이나 기업 탄소중립과 달리, 본인의 금융 활동에 따른 결과로 보유한 자산 포트폴리오의 배출량에 대한 감축 목표를 설정하는 것이 핵심이다.

파리협정에서 강조한 탄소중립에서 기후금융의 고유 기능이란 금융 회사의 대출 혹은 투자 기업의 탄소 배출(외부 배출, scope 3)의 감축을 견인하는 것과 일맥상통한다. 때문에 기후금융에 적극적인 금융 회사라면 포트폴리오 넷제로를 선언하고 그 로드맵과 이행 전략, 이행 수단을 제시할 필요가 있다. 이 과정에서 녹색금융은 중요한 이행 수단이 될 것이다. 금융 부문 중에서는 투자와 투자 철회, 배제, 주주 관여 등 보다 다양한 이행 수단을 가진 금융 투자업의 넷제로 선언이 자본시장을 통한 기후금융 수요 확대와 함께 점차 강조될 것으로 보인다.

글로벌 통계를 보면 금융 회사의 넷제로 선언은 빠르게 확산되고 있다. 넷제로 선언을 위한 전 단계격이자 글로벌 규제로 발전하고 있는 TCFD 지지를 선언한 글로벌 금융 회사(상업은행, 투자은행, 자산운용사, 연기금)는 2020년 기준 1069개, 보유 자산 194조 달러에 이른다. 그런데 지지 이후의 기후 위험 공시율(공시 금융회사/지지 선언 금융회사) 통계를 보면 금융 부문이 다른 산업 부문에 비해 탄소중립에 적극적이라고 평가할 수는 없다. 2020년 기준 금융 회사의 공시율은 28%로 에너지 산업 36%, 소재 산업 38%, 식품 산업 30%에 비해 낮은 수준이다. 더구나 넷제로 선언과 밀접한 관련이 있는 수치목표 설정에

〈표 4-5〉 금융업의 기후 위험 TCFD 공시 현황

구분	금융업	에너지 산업	소재 산업	식품 산업
기후위험지표	35	44	58	48
배출량	27	36	52	39
탄소중립 목표	22	41	43	41

주: 산업별 TCFD 정보 공시 비율(%).
자료: TCFD, 2021 Status Report.

대한 공시를 보면 다른 산업에 비해 더 소극적인 모습이다(〈표 4-5〉 참고)(김영규 외, 2021).

긍정적인 것은 지난 글래스고 COP 26을 계기로 금융 회사들의 넷제로 움직임이 보다 가속화하는 모습이다. 은행(투자은행 포함), 자산 운용, 연기금 등 금융 부문별로 탄소중립을 위한 글로벌 네트워크를 결성해 공동으로 넷제로 전략을 택하는 흐름이 유엔 주도로 빠르게 가시화하고 있다. 은행은 NZBA (Net-Zero Banking Alliance)를 결성하고 2050년까지 포트폴리오의 넷제로를 선언했다. 글로벌 은행 자산의 43%(66조 달러)에 해당하는 전 세계 98개 은행들이 참여하고 있으며 현재 넷제로 선언을 준비하고 있다. 골드먼삭스, 모건스탠리, BOA 등이 모두 참여하고 있으며 한국도 4개 국내 은행(기업은행, 전북은행, 신한은행, KB)이 참여하고 있다. 이 중에서 KB는 2021년 넷제로를 선언했다. 연기금 등 자산 소유자도 NZAOA(Net-Zero Asset Owner Alliance)를 결성했다. 연기금들은 넷제로를 수탁자 책임의 일환으로 보고 2050년까지 포트폴리오 넷제로를 달성하겠다는 것이다. 전 세계 43개 자산 소유자들이 참여하고 있으며 캘퍼스, 호주퇴직연금(CBUS) 등 글로벌 연기금이 참여하고 있다.

자산운용 회사도 NGAM(Net Zero Asset Managers initiative)을 결성했다. 2050년까지 넷제로를 달성하는 투자 포트폴리오를 구성하겠다는 것으로 최초 결성 43개 자산 운용사(총 관리자산 11.9조 달러)가 2035년까지 포트폴리오의 35%를 넷제로 포트폴리오로 구성하겠다고 선언하고 있다.

ESG 채권들 중에서 녹색금융과 관련한 것은 그린채권이다. 그린채권은 녹색금융의 한 예로, 자금 사용목적이 재생 에너지, 전기차, 고효율 에너지 등 친환경 관련 프로젝트 투자로 한정된 채권을 뜻한다. 친환경 프로젝트에는 신재생 에너지, 에너지 효율, 지속 가능한 폐기물 관리 및 토지 이용, 생물다양성 보전, 청정 운송, 정수 등이 포함된다. 한국에서는 2013년 산업은행에서 발행한 녹색채권이 최초로 등장했고 이후 여러 은행권에서 다양한 상품들이 등장하고 있다.

글로벌 ESG 채권시장은 주로 유럽 국가들을 중심으로 성장하고 있으며 그중에서도 특히 녹색채권의 비중이 가장 높았다. 하지만 최근 들어 코로나19 위기를 극복하는 과정에서 녹색채권의 비중은 감소하고 사회적 채권 및 지속가능채권의 비중이 증가하는 추세를 보이고 있다. 이는 코로나19로 인해 침체된 국가 경제를 되살리기 위해 사회적 채권이 집중적으로 발행된 것과 녹색채권의 그린워싱에 대한 우려 때문으로 볼 수 있다.

2021년 기준, 녹색채권을 포함한 사회책임투자채권의 발행액은 약 159조 6천 억 규모로 녹색채권은 약 9.3%(14조 8090억 원)를 차지하고 있다(한국거래소 사회책임투자채권 홈페이지). 전 세계적으로 확산되고 있는 ESG 투자 추세와 더불어 정부의 그린뉴딜 추진으로 2021년에 전년 대비 사회책임투자채권이 전반적으로 증가했으나 그중에서도 녹색채권의 발행이 급격히 확대되었다. 녹색채권의 2021년 신규 상장금액은 11조 7790억 원으로 전년도(9600억 원) 대비 12배 이상 성장했고, 사회책임투자채권 중 녹색채권의 신규 상장금액 비중은 2020년 1.7% 수준에서 2021년 15%로 급증했다.

기후변화 이니셔티브(CBI)는 녹색채권의 성장 추세를 고려했을 때 2022년 내에 연간 녹색채권 발행 규모가 1조 달러를 돌파할 것으로 예상했으며 2025년에는 연간 5조 달러의 녹색채권이 발행될 것으로 전망했다.

〈표 4-6〉 국내 사회책임투자채권 발행 규모(2021년 기준, 누적)

구분	상장 잔액(억 원)	발행 기관 수	종목 수
녹색채권	18,090	64	145
사회적 채권	1,273,123	55	788
지속가능채권	174,890	56	216
총합	1,596,093	175	1,149

자료: 한국거래소 사회책임투자채권 홈페이지.

스웨덴 금융기관 SEB(Skandinaviska Enskilda Banken AB)[6]는 재생 에너지에 대한 투자가 약 25% 증가해 2022년에 약 400억 달러 규모의 투자가 이루어질 것으로 전망했다. 더불어 지속가능금융의 성장세는 2022년에도 이어져 2조 3천억~2조 6천억 달러에 이를 것으로 보이며 녹색채권·사회적 채권·지속가능 채권·지속가능 연계채권의 신규 발행이 35~53% 증가하는 등 지속가능성 관련 채권이 강세를 이어 갈 것이라고 발표했다. 특히 지속가능금융의 전반적인 성장은 녹색채권 확대에 의해 주도될 것으로 전망되며, 기준 시나리오에서는 전년 대비 50% 증가한 9천억 달러 이상, 녹색성장 시나리오에서는 70% 증가한 1조 달러 이상을 달성할 것으로 예상된다.[7]

그 외에도 ESG 및 SDB 채권 등 신규 부문이 녹색금융시장을 견인함으로써 향후 지속적인 성장세도 전망된다. 2025년까지 ESG 의무 조항을 포함한 펀드는 전체 자산시장의 약 50%, 2035년에는 약 90%를 차지할 것으로 예상되며, ESG의 자산 규모는 2030년에 130조 달러에 이를 것으로 전망되고 있다.

---

6) 스톡홀름에 본사가 있는 스웨덴 금융 그룹으로 기업 고객, 기관 및 개인을 대상으로 금융 서비스를 제공한다.

7) https://www.climateaction.org/news/new-green-bond-report-forecasts-25-per-cent-grow-th-in-renewable-energy-inve

참고문헌

고영학·정영배·유우식. 2012. 「녹색경영 구성요소가 기업성과에 미치는 영향에 관한 연구」. ≪한국 산업경영시스템학회지≫, Vol. 35, No. 1, 93~100쪽.

고재경 외. 2021. 『(정책연구 2021-11) 경기도 에너지 전환을 위한 녹색금융 활성화 방안 연구』. 경기 연구원.

김영규 외. 2021.10.19. 「기후전환금융 도입 필요성」. ≪한국기업평가 Issue Report≫. Korea Ratings

김정인. 2007. 「친환경 기업 경영의 사례와 한국기업의 시사점」. ≪지속가능성연구≫, 제1권 제1호, 21~39쪽.

김정인. 2021. 「탄소중립 달성과 ESG 연계 방안」. ≪기후변화와 녹색 성장≫, 22권. 온실가스종합정 보센터.

김정인. 2022. "(오피니언) 녹색금융, 탄소중립의 '소금과 빛'". ≪동아일보≫, 1월 7일 자.

김현수. 2006. 「기업의 사회적 책임(CSR) 논의 동향」. ≪CEO Report on Current Issue≫ (CER-2006-02). 전국경제인연합회.

박영석·이효섭. 2021. 「기업의 ESG 경영 촉진을 위한 금융의 역할」. ≪이슈보고서 21-10≫, 6쪽. 자 본시장연구원.

삼성지구환경연구소. 2002. 「경영성과제고를 위한 환경성과 지수 개발」.

삼정KPMG 경제연구원. 2020. 「ESG 경영시대, 전략 패러다임 대전환」. 삼정 KPMG.

연합인포맥스. 2021.3.23. "지속가능금융 공시규제(SFDR)".

윤진수. 2014. 「국내 녹색금융 활성화를 위한 제언」. ≪CGS Report≫, 4권 4호, 2~6쪽.

이나예. 2022.5.24. "한국형 녹색 분류체계 등장과 녹색금융의 성장". 코스콤 뉴스룸. https://news-room.koscom.co.kr/31040

이상준. 2018. 『산업부문 에너지 효율 개선 국가전략 연구(3차 연도)』. 기본연구보고서 18-24. 에너 지경제연구원.

이수환. 2021.12.24. 「녹색금융 활성화를 위한 정책금융의 역할과 입법과제」. NARS 입법·정책 Vol. 102. 국회입법조사처.

이준희. 2020. 「한국기업들의 ESG 경영을 위한 변화 I」. ≪Deloitte Insights≫, 16호, 19쪽. 딜로이트 안진회계법인.

임소영. 2020. 「그린 뉴딜의 기준, 녹색 분류 체계의 글로벌 동향과 시사점」. ≪KIET 산업경제≫, 11 월호, 48~57쪽. 산업연구원.

한국무역협회. 2021.8.25. "미국, 디지털 전환에 성공한 기업들의 전략". https://www.kita.net/

cmmrcInfo/cmmrcNews/cmmrcNews/cmmrcNewsDetail.do?pageIndex=1&nIndex=64731&sSi
teid=2

KIET. 2020.10.23. 「장기 저탄소 발전전략(LEDS)을 산업전환의 기회로 활용해야」. ≪i-KIET 산업경
제이슈≫, 제94호.

KOTRA. 2021.8. 「미국 재생에너지 시장 및 에너지 전환 동향」. ≪Global Market Report 21-025≫.

KOTRA. 2021.8.20. "미국 IT기업의 자동차 산업 디지털 전환 가속". https://dream.kotra.or.kr/
kotranews/cms/news/actionKotraBoardDetail.do?SITE_NO=3&MENU_ID=180&CONTENTS_N
O=1&bbsGbn=243&bbsSn=243&pNttSn=190179

KOTRA. 2021.9. 「사례로 알아보는 일본기업의 ESG전략」. ≪Global Market Report 21-028≫.

—

CBI. SUSTAINABLE DEBT GLOBAL STATE OF THE MARKET, 2021.

Orsted Sustainablility Rerpot, 2021.

Vattenfall annual and sustainability repor, 2021.

TCFD. Status Report, 2021.

—

http://218.38.16.74/ (녹색금융종합포털)

https://group.vattenfall.com/ (한국거래소 사회책임투자채권 홈페이지)

https://news.einfomax.co.kr/news/articleView.html?idxno=4138357

https://orsted.kr

https://www.climateaction.org/news/new-green-bond-report-forecasts-25-per-cent-growth-in-renew
able-energy-inve

제5장

탄소중립을 위한 자원순환경제

이소라 ㅣ 한국환경연구원(KEI) 연구위원

1. 자원순환경제의 개념과 사회 전환

1) 자원순환경제의 개념과 주요 요소

(1) 자원순환과 순환경제의 개념

세계가 지금처럼 자원을 계속 이용한다면 2050년에는 지구 3개만큼의 자원이 필요하다고 한다.[1, 2] 따라서 한정된 자원과 기후문제를 해결하기 위해 기존의 '채취(Take)-생산(Make)-사용(Use)-폐기(Waste)' 형태의 선형경제 사회로부터의 전환이 필요하다. '선형경제(Linear economy)'는 자원을 채취하여 사용하고 '버리는 경제(Throwaway economy)'와 같은 개념이다. 과소비와 재활용에 대한 인식 부족으로 과거의 우리는 무의식적으로 '버리는 경제' 속에서 살아 왔다.[3] 또한 빨리 노후되고 빨리 버려질수록 경제가 더 빨리 성장한다는 이점을 노려 비즈니스 업계는 유행을 변화시키며 소비자들에게 과소비를 부

〈그림 5-1〉 선형경제, 재활용 경제, 순환경제의 비교

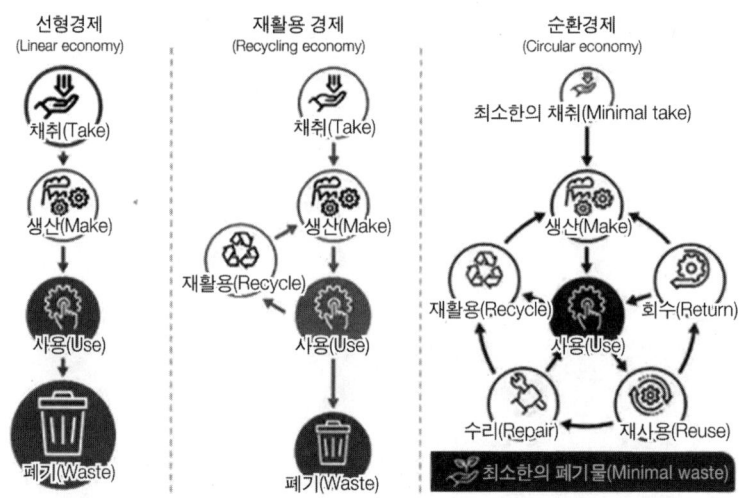

〈그림 5-1〉 선형경제, 재활용 경제, 순환경제의 비교

자료: World Economic Forum(2022).[5]

추겨 왔다. 이러한 '버리는 경제'는 20세기 후반에 변화하기 시작해 금속 광물과 비금속 광물, 유기성 자원을 재생 원료로 가공하여 다시 쓰는 '재활용 경제(Recycling economy)'로 전환되었다.

'순환경제(Circular economy)'는 '선형경제'에 대비되는 개념으로 순환형 경제체제 내에서 자원의 가치를 최대한 활용하고 환경에 미치는 영향을 최소화하는 것을 의미한다. 가능하면 오랫동안 기존 원료와 제품을 공유, 대여, 재사용, 수리, 개조 및 재활용하는 생산과 소비의 모델을 말한다. 즉, 버려지는 폐기물을 최소한으로 하기 위해, 수명이 다한 제품과 자재를 가능한 한 현존 경제체제에 머무르도록 하고 계속적인 반복 사용으로 더 많은 가치를 창출하도록 하는 것이다.[4]

기존의 '선형경제' 모델에서는 대량의 원료와 에너지를 싸고 쉽게 사용하는 것에 의존했고, 제품이 일정 수명이 되면 소비자가 다시 구매하도록 계획된

노후화 설계(planned obsolescence)를 일반화했다. 이러한 '선형경제' 모델은 대량의 천연자원 소비와 대량 폐기를 유발하여 자원과 에너지의 고갈과 온실 가스 배출량에 큰 영향을 미치게 되었다. 세계 인구가 지속적으로 증가하고 있고 원자재에 대한 수요 또한 지속적으로 증가하는 현재 상황에서 순환경제 로의 전환은 필수적이라고 할 수 있다.

'자원순환(Resource circulation)'은 폐기(Waste)-처분(Disposal)의 일방통행으로 흐르던 폐기물의 물질 흐름을 순환 고리로 완성하여 원료(raw material)의 소비를 줄이는 것이다. 즉, 소비된 제품과 자원을 그대로 버리는 것이 아니라 폐기물의 발생 억제와 감량, 재사용, 재활용, 자원 회수 등을 통해 경제활동의 순환계로 되돌리는 것이다. 자원순환을 통해 최종적으로 폐기되는 폐기물 발생량이 감소하면 소각, 매립에 의한 환경오염을 줄이고 천연자원의 고갈 시기를 늦출 수 있다. 세계 선진국가는 폐기물도 자원이라는 인식 전환을 통해 폐기물을 활용한 천연자원의 대체와 석유 에너지 대체 확보 정책을 강화해

〈그림 5-2〉 자원순환 사회와 순환경제 사회의 비교와 파급 효과

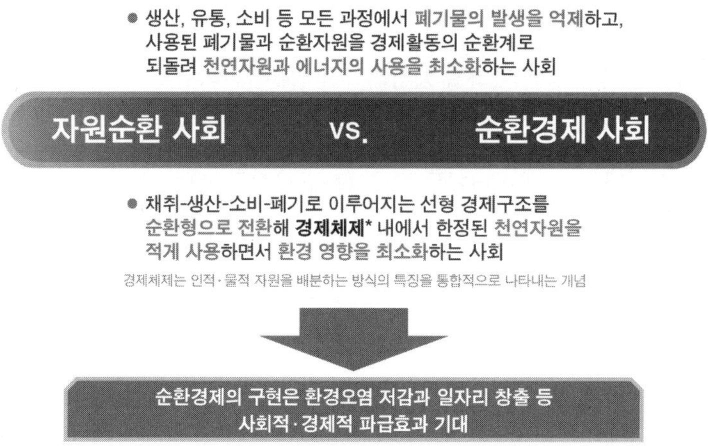

● 생산, 유통, 소비 등 모든 과정에서 폐기물의 발생을 억제하고, 사용된 폐기물과 순환자원을 경제활동의 순환계로 되돌려 천연자원과 에너지의 사용을 최소화하는 사회

자원순환 사회   vs.   순환경제 사회

● 채취-생산-소비-폐기로 이루어지는 선형 경제구조를 순환형으로 전환해 **경제체제*** 내에서 한정된 천연자원을 적게 사용하면서 환경 영향을 최소화하는 사회

경제체제는 인적·물적 자원을 배분하는 방식의 특징을 통합적으로 나타내는 개념

순환경제의 구현은 환경오염 저감과 일자리 창출 등
사회적·경제적 파급효과 기대

나가고 있다. 폐기물 감량, 재활용과 같은 자원순환은 순환경제의 가장 중요한 수단 중 하나이다.

'자원순환'은 '자원' 관점에서 폐기물 발생을 억제하고 적정하게 처리함으로써 천연자원과 에너지 사용을 최소화하는 것에 중점을 두고 있고, '순환경제'는 '경제' 관점에서 자원이 가진 가치를 경제 내에서 순환하여 최대한 활용함으로써 천연자원을 적게 사용하고 환경영향을 최소화하는 것에 중점을 두고 있다.

(2) 자원순환경제 사회로의 전환 필요성

자원순환경제는 일반적으로 '순환경제'라는 용어로 표현되고 있으며, 정책적으로는 '자원순환'과 '순환경제'로 나뉘어 혼용되기도 한다.

폐기물의 자원순환은 1992년 유엔환경회의 '리우선언'을 기점으로 폐기물을 단순히 처리하는 것에서 자원을 절약하고 재활용을 촉진하는 것이라는 시각으로 변화하기 시작했다. 독일은 2006년에 「순환경제 촉진을 위한 환경과 조화를 위한 법률」을 제정했고, 일본도 2000년에 「순환형사회형성추진법」을 제정했다. 중국은 2009년에 「중화인민공화국순환경제촉진법」을 제정했다.[6]

한국은 2018년에 「자원순환기본법」을 시행하여 본격적인 자원순환의 달성과 순환경제 실현에 박차를 가했다. 「자원순환기본법」 제2조에서 "자원순환이란 환경 정책상의 목적을 달성하기 위해 필요한 범위 안에서 폐기물의 발생을 억제하고 발생된 폐기물을 적정하게 재활용 또는 처리하는 등 자원의 순환 과정을 친환경적으로 이용·관리하는 것을 말한다"라고 정의되어 있다. 「환경친화적 산업구조로의 전환 촉진에 관한 법률(개정안)」 제2조에서는 순환경제에 대해 "원료, 생산, 재자원화 등 제품 전 과정 단계에서 자원의 이용 가치를 극대화하여 지속 가능한 발전을 추구하는 친환경 경제"로 정의하고 있다.

유럽의회는 2022년 "유럽연합(EU)이 2050년까지 순환경제를 어떻게 달성하기를 원하는가"라는 헤드라인을 통해 2050년까지 탄소 중립적이고 환경적으로 지속 가능하며, 독성이 없고 완전한 순환경제로 전환해야 한다고 강조하고 있다.[7] 즉, 순환경제는 이산화탄소 배출량을 줄이는 동시에 경제성장을 촉진하고 일자리를 창출할 수 있다는 것이다.

경제협력개발기구(OECD)는 전 세계의 '물질(material)' 자원 사용량은 1990년에서 2017년 사이에 2배 이상 증가했으며, 2060년에는 다시 2배가 될 것으로 전망하고 있다. 이러한 자원 사용량 증가로 인해 토지 황폐화, 온실가스 배출, 독성물질 확산과 같은 환경오염도 향후 수십 년간 2배 이상 증가할 것으로 예상된다.[8] 따라서 자원순환경제 사회로의 전환은 지구촌의 절실한 과제라 할 수 있을 것이다.

'자원순환경제'에 대한 법률적인 정의와 학술적인 정의는 별도로 존재하지 않지만 '자원순환'과 '순환경제'의 관점을 모두 포괄하여 통념적으로 사용되고 있다. 또한 2021~2025 국가재정운용계획에서 '자원순환경제 구축'이라는 용어를 사용함으로써 좀 더 확장된 범주에서의 재정투자 방향을 검토했다.[9] 국제적으로는 '자원 효율성과 순환경제(Resource Efficiency and Circular Economy)'라는 용어로 표현되며, OECD는 자원순환을 효율적으로 사용하고 순환경제로의 전환을 촉진하는 것은 물질 안보(material security)뿐만 아니라 환경·경제적인 성과도 개선하는 데 기여할 것이라고 강조했다. OECD는 자원 효율성 향상과 순환경제로의 전환을 위한 'Re-Circle 프로젝트'를 통해 경제활동, 식량안보, 노동시장, 순환 비즈니스 모델, 국제무역, 글로벌 가치 사슬, 기후변화, 플라스틱 폐기물, 디지털 혁신 등 9개 영역에서 물질 자원과 상호 연결되도록 중점을 두었다.[8]

세계 주요국들은 순환경제와 관련한 비전을 공표하고 사회적 전환을 도모하는 등 범국가적인 차원의 노력을 하고 있다.

〈표 5-1〉 국가별 자원순환경제와 관련된 비전

국가	비전과 내용
덴마크	• 산업 폐기물의 재활용률을 높이는 법제도, 목표 및 집중적인 프로그램을 확립하고 폐기물을 순환경제 구축을 위한 자원으로 간주하는 '녹색정부 되기'
네덜란드	• 2016년까지 폐기물 규제 및 환경 계획에 초점을 둔 '순환경제를 위한 글로벌 핫스팟 되기'
스코틀랜드	• '오래 지속되게 만들기'라는 비전하에 적절하고 효과적인 폐기물 관리를 통해 2025년까지 전체 폐기물의 70%를 재활용하는 목표 달성
캐나다	• 제품 및 재료의 수명 주기를 연장하여 폐기물을 줄이는 순환경제로의 전환을 비전으로 '캐나다 국민을 위한 더 나은 미래를 건설하는 더 강력하고 청정한 경제 확립
룩셈부르크	• 혁신적인 제품 설계 및 사용을 통해 폐기물 관리 비용을 절감하고 폐기물의 가치를 높이는 '순환경제를 위한 지식 자본과 시범 무대'
스웨덴	• '스웨덴은 혁신적이고 지속 가능한 재화 및 서비스의 산업 생산 면에서 글로벌 리더가 될 것'
일본	• '순환형사회형성추진기본법에서 천연자원 소비 억제와 환경부하 저감 추진'
호주	• '순환형 경제 형성을 위한 전략적 단계 수행'
한국	• '자원의 선순환으로 지속 가능한 순환경제 실현' 생산-소비-관리-재생 등 자원 전 과정 순환이용체계 구축, 폐기물 발생 저감을 최우선으로 하고 고품질 물질 재활용 촉진, 국민 참여 거버넌스에 기반한 지역별 폐기물 처리 최적화

자료: 이소라 외(2019)를 참고하여 저자가 작성.[10]

전 세계 공공·민간 기관의 협력 소통창구인 2021 P4G(Partnering for Green Growth and the Global Goals 2030) 서울정상회의에서는 순환경제 기본 세션을 운영하여 순환경제 전환을 위한 해법과 협력 방안을 논의했다. 여기에 참석한 레아 베르멜린(Lea Wermelin) 덴마크 환경부 장관은 "순환경제로의 전환은 온실가스 감축, 일자리 창출, 수출 증가 등 다양한 경제적·환경적 혜택을 가져오며, 순환경제를 통해 유럽 내 약 70만 개의 새로운 일자리가 창출될 것"이라고 강조했다. 쓰레기 배출이 없는 제로 웨이스트(Zero Waste) 사회로의 전환을 위해서는 기업이 기술을 혁신하고, 소비자의 인식이 제고될 필요가 있다. 또한 정부의 제도 개선 및 정책 지원, 전 지구적 이해관계자의 협력 구축 등 구체적인 실천 방안이 필요하다.

이전과는 달리 기업이 기후중립과 탄소중립을 실천해야 한다는 사회적인 압력이 점점 커지고 있다. 2030년에는 순환경제가 주류 경제가 될 뿐만 아니라 유일한 경제가 될 것으로 기대하고 있다. 순환경제로 전환 시 이점은 다음과 같다. 첫째, 폐기물 발생을 줄이고 오염을 방지하며 자원을 순환시킴으로써 현재의 '버리는 경제'에서 전환할 수 있다. 둘째, 기후변화와 생물다양성 감소를 지연시킬 수 있다. 셋째, 오직 천연자원만을 소비하여 성장하는 경제와 현재의 경제성장을 탈동조화(decoupling)시킨다. 넷째, 온실가스 배출, 폐기물과 오염을 막는 반면에 일자리, 번영, 회복력을 창출한다. 마지막으로 각각의 산업 부문에서 경쟁력을 확보하면서도 좀 더 지속 가능한 비즈니스 사례를 도모할 수 있다.

2) 자원순환경제의 주요 수단과 핵심 영역

(1) 폐기물 계층 구조와 자원순환의 주요 수단

폐기물 관리는 폐기물 계층 구조(Waste hierarchy)에 따라 우선순위를 두고 처리하는 것을 의미한다. 계층 구조는 폐기물의 발생 예방, 재사용, 재활용, 에너지 회수, 단순 소각 및 매립 처분으로 이루어진다.

먼저 폐기물 발생과 제품 내 유해물질을 줄이는 것을 폐기물 발생 예방(Prevention)이라고 한다. 여기에는 일회용 용기 등을 사용하지 않는 강력한 회피 방법(Strict avoidance), 경량 포장재 등의 무게를 줄이거나 음식물 쓰레기를 버리기 전에 가정 내에서 처리기를 통해 감량화하는 방법(Reduction at source), 버리지 않고 고쳐 쓰거나 다른 사람에게 주어 재사용(Product reuse)하는 방법 등이 해당된다. 폐기물 발생 예방은 제로 웨이스트 개념과 일치한다고도 볼 수 있다. 비닐봉지나 종이봉지 대신 장바구니를 이용하고, 포장된 제품보다는 무포장 제품을 선택하고, 일회용 병이나 캔 대신 재사용 가능한 병

<그림 5-3> 폐기물 계층 구조

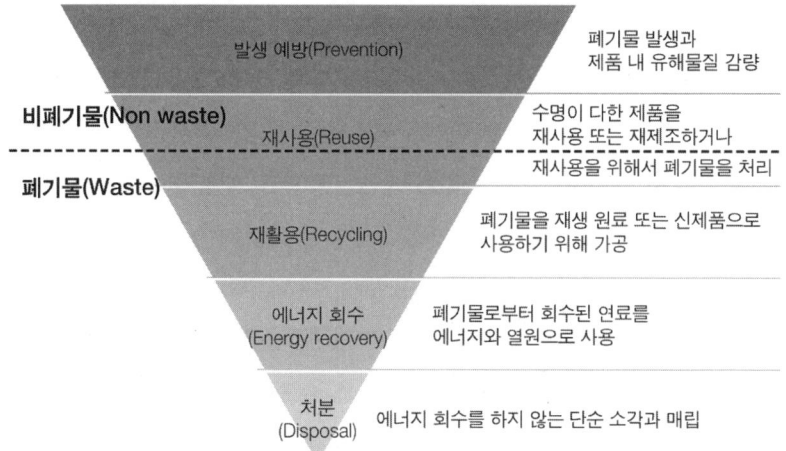

발생 예방(Prevention) — 폐기물 발생과 제품 내 유해물질 감량

비폐기물(Non waste)

재사용(Reuse) — 수명이 다한 제품을 재사용 또는 재제조하거나
재사용을 위해서 폐기물을 처리

폐기물(Waste)

재활용(Recycling) — 폐기물을 재생 원료 또는 신제품으로 사용하기 위해 가공

에너지 회수 (Energy recovery) — 폐기물로부터 회수된 연료를 에너지와 열원으로 사용

처분 (Disposal) — 에너지 회수를 하지 않는 단순 소각과 매립

자료: OECD(2020).[11]

을 구입하는 쇼핑 습관이 이에 해당된다.

폐기물의 재사용(Reuse)은 폐기 이후에 재사용하거나 재제조를 하는 것과 재사용을 위해서 폐기물을 처리하는 것을 포함한다. 이 계층 구조에서는 폐기물을 처리해서 재사용하는 경우부터 폐기물(Waste)로 규정한다. 폐기물의 재활용(Recycling)은 재생 원료 또는 신제품으로 사용하기 위해 가공하는 것을 의미한다. 폐기물의 에너지 회수(Energy recovery)는 폐기물로부터 회수된 연료를 에너지와 열원으로 사용하는 것이다. 마지막으로 폐기물의 처분(Disposal)은 에너지 회수를 하지 않는 단순 소각과 매립이 해당된다. 즉, 소각도 에너지 회수 공정을 포함하는 경우와 그렇지 않은 경우에 대해 계층구조가 달라진다.

OECD Working Group on Waste Prevention and Recycling(2002)에 따르면 폐기물 발생 예방, 재활용과 소각은 폐기물 최소화(Waste minimisation)에 해당된다.[12] 즉, 폐기물을 최소화하는 것은 최종 매립량을 줄이기 위한 포괄적인 방법이라고 볼 수 있다. 지속 가능한 폐기물 관리 정책은 폐기물 계층구조 최상단에 위치한 발생 예방을 우선적으로 시행하되, 대안이 없는 경우에 재사용, 재활용, 에너지 회수, 처분 순으로 시행해야 한다는 것이다.

(2) 가치 사슬에 따른 순환경제의 주요 단계

폐기물 발생을 줄이고, 에코디자인과 재사용과 같은 방책은 기업의 비용을 절감하는 동시에 연간 온실가스 배출량을 줄일 수 있다. 현재 우리가 매일 사용하는 재료를 생산하는 데 배출되는 온실가스는 전체 배출량의 45%를 차지한다. 순환경제로 전환하는 것은 환경오염 등 부하를 감소시키고, 원자재의 공급을 안정적으로 향상시킬 수 있다. 또한 경쟁력 향상, 혁신 촉진, 경제성장 촉진, 일자리 창출이 기대될 수 있다. 실제로 EU에서는 순환경제로의 전환으로 국내총생산(GDP)이 5% 증가하고, 2030년까지 70만 개의 일자리가 창출될 것으로 기대하고 있다.[4]

〈그림 5-4〉 순환경제의 주요 단계와 지향점

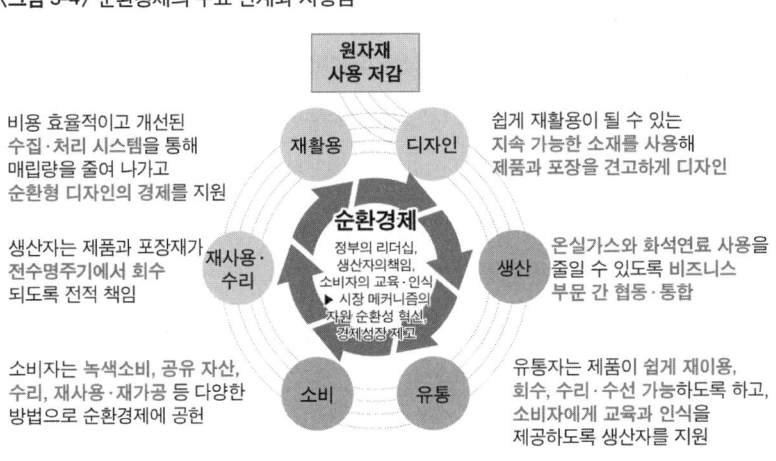

자료: 이소라 외(2019).[10]

순환경제의 주요 단계는 디자인, 생산, 유통, 소비, 재사용·수리, 재활용으로 나누어 볼 수 있다. 또한 생산에서 소비, 수리 및 재제조, 폐기물 관리, 생산 경제에 재공급되는 2차(재생) 원료(Secondary raw materials)까지 가치 사슬(기업활동에서 부가가치가 생성되는 일련의 과정)의 각 단계에서 순환경제를 지원해야 한다.[13]

(3) 순환경제의 핵심 영역

지속 가능하고 기후 중립적이며, 자원 효율적인 제품을 생산하기 위해서는 에코디자인을 적용하고 제품 수명주기에 따라 모든 정보를 공유할 수 있도록 해야 한다. 순환성과 지속가능성은 제품의 설계뿐만 아니라 생산, 소비에 이르기까지 전 과정에 걸쳐 가치 사슬이 통합적으로 검토되어야 한다. EU집행위원회(European Commission)는 순환경제를 달성하는 데 있어 7가지 핵심 영역을 설정했는데, 플라스틱, 섬유, 전기·전자 제품과 정보통신기술(ICT), 식품과 물·영양소, 포장재, 배터리·자동차, 건물·건축이 이에 해당된다.[7]

환경으로 유출된 플라스틱은 풍화와 열화를 거쳐 미세플라스틱(<5mm)으로 변한다. 플라스틱 쓰레기와 미세플라스틱은 생태계를 파괴시킬 뿐 아니라, 석유계 플라스틱 원료의 대량 사용은 자원 고갈과 온실가스 대방출의 주범이다. Nature Sustainability(2021)의 6월 연구보고서에 따르면 "플라스틱 제품이 전 세계 바다 쓰레기의 4분의 3을 차지"하고 있으며, 그중 일회용 비닐봉지, 플라스틱 포장재, 식품 용기, 식품 포장재 등 4가지의 플라스틱 제품이 인간이 버리는 쓰레기의 절반을 차지"한다고 강조하고 있다.[15] 2018년 채택된 EU집행위원회 결의안에서는 2020년까지 화장품, 개인 케어제품, 세제 및 청소 제품에 미세플라스틱을 의도적으로 첨가하는 것을 금지하고, 일부 플라스틱 제품에 대해 최소한의 재활용 원료 함량과 재활용 플라스틱의 품질 기준을 요구하고 있다.[16]

〈그림 5-5〉 순환경제 달성을 위한 핵심 영역

식품과 물·영양소

전기·전자 제품과 ICT

더 깨끗하고 경쟁력 있는 유럽을 만들기 위한
순환경제 행동계획

배터리·자동차

건물·건축

섬유

플라스틱

포장재

자료: European Commission(2021).[14]

　전기·전자 제품의 폐기물은 현대사회에서 가장 빠르게 증가하는 폐기물 중 하나이며 40% 미만으로 재활용되고 있다. 생활이 현대화됨에 따라 전기·전자 제품은 필수품이 되었으며, 세탁기, 청소기, 스마트폰, 컴퓨터 등이 없는 삶은 상상하기 어렵다. 그러나 전기·전자 제품의 폐기물은 생태 발자국을 줄이려는 노력에 장애물이 되고 있다. 전기·전자 제품의 폐기물에는 환경을 오염시키고 사람에게 유해한 물질이 포함되어 있다. 또한 제품 내에는 희귀 광물인 희토류도 포함되어 재활용은 더욱 중요하다. 그러나 전기·전자 제품의 재활용 속도는 생산 속도를 따라가지 못해 전 세계 4470만 톤의 폐기물 중 20%만 적절하게 재활용되었다.[17] 따라서 전기·전자 제품의 재사용성과 수리성을 보장해 제품 수명을 연장할 것을 촉구하고 있다.[15]

　섬유는 생산 과정에서 석유계 원료와 물을 많이 사용하며, 재활용률이 1% 미만이다. 2020년 3월 유럽의회가 발표한 "지속 가능한 순환 섬유에 대한 EU 전략"에서는 2030년까지 출시되는 섬유 제품의 수명이 길고 재활용 가능하며, 가능한 한 재활용 섬유로 만들어지고 유해 물질이 없도록 목표를 정하고 있다. 특히 미세플라스틱을 만들어 내는 극세사에 대해서 새로운 대책을 강구 하도록 하고 있다.[15]

포장 폐기물 또한 현대사회에서 빠르게 증가하는 폐기물 중 하나이다. EU의 포장 폐기물이 2017년에 최고를 기록함에 따라 2030년까지 출시되는 모든 포장을 비용 경제적으로 재사용하거나 재활용하는 것을 목표로 하고 있다.[15] 특히 세계경제포럼(WEF, 재사용 소비 모델의 미래 보고서, 2021)은 "재사용 캠페인을 통해 2030년 전 세계 일회용 포장재의 10%가 다회용 또는 재사용 가능 포장재로 대체될 수 있을 것"이며, 이로 인해 바다로 유출되는 플라스틱 쓰레기의 절반을 줄일 수 있을 것으로 기대하고 있다.[15]

음식, 물·영양소는 식품 낭비에 의해 손실되며, '농장에서 식탁까지의 전략'(Farm to Fork Strategy, EU)에 따라 식품 중 먹지 않고 손실되는 20%를 줄여 2030년까지 음식물 쓰레기를 절반으로 줄일 것을 촉구하고 있다.[15]

EU에서는 2030년까지 최소 3천만 대의 무공해 전기자동차가 도로를 운행할 것으로 예상하고 있다. 이러한 전기자동차는 온실가스 배출량을 크게 줄

〈그림 5-6〉 EU에서 판매·사용되는 배터리 종류

자료: European Parliament(2022).[18]

일 것으로 예상하지만 환경적으로 단점이 있는데 그것은 바로 배터리의 폐기물로 인한 환경오염이다.[18] 따라서 수명이 다한 배터리의 용도를 변경하고 재생 또는 재활용할 수 있도록 배터리 지침을 업데이트하고 있는 추세이다. 또한 기존의 자동차 배터리뿐만 아니라, 최근 사용이 급증하고 있는 전기 자전거와 전기 스쿠터, 전동 킥보드 등 경량 운송수단의 배터리에 대한 지침도 포함할 것을 요구하고 있다. 더불어 배터리에 탄소 발자국 라벨을 부착하여 환경에 대한 영향을 명확히 하고, 신제품 배터리 내에 재활용된 코발트, 납, 리튬 및 니켈이 사용되도록 요구하고 있다

건설 환경은 경제의 많은 부문과 지역의 일자리, 삶의 질에 중요한 영향을 미친다. 또한 막대한 자원이 필요하며, 전체 자원에서 추출된 재료의 약 50%를 사용하는 곳이 건설 부문이다. EU에서 건설 폐기물은 전체 폐기물의 35% 이상을 차지하고 있으며, 재료 추출, 건설자재 제조, 건물 건축 및 개조에 따른 온실가스 배출량은 5~12%로 추정하고 있다. 건설 재료의 효율성을 높이면 온실가스 배출량의 80%를 절약할 수 있을 것으로 기대된다.[19] 특정 건설 자재에 대해 재활용 원료를 사용하도록 요구하고 있으며, 건물 설계 시 순환 경제 원칙에 따라 건물의 자산 내구성(Durability)과 적응성(Adaptability)을 촉진하고자 하고 있다. 또한 건물을 철거할 때, 다량 발생하는 단열재 등 특정 자재는 회수하도록 목표 설정을 강화하고 있다.

2. 자원순환경제 사회의 현재와 미래

1) 폐기물 발생과 처리 현황 그리고 특징

(1) 폐기물의 발생 현황과 전망

세계은행(World Bank)의 What a Waste 2.0 보고서(2018)에 따르면 2016년 기준 전 세계 생활계 폐기물[1]의 발생량은 약 20.1억 톤으로 그중 33%는 환경 적으로나 위생적으로 관리되고 있지 않다.[20] 한국은 2018년 기준 전체 폐기물 발생량 43만 톤 중 13%가 생활계 폐기물이다. 생활계 폐기물의 62%가 재활 용되고 있으며, 나머지 폐기물도 열을 회수하는 소각이나, 매립 가스를 회수 하는 위생 매립으로 전량 처리되고 있다. 이는 한국이 폐기물을 자원으로 인 식하고 최대한 물질과 에너지로 회수하고자 하는 정책을 펼쳐 온 성과로 볼 수 있다.

전 세계 생활계 폐기물 발생량은 지속적으로 증가하여 2050년에는 2016년 보다 약 69% 증가한 34억 톤/년이 될 것으로 예측된다.[20] 이는 인구 증가를 고려하여 예측된 전망이며, 폐기물 발생량이 증가한다는 것은 지구상에 폐기 물을 처리하는 시설이 늘어나 우리의 생활 터전 중 일부가 폐기물 처리 시설 로 바뀌어야 하는 것을 의미한다. 즉, 인구가 증가하여 인간이 정주할 생활공 간이 점점 더 필요함에도 처리시설 공간도 함께 확보해야 한다는 문제에 직 면하고 있다는 것이다.

한국의 경우 전체 폐기물 발생량이 2018년 43만 톤/년에서 2050년 71만 톤/ 년으로 증가하여 약 66% 증가할 것으로 예측된다. 반면에 생활계 폐기물은

---

1)   생활계 폐기물은 가정, 상업지역, 관공서에서 배출하는 생활 폐기물을 포함하며, 산업 폐기물, 유해 폐기물, 전기전자 폐기물, 건설 폐기물은 포함하지 않는다.

약 5만 6천 톤에서 약 7만 7천 톤으로 37% 정도 증가하는 수준으로 전망된다.[21] 이는 전 세계 생활 폐기물 증가율의 절반 수준이다. 2050년에도 재활용 비율은 비슷하게 유지될 것으로 전망되나, 신소재나 제품의 다양화로 종량제로 혼합 배출되는 쓰레기의 성상을 고려할 때 소각량은 약 2배 정도 증가할 것으로 예측된다. 결국 매립을 최대한 줄이기 위해서는 재활용이 불가능한 폐기물을 에너지로 회수할 수 있는 소각 시설의 확충이 예견되는 상황이다.

(2) 국가 소득에 따른 생활계 폐기물 발생과 처리 현황

전 세계 인구 일인당 하루에 버리는 생활계 폐기물은 0.74kg/인·일 정도라고 하며, 국가에 따라 적게는 0.11kg/인·일(남아프리카 레소토)에서 많게는 4.45kg/인·일(북유럽 아이슬란드)까지 다양하다.[20] 인구수로는 전 세계에 16%에 불과한 고소득 국가에서 전 세계 폐기물의 약 34%를 배출하고 있다. 또한 2050년 고소득 국가의 일인당 생활계 폐기물은 약 40% 증가할 것으로 예측되지만 중간 소득과 저소득 국가에서는 약 19% 정도 증가하는 수준에 그칠 것이다.

그렇다면 한국의 수준은 어떠할까? 2018년 기준 1.1kg/인·일로 전 세계 평균과 비교할 때 조금 높은 상황이지만,[22] 주요 고소득 국가인 미국(2.24kg/인·일), 덴마크(2.17kg/인·일), 스위스(1.98kg/인·일), 뉴질랜드(1.99kg/인·일), 싱가포르(3.72kg/인·일), 홍콩(2.14kg/인·일)에 비하면 절반 수준이다.[20]

국가 소득에 따른 일인당 생활계 폐기물 발생량은 2016년 기준 저소득 국가에서 0.43kg/인·일, 중저소득 국가에서 0.61kg/인·일, 중고소득 국가에서 0.67kg/인·일, 고소득 국가에서 1.57kg/인·일 발생하고 있다. 폐기물 발생량이 경제 발전과 전반적으로 비례함을 알 수 있는 대목이다. 이는 전 세계 대륙별 생활계 폐기물 발생량에도 영향을 미친다. 북미는 2.21kg/인·일로 가장 많은 폐기물이 발생하는 대륙이며, 유럽과 중동아시아는 1.18kg/인·일, 한국이 속한 아시아는 0.52kg/인·일이다. 반면 사하라 이남 아프리카는 0.46kg/인·일로 가장 낮다.[20] 유럽이 북미와 유사한 GDP를 보이고 있음에도 폐기물 발생량이 절반 수준인 것은 독일과 스웨덴 등 주요 유럽 국가들이 쓰레기를 줄이기 위한 정책을 활발히 시행하고 있기 때문이다.

폐기물은 발생량을 줄이는 것만이 대책은 아니다. 어떤 방식으로 처리해 환경오염을 덜 일으키는지에 대한 고민도 필요하다. 자원순환경제에서는 폐기물의 발생을 줄이고 환경오염을 감소시킴과 동시에 자원과 에너지를 회수하는 것을 지향하고 있다.

전 세계 발생 생활계 폐기물 중 69%가 매립되고 있는데 그중 33%는 비위생 매립(Open dumping)이라고 하는 육상 투기에 가까운 방식으로 처리되고 있다. 그나마 37%는 위생 매립되고 있는데 이는 침출수가 지하로 흘러 들어가지 않도록 차수막을 설치하고 메탄가스 등 온실가스가 대기 중으로 유출되지 않도록 가능하면 포집하고 있다. 생활계 폐기물의 오직 13.5%만이 재활용되고 있으며, 11%는 소각, 5.5%는 퇴비화되고 있다. 이 또한 GDP와 같은 국가 소득에 따라 큰 차이를 보인다. 고소득 국가에서는 39%를 위생 매립하고 2%만 비위생 매립하는 반면, 저소득 국가에서는 93%를 육상 투기한다. 저소득 국가에서는 폐기물을 처리하는 데 있어 가장 쉽고 비용이 적게 드는 비위생 매립을 택하고 있는 것이다. 하지만 한번 오염된 매립 부지는 미래 세대가 다시 사용할 수 없는 죽은 땅이 되어 버릴 수 있다는 측면에서 EU에서는 가연성 폐기물의 직매립 금지 정책을 펼치고 있다. 한국도 2026년부터 수도권 지역에 가연성 생활 폐기물 직매립 금지를 시행하고, 2030년부터는 전국으로 확대할 예정이다.

한편 고소득 국가에서는 22%를 재활용하고, 29%를 소각을 통해 에너지를 회수하고 있는데 이러한 방법이 효율적인 폐기물 관리의 프레임워크라고 볼 수 있다. 재활용과 폐기물 에너지화(Waste-to-Energy)는 비위생 매립에 의존하

〈표 5-2〉 국가 소득에 따른 폐기물 처리 방법

구분	비위생 매립	위생 매립	재활용	소각	퇴비화	기타 고도처리
고소득	2%	39%	22%	29%	6%	2%
중고소득	30%	54%	10%	4%	2%	-
중저소득	66%	18%	6%	-	10%	-
저소득	93%	3%	3.7%	-	0.3%	-

자료: ESWET(2019: 10)를 참고하여 저자가 작성.[24]

는 저소득 국가, 중저소득 국가에서는 거의 활용되지 않는 방법이다. 이처럼 소각의 폐기물 에너지화는 재활용이 불가능하여 기존에 매립하던 폐기물을 처리할 수 있는 방법 중 하나인 것이다. 그러나 EU의 의회에서는 매립뿐만 아니라 소각 처리 또한 최소화하고 고품질의 재활용을 늘릴 것을 촉구하고 있다.[7] 즉, 소각과 매립을 지양하는 원칙을 고수하고 있는 것이다.

2) 지속 가능한 자원순환경제 사회의 미래상

(1) 자원순환 관점에서의 폐기물 관리 지향점

폐기물 처리 과정에서 회수된 자원과 에너지를 활용하여 온실가스 발생량을 줄이고, 천연자원의 소비를 줄이는 방법은 탄소중립으로 가는 주요 수단이 될 수 있다.

EU의 Waste-to-Energy 2050 보고서(2019)에 따르면 지속 가능한 폐기물 관리를 위한 청정 기술로 폐기물 에너지화가 꼽힌다.[23] 물론 에너지화로만 한정하는 것은 아니고 에너지화 과정에서 발생하는 부산물에 대해 자원화를 가능한 한 회수토록 하고 있다. 폐기물 에너지화가 전 세계 재생 에너지 시스템과 자원순환 사회에 기여한다는 면에서 미래 폐기물 에너지화 관리 시스템 구축의 중요성을 강조했다. 먼저 폐기물 에너지화 방법은 재활용이 될 수 없는 가

〈그림 5-7〉 Waste-to-Energy 2050의 미래상

자료: ESWET(2019: 22~23).[24]

연성 폐기물을 매립하지 않음으로써 매립지에서 발생하는 온실가스 발생을 줄일 수 있다. 동시에 폐기물을 소각하여 에너지를 생산함으로써 수소와 같은 대체 연료를 공급하면 산업과 운송 부문에 탈탄소화가 가능하며, 가정과 상업, 산업 등에 회수된 에너지로 냉난방을 공급할 수 있다. 이러한 폐기물 에너지화 시설은 인구와 산업이 발달한 도시 구조에 적합하다. 이러한 폐기물 시설에 대규모 스포츠 시설(스키장, 암벽 등반장, 스케이트장, 테니스장, 수영장 등)을 설치하고, 교육과 오락이 결합한 에듀테인먼트(Edutainment)를 활동이 가능하게 함으로써 폐기물 관리에 관한 시민들의 인식을 긍정적으로 전환시킬 수 있다.

그러나 폐기물 에너지화 소각 시설은 폐기물을 연소하는 과정에서 탄소를 집약적으로 배출해 탄소중립을 저해하는 한계가 존재한다. 이 점을 눈여겨본

'제로 웨이스트 유럽(Zero Waste Europe)'은 유럽의 주요 금융기관과 함께 폐기물 에너지화 소각을 재정지원 대상에서 제외하는 방향으로 추진하고 있다. 동시에 2050년까지 탄소중립을 달성하고, 2030년까지 재활용이 불가능한 잔재 폐기물의 양을 반으로 줄이는 목표를 설정했다.[25] 폐기물 에너지화에 집중하다 보면 재활용 가능 폐기물과 재활용 불가 폐기물을 모두 소각로에서 처리하게 되어 순환경제로의 전환을 오히려 저해하고, 폐기물의 감량과 재활용이 주요 정책에서 밀릴 수 있다는 점을 포착한 것이다. 이에 EU는 회원국이 보다 탄력적이고 지속 가능한 경제를 구축하고 녹색 및 디지털 전환을 달성하도록 지원하기로 했다. 각 회원국은 EU집행위원회에서 제안된 지침에 따라 회수 및 완화 시설(2021년 2월 발효)을 준비해야 한다.

EU 택소노미 규정은 환경적으로 지속 가능한 경제활동을 분류하는 시스템으로 6개의 환경 목표를 설정하고 있다.[25] 기후변화 완화 및 적응, 해양자원의 지속 가능한 사용 및 보호, 순환경제로의 전환, 오염 방지 및 통제, 생물다양성과 생태계의 보호 및 복원이 이에 해당된다. 지속 가능한 활동은 이상 6가지 중 하나 이상의 환경 목표에 기여하면서도 다른 목표에 심각한 피해를 입히지 않아야 한다는 것이다. "폐기물 발생, 소각 및 매립 처분을 확대하는 활동"은 순환경제의 전환 목표를 방해하는 것으로 명시되어 있다. 새로운 소각 시설을 지속적으로 건설하는 것은 재사용과 재활용처럼 지속 가능한 폐기물 관리 대안이 추진되는 것을 방해하고, 재활용 가능한 폐기물이 소각되는 결과를 낳기 때문에 순환경제 전환을 위협하는 것으로 강조하고 있다. 따라서 "순환 및 자원 효율적인 경제로의 전환 촉진"이라는 목표에 따라 재활용 시설 확충, 분리 배출 및 수거, 폐기물의 재사용 부문에 투자를 지원하기로 했다. 순환경제의 주요 실천방안으로 소각을 최소화하고, 폐기물 발생 예방과 재사용, 고품질의 재활용 확대를 강조하고 있다.

(2) 지속 가능한 소비·생산을 통한 순환경제 전환

우리의 지속 가능한 소비를 통해 제품과 원료를 생산하는 업계가 친환경적으로 제품을 생산하고 유통하는지 감시하는 동시에 정부에 자원순환 정책과 제도를 개선하도록 할 수 있다. 또한 Digital Product Passport를 적용하여 전체 가치사슬에 따라 제품과 부품을 추적하기 위한 데이터베이스를 만들고, 이를 통해 생산자와 소비자 간에 정보를 교환하며 환경적 관점에서 제품 시장을 감시할 수 있다.

에코디자인이란 제조업체가 특정 제품을 설계할 때 에너지 효율성과 자원 효율성에 관한 최소한의 요구 조건을 충족해야 함을 의미한다. 제조 비용의 90%와 환경오염의 80%가 제품의 디자인 단계에서 결정된다고 한다. 기존의 EU 에코디자인 지침은 보일러, 컴퓨터, 가전제품 등 에너지 관련 제품에 대한 최소 에너지 효율 기준을 정하고 있다. 이러한 에코디자인 정책으로 소비자는 전기 요금 등의 비용을 절감하고 환경에 대한 영향을 줄일 수 있게 되었으며, 소비자들의 에너지 요금을 연간 490유로로 절약할 수 있는 것으로 추정한다. 그러나 에너지 효율성을 넘어 제품의 내구성, 재활용의 용이성 측면도 고

〈그림 5-8〉 지속 가능한 소비·생산의 메커니즘

자료: BMUV(독일 환경·자연보호·핵안전부) 홈페이지.[26]

려하도록 할 필요가 있게 되었다. 자원 효율성을 고려하면 제품의 수명을 연장하고 환경에 미치는 영향을 줄이는 데 도움이 되기 때문이다. 따라서 최근에 EU 에코디자인 지침을 비에너지 관련 제품으로 확대하고, Digital Product Passport를 준비하고 있다. 또한 지침의 대상이 되는 제품군을 확대토록 하고 있다. 예를 들어 소비자들이 평균 2년마다 휴대폰을 구입하기 때문에, 에코디자인 지침에 휴대폰을 포함시키면 에너지 효율성을 개선하는 데 도움이 될 뿐만 아니라 휴대폰에 있는 희소금속을 재활용하고, 배터리를 쉽게 교체할 수 있다.[27]

우리는 제품이 고장 나면 새 제품을 사기 전에 고칠 수 있는지를 알아본다. 이때 제품을 수리하는 것이 새 제품을 사는 것보다 저렴해야 한다. 유럽지표(Eurobarometer) 조사에 따르면, 일반적으로 77%의 소비자가 새로운 제품을 구매하기 전에 수리를 시도한다고 한다. 또한 소비자들은 제품을 구매할 때 내구성과 수리가능 라벨이 붙은 제품을 구매할 가능성이 3배 정도 높다고 한다. 특히 고가인 디지털 기기에 대해서 개별 부품을 쉽게 수리하거나 교체할 수 있기를 바란다. 소비자가 소유하고 있는 제품을 간단하고 저렴하게 수리할 수 있는 '수리권(Right to repair)'은 수리와 재사용 문화를 촉진하고, 지역 내 중고업체와 수리업체를 육성하는 순환경제에 중요한 영향을 주는 요인이다. 제품 생산자는 제품의 예상수명에 대한 정보와 수리부품 제공, 보증 및 수리 가능성에 대한 정보를 소비자에게 제공해야 한다.[28]

재사용이 활성화·재사용되는 문화를 조성하기 위해서는 소비자가 중고 제품이나 수리 제품을 신뢰할 수 있도록 제품의 상태를 보증하는 인증이 필요하며, 더 나아가 중고 제품을 대여하는 비즈니스 모델의 확산도 필요할 것이다. 일반적으로 이런 지속 가능한 소비는 제품이나 서비스가 경제적으로 저렴해짐으로써 생산과 소비가 증가하는 반동 효과를 기대할 수 있다. 우리는 이를 환경 효율성(ISO 14045 표준의 Eco-efficiency)의 향상이라고 설명할 수 있다.[28] 환경 효율성은 제품과 서비스의 환경적 측면과 경제적 측면을 동시에 고려하는 지표로, 환경에 대한 부하를 줄이면서 부가가치를 향상시킨 제품과 서비스를 제공함으로써 지속 가능한 사회를 지향한다. 따라서 환경 효율성은 기업에서 순환경제로의 전환 정도를 모니터링하는 지표로 활용할 수 있을 것이다.

순환경제로의 전환을 모니터링하는 지표는 세계 각국마다 조금씩 다르다. EU집행위원회에서는 순환경제로의 전환 정도를 평가하기 위해 '생산·소비', '폐기물 관리', '2차(재생) 원료', '경쟁력·혁신' 등 4개 분야에 대해 10개의 모니터링 지표를 제안했다. EU 주요국에서는 같은 지표 10개를 선정해 모니터링하고 EU와 심층 비교하도록 했다. 생산·소비 분야에서는 ① 원료 자급률, ② 녹색 공공조달, ③ 폐기물 발생량, ④ 음식물 쓰레기 지표를 모니터링하고, 폐기물 관리 분야에서는 ⑤ 전체 폐기물 재활용률, ⑥ 특정 폐기물 재활용률 지표를 모니터링하여 녹색소비와 자원 효율성을 평가한다. 2차(재생)원료 분야에서는 ⑦ 1차원료 대비 재활용된 원료의 사용 비중, ⑧ 재활용 원료의 교역

〈그림 5-9〉 EU집행위원회의 순환경제 모니터링 지표

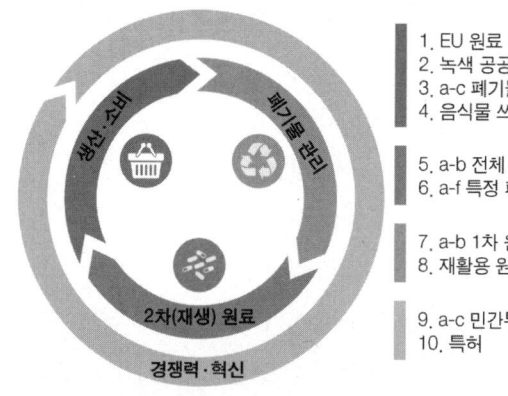

1. EU 원료 자급률
2. 녹색 공공조달
3. a-c 폐기물 발생량
4. 음식물 쓰레기

5. a-b 전체 폐기물 재활용률
6. a-f 특정 폐기물 재활용률

7. a-b 1차 원료 대비 재활용된 원료 사용 비중
8. 재활용 원료의 교역

9. a-c 민간투자, 일자리 및 부가가치
10. 특허

자료: Finnish Environment Institute(2018).[29]

지표를 평가한다. 경쟁력 및 혁신 분야는 앞선 3가지 분야를 모두 아우르며, ⑨ 민간투자, 일자리 및 부가가치, ⑩ 순환경제 관련 혁신기술에 대한 특허지표를 통해 평가한다.

3. 탄소중립을 위한 자원순환경제 사회의 추진 방향

1) 자원순환경제를 위한 정책 수단과 정책 효과성

순환경제로의 전환에서 플라스틱과 포장재에 대한 정책은 주요 핵심영역이라고 할 수 있다. 특히 플라스틱 폐기물은 순환경제로의 전환에 가장 큰 도전 요인이므로 이에 대한 대응이 필요하다. 특정 플라스틱에 대한 환경 피해를 소비자에게 알리고, 생산자에게 환경오염에 대한 재정적인 책임을 지도록 할 필요가 있다. EU에서는 일회용 플라스틱 사용을 제한하는 지침안을 제정했으며, 사용량 저감, 시장출시 금지, 라벨 표시, 생산자 책임 확대, 인식제고 조치 등으로 규제하고 있다. 식품 용기와 음료용 컵은 사용을 줄이는 데 노력하며, 타 재질이나 다회용 제품으로 대체가 가능한 면봉, 식기류, 풍선 막대는 시장 출시를 금지했다. 출시가 금지된 품목을 제외한 모든 품목에 대해서는 생산자의 재활용 책임을 확대하고, 소비자 인식을 제고하여 사용을 줄이고 재활용에 참여하도록 제안하고 있다. 또한 풍선, 위생용품에 대해서는 플라스틱의 사용 여부, 적절한 처리 방법, 환경에 대한 부정적인 영향 내용을 라벨에 표시하도록 되어 있다.

유엔환경계획(UNEP: UN Environment Programme)에서는 플라스틱 포장재(플라스틱 봉투 및 스티로폼 용기 등)에 대한 정책 수단으로는 규제(사용 금지), 경제적 수단(공급자·판매자·사용자 부담금 부과), 규제와 경제적 수단의 혼합 정책,

<표 5-3> EU의 일회용 플라스틱 품목별 규제 방법

구분		사용량 저감	시장 출시 금지	라벨 표시	생산자 책임 확대	인식 제고 조치
식품 용기		O			O	O
음료용 컵		O			O	O
플라스틱 재질의 면봉			O			
식기류(포크, 나이프, 숟가락, 접시, 빨대)			O			
풍선				O	O	O
풍선 막대			O			
포장지					O	O
음료 용기 및 뚜껑					O	O
담배 필터					O	O
위생 용품	물티슈			O	O	O
	생리대			O		O
플라스틱 봉투					O	O
낚시 도구					O	O

자료: 오태현(2018).[30]

<그림 5-10> 해외 플라스틱 정책과 규제 현황의 수단

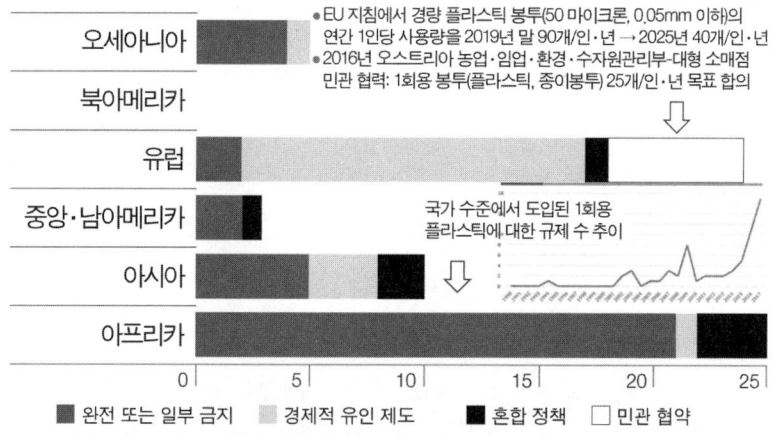

자료: UNEP(2018)[31]를 참고하여 저자가 작성.

민관 협력(산업계 자발적 협약) 등으로 구분했다.[31] 전 세계 대륙별로 정책을 활용하는 수단이 상이한데, 아프리카 대륙의 국가에서는 주로 일회용 플라스틱 봉투 등 사용금지 정책을 주로 시행하는 반면, 유럽 내 국가에서는 생산자책임재활용제도(EPR)나 폐기물 부담금과 같은 경제적 수단을 통해 생산과 소비에 대한 정책을 펴고 있다. 또한 산업계와의 협력과 합의를 통해 플라스틱 포장재의 생산과 소비를 줄여 나가는 목표를 추진하고 있다.

이러한 수단들이 효과적인지를 분석하려면 추후 본격적인 조사와 연구가 필요하다. UNEP NOWPAP의 보고(2019) 결과에 따르면 국가 차원의 일회용 포장재 사용 금지와 부과금 정책이 포장재의 생산·소비를 줄이는 데 기여했는지에 대해 분석한 결과 30%의 국가에서는 소비와 오염 저감이 있었던 것으로 밝혀졌고, 20%의 국가에서는 영향이 없거나 미미하며, 나머지 50% 국가에서는 정책 실행에 따른 영향에 대한 데이터가 부재하여 영향과 효과를 알수 없는 것으로 나타났다. 실제로 일회용 포장재의 사용금지제도를 시행한다고 해도 국가별로 강제성이 부족하거나, 일회용 포장재를 대체할 방안이 부족한 경우에는 그 효과를 기대할 수 없기 때문이다.

2) 자원순환경제 사회로의 전환 정책

한국은 2018년 「자원순환기본법」을 시행하고, '제1차 자원순환 기본계획(2018~2027)'을 수립하여 자원순환 사회로의 법적·제도적 기반을 구축했다. 또한 2020년 9월에는 '자원순환 정책 대전환 추진계획'을 발표하여 생산-유통-소비 전 과정에서 폐기물 발생을 감축하고, 분리 배출과 수거 체계의 개선과 함께 재생 원료의 품질을 제고하는 등 핵심 과제를 제시했다. 또한 2022년까지 주요 일회용품 소비 35%와, 플라스틱 포장 폐기물 10%를 감축하고, 2030년까지 플라스틱 용기 등 재생원료 사용 목표를 30%로 설정했다.[32]

코로나19 확산과 소비 패턴의 변화로 일회용 포장용기 등의 사용이 심각해지자 2020년 12월 '생활 폐기물 탈(脫)플라스틱 대책'을 발표하여 2025년까지 플라스틱 폐기물을 20% 줄이고, 분리 배출된 폐플라스틱 재활용 비율을 54%에서 2025년 70%로 상향시키고자 했다. 또한 2050 탄소중립사회를 위해서는 화석연료 플라스틱의 제로화 등 장기 대책이 필요한 상황이다. 이에 정부는 단기적으로 플라스틱 생산과 소비를 원천 감량하고 재활용을 확대하고, 장기적으로는 2050 탄소중립과 연계하여 '탈플라스틱 사회 전환'을 선언한 것이다. 이로 인해 2030년에는 플라스틱에서 기인하는 온실가스를 30% 감축하고, 2050년에는 순수 바이오 플라스틱 등으로 대체하여 100% 감축을 목표로 하고 있다.[33]

2021년 12월 수립된 '탄소중립을 위한 한국형(K)-순환경제 이행계획'은 환경부와 산업통상자원부가 공동으로 마련한 것으로 생산-유통-소비-재활용 전

〈그림 5-11〉 한국형(K)-순환경제 이행계획의 비전과 주요 과제

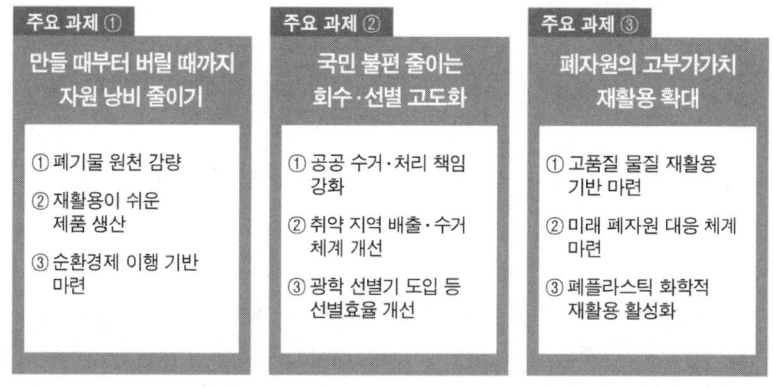

자료: 환경부(2022).[34]

과정의 폐기물을 감량, 순환성을 강화하고, 순환경제 활성화의 법적 기반을 확보하고자 한 것이다. 버려진 자원을 순환 공급하고, 버려진 수명을 살리기 위해 수리권을 확보하는 등 버려진 유용성의 회복을 통해 순환경제 사회로의 전환을 도모하고 있다.

3) 자원순환경제의 비즈니스 모델

기업과 소비자와 같은 경제주체는 순환경제를 주도하는 핵심이다. 따라서 정부와 지자체는 순환경제 전환을 위해 정책과 제도를 개선하고 산업계와 소비자를 위한 지원을 해야 한다. 먼저 폐기물 관리에 관한 장기적 목표가 필요할 것이다. 즉, 매립을 줄이고 생활 폐기물과 포장 폐기물의 흐름을 재사용과 재활용으로 변화시키기 위한 목표와 실행 계획이 필요하다. 이러한 폐기물과 자원순환의 장기적 목표를 설정하는 것은 경제계와 사회 전반에 순환경제 전환을 알리는 명확한 신호가 될 것이다. 또한 모범 사례를 이끌어 내고 이를 기업과 소비자에게 공유하고 확대하기 위한 경제적 인센티브를 촉진시키도록 해야 한다. 이로 인해 주요 산업부문에서 지속 가능하고 새로운 비즈니스 모델이 탄생하고 전개되어 '순환경제'와 '일자리 경제' 등 사회적 경제 활성화로 이어질 것이다.[13]

세계경제포럼은 5가지 핵심 비즈니스 모델을 제안했는데 ① 순환 투입, ② 공유경제 개념, ③ 서비스로의 제품, ④ 제품사용 연장, ⑤ 자원 회수 등이 이에 해당된다.[5] 폐기물은 처리하는 데도 비용이 들기 때문에 폐기물을 자원으로 순환시키는 순환형 제조업은 폐기물 처리 비용과 생산원료 투입에 대한 비용 절감을 모두 기대할 수 있다. 커뮤니티 전체가 유휴 자산을 공유하는 공유 경제는 제품뿐만 아니라 기계나 창고 같은 산업 자산도 가능하여 자산의 활용률을 높일 수 있다. 서비스로의 제품은 공급자가 제품의 소유권을 가지고 소비자에게 사용 종료 시까지 제품의 유지 관리, 내구성, 업그레이드 등의 서비스를 제공하는 것이다. 이로써 사용 수명을 극대화할 수 있을 뿐만 아니라 폐기 단계까지 공급자가 책임지게 되어 적절한 처리를 할 수 있다. 제품사용 연장은 수리 가능성, 업그레이드 가능성, 재사용 가능성, 분해 용이성, 재생 및 재활용 가능성 등 모든 요소를 고려해 제품을 설계하고 제공하는 것으로 공급자는 제품 사용 전 주기에 걸쳐 지속적인 수입원을 확보할 수 있다. 자원 회수는 사용 주기의 마지막 단계로 앞서 설명한 비즈니스 모델을 더 이상 적용할 수 없는 경우 에너지와 자원의 회수에 중점을 둔 것이다. 모든 제품에서 회수 가능한 가치를 추출하되 재활용을 통해 오히려 재생 원료의 품질이 저하되지 않도록 하는 것이 중요하다. 일반적으로 공공 선별장으로 회수된 제품은 고품질의 재활용 원료로 생산하기가 어렵다. 따라서 신제품 구매 시 구제품을 반품하는 보상 판매를 통해 생산자로의 적절한 회수가 선행되어야 할 것이다.

4. 지속 가능한 탄소중립 자원순환경제 사회를 향하여

French member of the Greens/EFA group의 Cormand(2020)가 작성한 "비즈니스와 소비자를 위한 보다 지속 가능한 단일 시장에 대한 보고서(Towards a more sustainable single market for business and consumers)"에 따르면 생태 발자국은 EU의 생태용량 초과일로 알려진 2019년 5월 19일에 이미 그 용량 한도를 초과했다고 한다.[1]

자원순환경제는 자원 및 원유의 부족과 가격 변동으로부터 기업을 보호함으로써 경쟁력을 높이고 새로운 비즈니스로의 기회를 창출하도록 돕는다. 또한 보다 효율적인 생산과 소비 방식을 통해 생산계와 소비자와의 사회 통합과 결속을 도모하며, 특정 기술이 아닌 다양한 모든 기술에서의 지역 일자리 창출이 가능하다. 동시에 기후와 생물다양성, 대기·토양·수질 오염 측면에서 지구의 자정 능력을 초과하는 속도로 자원을 소비함으로써 발생하는 피해를 예방하고, 에너지를 절약할 수 있을 것이다.

선형경제에서 성장한 많은 기업들이 순환경제로 전환한다는 것은 사회 전반의 지원과 인식 개선 없이는 어려울 것이다. 적은 비용으로 지속적인 경제적 인센티브를 창출하고 자원과 기후환경을 보호하는 자원순환경제 사회로의 전환은 민관의 자발적 협력과 국민의 탄소중립 실천에서부터 시작될 것이다.

참고문헌

1. Cormand, David. 2020. REPORT "Towards a more sustainable single market for business and consumers."

2. European Parliament. 2022. "How the EU wants to achieve a circular economy by 2050." https://www.europarl.europa.eu/news/en/headlines/society/20210128STO96607/how-the-eu-wants-to-achieve-a-circular-economy-by-2050

3. Matthews, Jason. 2016. "The Throwaway Economy." https://www.theodysseyonline.com/throw-away-economy

4. European Parliament. 2015. "Circular economy: definition, importance and benefits." https://www.europarl.europa.eu/news/en/headlines/priorities/circular-economy/20151201STO05603/circular-economy-definition-importance-and-benefits

5. World Economic Forum. 2022. "5 circular economy business models that offer a competitive advantage." https://www.weforum.org/agenda/2022/01/5-circular-economy-business-models-competitive-advantage/

6. 한상운 외. 2014. 『자원순환형 사회를 위한 법체계 정비방안 연구』(연구보고서 2014-15), 3~4쪽. 한국환경정책·평가연구원.

7. European Parliament. 2022. "How the EU wants to achieve a circular economy by 2050." https://www.europarl.europa.eu/news/en/headlines/society/20210128STO96607/how-the-eu-wants-to-achieve-a-circular-economy-by-2050

8. OECD. 2020. "Improving resource efficiency and the circularity of economies for a greener world." https://www.oecd-ilibrary.org/environment/improving-resource-efficiency-and-the-circularity-of-economies-for-a-greener-world_1b38a38f-en

9. 국가재정운용계획 지원단. 2021. 『2021~2025 국가재정운용계획』, 7~8쪽.

10. 이소라 외. 2019. 『순환경제로의 전환을 위한 플라스틱 관리전략 연구』(연구보고서 2019-17). 한국환경정책·평가연구원.

11. OECD. 2020. "Circular economy, waste and materials."

12. OECD. 2002. "Working Group on Waste Prevention and Recycling."

13. European Commission. 2015. "Closing the loop: An EU action plan for the Circular Economy." https://eur-lex.europa.eu/legal-content/EN/TXT/?uri=CELEX:52015DC0614

14. European Commission. 2021. "Update on WEEE and other related policies." https://www.eera-

recyclers.com/files/maria-banti-weee-updates-eera-29-1-21%20.pdf

15. 조일준. 2021.7.31. "7억 년 뒤 지구는 쓰레기로 기억된다". ≪한겨레21≫. https://h21.hani. co.kr/arti/society/environment/50716.html

16. European Parliament. 2018. "How to reduce plastic waste: EU strategy explained." https://www. europarl.europa.eu/news/en/headlines/priorities/circular-economy/20180830STO11347/how- to-reduce-plastic-waste-eu-strategy-explained

17. European Parliament. 2022. "E-waste in the EU: facts and figures." https://www.europarl. europa.eu/news/en/headlines/priorities/circular-economy/20201208STO93325/e-waste-in-the -eu-facts-and-figures-infographic

18. European Parliament. 2022. "New EU rules for more sustainable and ethical batteries." https:// www.europarl.europa.eu/news/en/headlines/priorities/circular-economy/20220228STO24218 /new-eu-rules-for-more-sustainable-and-ethical-batteries

19. European Commission. "Buildings and construction." https://ec.europa.eu/growth/industry/ sustainability/buildings-and-construction_en

20. World Bank. 2018. *What a Waste 2.0: A Global Snapshot of Solid Waste Management to 2050*. p.3, p.20, p.23

21. 이소라 외. 2020. 『지속가능성 확보를 위한 자원순환 성능 및 처리기반 적정성 평가 연구』, 109~ 112쪽. 한국환경정책·평가연구원.

22. 통계청. "주민 일인당 생활계폐기물 배출량". https://kosis.kr/statHtml/statHtml.do?orgId=101& tblId=DT_1YL21321

23. ESWET Vision for Waste-to-Energy in 2050. 2019. https://aclima.eus/eswet-vision-for-waste-to- energy-in-2050/

24. ESWET. 2019. "Waste-to-Energy 2050: clean technologies for sustainable waste management." p.10, pp.22~23

25. Zero Waste Europe. 2021. "The EU is clear: Waste-To-Energy incineration has no place in the sustainability agenda." https://zerowasteeurope.eu/2021/05/wte-incineration-no-place-sustain- ability-agenda/

26. BMUV(Germany Federal Ministry for the Environment, Nature Conservation, Nuclear Safety and Consumer Protection). "Waste management: what is important to know?" https://www.bmuv. de/en/topics/water-resources-waste/circular-economy/waste-management-what-is-important-t o-know#c23819

27. European Parliament. 2018. "Ecodesign directive: from energy efficiency to recycling." https://www.europarl.europa.eu/news/en/headlines/priorities/circular-economy/20180522STO04021/ecodesign-directive-from-energy-efficiency-to-recycling

28. European Parliament. 2020. "How to promote sustainable consumption." https://www.europarl.europa.eu/news/en/headlines/economy/20201119STO92005/how-to-promote-sustainable-consumption

29. Finnish Environment Institute. 2018. *Circular Economy for Sustainable Development*, p.16.

30. 오태현. 2018. 「EU의 순환경제 전략과 플라스틱 사용 규제」. ≪세계경제 포커스≫, vol.1, no.1. KEIP.

31. UNEP. 2018. "SINGLE-USE PLASTICS".

32. 환경부. 2020.9.23. 「폐기물 수거중단 등 국민 불편 없앤다」 보도자료.

33. 환경부. 2020.12.24. 「플라스틱 전주기 발생 저감 및 재활용 대책 수립」 보도자료.

34. 환경부. 2022. [2022년 대한민국 친환경패키징 K-순환경제 1차포럼] 포장재 자원순환 정책포럼 자료집.

제6장

탄소중립과 도시계획

변병설 | 인하대학교 행정학과 교수

1. 탄소중립의 개념과 정책 동향

1) 탄소중립의 개념

기후변화에 관한 정부 간 협의체(IPCC: Intergovernmental Panel on Climate Change)는 2018년 10월에 발표한 「지구온난화 1.5℃ 특별보고서」에서 지구의 평균온도가 1850~1900년 대비 2017년 기준 약 1℃(0.8~1.2℃) 상승한 것으로 관측되며, 이는 인간 활동에 기인한 것이 확실하다고 발표했다. 아울러 인간 활동에 의한 인위적인 온난화는 10년당 0.2℃의 온도상승 추세를 보이고 있으며, 현재 속도로 지구온난화가 지속된다면 2030년에서 2052년 사이에 파리협정의 목표인 1.5℃에 도달할 가능성이 높다고 밝혔다.

지구온난화로 인한 이상기후 현상은 이제 일상이 되었으며 세계 어느 곳에서든 쉽게 확인할 수 있다. 유럽의 경우 2019년 6월 평균기온이 25~29℃를

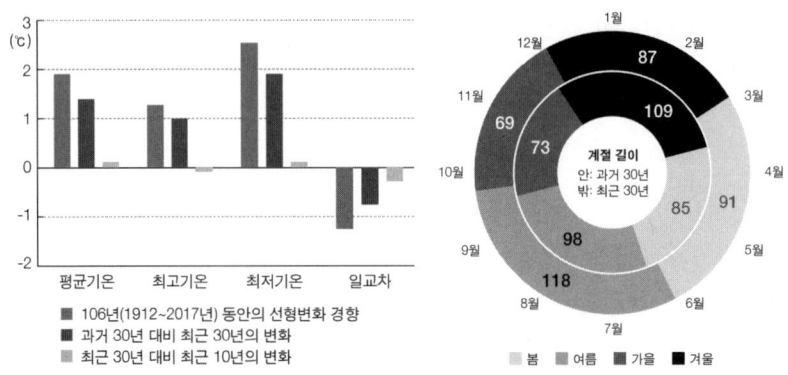

〈그림 6-1〉 한국의 기온 변화(왼쪽)와 계절의 길이 변화(오른쪽)

기록하는 등 평년보다 7~9℃ 이상 높았으며, 최근에는 많은 지역에서 여름철 40℃ 이상의 이상고온 현상이 빈번하게 관측되고 있다. 한편 미국과 캐나다에서는 2018년 100년 만의 최강 한파와 폭설이 발생했고, 호주와 아마존에서는 유례없는 대규모의 산불이 발생한 바 있다.

한국도 기후변화가 심화되고 있다. 지난 100여 년간 한국의 평균온도는 지구 평균(0.8~1.2℃)보다 높은 1.8℃ 상승했으며, 연평균 강수량의 경우 약 160mm 증가했다. 특히 최근 30년 사이에 평균온도가 1.4℃ 상승하여 지구온난화 경향이 근래에 더 심각해졌고, 강한 강수는 증가하고 약한 강수는 감소하는 양극화 현상 또한 더욱 심화되었다. 또한 과거 30년(1912~1941년)과 최근 30년(1988~2017년)을 비교하면 여름이 길어지고 겨울이 짧아지고 있다.

이러한 기후변화에 대응하기 위해 세계는 탄소중립을 지향하고 있다. 탄소중립(넷제로, Net-Zero)이란 화석연료 사용 등 인간 활동에 따른 온실가스 배출량이 전 지구적 흡수량과 균형을 이루어 대기 중 온실가스 농도가 더 높아지지 않는 것을 의미한다. 탄소중립을 위해서는 온실가스의 인위적 배출량을 최대한 줄이고, 숲 복원, 이산화탄소 포집과 같은 배출 기술을 활용한 흡수량을 늘려서 순 배출량이 '0'이 되도록 하는 것이다.

2) 탄소중립을 향한 국제사회의 노력

(1) 교토의정서와 파리협약

국제사회는 기후변화 문제에 대한 심각성을 인식하고 이를 해결하기 위해 1997년 12월 교토의정서를 채택(2005년 2월 발효)했다. 교토의정서는 유엔기후변화협약(UNFCCC)의 구체적 이행을 위해 선진국의 의무적인 온실가스 감축 목표치를 규정하는 의정서로서 현재 192개국이 가입해 있으며, 한국도 1998년 9월 25일에 가입했다.

반면 일부 선진국들의 교토체제 참여 거부와 탈퇴가 발생한 점, 개도국들은 온실가스 감축 의무를 지지 않는 점, 계획 기간이 정해져 있어 지속적인 체제 유지가 불확실한 점 등이 한계로 지적되어 이전과는 다른 새로운 체제에 대한 필요성 인식이 확산되었다.

2012년부터 2015년까지 15차례에 걸친 장기간 협상 끝에 선진국, 개도국 모두가 참여하는 파리협정이 2015년에 채택되었고, 국제사회의 적극적인 노력으로 2016년 11월 4일 협정이 발효되었으며, 한국은 2016년 11월 3일 파리협정을 비준했다.

파리협정의 목표는 산업화 이전 대비 지구 평균온도 상승을 2℃보다 훨씬 아래(well below)로 유지하고 나아가 1.5℃로 억제하기 위해 노력해야 한다는 것이다.

아울러 기후변화에 따른 적응 또한 중요한 목표이며, 개도국의 감축, 적응 목표를 달성하기 위해 재원, 기술, 역량 배양의 지원 필요성을 강조했다.

파리협정은 각 당사국에게 국가 온실가스 감축 목표(NDC: Nationally Determined Contributions)를 자발적으로 정하고 투명성을 바탕으로 이를 이행하도

<표 6-1> 교토의정서와 파리협정

구분	교토의정서	파리협정
목표	온실가스 배출량 감축 (1차: 5.2%, 2차: 18%)	산업화 이전 대비 지구 평균온도 2℃ 목표 (1.5℃ 제한 목표 달성 노력)
범위	온실가스 감축에 초점	감축을 포함한 포괄적 대응(적응, 재원, 기술 이전, 역량 배양, 투명성 등 포괄)
감축 대상	주요 선진국(38개국)	모든 당사국(197개국)
감축목표 설정	하향식(top-down)	상향식(botton-up)
목표 불이행에 따른 징벌 여부	징벌적	비징벌적
지속가능성	공약 기간에 종료 시점이 있어 지속가능성에 의문	종료 시점을 규정하지 않아 지속 가능한 대응 가능
적용 시기	제1차 공약 기간(2008~2012년) 제2차 공약 기간(2013~2020년)	2021년~ (2016년 11월 4일부터 포괄적으로 적용되는 국제법으로서 효력 발효)

록 규정하고 있다. 모든 당사국은 파리협정의 목표를 고려하여 5년마다 NDC 를 제출해야 하며, 차기 NDC 제출 시 기존보다 진전된 목표를 제시해야 한다.

아울러 국가별 온실가스 배출 현황, 감축 정책 및 지원 현황 등을 투명한 절차를 거쳐 국제사회에 보고해야 하며, 국제사회는 글로벌 이행 점검을 통해 지구적 차원에서 온실가스 배출 현황, 적응, 이행과 재정 지원, 당사국이 제출한 NDC의 총체적 효과가 파리협정 목표에 부합하고 있는지 지속적으로 점검한다.

(2) IPCC 1.5℃ 특별보고서

2018년 10월, 한국 인천 송도에서 개최된 제48차 IPCC 총회에서 치열한 논의 끝에 「지구온난화 1.5℃ 특별보고서」를 승인했다. 동 보고서는 2015년 파리협정 채택 시 합의된 1.5℃ 목표의 과학적 근거를 마련하기 위해 UNFCCC 당사국 총회가 IPCC에 공식적으로 요청해 작성된 것이다. IPCC는 21세기 말, 즉 2100년까지 지구 평균온도 상승폭을 1.5℃ 이내로 제한하기 위해서는 사회 모든 부문에서 신속하고 광범위하면서 전례 없는 변화가 필요하다고 밝혔다.

1.5℃ 목표 달성을 위해 2018년 이후 잔여 탄소배출 총량(carbon budget)은 제5차 평가보고서(AR5) 방법인 전 지구 평균 표면기온(Global Mean Surface Air Temperature) 적용 시 5800억(50% 확률)~4200억(66% 확률) CO_2톤, 전 지구 평균 표면온도(Global Mean Surface Temperature) 방법 적용 시 7700억(50% 확률)~5700억(66% 확률) CO_2톤으로 추정되며, 전 지구적으로 2030년까지 이산화탄소 배출량을 2010년 대비 최소 45% 이상 감축해야 하고, 2050년경에는 탄소중립(넷제로)을 달성해야 한다는 경로를 제시했다.

한편 2℃ 목표달성 경로의 경우, 2030년까지 이산화탄소 배출량을 2010년 대비 약 25% 감축해야 하며, 2070년경에는 탄소중립을 달성해야 한다고 제시했다. 지구 평균기온이 일시적으로 1.5℃ 상승을 초과하는 경우, 2100년까지 1.5℃ 미만으로 다시 전 지구 기온을 되돌리기 위해 대기 중 이산화탄소 흡수 기술에 더 많이 의존해야 한다고 밝혔으며, 다만 이러한 기술의 효과는 완전히 증명된 것은 아니기 때문에 지속 가능한 발전에 위험을 불러올 수 있다고 경고했다.

(3) IPCC 제6차 평가보고서

IPCC는 2022년 2월, 제55차 총회 및 제12차 제2실무그룹 회의를 온라인에서 개최하여 'IPCC 제6차 평가보고서(AR6) 제2실무그룹 보고서'와 '정책 결정자를 위한 요약본'을 승인했다. 2021년 8월에는 2040년까지 지구온난화 마지노선인 평균온도 1.5℃ 상승을 피할 수 없다는 IPCC 제1실무그룹 보고서가 발표되었다.

보고서에서는 지구 평균기온이 인간의 영향이 거의 없었던 산업화 이전(1850~1900년)에 비해 2~3℃ 정도만 높아지더라도 60% 이상 생물종이 멸종하는 것을 피할 수 없다고 경고하고 있다. 또한 절반 이상의 종은 서식지를 지금보다 북쪽이나 높은 곳으로 이동하게 되고 식물의 3분의 2는 봄철 생육이 빨라져 웃자랄 것으로 예측되었다. 실제로 1950년대 이후 해양 생물은 10년마다 59km씩 북쪽으로 이동한 것으로 조사되었다.

기후변화로 빙하가 녹는 속도는 전 세계적으로 1.5~2배 빨라지고 폭우도 잦아지면서 연간 총 강수량은 증가하고 있지만 지역 간 편차가 커지면서 인류의 절반에 해당하는 약 40억 명이 물 부족을 겪게 된다. 전 세계적으로 도시인구가 꾸준히 증가하고 있지만, 기후위기 적응 대책이 뒷받침하고 있지 못해 평균기온이 1.5℃ 상승할 경우 도시인구 3억 5000명, 2℃ 상승할 경우는 4억 1천 명이 물 부족에 시달리게 될 것으로 전망되었다.

특히 아시아 지역은 화석연료 의존도가 높아 타 지역에 비해 극한기온 발생과 강수 변동성이 커 심각한 식량·물 안보 부문 위기가 증가할 것으로 예측되었다. 이와 함께 인간건강에 미치는 악영향도 심각해지고 해안 도시를 중심으로 홍수로 인한 도시 기반시설에 심각한 피해 발생이 전망되었다.

2. 한국의 탄소중립 추진 현황

1) 2050 탄소중립 선언과 탄소중립 시나리오

한국은 2020년 10월 탄소중립 선언 이후 관계부처 합동으로 2050 탄소중립 시나리오, 2030 국가 온실가스 감축 목표 상향안에 대한 검토를 진행했다. 이어서 탄소중립위원회 논의와 이해관계자 의견 수렴을 거쳐 2021년 10월 18일 탄소중립위원회 전체회의에서 탄소중립 시나리오와 감축 목표가 의결된 바 있다.

2050 탄소중립 시나리오는 2050년 탄소중립을 달성하게 되는 한국 사회의

미래상을 전망하고, 이를 통해 전환·산업·건물·수송 등 주요 부문별 정책 방향을 제시하는 것이다. 시나리오는 화력발전 전면 중단 등 배출 자체를 최대한 줄이는 A안, 액화천연가스(LNG) 발전이 잔존하는 대신 탄소 포집·이용·저장(CCUS: Carbon Capture, Utilization & Storage) 기술 등 온실가스 제거 기술을 적극 활용하는 B안으로 구성되었으며, A·B안 모두 2050년 온실가스 순 배출량은 '0'이다.

각 부문별 주요 내용은 다음과 같다. 전환 부문은 석탄발전 중단과 재생에너지의 발전 비중을 대폭 상향하는 내용을 포함했다. 산업 부문에서는 수소환원제철 등 온실가스를 배출하지 않는 공정 기술의 도입과 화석 연·원료를 재생 연·원료로 전환하는 내용을 담았다. 건물 부문에서는 에너지 절감(제로에너지) 건축물, 친환경 새 단장(그린 리모델링) 등을 통해 건축물의 에너지 효율을 향상시키는 것을 포함했다. 수송 부문은 대중교통 이용 확대를 통해 승용차 통행량의 감소와 함께 무공해차 보급률을 85% 또는 97% 이상으로 제시했다. 농축수산 부문은 저탄소 영농법 확대, 폐기물 부문은 폐기물 감량 및 재활용 확대와 바이오 가스의 에너지 활용 등으로 온실가스를 최대한 감축할 계획임을 밝혔다.

이러한 주요 부문의 배출량 감축과 함께, CCUS 기술의 활용, 흡수원 확대 등으로 2050년 온실가스 순 배출량은 '0'으로 된다.

2) 탄소중립·녹색성장 기본법 시행

「기후위기 대응을 위한 탄소중립·녹색성장 기본법」(이하 「탄소중립기본법」)은 2050 탄소중립이라는 국가목표 달성을 위한 법정 절차와 정책 수단을 담은 법률로서 2021년 9월 24일 제정·공포되었으며, 2022년 3월 25일 동법 시행령과 함께 시행되었다.

법 시행으로 한국은 2050 탄소중립 비전을 법제화한 14번째 국가가 되며, 중간 목표인 2030년 NDC를 40%로 대폭 상향하여 진정성 있는 정책 추진의 의지를 법제화했다. 또한 기존의 중앙정부·전문가 위주에서 벗어나 중앙-지방, 산업계, 미래 세대, 노동자 등 사회 전 계층이 참여하는 새로운 협치 체계로 전환하는 계기를 마련했다. 기후변화 영향평가, 온실가스감축인지예산 등 국가 재정 및 계획 전반에 탄소중립을 주류화하기 위한 제도적 수단을 마련했으며, 탄소중립으로의 전환 과정에서 피해를 입을 수 있는 지역·계층을 보호하기 위한 정의로운 전환의 원칙도 명시했다.

탄소중립기본법에서는 2050 탄소중립 비전을 명시하고 중·장기 NDC를 2018년 대비 40%로 명시했다. 제조업 비중이 높은 국내 여건을 고려할 때 쉽지 않은 목표이나, 탄소중립 실현과 온실가스 감축을 위한 한국 정부의 강력한 의지를 반영한 것이다. 이러한 NDC 상향안은 2021년 10월 탄소중립위원회 전체회의와 국무회의 심의를 거쳐 12월 UNFCCC 사무국에 제출되었다.

감축 목표를 달성하기 위해 국가 전체와 지역 단위까지 기본계획을 수립하여 점검하도록 하는 등 탄소중립 이행 체계를 확립했다. 법 시행 후 1년 내 정부는 20년을 계획 기간으로 하는 국가 탄소중립 기본계획을 수립(수립 주기 5년)하고, 지방자치단체는 국가기본계획을 고려하여 10년을 계획 기간으로 하는 시·도 및 시·군·구 기본계획을 차례로 수립하도록 했다.

또한 탄소중립에 대한 사회 각계각층의 의견을 모으는 협치인 '2050 탄소중립녹색성장위원회'도 새롭게 구성된다. 위원회는 국가비전, 중·장기 감축 목표 등 탄소중립의 기본 방향과 주요 계획 및 정책에 대해 심의·의결하고, 추진 현황과 성과를 점검하는 등의 역할을 수행하게 된다. 위원회는 국무총리와 민간 위원을 공동 위원장으로 하며, 탄소중립 관련 정부부처를 아우르는 당연직 위원, 사회 각계를 대표하고 전문성을 갖춘 민간 위원으로 구성되는 민관 협치기구이다. 지역 단위에서도 관련 정책 및 계획에 다양한 지역 목소리를 반영하도록 '지방탄소중립녹색성장위원회(지방위원회)'를 구성할 수 있도록 했다.

이 밖에도 탄소중립기본법 시행에 따른 주요 내용은 다음과 같다.

(1) 온실가스 감축 시책

- 기후변화 영향평가: 사업·정책 환경영향평가 시 기후변화 영향 추가 검토.
- 온실가스감축인지예산: 예산·기금 편성 시 온실가스 감축 효과·목표 설정, 결산 과정에서 평가·피드백(동법에 원칙만 규정, 세부 사항은 국가재정법에 규정).
- 국제감축사업: 파리협정 제6조에 따른 국제감축사업 추진 근거를 마련.
- 기타: 녹색 건축물·교통, 지역 에너지 전환, CCUS 및 탄소 흡수원 증진 등.

(2) 기후위기 적응·정의로운 전환·녹색성장

- 기후위기 적응: 기후위기 예측 및 취약성 평가 강화, 기후위기 적응대책 수립(정부, 지자체, 공공기관), 지역 기후위기 대응사업 지원 등.
- 정의로운 전환: 급격한 탄소중립사회로의 전환에 따른 실업피해 지원, 정의로운 전환 특별지구 지정, 정의로운 전환 지원센터 설치 등.
- 녹색성장: 사회·경제 전반의 녹색전환을 담은 11개 분야별 정책방향 규정. 즉, 녹색경제·녹색산업, 녹색경영, 녹색기술, 조세제도, 금융지원, 녹색기술·산업특례, 표준화 및 인증, 집적지 및 단지 조성, 일자리 창출, 정보통신, 순환경제.

(3) 기후대응기금

- 기후위기 대응기반 조성 및 산업구조 개편 등을 위한 기금 조성·운용.
  - 재원: 정부 출연금, 타 회계·기금 전입금, 배출권 유상할당 수입 등.

‒ 용도: 온실가스 감축, 산업구조 전환, 취약 지역·계층 지원, 연구 개발
및 인력 양성.

이 법에서는 특히 녹색 건축물의 확대를 포함하고 있다. 에너지 이용 효율
과 신재생 에너지의 사용 비율이 높고 온실가스 배출을 최소화하는 건축물,
에너지 소비량과 온실가스 배출량을 줄이기 위해 일정 기준의 건물에 대해
중·장기 및 기간별 목표 설정·관리, 건축물의 설계·건설·유지 관리·해체 등
의 전 과정에서 단계별 대책 및 기준 마련·시행, 기존 건축물이 녹색 건축물
로 전환되도록 에너지 진단 및 에너지 절약 사업과 그린 리모델링 사업 지속
추진, 신축·개축되는 건축물에 대해서 에너지 소비량을 조절·절약할 수 있도
록 지능형 계량기 부착·관리, 대통령령으로 정하는 공공기관 및 교육기관 등
의 건축물을 녹색 건축물로 전환하기 위한 이행계획 수립 및 점검·관리, 일정
규모 이상의 신도시 개발 또는 도시 재개발 시 녹색 건축물을 적극 보급 등의
내용을 담고 있다.

녹색 건축물의 활성화도 추구하고 있다. 온실가스 감축 목표 설정·관리 및
내연기관차의 판매·운행 축소 정책 수립·시행, 자동차 평균 에너지 소비 효
율기준 또는 자동차 온실가스 배출 허용기준 수립, 전기자동차, 태양광 자동
차, 수소전기 자동차, 전기 추진선박, 연료전지 추진선박의 연도별 보급목표
설정, 철도에 대한 투자 및 대중교통수단을 확대하고, 중·장기 및 단계별 목
표 설정·관리, 교통수요 관리대책 마련, 혼잡통행료 및 교통유발부담금 제도
개선, 버스·저공해차량 전용차로 및 승용차 진입제한지역 확대, 통행량을 효
율적으로 분산시킬 수 있는 지능형 교통정보 시스템의 확대·구축, 자전거 이
용 및 연안해운 활성화 등 다양한 이동 수단의 도입 방안을 추진하고 있다.

3) 저탄소 녹색도시 조성을 위한 도시·군계획 수립 지침

국토교통부는 탄소중립을 위해 도시기본계획 수립 지침을 발표했다. 공간 구조와 교통 측면에서의 주요 내용은 〈표 6-2〉와 같다.

〈표 6-2〉 도시 공간구조와 교통 체계의 탄소중립 방안

구분	주요 내용
저탄소 도시 공간구조 설정	• 온실가스 배출과 연계한 도시 공간구조 진단을 위해 산업 및 기능, 토지이용 분포와 에너지 수요 등을 고려해 기존 공간구조의 문제점을 종합적으로 분석한다 • 도시 공간구조가 교통 체계와의 연계를 강화하고, 신·재생 에너지의 도입이 가능한 공간 구조로의 개편을 유도함으로써, 화석연료 소비의 최소화 등을 통해 온실가스 배출을 감축할 수 있는 방향을 제시한다 • 도시 공간구조는 기존 개발지를 최대한 활용하고, 신규 개발지는 기존의 녹지축·보전축을 최대한 훼손하지 않도록 하며, 가능한 기존 교통축과 연계되도록 한다 • 도시 공간구조는 도심 바람통로의 확보와 수공간 및 녹지 확충 등을 통해 쾌적한 도심 미기후를 조성하고 도심 열섬효과를 줄일 수 있도록 한다 • 온실가스 흡수원 역할을 하는 산림·녹지를 최대한 보전한다
교통 체계	• 수립권자는 목표 연도 및 단계별 최종 연도의 교통량을 추정하고 교통 부문 에너지 소비량과 온실가스 배출량을 줄이기 위해 교통수단별·지역별 배분 계획을 수립해 기능별 도로의 배치 및 규모에 대한 원칙을 제시해 도시·군 관리계획 수립 시 이에 대한 지침이 될 수 있도록 한다 • 도시 교통은 토지이용 계획과의 상관관계를 고려해 기존의 교통 결절점과 연계된 대중교통 중심의 교통 체계를 구축함으로써 불필요한 교통량 발생을 최소화하여 온실가스 배출을 줄일 수 있도록 계획되어야 한다 • 교통 계획은 각종 차량 및 교통 시설에 의한 에너지 대량 소비, 대기오염, 소음, 진동, 경관 저해 및 자연 생태계 단절 등의 문제가 없도록 한다. 또한 버스(BRT 등)·지하철·경전철 등의 대중교통수단을 확대하고 자전거 및 보행 등 비동력 교통수단을 활성화하며, 대중교통 전용지구 조성 등을 적극 검토해 대중교통·자전거·보행 중심의 녹색교통체계로 전환하는 계획이 수립되어야 한다 • 철도(지하철 포함), 경전철, 공항, 주차장, 환승 시설 및 자동차 정류장 등은 교통 및 기반 시설과 연계시켜 교통 에너지 소비 감소를 유도하도록 계획되어야 한다

3. 자연 생태의 탄소중립 도시계획

1) 온실가스를 흡수하는 건강한 도시 숲 조성

고대 로마시대의 대규모 건설 사업에는 많은 목재가 사용되었고 이로 인해 이탈리아 숲뿐 아니라 지중해 연안의 숲까지 황폐화되었다. 로마의 지배가 400년간 지속되는 동안 지중해 지역의 산림은 거의 사라졌고 그로 인해 기후변화가 초래되었다. 이러한 숲의 파괴와 기상이변은 곡물 수확에도 영향을 미쳐 식량 생산량을 크게 감소시켰으며 이러한 기근은 많은 사람들에게 영양실조 등 대혼란을 겪게 했다. 더욱이 이 시기에 흑사병이 창궐해 유럽 전체인구의 25% 이상이 희생되는 참혹한 비극을 겪었다. 이후 150년 가까이 피폐한 상태가 지속되었다. 이 파탄의 직접적인 원인은 전염병의 창궐이지만 보다 근본적인 원인은 숲의 파괴다.

도시의 숲이 사라지는 것은 시민의 건강에 치명적인 영향을 미친다. 도시의 숲은 사람을 건강하게 만든다. 숲과 건강의 상관관계를 연구한 논문들은 한결같이 숲 근처에 사는 사람이 숲이 없는 곳에서 사는 사람보다 더 건강하며 심신이 안정되어 불안감과 우울감이 낮아지는 것으로 밝히고 있다. 도시의 숲을 바라만 보아도 스트레스 호르몬의 일종인 코티솔의 농도가 낮아져 스트레스가 줄어들고, 자율 신경계 지표인 혈압이 안정되는 것으로 나타났다. 또한 숲에서 뛰어노는 아이는 스마트폰 의존도가 낮고 불안과 우울감 등 부정적 정서가 낮으며 사회성과 창의성이 높아지는 것으로 나타났다.

이처럼 도시의 숲은 치유의 기능이 있다. 주민들이 차를 타고 멀리 나가지 않더라도 생활권 가까이 도시의 숲을 즐길 수 있도록 체계적으로 공원을 조성하는 것을 계획하고 실현해야 한다. 세계보건기구(WHO)는 도시를 건강하게 만드는 건강도시(Healthy City)로 공원을 강조하고 있다. 질병을 치료하는 정책에서 벗어나 질병이 걸리지 않도록 사전에 예방하는 '건강증진' 정책으로서 공원 조성을 적극 권고하고 있다.

따라서 건강한 도시를 만들기 위해서는 인구의 92%가 거주하고 있는 도시 지역에 생활권 도시 숲을 조성하는 것이 필요하다. 작지만 다양한 형태의 생활 밀착형 도시 숲을 조성하는 것이다. 수도권 등 인구 밀집지역일수록 숲이 필요하다. 또한 도시의 숲은 온실가스 흡수원으로 중요한 역할을 한다. 산림 1ha는 1년에 이산화탄소 2.5t을 흡수하고 1.8t의 산소를 방출한다고 한다. 나무 한 그루가 1년에 약 0.83kg의 이산화탄소를 흡수한다. 숲은 도심의 기온을 낮추어 열섬(Heat Island) 완화에 긍정적인 효과가 있다.

도시의 숲과 공원 녹지는 그린 인프라로서 도시민이 생활하는 데 필요한 기반 시설이기 때문에 도시의 시설로서 계획되어야 한다. 기존의 작은 숲이나 공원 녹지를 서로 연결하여 녹지축이 되도록 계획한다. 온실가스를 흡수하면서 시민이 가까이에서 즐길 수 있는 생활권 녹지축을 확보하는 것이 필요하다.

2) 열섬 완화를 위한 바람통로 조성

도시 지역은 산업화에 따른 경제적·사회적 기능 집적에 의해 자연적 토양의 특성을 상당히 변화시켰다. 이에 따라 기온 상승, 대기오염 증가, 상대습도 감소, 바람 감소 등이 발생하고 있다. 이러한 문제는 도시의 비합리적인 토지 이용과 자연 토양의 형질 변경에 의한 것이므로, 도시계획 차원에서 이러한 문제를 해결하는 것이 필요하다. 이를 위한 방법 중 하나로 최근 대두되고 있는 개념이 바람 통로이다. 바람 통로는 산이나 바다로부터 유입되는 공기의 흐름이며 도심에 신선한 공기를 흐르게 하는 바람의 길이다. 즉, 산이나 바다의 신선한 공기가 도심으로 흐르는 길을 만들어 도심부의 열섬현상 완화, 대기오염물질의 확산, 에너지 절약이나 이산화탄소의 삭감을 기대할 수 있다. 이를 위해 도시 외곽에서 도심까지 공원·녹지를 연속 배치함으로써 바람 통로를 만드는 방법과 적절한 건축물의 배치 및 형태의 규제, 옥상 녹화, 하천 공간 등에 관한 계획을 수립하는 방법이 이용된다.

바람의 흐름을 원활히 하는 바람 통로를 조성하기 위해서는 신선한 공기가 빌딩이나 아파트 단지에 의해 방해받지 않아야 한다. 바람이 도시로 잘 흘러들면 대기오염의 감소와 쾌적성의 향상을 기대할 수 있다.

독일에서 연구한 바에 의하면 도시 대기는 온도차에 의해 흐름이 나타난다. 도시 외곽에서 냉각된 공기는 가로망이나 하천 및 녹지 등을 따라 유입되는데, 여기서 적절한 도로망 및 건축물의 배열은 도심에 신선한 공기를 유입시키는 데 중요한 역할을 한다. 효과적인 대기 질 관리를 위해서는 토지 이용 단계에서부터 자연 지리적 여건을 고려한 사전 예방적인 접근 방법이 필요하며, 바람 통로의 개념은 이를 위한 유용한 수단이 될 것이다.

도시기후의 문제를 완화할 수 있는 바람 통로를 지역 내에 조성한다는 것은 신선한 공기의 생성 지역으로부터 발생한 공기를 신선한 공기의 수혜 지역으로 이동시킬 수 있는 공기의 유동 통로를 조성하는 것이다. 따라서 바람의 흐름을 원활하게 하기 위해서는 지역별로 바람의 특성을 파악하고 이를 적극 활용할 수 있는 형태로 도시계획이 이루어져야 할 것이다. 신선한 공기

〈그림 6-2〉 신선한 공기의 흐름

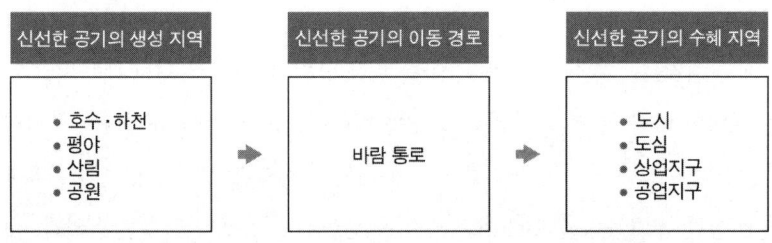

〈그림 6-3〉 신선한 공기의 흐름을 원활히 하는 건축물의 배치

자료: Bunzel and Hinzen(2000).

가 바람 통로를 통해 흐르는 과정을 나타내면 〈그림 6-2〉와 같다.

신선한 공기는 주로 호수·하천, 평야, 산림, 공원 등에서 발생하며 여기서 생성된 신선한 공기는 서서히 하부 지역으로 이동한다. 따라서 신선한 공기의 생성이 용이하기 위해서는 이 지역의 보전이 우선되어야 한다. 즉, 신선한 공기가 생성되는 지역은 도로 개설이나 건축물의 설치 등과 같은 개발을 금지시켜야 한다. 그러나 일반적으로 신선한 공기가 생성되는 지역의 주변 환경이 양호하다는 것을 감안하면 이 지역은 주거지로의 개발 압력이 높아서 건축물의 배치가 불가피할 수 있다. 이러한 경우에는 신선한 공기의 흐름이 저해되지 않도록 최소한의 개발밀도 수준으로 건축물의 배치가 이루어져야 할 것이다. 〈그림 6-3〉은 이러한 내용을 보여 준다.

신선한 공기의 생성 지역에서 발생한 공기는 넓은 수로, 기찻길, 산책로, 오픈 스페이스, 골짜기 등의 지형을 통로로 이용하여 도심부로 흐르게 된다. 따라서 바람 통로에서는 신선한 공기의 흐름을 이어 주는 연결 녹지를 조성하는 것이 중요하다. 또한 바람 통로 내에 신선한 공기의 흐름을 막는 건축물의 배치, 조림 등을 제한함으로써 신선한 공기가 수혜 지역까지 막힘없이 이동할 수 있도록 유도해야 한다.

바람 통로를 보다 효과적으로 활용하기 위해서는 바람 통로가 신선한 공기의 이동 경로로서뿐만 아니라 신선한 공기의 생성 지역으로서 작용하도록 해야 한다. 즉, 바람 통로 내에 초지 형태의 녹지를 조성함으로써 신선한 공기의 흐름을 원활히 하는 것은 물론 신선한 공기의 밀도와 질을 유지 또는 향상시키는 것이 바람직하다.

바람 통로를 통해 신선한 공기는 한 방향으로 도심부에 유입된다. 따라서 한 방향으로 유입된 신선한 공기를 도심 전체에 전 방향으로 확산시키기 위해서는 신선한 공기의 유입부에 공원 등을 배치시키는 것이 필요하다. 그리고 확산된 공기를 이용하여 도심에 체류된 공기를 환기시키는 것이 중요하다. 이를 위해서는 건축물의 배치 및 인동간격을 고려해야 한다.

3) 물 순환이 원활한 회복 탄력적 도시

자연재해는 자연으로부터 기인하지만 인간의 삶이나 사회와 결합될 때 재난으로 현실화된다. 지역이 어떠한 상태인지에 따라 재난의 영향 정도가 다르고, 지역이 어떠한 여건을 가지는지에 따라 충격에 잘 대응하고 회복하는지가 결정된다. 이러한 지역의 차이를 회복 탄력성으로 설명할 수 있다. 회복 탄력성은 외부 충격과 급작스러운 상황에 대처하는 능력으로서, 스트레스를 받은 시스템이 원래의 상태로 되돌아가는 능력이다. 변화와 불확실성이 높은 시대에서 적응력을 유지하고 향상시키기 위해서는 대응 주체가 스스로 학습하고 발전해 나가는 역량이 필요하다. 공동체가 외부의 도움을 받지 않고도 스스로 극복할 수 있는 역량을 갖추는 것이다.

재난 관리에서 회복 탄력성 개념은 재난 대응의 새로운 대안으로서 주목을 끌고 있다. 기후변화와 도시화로 인해 침수, 폭염 등 다양한 도시문제가 발생하여 인명 및 재산 피해가 발생하고 있다. 특히 집중호우는 한국에 도심 홍수를 야기하고 있다. 이에 대한 대책이 전통적인 수단에 의존하고 있어 피해를 줄이고 관리의 효율성을 높이기 어려운 실정이다. 자연재해의 사후 처리적 방식보다는 사전 예방적 수단으로서 스스로 대응하는 회복 탄력적인 도시를 만들어 피해를 예방하고 사회적인 손실을 최소화할 필요가 있다.

네덜란드는 기후변화와 홍수 피해에 대응하고 회복력을 높이기 위해 델타 프로젝트를 발표했다. 델타 프로젝트는 안전하고 지속 가능한 사회 안전을 지향하고 있다. 2050년까지 기후변화와 물 순환의 복원력을 강화하기 위한 공간적응 장기계획을 수립했다. 이 계획에서는 하천의 흐름, 열 스트레스 위치 등 기후 상황을 고려하여 홍수 피해와 폭염에 대응하는 다양한 공간 계획적 대책을 제시하고 있다.

독일의 함부르크 시도 물 순환 회복력을 높이고 있다. 엔펠더 아우의 단지 계획은 분산형 빗물 관리 시스템을 적용하고 있다. 빗물은 주거단지 외부로 유출되지 않고 분산식 빗물관리 개념을 적용하여 '침투-증발-저장-이용'을 위해 주거단지 내 자연 연못을 조성하여 물 순환을 극대화하고 있다.

미국의 도시들은 기후변화와 도시화에 의해 발생하는 문제들을 해결하기 위해 저영향 개발 기법을 활용하고 있다. 포틀랜드 시는 지붕에서 흘러내리는 빗물을 하수도에 바로 접속시키지 않고 공원과 녹지를 활용해 지하로 침투시키는 저영향 개발 기법을 사용하고 있다. 포틀랜드 도심지에 조성된 테너 스프링스 공원은 고밀의 도심지에 녹지 공간을 제공함과 동시에 대상지와 주변 가로에서 발생하는 강우 유출수를 생태 연못, 인공 습지를 통해 저류·여과·침투시키고 다시 재활용하는 순환적 시스템을 만들었다. 이러한 녹색 인프라를 이용한 빗물 관리가 하수 관거 등 회색 인프라를 이용한 빗물 관리보다 훨씬 더 비용이 절감된다.

앞으로 기후변화는 심화될 전망이다. 이러한 기후변화로 인해 도시 내 자연재해는 증가할 것으로 예상된다. 자연재해를 줄이기 위해서는 회복 탄력적

도시를 만드는 것이 필요하다. 평상시에는 공원과 놀이 시설로 활용하다가 폭우가 왔을 때는 유수지 역할을 하며, 빗물을 흡수하는 스펀지 공간으로 활용될 수 있도록 하는 것이다. 도시가 불투수성 콘크리트로 덮일 때, 회복 탄력성은 감소할 것이다, 도시의 회복 탄력성을 높이기 위해서는 도심지 내 자연 공간을 많이 만들어 가는 것이 절실하다.

4. 토지 이용과 녹색교통의 탄소중립 도시계획

1) 에너지 절약형 토지 이용

(1) 혼합적 토지 이용과 복합용도개발

복합용도개발은 주거와 상업, 업무, 문화 등 상호 보완이 가능한 용도를 서로 밀접한 관계를 가질 수 있도록 연계하여 개발하는 것을 의미한다. 기존의 주거와 상업, 업무 기능을 혼합한 주상복합건물의 개발이 이루어지고 있으나, 최근에는 보다 적극적으로 다양한 기능을 혼합시키는 것으로 확대되고 있다. 혼합적 토지 이용을 토대로 한 복합용도개발은 도심 지역의 평면적 확산을 방지하고 토지 이용의 효율성을 높일 수 있다.

복합용도개발은 보행 통행에 긍정적인 영향을 미친다. Cervero and Duncan(2003)의 연구에서 출발 지역과 도착 지역의 토지 이용 다양성, 특히 상업 용도와의 토지 이용의 혼합은 보행을 증가시키는 효과가 큰 것으로 나타났다. Targa and Clifton(2005)은 밀도가 높고 토지 이용의 혼합이 잘 되어 있을수록 사람들의 보행 빈도가 증가한다는 사실을 밝혔다. Cerin et al. (2007)은 용도가 혼합되어 있으면 사람들의 보행 시간이 증가한다고 주장한다. 이처럼 주민에게 필요한 시설이 생활권 내에 집중되어 있다면 자동차를 이용하기보다 걷거나 대중교통을 많이 이용하게 된다. 따라서 복합용도개발은 자동차의 이용을 줄여 에너지를 절약할 수 있는 도시계획 방식이다.

18세기 산업혁명 이후 도시환경이 열악해지고 슬럼화되자 문제해결 방안으로 주거 기능과 업무 기능을 구분했다. 그러나 도시가 확장되며 직주 거리가 멀어지고 자동차가 많아지면서 교통 혼잡과 매연 공해, 도심 공동화 등 많은 도시문제가 발생했다. 이로 인해 물류비용과 사회간접자본의 비용 증가가 초래되었다.

1961년 미국의 도시계획가인 제인 제이콥스(Jane Jacobs, 1916~2006)는 저서 『미국 대도시의 죽음과 삶(The Death and Life of Great American Cities)』에서 보행공간 위주의 가로와 시설의 복합용도개발을 통해 도심 공동화 등 도시문제를 해결하려고 했다. 한 공간에 주거, 업무, 상업, 문화, 위락, 교육 등이 복합되어 그 자체가 하나의 작은 도시와 같은 역할을 하도록 했다. 이 개념에 의해 미국 뉴욕의 록펠러센터, 영국 런던의 도크랜드, 일본 도쿄의 롯폰기힐스, 프랑스 파리의 라데팡스 등이 건설되었다. 한국은 1968년 세운상가가 주상복합으로 건설되었으며, 1980년대 쇼핑·문화·위락 복합인 롯데월드와 업무·무역·상업 복합인 코엑스 등이 개발되었다.

복합용도개발에 대해서 미국의 도시토지연구소(ULI: Urban Land Institute)는 주요 개념을 다음과 같이 정리했다. 첫째, 독립적인 수익성을 지니는 3가지 이상의 용도를 수용해야 한다. 둘째, 혼란스럽지 않은 보행동선 체계로 모든 기능을 서로 연결하여 물리적·기능적으로 통합되어야 한다. 셋째, 하나의 개발계획에 의해 일관성 있게 개발되어야 한다. 한국은 주거 기능, 공업 기능, 유통·물류 기능, 관광·휴양 기능 중 2개 이상의 기능을 중심으로 개발·정비할 필요가 있는 지구는 복합개발 진흥지구로 용도 지구를 지정할 수 있게 했다.

(2) 압축도시

도시의 지속 가능한 개발이 주요 이슈로 등장하면서 그 대안으로 논의되고 있는 도시개발 모형이 압축도시(compact city)이다. 1973년 미국의 수학자인 조지 댄치그(George B. Dantzig)와 토머스 사티(Thomas L. Saaty)가 도시의 에너지 소비 최적화를 달성하는 압축 비율을 도출하면서 압축도시란 용어를 처음 사용했다.

압축도시란 기존의 도심 지역이나 역세권과 같은 특정 지역을 주거·상업·업무 기능 등을 갖춘 복합적이며 고밀도의 도시로 개발해 사람들의 사회적·경제적 활동을 집중시키는 개발 방식이다. 결과적으로 중심부의 밀도를 높이고 이동 거리를 줄여 녹지 공간의 훼손, 환경오염, 교통 혼잡, 직주의 원거리화 등의 문제를 해결할 수 있다. 즉, 도시가 압축적으로 개발될수록 도시 활동의 동선이 짧아져 자동차 연료 소비와 배출 가스가 감소하며, 개발에 의해 파괴되는 토지가 줄어들고, 도시 공간과 시설이 효율적으로 이용될 수 있다.

압축도시의 장점은 첫째, 도시 팽창으로부터 교외 지역을 보호함으로써 도시 외곽의 자연환경과 생태계를 보호할 수 있다. 둘째, 통행 거리의 감소는 자동차 의존을 줄이고 보행이나 자전거 사용을 증가시킴으로써 지속 가능한 교통수단을 유도할 수 있다. 셋째, 에너지 사용의 감소는 물론 대기오염 및 온실

〈그림 6-4〉 압축도시 개념도

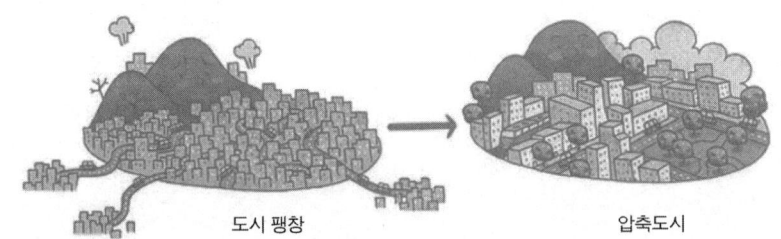

도시 팽창   압축도시

자료: 국토교통부.

가스 배출을 감소시킬 수 있다. 넷째, 압축된 공간 구조와 토지 이용의 혼합은 사회적 시설에 대한 접근성 및 다양한 사회계층 간 상호작용을 증가시킬 수 있다. 다섯째, 도시 기반시설의 비용을 감소시킬 뿐만 아니라, 도시 기반시설의 일인당 비용을 감소시키며, 높은 인구밀도는 대중교통의 경제적 효율성을 증가시킴으로써 서비스의 질적 향상이 가능하다. 여섯째, 도시를 압축적으로 개발하는 과정에서 기존 도심의 재생은 물론 도시의 활력이 살아나 생동감이 증가된다.

그러나 단점으로는 도시 공간에 인구가 과도하게 집중되면 의도와는 달리 교통 정체가 심해질 수도 있다는 점이다. 공공 교통은 복잡한 거리에서 지체와 정체를 반복시키고, 출퇴근 시간 때 버스와 지하철은 발 디딜 틈이 없을 정도로 만원을 이룰 수 있다. 또 사회적으로는 압축도시가 요구되더라도 개인은 쾌적한 교외에서 살고 싶어 하므로 소비자들의 다양한 선호에 반할 수 있다. 따라서 도심지의 과도한 개발은 지양하고 에너지 절약형 집약적 개발을 통해 토지자원이 무분별하게 이용되는 것을 방지하고 교통 거리를 줄이며 시민이 즐길 수 있는 여유 공간으로서 도시 녹지를 확보하는 것이 바람직하다.

(3) 저탄소 녹색도시

저탄소 녹색도시(Low Carbon Green City)는 녹색성장을 달성하기 위한 도시계획적 방법으로 탄소제로도시(Carbon-Zero City), 탄소중립도시(Carbon-neutral City)와 유사한 개념이다. 기후변화의 주범인 이산화탄소 대부분은 도시에서 배출되므로, 도시에서 배출되는 이산화탄소 양을 최대한 줄이고, 나머지 배출된 이산화탄소는 녹색식목으로 흡수시켜 도시에서의 이산화탄소를 줄이는 것이 필요하다. 저탄소 녹색도시는 생태도시와 압축도시 등이 온실가스 감축과 경제성장 2가지 목표를 달성하는 데 한계가 있어 새로운 도시계획 패러다임으로 등장했다.

〈그림 6-5〉 저탄소 녹색도시 개념도(왼쪽), 탄소제로도시 마스다르(오른쪽)

자료: 국토교통부.

저탄소 녹색도시를 조성하기 위해서는 도시기본계획을 수립할 때, 온실가스 발생이 어떤 지역의 어떤 시설에서 다량 발생하는지 파악하고, 온실가스 감축 목표를 정해 이행해 나가는 것이 필요하다. 또한 발생한 온실가스를 흡수하거나 제거할 수 있는 장소나 시설을 고려하는 것이 바람직하다.

친환경 녹색 건축물을 만드는 것도 중요하다. 친환경 건축물은 에너지 및 온실가스 감축을 위해 건물의 에너지 사용량을 최소화하고, 신재생 에너지를 생산하여 건물의 총 에너지 소요량을 줄이는 건축물이다. 친환경 녹색건축은 패시브(passive) 기술과 액티브(active) 기술로 구분할 수 있다. 패시브 기술은 에너지 사용량을 최소화하는 기술로서 고기밀, 고단열, 자연 환기, 자연 채광, 옥상 녹화 등이 포함된다. 액티브 기술은 태양광, 지열 등 신재생 에너지를 빌딩에 적용해 에너지를 자체 생산하여 공급하는 방식이다. 이러한 2가지 기술과 함께 '건물 에너지 관리 시스템'을 활용하여 건물 내 에너지 사용량을 실시간으로 모니터링하고 최적화하여 에너지 효율을 높일 수 있다.

2) 녹색교통

(1) 걷기 좋은 거리 조성

온실가스를 많이 배출하는 자동차 의존형 도시에서 탈피하여 인간 중심적 도시를 만들기 위해서는 걷기 좋은 거리를 만드는 것이 필요하다. 걸어서 갈 수 있는 장소가 많으면 도시에 생동감이 생긴다. 걷기 좋은 거리를 조성하는 것은 도시에 새로운 활력을 불어넣어, 젊은 사람들을 유입하는 효과가 있다. 이는 잠재적인 도시 생활자들을 끌어올 수 있는 파급력을 지니게 될 것이다.

걷기 좋은 거리는 보행자를 배려하는 것이다. 보행자가 도시의 거리를 걸으며 쇼핑을 하면서 시간을 보낼 수 있다. 보행자를 위한 거리는 상권 활성화에 도움이 된다. 실제로 미국 콜로라도 덴버의 로도 지역의 경우, 생맥주를 태마로 한 걷기 좋은 거리는 이 지역을 더 안전하고 부유하게 만들었다.

(2) 자전거와 대중교통 이용 활성화

자전거 도로망을 구축해 자전거 이용률을 높이는 것이 필요하다. 버스와 지하철 등 대중교통은 교통체증 해소에 도움이 되며 환경보호에도 도움이 된다. 최근에는 퍼스널 모빌리티가 등장하고 있다. 전기를 동력으로 하는 일인용 이동 수단으로 전동 휠, 전동 킥보드, 전기 자전거, 초소형 전기차 등이 이에 해당된다.

참고문헌

대한민국정부. 2020. 「대한민국 2050 탄소중립 전략」.

변병설·정경연. 202. 『도시계획론』. 박영사.

환경부. 2021.10.27. 「2050 탄소중립을 위한 이정표 마련」 보도자료.

환경부. 2021.11.30. 「2더 늦기 전에 2050 탄소중립, 범정부 탄소중립 주간 운영」. 보도자료.

환경부. 2022.3.22. 「탄소중립 비전과 온실가스 감축의지 법제화, 2050 탄소중립사회로 나아갑니다」
　　　보도자료.

—

Bunzel, A and A. Hinzen. 2000. *Arbeitshilfe Umweltschutz in der Bebauungsplanung.* Erich
　　　Schmidt. Berlin.

Cerin, E., E. Leslie, L. Toit, N. Owen, and L. D. Frank. 2007. "Destinations that Matter- Associations
　　　with Walking for Transport." *Health & Place*, 13(3): 713~724.

Cervero, R. and M. Duncan. 2003. "Walking, Bicycling, and Urban Landscapes- Evidence from the
　　　San Francisco Bay Area." *American Journal of Public Health*, 93(9): 1478~1483.

Targa, F. and K. Clifton. 2005. "The Built Environment and Nonmotorized Travel: Evidence from
　　　Baltimore City Using the NHTS." *Journal of Transportation and Statistics*, 8(3): 55~70.

제7장

생태계 보전과 탄소 흡수

독고석 ｜ 단국대학교 토목환경공학과 교수

1. 기후환경 변화와 생태계 영향

기후환경 변화는 해수의 산성화 및 대기 중 이산화탄소 농도 증가 등 기후 변동성을 가중시킴으로써 생태계에 큰 영향을 미치고 있다. 기후 영향의 생태학적 역학을 이해하고 특히 취약성과 회복력이 강한 권역을 파악함으로써 이 지역에 대한 기후변화에 능동적으로 대처할 수 있게 지원하는 제도적 관리 기법이 필요하다. 동시에 다양한 탄소흡수 기법이 최근 개발되고 있는데 이러한 온실가스를 포집·저장할 수 있는 기술의 지속적인 개발과 적용이 요구되고 있다. 우리는 21세기의 기후환경 변화의 도전에 대해 다양하고 탄력적이며 유연하게 적응할 수 있도록 생물다양성을 보전하면서도 사회 시스템의 기후변화 대응력 강화 방안을 전 분야에 걸쳐 개발해 나가는 노력이 필요하다.

1) 탄소 증가와 생태계 보전 필요성

(1) 기온 상승에 따른 영향

지구온난화로 인한 대기 및 해양 환경의 변화는 본질적으로 대기권과 수권이 서로 연결되어 있기 때문에 생태계에 근본적으로 영향을 미친다. 해수의 산성화를 유발하는 온실가스 배출의 증가는 생태계와 이에 기반한 인간 문명의 존재 가능성 및 회복력을 점점 위협하고 있다. 다양한 과학적 연구 결과는 이미 지구의 탄소 배출량이 현재로서 극적으로 변하지 않는 한, 생태계와 인간 문명에 대한 부정적인 결과를 예측하고 있다. 실제로 기후변화의 심각성은 지구촌 여러 곳에서 예측이 어려울 정도의 인명 피해와 재정적 손실을 초래하고 있다. 2018년 IPCC(Intergovernment Panel on Climate Change) 보고서는 지구 기온이 1.5℃ 이상 증가하면 가뭄, 홍수, 폭염, 해수면 상승을 포함한 다양한 피해가 발생할 것으로 예측하고 있다. 또한 이 보고서는 전 세계 탄소 배출량을 절반으로 줄이는 데 약 12년이 걸린다고 하지만, 이 목표가 달성되더라도 온난화의 잠재적 영향은 수십 년 또는 심지어 수 세기에 달할 것이라고 예측하고 있다.

(2) 생물다양성 보전 필요성

지구상의 생물종을 보존하기 위해 생태계 평형은 매우 중요한 역할을 한다. 즉, 생태계를 이루고 있는 생물의 종류와 수가 급격하게 변하지 않도록 안정된 상태를 유지하는 것으로 생물다양성 보전이 가능하다. 이러한 생물다양성은 매우 광범위하게 구성되어서 비록 어느 한 종이 사라지더라도 포식자는 다른 종을 섭취할 수 있기 때문에, 생태계 평행에 크게 영향을 미치지 않는 경우가 있다.

그러나 문제는 생물의 종류가 단순한 생태계에서는 어느 한 종이 사라지면 포식자는 먹이가 없어 먹이사슬이 깨지고 결국 그 포식자 종도 사라지게 된다. 예를 들어, 기후변화로 꿀벌이 사라지면 벌에 의해 수분이 되는 곡물과 과일, 채소의 생산에 영향을 끼치고 이는 대규모 식량 부족으로 이어지며, 인류의 생존에 영향을 끼칠 수 있다.

이처럼 어떤 생물종의 급감 등은 단지 해당 생물종만의 문제가 아니라 궁극적으로 먹이사슬의 균형을 무너뜨려 최후에는 인간의 생존마저 위협할 수 있다. 생태계를 구성하는 모든 생물종은 상호 의존적 관계이기 때문에 그 균형이 깨진다면 인간에게 악영향을 미칠 것이다. 따라서 생물다양성을 보전하는 일은 인류의 생존을 위해 반드시 필요하며, 이러한 생물다양성을 감소시키는 요인들을 분석하여 이에 대처해야 한다.

2) 최근 기후변화의 특성 및 생태계 영향

(1) 기후의 특성

기후는 장기간에 걸친 기상의 평균, 변동 및 극한 현상의 특성을 말하며, 과거에는 어느 한 지역의 기후는 변하지 않는 것으로 생각했다. 기후변화는 기후 특성의 변화를 통해 확인되고, 그러한 변화들이 수십 년 이상 지속되는 것을 말한다. 이러한 변화는 지구 공전궤도 변화, 화산활동, 태양 에너지 변화, 내부 변동성 등 자연적 요인으로 나타나며, 인간 활동으로 인한 토지 이용의 변화, 대기 조성 등 인위적인 외부 강제력으로 발생한다.

(2) 온실가스 증가로 인한 기온 상승

IPCC에서 최근 발간한 제6차 평가보고서에서는 지구의 기온 상승이 의심의 여지가 없는 과학적 사실이고, 이는 화석연료의 연소, 산림 훼손, 농업활동 증가 등으로 인한 대기 중 온실가스의 농도 증가에 기인한다(IPCC, 2021)고 보고하고 있다. 또한 2018년 10월 IPCC 총회에서 승인된 1.5℃ 특별보고서 (SR1.53)에서는 산업혁명 이후 현재 지구 평균기온이 이미 1℃ 상승했다고 보고한 바 있다.

(3) 기후변화로 인한 생물다양성 감소

과거, 생물종의 멸종 원인은 지구로 떨어지는 원석이나 대규모 화산 폭발 등이었지만 현대에는 인간 활동 및 기후변화에 의해 멸종이 이루어지고 있다. 어떠한 생물종의 멸종은 인간의 경제와 생활, 환경에 직접적으로 영향을 주게 된다. 생물종의 멸종 원인은 불법 포획, 지구온난화, 환경오염 등으로 이는 인간이 만든 환경 변화에 따른 결과이다. 현재 발생하고 있는 생물다양성의 감소 중 상당 부분이 인간 활동에 기인한 것이다.

(4) 기후변화와 지구 생태계 영향

기후변화는 종종 다른 요인과 상호 작용하여 육상, 지표수 및 해양 생태계에 영향을 끼친다. 생태계는 온도 변화뿐만 아니라 강수량 변화, 대기 중 이산화탄소 농도 증가, 물의 균형, 해양 내 화학적 변화, 기상이변의 규모와 빈도 등의 변화에 대응해 빠르게 변하고 있다. 자연 생태계의 변화는 전 세계적으로 생물다양성을 위협하고 전 세계 식량 생산에 영향을 미친다. 기후변화로 인한 가뭄과 극심한 화재는 산림에서 비삼림으로의 육지 생태계에 급격한 변화를 초래하며, 새로 발견된 미생물 병원균은 기존 생태계를 구성하고 있는 개체군을 멸종시킬 수 있을 정도로 파급력이 크다. 기후변화는 궁극적으로 육상 생물다양성 손실을 유발하고 토지의 형태 변화를 초래하여 직간접적으로 생태계 탄소저장 능력에 영향을 미친다.

3) 기후변화에 따른 국내 생태계 영향

(1) 생물종 부적응

온실가스 감축이 이루어지지 않고 현재처럼 배출될 경우 기온의 급격한 상승에 적응하지 못하고 멸종될 수 있는 생물종은 국내조사 자료를 통해 확보된 전체 5700여 종 중 340종(약 6%)에 달한다. 이는 온실가스를 적극적으로 감축할 경우에 비해 약 5배나 더 많은 수치이며, 서식지 이동이 어려운 참재첩, 구슬다슬기 등 담수 생태계에 서식하는 저서형 무척추 동물종이 큰 피해를 입을 것으로 추정된다.

(2) 교란종·외래종에 의한 피해

기후변화에 따른 온도 상승은 주로 수생태계나 습지에서 외래종에 의한 생태계 교란 문제를 일으킨다. 온도 상승은 아열대·열대 지방에서 유입된 뉴트리아, 큰입배스 등 외래종의 서식지가 확산되기 쉬운 기후 환경으로 변화된다. 기후변화의 악화로 외래종이 남부 지방에서 중부 지방 등 다른 지방으로 확산될 가능성이 높다.

(3) 극한 기상·기후에 의한 피해

기후변화는 가뭄 발생건수도 증가시켜 습지가 사라지게 하는 원인이 되기도 한다. 그중 소멸 위험이 큰 국내 습지로는 울산 울주군 무제치늪, 인제군 대암산 용늪 등과 같이 고도가 높은 지대에 위치하여 상대적으로 물 공급이 제한되는 산지 습지들이다.

2. 생태계 보전

1) 방안 및 대책

(1) 기후변화 취약 지역 모니터링 및 영향평가

① 기후변화에 따라 급격한 생태계 변화가 초래된 지역에 대한 조사와 예측 결과를 바탕으로 보다 효과적인 생태계 관리 대책이 필요.

② 기후변화로 인한 온도 상승 및 강수량 변화가 생태계와 생물다양성에 미치는 영향에 대해 부정적 평가 및 적응 대책을 마련.

③ 지역적 기후변화 취약성 평가를 바탕으로 취약성 평가표 작성 및 원인별 중·장기적 대응방안 수립.

(2) 적응 가능한 대책

① 최근 빠르게 진행되는 기후변화로 인한 생물종의 분포권과 종 다양성 영향 분석.

② 기후변화에 따른 생물종의 멸종이 가속될 것으로 예측되어, 미래 생물자원의 안정적인 확보를 위하여 기후변화에 취약하다고 판단되는 생물종의 유전적 다양성 확보.

③ 자연 상태가 원시성을 유지하며 생물다양성이 풍부한 지역, 희귀종 및 멸종 위기종이 서식하는 지역을 생태계 보호 지역으로 지정.

(3) 기후변화에 따른 생물다양성 보전 대책

① 산업화, 도시화, 경제개발로 인한 자연자원 훼손 및 생태계 단절로 생물다양성 복구방안 마련.

② 국립공원의 지속적인 탐방객 증가로 인한 탐방로 훼손 확산으로 훼손된

생태공간 복구방안 마련.

③ 생물 이동의 장애 제거, 수자원 확보 및 자연재해 저감 등 생태계 기능 유지를 위한 생태 복원방안 마련.

④ 자연녹지 훼손 등 개발사업 시행으로 인해 잠식된 우수한 자연 생태계 지역 복원방안 마련.

⑤ 도로 등 개발 사업으로 인해 야생동물의 서식범위 축소, 이동 제한 및 로드킬 발생 등 열악한 야생동물 서식환경 개선방안 마련.

⑥ 야생 동식물에 대한 개별 서식지 보전에 국한된 자연보전 정책을 우수 생태지역의 훼손을 방지하고 이를 복원하는 등 상호 간 유기적 연결 체계의 확보방안 마련.

⑦ 기후변화에 취약한 생태계는 기후변화 적응을 위한 생태계 통합적 관리 체계로 분류하여 함께 운영.

⑧ 기후변화에 따른 영향을 평가하고 관리할 수 있도록 중앙정부, 지방자치단체, 지역 주민, 환경 전문가가 함께 참여하는 기후변화대응 지역환경 관리협의체 구성 및 운영.

⑨ 지역 특성을 고려한 생태계 및 생물다양성 보전을 위한 가이드라인 개발 및 운영.

3. 탄소흡수 방안

1) NBS와 LULUCF

NBS(Natural Based Solution)는 일명 자연 기반 솔루션이라고 하며, 기후변화로 인한 물 안보 위협, 재난위험 증가 등과 같은 시급한 사회적 과제를 해결하기 위해 자연의 힘을 활용하는 일련의 행동 또는 정책을 의미한다. LULUCF (Land Use, Land Use Change and Forestry)는 NBS의 한 예로 토지 이용과 토지이용 변화 및 임업을 이용하여 온실가스의 흡수를 통해 기후변화를 감축하려는 방법론의 하나이다. 최근 연구에 따르면 NBS는 파리협정의 목표를 달성하기 위해 2050년까지 필요한 기후 완화의 최대 30%에 기여할 수 있다고 한다.

이러한 자연 기반 솔루션은 온실가스 감축에 중요한 역할을 하는 것이 숲이라는 인식에서 출발했다. 기후변화협약에 동의한 국가들은 매년 온실가스 배출량(+)에 대한 보고서를 제출해야 하는데, 자연 기반 솔루션은 배출이 아닌 흡수량(−)으로 결국 산업 부문에서 배출한 (+)값에 대하여 NBS 기법은 (−)값을 제시함으로서 결과적으로 탄소제로를 구현하게 한다. LULUCF의 경우 경작지, 산림지, 초지, 거주지, 습지, 기타 토지 6가지 범주로 구분된다.

〈표 7-1〉 분야별 온실가스 배출량 및 흡수량

(단위: 백만 톤 CO_2eq)

분야	온실가스 배출량							1990년 대비 증감률(%)	전년 대비 증감률(%)
	1990	2000	2010	2015	2016	2017	2018		
에너지	240.4	411.8	566.1	600.7	602.7	615.7	632.4	163.1	2.7
산업 공정	20.4	50.9	53.0	54.3	53.2	55.9	57.0	178.7	1.9
농업	21.0	21.4	22.1	21.0	20.8	21.0	21.2	1.0	1.1
LULUCF	-37.8	-58.4	-53.8	-44.4	-45.6	-41.5	-41.3	9.3	-0.5
폐기물	10.4	18.8	15.2	16.6	16.8	17.2	17.1	64.7	-0.7
총 배출량 (LULUCF 제외)	292.2	502.9	656.3	692.5	693.5	709.7	727.6	149.0	2.5
순 배출량 (LULUC 포함)	254.4	444.5	602.5	648.2	648.0	668.3	686.3	169.8	2.7

자료: 온실가스종합정보센터.

(1) 산림의 탄소흡수 기능

산림은 광합성을 통해 대기 중에 분포하는 이산화탄소를 흡수한다. 광합성 과정에서 흡수된 이산화탄소는 탄소와 산소로 분리되는데, 이때 잎에 있는 엽록체가 뿌리에서 흡수한 물과 탄소를 결합하여 유기물을 생성한다. 그중 일부는 호흡 과정에 의해 다시 대기 중으로 배출되기도 하고, 잔여 유기물은 가지, 줄기, 잎 등에 저장된다. 결과적으로 나무가 건강하게 자란다는 것은 대기 중으로부터 탄소를 원활하게 흡수하고 있다는 것이다.

(2) 지구의 탄소 순환

산림은 자연 생태계에서 가장 효과적인 탄소 저장고로서 지구의 탄소 순환에 중요한 역할을 한다. 전 세계적으로 산림 면적은 약 41억 ha이며, 지상부 탄소량의 80%를 저장하고 있다(Dixon et al., 1994). 미국 항공우주국(NASA)에서 발표한 자료에 의하면 전 세계적으로 산림 및 토양에 약 2조 8천억 톤의 탄소가 저장되어 있고, 광합성을 통해 매년 약 1200억 톤의 탄소가 흡수되는 것으로 추정된다.

(3) 국내 산림의 탄소 흡수량 및 저장량

국내 산림은 2021년 기준 629만 ha로 전체 국토면적의 62.6%를 차지하고 있으며, 약 19억 톤의 탄소를 저장하고 있다. 또한 약 4600만 톤의 이산화탄소를 흡수하며, 국내 전체 이산화탄소 배출량의 6.3% 정도를 매년 상쇄하고 있다. 전체 산림면적의 70% 이상을 중·장령림이 차지하고 있기 때문에 향후 수십 년간 탄소흡수 역할을 할 수 있을 것으로 추측된다.

하지만 중·장령림에 편중된 불균형 나이 분포로 인해 가장 나이가 많은 노령림 비율이 점차 높아지면서 미래에는 산림의 탄소 흡수량이 큰 폭으로 감소할 우려가 있다. 따라서 국내 산림이 탄소 흡수원으로서 역할을 유지하기 위해서는 불균형 나이 분포를 개선하고, 지속적인 산림 경영을 통해 숲 가꾸기, 벌채 수확, 조림이 적절하게 이루어져야 한다. 이를 통해 산림자원이 선순환할 수 있는 관리 체계가 필요하다.

(4) 산림의 탄소 흡수원 유지 및 증진 활동

대기 중 온실가스 농도를 줄이기 위해서는 산림을 새로이 조성하고 기존의 산림을 건강하게 유지·증진하는 것이 중요하다. 또한 산림을 새로이 조성하고 기존의 산림을 건강하게 유지·증진하는 것이 중요하다. 산림은 나이가 들면 생장이 둔화되고, 흡수량이 줄어들기 때문에, 노령림 단계의 산림은 광합성량이 호흡량과 비슷해지며, 더 이상 탄소 저장량이 증가하지 않고 일정하게 유지되는 상태가 지속된다. 시간이 더 지난 후 수명이 다하면 나무가 썩음과 동시에 오히려 배출이 일어난다.

따라서 산림이 성숙 단계에 접어들 때, 일부 나무를 잘라서 목제품으로 사용하고, 벌목한 자리에는 새로운 나무를 심어서 전체적인 산림의 탄소 흡수량이 일정하게 유지되도록 관리해야 한다. 목제품 이용 시, 나무에 저장되었던 탄소는 오랫동안 목제품에 저장되어 목제품이 새로운 탄소 저장고의 역할을 맡게 된다. 또한 목제품은 알루미늄이나 철재와 같은 다른 원자재에 비해 제조 과정에서 배출하는 온실가스량이 훨씬 적다.

2) 포집 및 저장 기술

(1) 연소 후 포집 기술

탄소 포집 및 저장 기술의 궁극적인 목표는 지층에 저장할 수 있는 형태의 이산화탄소를 만드는 것이다. CCS(Carbon Capture, Storage)로 불리는 탄소 포집 및 저장 기술은 크게 연소 후 포집 기술(post-combustion technology), 연소

전 포집 기술, 그리고 순산소 연소 기술로 분류된다.

〈그림 7-1〉 연소 후 포집 기술의 개요

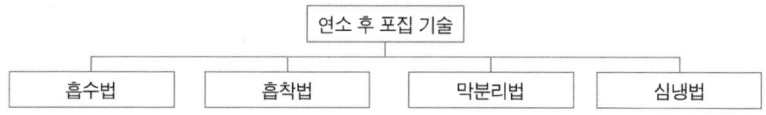

① 정의

연소 후 포집 기술은 연소 후에 발생한 배기가스에 들어 있는 이산화탄소를 포집하는 기술이다. 여러 가지 흡수제를 이용해 이산화탄소를 흡착·탈착시켜 이산화탄소를 분리하는 방식을 사용하기 때문에 흡수제 성능의 향상과 공정 개발 등을 중점적으로 개발하고 있다. 연소 후 포집 기술은 이산화탄소의 농도가 낮을 때 효과적으로 사용할 수 있다. 이산화탄소를 분리하는 공정은 탄산음료 제조, 요소비료 생산, 자동 용접 등에도 필요한데, 이때 필요한 이산화탄소를 공급하기 위해 아민계 흡수 공정과 제올라이트 분자체 및 활성탄을 사용하는 흡수 공정(PSA)이 상용화되어 가동되고 있다. 연소 후 포집 기술은 이산화탄소가 분리되는 공정에 따라 흡수법(absorption), 막분리법(membrane), 심냉법(cryogenics), 흡착법(adsorption) 등으로 분류할 수 있다.

② 분류

㉮ 흡수법

습식흡수기술

습식흡수기술(wet-type absorption)이란 이산화탄소가 포함되어 있는 연소 배기가스에서 이산화탄소를 선택적으로 흡수하는 액체 상태의 흡수제를 이

<그림 7-2> 이산화탄소 흡수 및 분리 과정

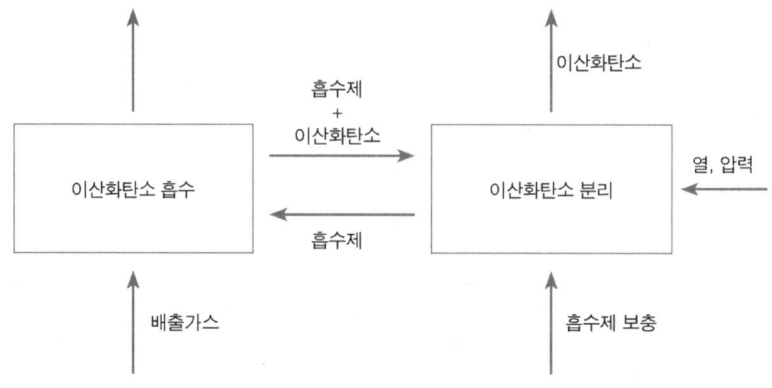

자료: IPCC.

산화탄소에 접촉시켜 이산화탄소만 분리하는 기술이다. 습식흡수기술 공정은 이산화탄소를 물리적으로 분리하는 물리 흡수법과 흡수제와의 화학반응에 의해 흡수되는 화학 흡수법으로 분류된다. 이 방법은 이산화탄소의 분압이 낮은 조건에서는 화학 흡수제의 이산화탄소 흡수능이 물리 흡수제보다 높게 나타나고, 분압이 높은 조건에서는 물리 흡수제의 흡수능이 훨씬 크게 나타난다. 습식흡수기술은 대표적으로 아민계 흡수 공정, 암모니아 흡수 공정, 알칼리염 흡수 공정이 있으며, 대용량 가스 처리에 주로 이용되고, 이산화탄소 농도 변화에 대한 적용성이 크다는 이점이 있다. 다만 흡수제 재생에 있어서 많은 에너지가 소비되고, 흡수제 열화 및 재료 부식이라는 단점이 있다.

건식흡수기술

건식흡수기술(dry-type absorption)은 건식 흡수제를 이용해 이산화탄소를 흡수하는 기술이다. 건식 흡수제를 통해 이산화탄소를 제거할 때 발생하는 흡착 현상과 흡수 현상을 이용한 방식이다. 이 공정은 배기가스 중에 존재하는 이산화탄소를 고체 흡수제로 포집한 후 재생 공정을 거쳐 저장하기 양호한 상태, 이용이 용이한 상태의 이산화탄소를 만드는 기술이다. 건식흡수기술 공정은 고체 흡수제와 이산화탄소 기체가 반응해서 발생한 배기가스의 흐름으로부터 이산화탄소를 쉽게 이동·분리시킬 수 있기 때문에 다른 방식에 비해 처리 비용이 저렴하고 에너지 소비가 낮다는 장점이 있다. 건식흡수기술의 대표적인 공정으로는 유동층 공정, 고정층 공정, 다단 에너지 교환형 공정 등이 있다.

㉯ 흡착법

고체의 표면은 구조적으로 에너지 불연속성을 가지고 있다. 따라서 그 표면에 작용하는 힘은 포화 상태가 아니기 때문에 기체가 고체에 접촉했을 때 기체 분자들은 고체 표면에 에너지와 함께 결합하여 부착된다. 이를 흡착(adsorption)이라고 하며, 이는 흡수와 구별되는 개념으로 고체 표면에서 액체 또는 기체가 부착되는 과정이다. 반면 흡수는 고체에 액체 또는 기체가 부착을 넘어서 스며들어 화학적인 결합을 한다. 흡수법으로 이산화탄소를 분리할 수 있지만 이러한 흡착의 원리를 이용해서도 이산화탄소를 효과적으로 분리

〈그림 7-3〉 흡착 vs. 흡수

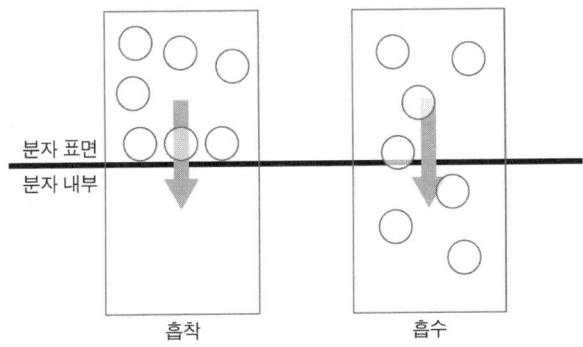

분자 표면
분자 내부

흡착   흡수

할 수 있다.

㉓ 막분리기술

막분리기술(membranes)은 배기가스로부터 이산화탄소만을 선택적으로 통과시키는 분리막을 이용해 이산화탄소를 분리하는 기술이다. 막분리기술은 특정한 값의 투과율을 지닌 막을 사용하는 기술이기 때문에, 막의 종류와 시스템의 특성에 따라 약간의 차이가 존재하지만 거의 대부분의 이산화탄소 포집 공정에 적용할 수 있다. 분리막을 선택할 때는 포집하려는 대상에 대한 가스 성분율, 포집 효율, 함유된 이산화탄소의 순도, 가스포집 비용 등을 고려하여 분리막 종류를 선정한다. 막의 종류에는 고분자막, 무기막 및 금속막, 액막 등이 있다. 장점은 에너지 절감 효과가 탁월하고, 사용되는 장치들이 소형이고 간단하며, 운전 조건이 상대적으로 쉽다는 것이다. 그러나 대용량화가 어렵고 분리막의 열화로 내구성이 취약하다는 것은 단점이다.

㉔ 증류법을 이용한 심냉분리기술

심냉분리기술(cryogenics)은 기체 분리를 위해 압력뿐만 아니라 주변의 온도도 고려해야 한다. 이 기술은 일반적으로 고농도의 이산화탄소 포집에 효과적이다. 또한 소요되는 물의 양이 매우 적고, 저렴한 화학약품이 사용되는 장점이 있으며, 부식에 강하고 주변 환경에 오염을 덜 발생시킨다는 이점도 있다. 그러나 적용 온도의 범위가 낮으며 비용이 고가라는 단점이 있다. 또한 극저온 접근 방식에서 얼음이 형성되어 배관 시스템이 막히게 하는 문제를 발생시킨다.

(2) 연소 전 포집 기술

① 정의

고체 탄화수소 물질들이 기체와 반응하면 만들어지는 합성가스는 주로 일산화탄소와 수소로 이루어진다. 그러나 일부 물질은 이산화탄소와 결합해 황화수소 혹은 황화카르보닐 등의 산성 가스가 된다. 이로 인해 전체 공정의 성능이 저하되는 문제가 발생한다. 또한 반응 공정의 결과로 생기는 합성가스는 이산화탄소와 수소로 구성된 가스로 전환되는데 이와 같이 저비용으로 이산화탄소를 90% 이상 농축·포집할 수 있는 기술을 연소 전 포집기술(pre-combustion technology)이라고 한다.

② 분류

㉮ 물리흡수공정

물리흡수공정은 물리 흡수제를 이용하는데 이산화탄소의 압력을 조절하여 연소박이 가스로부터 이산화탄소를 포집하는 기술이다. 물리 흡수제는 대부분 높은 끓는점과 낮은 증기압의 특징을 지닌 유기용매로서, 이산화탄소와 약하게 결합하기 때문에 약간의 압력과 낮은 온도로도 이산화탄소를 쉽게 분리할 수 있어서 에너지 손실이 적다는 이점이 있다.

㉯ 이온성 액체

이온성 액체란 양이온과 음이온이 100℃ 이하에서 결합해 액체 상태로 존재하는 이온성염을 의미한다. 이온성 액체는 여러 용매와 비교했을 때 많은 장점이 있어 다양한 산업 분야에서 활용되고 있다. 이온성 액체는 휘발성이 없어서 회수가 용이하고 지속적으로 사용할 수 있다. 또한 일반적인 무기염이 액체 상태를 유지하기 위해서는 800~1000℃의 고온이 필요한 것과 비교했을 때 이온성 액체는 상온 혹은 300℃ 이하의 온도에서 액체 상태를 유지하기 때문에 다루기가 쉽다. 또한 이온성 액체는 열적으로 안정적이고 이온 전도도가 높기 때문에 결합하는 양이온과 음이온 그룹의 구조를 조금씩 변화시킴으로써 이온성 액체의 물리적인 성질과 화학적인 성질을 변화시키는 것이 가능하다.

그러나 이온성 액체는 우수한 물질임에도 불구하고 이산화탄소 흡수제로 상용화되기에는 일부 단점을 지니고 있다. 현재 이산화탄소 흡수제로 가장 많이 사용하는 MEA 등 아민계 흡수제와 비교했을 때 이산화탄소 흡수능이 낮으며 제조 비용이 비싸다.

ⓓ 분리막 공정

분리막이란 특정 성분을 선택적으로 통과시키고 용해되어 있지 않는 입자를 분리하는 일반 여과막과 액체에 용해되어 있는 용존 물질부터 기체와 혼합되어 있는 물질의 분리까지 가능한 특수한 재질의 막으로 나뉜다. 분리막에서의 투과도는 일반적으로 플럭스로 표시되며, 투과선속도(L/M/H)로 표현된다.

(3) 순산소 연소 기술

① 정의

순산소 연소 기술(oxy-fuel combustion technology)은 공기의 비율 중 약 78%를 차지하는 질소를 제거한 순수 산소를 이용하여 공기연소 방식으로 연료를 연소시킨 후 이산화탄소를 포집하는 기술이다. 순산소 연소의 결과로 발생한 배기가스의 구성 요소는 이산화탄소와 수증기인데 배기가스의 80% 정도를 다시 연소실로 보내 순환시킴으로써 배기가스 안에 있는 이산화탄소 농도를 80% 이상으로 농축한다. 배출된 배기가스 성분 중 수증기를 응축시킨다면 거의 모든 양의 이산화탄소를 포집·저장한다. 순산소 연소 기술의 주목적은 질소산화물의 저감과 이산화탄소의 회수다. 순산소 연소 기술은 후처리가 필요하지 않다는 장점이 있지만 산소 제조단가가 높기 때문에 경제성 부분에서는 단점을 지니고 있다. 또한 공기연소 방식에 비해 연소 온도가 높기 때문에 연소기를 구성하는 재료 선택에 있어서 어려움이 있다.

3) 저장 기술

(1) 이산화탄소의 해양 저장

이산화탄소의 해양 저장은 크게 해양 분사기술과 심해 저류기술로 분류된다. 해양 분사기술은 이산화탄소를 기체 상태나 액체 상태로 해양에 용해시키는 기술이고, 심해 저류기술은 액체 상태의 이산화탄소를 수화시켜 심해에 고정시키는 기술이다. 그러나 이 기술들은 환경 위해성 등으로 인해 개선이 필요하다.

(2) 이산화탄소의 지중 저장

이산화탄소의 지중 저장은 지중에 이산화탄소를 주입하고 그 안에서 오랫동안 보관할 수 있도록 저장하는 것이다. 지중 저장을 통해 대기 중 이산화탄소의 양을 줄일 수도 있지만 지중 안에 있는 석유의 점성도를 낮추어 유정(oil well)의 효율을 증가시킬 수 있기 때문에 주목받고 있는 기술이다. 그렇다면 어느 곳에 이산화탄소를 효과적으로 주입할 수 있을까? 이산화탄소를 지중에 저장할 때는 보통 대수층이나 유전, 가스전, 석탄층 등에 저장한다.

① 대수층 저장

대수층은 해수보다 염분 농도가 높은 암석층으로 이루어져 있는데 전 세계
적으로 널리 분포되어 있어서 이산화탄소 저장에 유리한 곳이다. 또한 대수
층의 구조를 보면 상부 쪽에 암석이 존재하는데 이 암석이 이산화탄소가 방
출되는 것을 막아 줄 수 있기 때문에 이산화탄소 저장에 유리한 구조라고 할
수 있다. 이러한 역할을 수행하기 위해서는 대수층의 깊이가 약 800m 정도로
깊어야 하고, 이산화탄소가 쉽게 주입될 수 있도록 주입 부분에는 작은 빈틈,
구멍이 많아야 하며 침투성 또한 좋아야 한다.

〈그림 7-4〉 심부 지층에서의 이산화탄소 저장

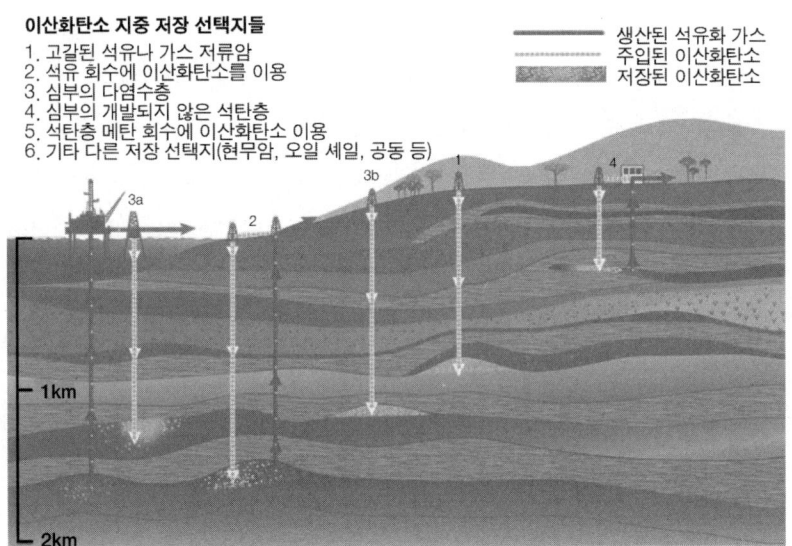

자료: IPCC.

② 유전 및 가스전 저장

유전에는 석유가 존재하는데 이 석유를 효과적으로 유출시키기 위해 이산화탄소를 유전에 주입한다. 즉, 이산화탄소를 높은 압력과 함께 원유가 있는 지층으로 주입하면 이산화탄소가 원유를 밀어내서 원유 추출구로 이동시킨다. 기존의 방식으로 원유를 생산할 때는 매장량의 10%밖에 뽑아내지 못하며, 다른 액체를 주입할 경우 매장량의 20~40% 정도를 생산할 수 있으나, 이산화탄소를 사용하면 60%까지 효과적으로 생산할 수 있다. 이 방법을 통해 대기에서 포집한 이산화탄소를 안전하게 저장할 수 있고, 또한 지하에 매장된 석유를 얻을 수 있다는 장점으로 인해 이산화탄소를 다른 장소에 보관했을 때 소요되는 비용을 대신할 수 있다. 물론 이 과정에서 일부 이산화탄소가 대기 중으로 유출되기는 하지만 대부분의 이산화탄소는 유전에 저장된다.

③ 석탄층 저장

전술한 방법이 이산화탄소를 주입하여 원유를 효과적으로 생산했다면, 석탄층 저장법은 이산화탄소를 이용하여 석탄층 안에 있는 메탄가스를 회수하는 방법이다. 석탄층을 구성하고 있는 석탄은 미세 공극이 많기 때문에 메탄가스를 저장하고 있는데 이산화탄소를 주입함으로써 메탄가스가 차지한 공간을 이산화탄소로 교체하는 원리이다. 이렇게 해서 메탄가스를 회수하고 이산화탄소를 석탄층 안에 저장한다.

4) 전환 기술

이산화탄소를 저장하는 방식 이외에도 다양한 방식으로 적용할 수 있다. 이를 이산화탄소 포집 및 활용 기술(CCU: Carbon Capture, Utilization)이라고 하며, 이산화탄소를 이용해 새로운 제품을 생산할 수 있고 다른 제품을 대체할 수도 있다. 그리고 이산화탄소의 지층 저장에 대한 부담을 줄일 수 있다.

(1) 오일회수증진 기술

이산화탄소를 저장하는 방식 이외에 원유를 회수하는 데 초점을 두는 방법을 오일회수증진(EOR: Enhanced Oil Recovery) 기술이라고 부르는데 유전에 이산화탄소를 주입해 오일의 회수 수율을 높이는 기술이다. 일반적으로 이산화탄소는 주입정을 통해 유전에 주입된다. 주입정을 통해 주입된 이산화탄소는 오일과 함께 혼합되는데 이때 최소혼합압력(MMP: Minimum Miscibility Pressure) 이상의 압력에서 혼합된다. 이렇게 되면 추출구로 쉽게 이동할 수 있게 된다. 또한 이산화탄소와 혼합된 오일의 점도는 낮아져 생산 효율이 높아진다. 이 기술을 이용해 주입된 이산화탄소는 유전의 지질구조가 유지가 되는

〈그림 7-5〉 오일회수증진 기술

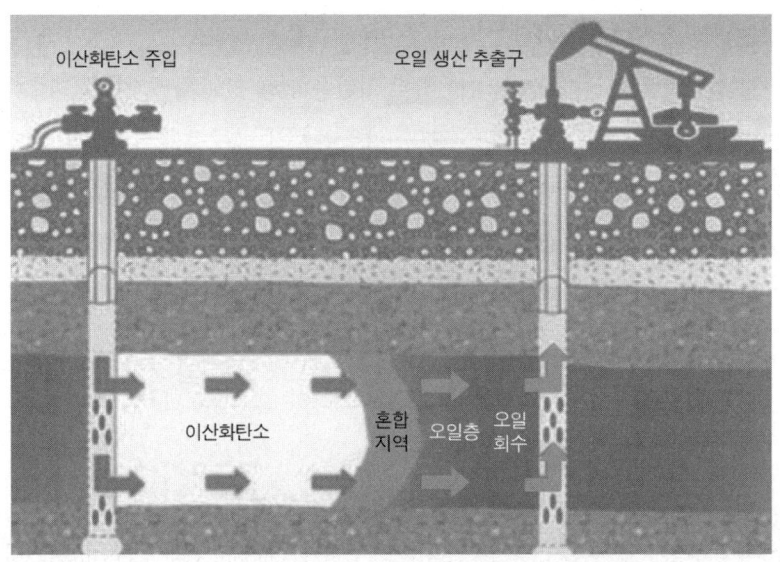

한 유전에 가둬진 상태로 남아 있게 된다.

(2) 화학연료로 이용

이산화탄소는 화학적으로 매우 안정한 분자구조를 가지고 있어서 대기 중에 오랫동안 존재한다. 이러한 이산화탄소를 화학적 반응을 통해 경제적으로 유용한 여러 가지 화학제품으로 변환시켜 이산화탄소를 저감할 수 있다. 현재 이산화탄소 배출량의 10%는 화학물질을 사용하면서 발생하는데 그 화학물질을 이산화탄소를 통해 만들 수 있다면 10%의 이산화탄소를 재사용하는 셈이니 화학제품 측면에서는 탄소중립이 실현될 수 있다. 그러나 이산화탄소를 활용해 화학제품으로 만들려면 많은 에너지 비용이 들기 때문에 앞으로 더 연구가 필요하다.

(3) 조류 배양에 활용

이산화탄소를 이용하여 조류(algae)를 배양할 수 있다. 조류는 염수나 폐수와 같은 환경에서도 잘 살 수 있고 비경작지에서도 배양될 수 있는 생물체다. 또한 다른 작물에 비해 높은 바이오매스 생산성을 가지고 있기 때문에 조류 바이오매스를 이용해 기존 화석연료 제품을 대체할 수 있다. 이러한 조류는 태양광, 무기물질 등을 에너지원으로 사용해 성장하고 이 물질 이외에 또 다른 에너지원이 있는데 바로 이산화탄소다. 그렇기 때문에 이산화탄소 포집에 조류를 이용할 수 있고 동시에 조류를 재배할 수 있는 것이다. 조류는 광합성 효율이 높고 경작지가 필요 없는 장점을 가지고 있어서 이산화탄소 포집에 효과적이다.

(4) 바이오 연료의 제조

위에서 살펴본 것처럼 이산화탄소를 이용해서 재배된 미세 조류를 통해 바이오 연료를 생산할 수 있다. 최근 원유 가격의 상승과 지구온난화 문제가 수면 위로 올라오고 있기 때문에 그것을 대체할 바이오 연료가 주목을 받고 있다. 미세 조류의 성장은 토양이나 수질의 상태에 크게 좌우되지 않기 때문에 다른 농작물의 생산에 큰 영향을 끼치지 않는다. 그렇기 때문에 미세 조류는 바이오 디젤, 바이오 에탄올과 같은 물질의 생산에 있어서 좋은 재료로 활용될 가치가 있다. 그러나 미세 조류를 이용한 바이오 에너지 시장이 성장하기 위해서는 미세 조류를 생산하는 데 들어가는 비용이 기존 곡물생산 가격과 비슷해야 한다는 한계가 있다.

(5) 광물 탄산염화

광물 탄산염화(mineral carbonation)는 광물이 이산화탄소와 반응해서 칼슘과 마그네슘 탄산염을 생성하는 반응이다. 이 반응을 통해 생성된 탄산염은 안정해서 물에 용해가 잘 되지 않고 대기 중으로 이산화탄소를 방출하지 않기 때문에 친환경적이다. 따라서 탄산염은 이산화탄소의 저장 물질인 동시에 건축 재료로도 활용될 수 있다. 광물 탄산화는 대기 중의 이산화탄소를 안정적이고 환경적인 칼슘, 마그네슘 탄산염에 저장할 수 있고 지구상에는 이산화탄소와 반응하는 광물들이 매우 많지만 광물 탄산화를 위해서는 탄산염화 공정 반응의 효율과 속도를 높이는 것이 향후 과제다.

참고문헌

국립산림과학원. 2012.『기후변화, 숲 그리고 인간』.

국립산림과학원. 2015.『산림탄소경영 최적화 기법 개발』.

국립생태원. 2021.『생태계 기후변화 조사연구』.

기획재정부. 2011.『(저탄소 녹색성장 기본법 시행에 따른) 국가 기후변화 적응대책, 2011~2015』.

온실가스종합정보센터. 2020.『2020 국가 온실가스 인벤토리 보고서』.

—

IPCC. 2018. "Global warming of 1.5℃."

Malhi, Y., J. Franklin, N. Seddon, M. Solan, M. G. Turner, C. B. Field, and N. Knowlton. 2020. "Climate change and ecosystems: threats, opportunities and solutions." *Phil. Trans. R. Soc. B*, Volume 375, Issue 1794.

—

https://www2.nau.edu/gaud/bio302/content/extsn.htm [NAU(Northern Arizona University) 홈페이지]

제8장

기후변화와 건강

하미나 | 단국대학교 의과대학 예방의학교실 교수

1. 기후변화 대응정책 개요

1) 기후변화의 완화와 적응

기후변화는 인류의 산업 활동 등의 과정에서 이산화탄소 등 지구에 온실효과를 내는 가스의 배출이 증가하여 지구 표면의 대기 및 바다의 평균온도가 지속적으로 오르는 현상이다. 극지방의 빙하가 녹고 해수면이 상승하여 섬들이 물에 잠기고, 지구 생태계 순환이 변화하여 극한 기상(폭염, 폭설, 홍수, 폭풍과 대형 산불 등)으로 자연재해 발생이 흔해진다. IPCC(International Panel on Climate Change, 기후변화에 대한 정부 간 협의체)[1]는 지구 온도가 산업화 이전(1900

---

* 이 장은 하미나·정선화, 「기후변화의 건강영향 감시와 대응」, 『환경보건정책입문』(단국대학교출판부, 2022)을 수정·보완한 것이다.

〈그림 8-1〉 온실가스 배출이 기후 시스템에 미친 영향과 미래 추계

• 1850~1900년 대비 지구의 표면온도 변화

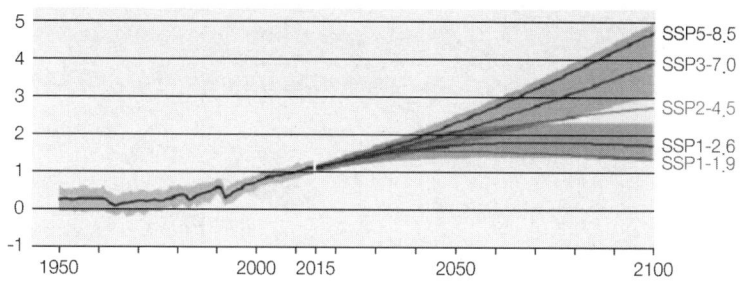

• 9월 북극의 해빙 면적

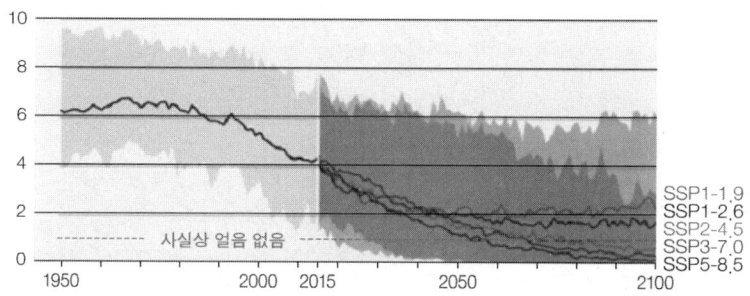

자료: IPCC AR6 WG I, SSP(Shared Socio-economic Pathway)는 기후변화 적응과 완화를 위한 사회경
제적 노력을 함께 고려하여 5가지 경로를 가정. ① 지속 성장(친환경 성장 발전), ② 중도 성장(완화-
적응 노력의 조화), ③ 불균형 성장(기후변화 취약 성장), ④ 양극화 성장(완화-적응 노력의 불균형),
⑤ 고속 성장(화석연료 의존 발전).

년 이전)에 비해 1.5℃ 이상 증가하면 지구 생태계와 인류가 감당할 수 있는

수준을 넘어선다고 했다. 현재 상태는 이미 1℃ 증가한 상태이다(〈그림 8-1〉).

따라서 온실가스 배출을 줄여 기후변화를 '완화(mitigation)'하는 것이 근본

---

1) 세계기상기구(WMO)와 유엔환경계획(UNEP)에 의해 1988년에 조직되었다. 기후변화의 과학
    적 근거와 정책 방향을 제시하는 보고서(AR: Assessment Report)를 발간한다. 전 세계 과학자
    들이 참여하고 보고서는 유엔기후변화협약(UNFCCC: UN Framework Convention on Cli-
    mate Change)에서 정부 간 협상의 근거로 활용한다. 최근 제6차 보고서를 발간했다.

〈그림 8-2〉 기후 위험으로부터 기후 탄력적 발전으로 전환: 기후, 생태계(생물다양성 포함)와 인간 사회의 동조 체계

• 주요 상호작용과 추세

위기에서 즉각 행동 ▽ • 거버넌스   • 재정
                      • 지식과 역량   • 상황을 호전시키는 기술들

• 기후 위험을 줄이고 탄력성을 확보하는 옵션들

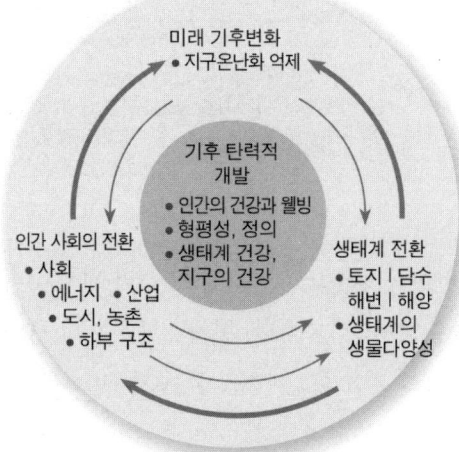

자료: IPCC AR6 WG II, Figure SPM.1.

적인 정책이 된다. 온실가스 배출을 줄이기 위해서는 이산화탄소 배출의 주범인 화석연료에 기반한 에너지 생산 구조를 재생 에너지 중심으로 변환하는 것을 포함해 산업구조와 사회체계 전반의 전환이 필요하다.

그러나 전 세계가 열심히 노력해도 이미 배출되었고 향후 배출될 온실가스로 인해 어느 정도의 지구온난화는 막을 수 없다. 그러므로 기후변화로 초래될 각종 재난을 잘 헤쳐 나갈 수 있도록 하는, 즉 사회의 전 영역에서 기후 회복 탄력성(climate resilience)을 높이는 적응(adaptation) 정책이 필요하다.[2]

그런데 인간과 생태계는 지구의 공동 운명체이므로 생태계의 기후 회복 탄력성도 매우 중요하다. 최근 발표된 IPCC AR6 WG II[3]에서는 특히 생물다양성(biodiversity)을 포함한 생태계와 인간 사회의 상호작용과 동조 시스템(coupling system)을 강조하고 있다(〈그림 8-2〉).

2) 한국 기후변화 대응정책 개요

한국은 탄소 배출량 세계 7위(2019년)[4] 국가로 기후변화에 중요한 책임이 있다. 정부는 1999년에 처음 기후변화협약에 대응하는 종합대책을 수립한 이후, 2005년까지 세 차례에 걸쳐 3년 단위의 협약대응 종합대책을 수립했고, 2008년부터는 '기후변화대응 종합계획'을, 2010년 「저탄소 녹색성장 기본법」이 제정·시행된 이후 이 법에 근거하여 2016년에는 '제1차 기후변화대응 기

---

[2] 한국 기후변화 적응대책은 지구 온도 2℃ 상승에도 대비하고자 한다(관계부처 합동, 2020: 46).

[3] IPCC는 3개의 실무그룹(WG: Working Group) 보고서와 1개의 종합보고서(SyR: Synthesis Report)를 발간한다. WG I(기후변화의 과학적 근거), WG II(기후변화 영향, 적응 및 취약성), WG III(기후변화 완화).

[4] IEA Atlas of Energy, http://energyatlas.iea.org/#!/tellmap/1378539487/0(검색일: 2022.3.2)

본계획'을, 2019년에 제2차 기본계획을 수립했다.

적응 대책과 관련해서는 2008년에 '국가 기후변화적응 종합계획'을 수립했고, 이를 발전시켜 2011년에 '제1차 국가 기후변화 적응대책(2011~2015)'을, 2019년에는 '제2차 적응대책(2016~2020)'을 수립했다.

국가계획과 함께 지방자치단체의 기후변화 적응을 위해 2012년에 '제1차 계획(2012~2016)'이, 2017년에는 '제2차 광역지자체 기후변화 적응대책 세부 시행계획(2017~2021)'이 수립되었다.

2021년에는 「기후위기 대응을 위한 탄소중립·녹색성장 기본법」을 제정하여, 2050년까지 탄소중립(탄소 배출량·흡수량이 0이 되는 상태, 넷제로) 달성 목표를 세우고 이를 이행할 수 있는 제도적 기반을 마련했다. 이로써 한국은 세계에서 기후변화 대응을 위한 국가의 정책을 법령으로 제정한 14번째 국가가 되었다. 한국은 2030년까지 국가 온실가스 감축 목표(NDC: Nationally Determined Contributions)도 상향 조정했다.[5] 2050년까지 탄소중립을 달성하기 위한 시나리오를 마련하고, 사회의 각 분야별 할당 감축 목표량을 설정하고, 산업구조의 전환과 공정 개선을 지원하기 위한 기후대응기금을 신설하는 등 실질적인 정책 수단을 갖추었다.

2021년부터 시작되는 '제3차 국가 기후변화 적응대책'에서는, 8대 국민 체감형 과제로 홍수, 가뭄, 생물 대(大)발생[6], 산림 재해, 식량안보, 감염병 질환, 취약계층, 거버넌스를 제시했다. 사회 전 분야의 기후 탄력성을 높이기 위한 분야별 사업, 기후 취약계층 보호, 시민 참여 활성화 등을 통해 새로운 기후

---

5)　NDC는 파리협정에 따라 참가국이 스스로 정하는 2030년까지의 국가 온실가스 감축 목표이며, 한국은 애초 2017년 대비 24.4% 감축을 목표로 세웠으나(2019년), 2021년에 2018년 대비 40% 줄이는 것으로 수정했다.

6)　2020년 1월, 이상 고온에 따라 해충 월동란이 폐사하지 않고 부화하여, 2020년 6~7월에 대벌레, 매미나방 등 곤충의 대발생으로 불쾌감 조성, 농작물 피해 등이 초래되었다.

체제에 대응하는 정책을 제시했다(관계부처 합동, 2020: 208).

국제적으로 보았을 때 한국은 현재까지 기후변화대응 감축 분야의 대응력 수준이 매우 낮은 편으로 평가받고 있다.[7]

2. 기후변화 건강영향의 특성

1) 기후변화에 의한 건강영향 발생 경로

기후변화로 인한 건강영향은 기존의 건강위험을 악화시키는 방식으로 나타난다. 기온이 높아져 고산 지대에서 과거에는 없었던 말라리아가 발생하고, 자연재해가 잦아지고 대기오염이 심해져 질병과 사망, 영양실조, 수인성 감염병과 설사, 동물이나 곤충이 매개하는 감염병이 증가한다. 또 최근 코로나19 팬데믹과 같은 새로운 감염성 질환이 발생할 수 있는 환경을 만들어 내기도 한다.[8]

기후변화는 여러 경로로 건강에 영향을 미친다(〈그림 8-3〉)(Confalonieri et al., 2007: 391~431). 우선 기상재해(홍수, 폭풍, 가뭄, 폭염 등)로 직접적인 건강피

---

7 2022년 한국의 기후변화성과지수(Climate Change Performance Index)는 very high~very low의 5개 카테고리 중 최하위인 very low에 속하며, 평가 대상 64개국 중 60위(2021년 53위) (분야별로 온실가스 배출 62위, 재생 에너지 49위, 에너지 사용 61위, 기후 정책 48위)[Climate Change Performance Index, "Climate Chnage Performance Index 2022," https://ccpi.org/download/climate-change-performance-index-2022-2/(접근일: 2022년 6월 30일)]

8 기후변화로 식생 분포가 변화하고 이에 따라 박쥐 종이 증가했다. 지난 100년간 박쥐 40종이 증가했는데, 전 세계 박쥐 종은 3000여 종의 코로나바이러스를 보유한다. 이러한 박쥐 종 증가 추이는 코로나가 시작된 중국 우한과 그 주변 지역에서 뚜렷하다(Beyer, Manica, and Mora, 2021: 145~413).

제8장 기후변화와 건강 **289**

〈그림 8-3〉 기후변화가 건강에 영향을 미치는 경로와 매개 조건

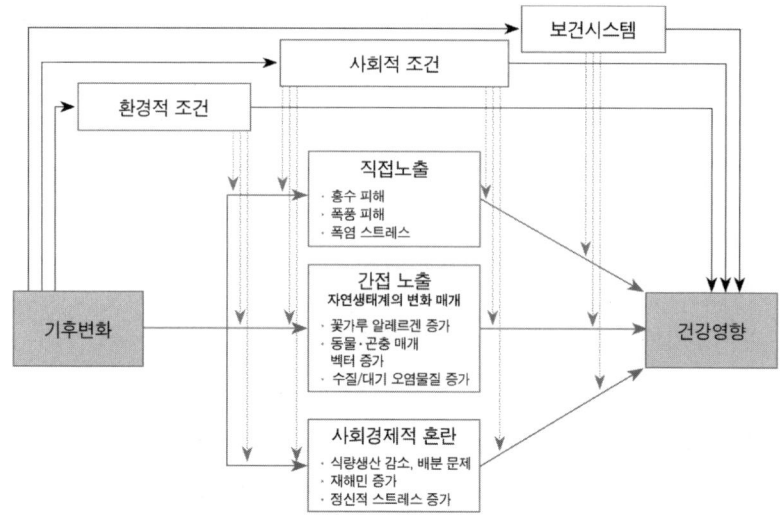

주: 점선 화살표는 매개 영향을 나타냄.
자료: IPCC AR4 WG II(2007), Fig.8.1.

해가 발생한다. 간접적으로는 기후변화로 인해 자연 생태계가 변화하여 질병 발생이 증가하는 것이다. 예를 들어, 식물의 서식 환경이 변화하여 꽃가루 알레르겐이 증가하거나, 박쥐나 곤충의 서식지 분포가 변화하여 이들이 매개하는 질병이 창궐하는 것이다. 또 기후·기상의 변화로 화학물질이나 미세먼지 등 환경 유해물질의 거동과 분포가 영향을 받아 대기나 수질 오염이 증가하여 건강에 유해한 영향을 미칠 수 있다. 또 다른 경로는 기후변화가 미친 사회경제적 환경의 변화가 건강을 악화시키는 것이다. 홍수, 가뭄 등 재해로 이재민이 많아지고 영양실조, 설사, 정신적 스트레스 등의 발생과 이로 인한 사망이 증가할 수 있다. 기후변화는 작물 생산에도 영향을 미쳐 특히 저개발국에서 기근이 발생하고 굶주림과 빈곤으로 건강이 악화된다.

2) 기후 건강위험의 취약성과 불평등

(1) 기후 건강위험의 취약성

기후변화 취약성(climate vulnerability)은 한 시스템이 극한 기상이변을 포함한 기후변화의 악영향에 쉽게 영향을 받거나 대처하지 못하는 정도를 말한다 (Smit et al., 2001: 877~912). 세계보건기구(WHO: World Health Organization)에 따르면, 직간접적 경로로 기후 유해인자(climate hazards)에 노출(exposure)된 후 민감성(sensitivity)과 보건 시스템의 적응 능력(adaptive capacity of health system)과 상호 작용하여 건강 취약성의 수준이 결정되며, 기후에 민감한 건강위험과 보건 의료 시스템에 부담을 증가시킨다(〈그림 8-4〉).[9] 기후 건강 취약성을 결정하는 민감성에는 인구·지리·생물학적 요인 및 기존의 건강 상태, 사회정치적 조건과 사회경제적 요인이 포함된다(〈표 8-1〉).

적응 능력은 보건 의료 시스템의 역량과 회복 탄력성의 수준이라 할 수 있다. 이러한 3가지 변수(기후 유해요인, 취약성, 보건 의료 시스템의 적응 역량)의 함수로 결정된 건강 취약성의 정도에 따라, 기후에 민감한 건강위험이 증가하거나 감소하는 결과로 나타난다.

기후에 민감한 건강위험에는, 기상이변으로 인한 손상과 사망, 온열질환, 호흡기 질환, 수인성 질환, 인수공통감염병, 곤충 매개성 질환, 영양실조와 식품 매개성 질환, 만성질환, 정신·심리사회적 건강이 포함된다. IPCC AR6 WG II에서도 기후변화가 감염병뿐 아니라 비감염성·만성 질환의 위험을 증가시키며, 홍수, 폭풍, 산불과 같은 자연재해가 빈번해져 삶의 터전을 상실한 이재민이 되어, 삶의 질과 정신건강이 악화된다는 점을 특별히 강조했다. 기

---

9) WHO, "Climate change and health." https://www.who.int/news-room/fact-sheets/detail/climate-change-and-health(검색일: 2022.6.1)

〈그림 8-4〉 기후-민감 건강위험, 노출 경로와 취약성 요인에 관한 개념도

자료: WHO, "Climate change and health", Fact sheet.

〈표 8-1〉 기후변화 건강위험을 높이는 취약성 요인

범주	요인	
인구학적 요인	• 연령(어린이, 노인) • 성	• 인구 변화(예: 강제 이주)
생물학적 요인	• 임신부, 수유부 • 면역 감퇴자 • 영양부족 인구	• 감염병 부담이 높은 인구집단 • 만성질환 부담이 높은 인구집단 • 정신적 혹은 신체적 장애
지리적 요인	• 난개발 도시 주거 지역 • 홍수 위험지역 • 가뭄 위험지역 • 연안 폭풍과 태풍 위험지역	• 물 부족 지역 • 식품안전 수준이 낮은 지역 • 도시, 외지, 시골
사회경제적 요인	• 빈곤 • 성과 관련한 표준, 역할, 관계 • 위험하고 비공식적인 직업 • 보건 의료 서비스에 낮은 접근성	• 교육 서비스에 낮은 접근성 • 안전하지 않은 식수와 위생 환경 • 부적절한 대피소
사회정치적 요인	• 정치적 불안정 • 소수자에 대한 차별 • 복잡한 위기 상황과 갈등의 존재	• 언론과 정보의 자유 보장 • 시민의 권리와 사회운동의 제한

자료: WHO(2021).

후 건강위험으로 인한 질병 부담은 〈표 8-2〉와 같다.

〈표 8-2〉 일부 기후-민감 건강위험으로 인한 질병부담 현황

건강영향	최근 분포	위험 인구	연간 이환율 혹은 사망률
온열질환	• 전 세계	• 전 인구, 특히 고령층	• 폭염은 13개국 384개 지역에서 사망의 0.4% 차지 • 지난 20년간 65세 이상에서 폭염 관련 사망 54% 증가
오존 관련 사망률	• 주로 도시 지역, 전 세계	• 노령층, 어린이, 호흡기 질환자	• 연간 30세 이상 성인 100만 명 사망
설사	• 주로 열대 지역	• 깨끗한 식수, 위생적 환경이 제공되지 않는 곳의 어린이	• 5세 이하 어린이에서 연간 52만 5천 명 사망, 17억 명 이환
말라리아	• 열대지역	• 전 세계 인구의 50%	• 2019년에 2억 2900만 명 이환, 40만 9천 명 사망
뎅기	• 열대 지역, 온대 지역으로 확산 중	• 전 세계 인구의 50%	• 매년 4억 명 환자 이환: 2019년에 최고점
라임병 (보렐리오시스)	• 온대 삼림지역: 북아메리카, 유럽, 북아시아	• 북반구에서 가장 흔한 진드기 매개 질병	• 지난 20년간 유럽에서 36만 명 이상 이환
영양실조※	• 아프리카, 라틴 아메리카, 아시아	• 주로 어린이	• 5세 이하 어린이 1억 4900만 명 성장 지체, 2020년 4500만 명 저중량

주: ※ 영양실조는 결핍, 과잉, 균형 잡히지 않은 칼로리·영양 섭취로 인해 영양부족, 미세 영양소 관련 영양실조, 과체중과 비만, 식이 관련 만성질환이 발생하는 것을 말함. 이 중 영양부족에는 저중량(wasting: low weight-for-height), 성장 지체(stunting: low height-for-age), 저체중(low weight-for-age)이 있으며, 주로 저개발국의 5세 이하 어린이에서 나타남.
자료: WHO(2021).

(2) 기후 건강피해의 불평등

기후변화로 인한 건강피해는 국가·지역·계층 간에 불평등하게 발생한다. 경제와 산업 활동과정에서 화석연료의 사용으로 지구 전체에 배출되고 있는 온실가스의 대부분은 소득이 높은 선진국들이 배출하고 있으나, 그로 인한 피해는 개발도상국과 저개발국에 집중되어 크게 나타난다(〈그림 8-5〉)(Patz et al. 2007: 397~405).

특히 섬나라와 해안 지역의 나라들(해수면 상승에 의해 국토가 사라짐), 빈민층이 많은 대형 도시, 기온 상승의 영향이 뚜렷이 나타나는 산간 지방과 극지

〈그림 8-5〉 세계인의 소득별 탄소 배출량과 기후변화로 인한 건강피해의 국가 간 불평등

• 세계인의 소득 그룹별 일인당 평균 탄소 배출량(2015)

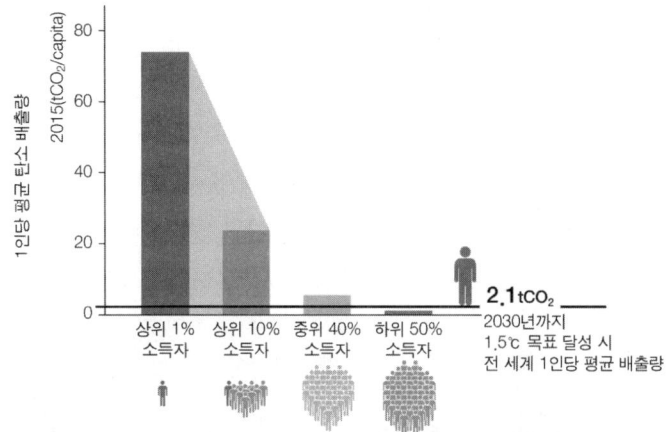

• 국가별 상대적 탄소 배출량

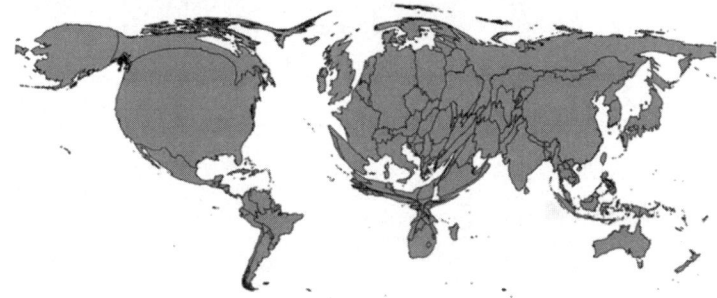

• 기후변화로 인한 건강피해(말라리아, 영양결핍, 설사, 익사)의 크기와 심각도

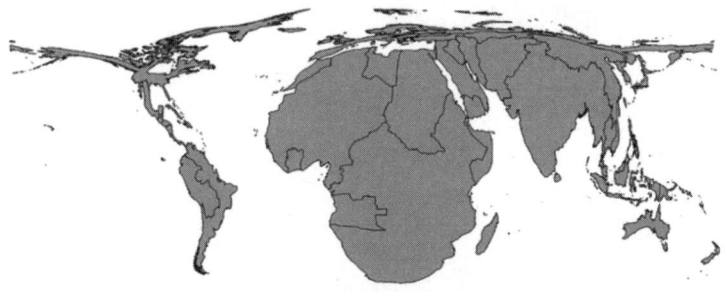

자료: United Nations Environment Programme. Emissions Gap Report 2020, Executive summary. Fig
    ure ES.8; Patz et al. Climate change and global health: quantifying a growing ethical crisis. Eco
    Health 2007.

방이 매우 취약하다. 노인, 어린이와 여성, 옥외 사업장 및 특수 환경 노동자, 영세농민 등 취약한 인구집단 그리고 저소득층 등 사회경제적으로 취약한 계층에서 기후변화의 피해가 심하다. 기후변화는 농지, 산림, 강물, 어류 등 중요한 자연 자산이 줄어들게 하고, 이는 사회정치적인 갈등과 불안정으로 이어져 전쟁, 고문, 폭력배들의 싸움과 같은 집단 폭력(collective violence)의 위험까지 높인다(Levy and Patz, 2015: 310~322). 이러한 집단 폭력은 저소득 국가와 고소득 국가의 저소득층에서 주로 나타난다.

WHO는 기후변화가 깨끗한 공기, 안전한 식수, 충분한 음식과 안전 가옥 등 인간 생존에 필수적인 사회환경적 조건을 악화시켜, 영양실조, 말라리아, 설사와 열 스트레스 등이 증가하고 이로 인해 2030~2050년 사이에 매년 25만 명이 추가 사망할 것이라 보았다. 또 2030년까지 직접 손상으로 인한 보건 비용(온열질환, 감염병 등)은 매년 20억~40억 달러에 이를 것이라 했다. 보건 의료 시스템의 인프라가 취약한 대부분의 개발도상국들은 기후변화 대응을 위한 국제적인 지원이 없다면 기후변화의 충격을 극복하기 어려울 것으로 보인다.[10]

3) 생물다양성과 기후건강: 원헬스

인류는 35억 년 전에 생겨난 최초의 기원 세포로부터 진화해 온 다양한 생물종 중 하나이다. 이스터 섬의 예를 포함해 과거 문명의 역사는, 자연을 무시한 채 번성한 인류만의 문명은 붕괴할 가능성이 높다는 것을 보여 준다(다이아몬드, 2005: 12~41).[11] 동식물의 생명체를 포함한 자연을 보존하는 일은 인류

---

10) WHO, "Climate change and health. Key facts." https://www.who.int/news-room/fact-sheets/detail/climate-change-and-health(검색일: 2022.6.5)

의 생존·번성에 직결된다.

WHO는 기후건강 문제를 '원헬스(One Health)와 자연-기반 해법(nature-based solution)'으로 다루기를 제안한다.[12) 원헬스는 보건 분야만이 아니라 농축산 및 야생생물 분야 등 다른 여러 부문이 소통·협력하여 프로그램, 정책, 입법 및 연구를 설계·구현함으로써 공중보건을 향상시키는 것이다. 원헬스는 특히 식품안전, 인수공통감염병 관리, 항생제 내성 관리에서 중요하다.

사람의 감염병 중 3분의 2는 척추동물과 사람 사이에 자연적으로 전파되는 인수공통감염병이다. 신종 감염병의 60% 이상은 동물(이 중 72%가 야생동물)로부터 유래한다. 최근 들어 신종 감염병이 점점 더 많이 출현하고 있으며(Jones et al., 2008: 990~993), 이는 생물다양성의 감소 및 산림 파괴와 관련되어 있다.

생물다양성은 지구 생명체에 필수적인 자원과 서비스의 원천이다. 다양한 생물종의 존재는 사람에게 식품과 영양, 에너지, 의약품, 담수 등을 제공하고 경제적 이익도 제공해 준다. 사람의 건강과 웰빙은 해당 지역에 얼마나 많은 동식물이 군집하는지와 이들 생태계가 얼마나 건강한지에 달려 있다. 따라서 토지 남획과 오염, 수질 오염, 화학물질과 폐기물로 인한 오염, 기후변화 등 생태계를 파괴하는 요인들은 생물다양성을 감소시켜 사람의 건강에 위협이 된다.

동물의 종 다양성이 낮을수록 사람에게서 인수공통감염병의 발생과 전파가 잘 일어난다(Keesing et al., 2010: 647~652). 예를 들어 설치류 종이 다양할수

---

11) 문명사회 붕괴의 5가지 원인 중 첫 번째가 자연 파괴설(또는 생태 자살설)이다. 이것은 인간의 환경 파괴가 문명사회 붕괴로 이어진다는 이론이다.

12) WHO, "New WHO-IUCN Expert Working Group on Biodiversity, Climate, One Health and Nature-based Solutions." https://www.who.int/news/item/30-03-2021-who-iucn-expert-working-group-biodiversity(검색일: 2022.6.27)

록 이동과 종 간의 접촉이 적어져 설치류에서 감염 유병률이 낮아지며, 이들로부터 사람으로 감염병이 전파되는 위험도 더불어 낮아진다(Dizney and Dearing, 2015: 341~347). 또 설치류의 포식자(조류 혹은 포유류) 종이 다양하면 설치류의 개체 수와 활동성이 줄어들어, 설치류를 통해 사람으로 전파되는 인수공통감염병의 발생 위험이 낮아진다(Min et al., 2020.: 21744).

아프리카의 치명적인 에볼라 유행은 산림 파괴가 그 원인의 60%를 설명할 수 있다(Olivero et al., 2017: 14291). 무분별하게 확장되는 토지 개발로 산림이 파괴되면 야생동물의 서식지가 줄어들고, 이어서 감염을 매개하는 곤충과 설치류가 증가하여 인간과 접촉이 더 많아지기 때문이다(Min, Lee, So, and Cho, 2019: 1518).

인류의 활동이 초래한 기후변화로 인해 인류뿐 아니라 지구상의 다른 생명체들도 위기를 맞았다. IPCC AR5에서는 21세기와 그 이후를 전망하면서, 육상생물종과 담수생물종 상당수가 멸종 위험에 처해 있으며, 특히 기후변화가 다른 스트레스 요인(서식지 파괴, 남획, 오염, 외래종 침략 등)과 상호 작용할 경우 멸종의 위험이 더 커진다고 했다. 또 전 지구적으로 해양생물종이 재분포되고 기후변화 민감 지역에서 해양생물의 다양성이 감소하여, 해양의 어업 생산성과 다른 생태 서비스 공급이 지속되기 어려울 것으로 내다보았다.

기후건강에 대한 대응은 자연 생태계의 보존과 인류 건강의 공동 편익에 기반하여, 생태계와 사회의 회복 탄력성을 함께 높여야 한다. 이를 위해 무엇보다도 식품 시스템이 지속 가능하고 건강한 체계로 전환되는 것이 필요하다. 즉, 농업·어업·임업 분야의 작물 및 가축의 다양성과 야생동물과 육상·연안·해양 생태계에서 생물다양성이 유지되며, 산업과 생태계가 지속 가능하도록 관리되고 사용되어야 한다. 모든 수준(유전자, 종 및 생태계 수준)에서 생물다양성은 식량안보, 영양·식품 섭취의 질을 확보하는 데 토대가 된다(WHO, 2020).

4) 온실가스 감축 정책의 건강편익

초기 기후변화 대응은 완화와 적응이라는 2개의 전략으로 진행되었으나 2010년대에 들어와서 두 전략의 통합적 대응이 강조되기 시작했다. 완화와 적응 정책을 별개로 시행하면 상쇄 효과가 발생할 수 있으나, 연계하여 시행하면 공동 편익이 발생할 수 있다(환경부, 2020: 333). 완화 전략은 비용 효율성과 기술 혁신 등을 중심으로 온실가스 배출 저감을 목표로 하며, 적응 전략은 지역 중심의 기후 회복 탄력성 강화가 목표이다. 온실가스 감축 정책 중 건강에 이득을 가져오는 부분을 발굴하여 강화하는 것이 중요하다.

(1) 녹색에너지 시스템

화석연료에 기반한 에너지 시스템은 온실가스를 배출하는 가장 큰 원인으로 전체의 65%를 차지한다. 석탄에서 재생 에너지로 신속하게 전환하는 것은 탄소배출 저감뿐 아니라 석탄의 채굴과 연소 과정에서 발생하는 대기오염으로 인한 사망을 예방하는 데 있어서도 매우 중요하다.

화석연료에 기반한 에너지 시스템은 여러 오염원으로부터 초미세먼지(PM2.5)를 방출한다. 2019년에 초미세먼지는 약 400만 명의 사망을 초래했는데, 이 중 330만 명은 인공 배출원(이 중 110만 명은 화석연료의 직접 연소)에 의한 것이다. 인간개발지수(HDI: Human Development Index)[13]가 중간 정도이거나 높은 나라에서는 낮은 나라보다 전체 사망 중 초미세먼지로 인한 기여 사망률이 높았다(Romanello, 2021: 1619~1662).

---

13) 유엔개발계획(UNDP)이 발표하는 인간개발보고서(HDR) 중 각국의 실질 국민소득, 교육 수준, 문맹률, 평균 수명 등을 여러 가지 인간의 삶과 관련된 지표를 조사해 각국의 인간 발전 정도와 선진화 정도를 평가한 지수이다.

대기오염은 지표면 대기의 오존 농도를 증가시킨다. 대기 중 오존은 호흡을 통해 흡입되어 기도를 자극하고 인체의 방어 기전을 방해한다. 천식을 더욱 악화시키고 알레르겐에 대한 민감도를 증가시킨다. 다른 한편 지표면의 오존은 복사 강제력(RF: Radiative Forcing)[14]이 큰 기후변화 물질이다. 따라서 대기 중 (오존 생성의 재료가 되는) 휘발성유기화합물(VOCs)과 질소산화물(NOx)의 농도를 감소시키는 정책은 기후변화를 완화시키는 결과가 된다(환경부, 2011).

인류가 배출한 각종 화학물질(프레온, 메틸브로마이드, 할론, 사염화탄소, 메틸클로로포름 등)은 성층권의 오존층을 파괴한다. 성층권의 오존층은 태양으로부터 오는 자외선 중 UVB의 대부분을 흡수하여 지표면에서 UVB에 대한 노출을 차단하는 역할을 한다. 성층권의 오존증이 파괴되면 과다한 자외선에 노출된다. 기후변화로 폭염에 노출되는 시간이 길어지면서 자외선 노출은 더욱 심해진다. 특히 UVB는 피부암을 유발하며, 피부 노화, 백내장, 익상편의 발생 위험을 높인다. 따라서 오존층 파괴 물질의 배출을 줄이면 자외선 노출이 줄어 건강에 이롭다.

(2) 녹색수송: 전기차 확대, 자전거 타기와 걷기

전 세계적으로 수송 분야가 탄소 배출에서 차지하는 비중은 약 18%(2019년)이다. 따라서 자동차를 전기차로 전환하는 것은 중요한 기후변화 완화책 중 하나이다. 자동차를 이용하지 않고 걷기와 자전거 타기를 더 많이 하는 것은 온실가스 배출을 줄일 뿐 아니라 신체활동 수준을 높여 건강에 이롭다. 여러 나라 대도시에서 공용 자전거 정책이 실시되고 있다. 이들 나라에서 안전

---

14) 기후변화를 일으키는 물질들의 영향력을 나타내는 척도로 단위 면적당 에너지 변화율(W/m^2)을 들 수 있다. 양의 복사 강제력은 지구-대기 시스템의 에너지를 증가시키고, 음의 복사 강제력은 감소시킨다. 온실가스 중 이산화탄소가 기후변화의 복사 강제력 증가에 가장 크게 기여했다(인위적 복사 강제력 총량 $2.3W/m^2$ 중 $1.68W/m^2$)(기상청, 2020).

하게 자전거를 탈 수 있도록 도로의 구조 개선이 필요하다. 그러나 전 세계 전기차의 비중은 2019년 기준 1% 수준에 지나지 않는 실정이다.

(3) 지속 가능한 식품생산 체계: 육식 감소 및 채식

농업 생산을 비롯한 식품 시스템은 전체 온실가스 배출량의 21~37%를 차지하지만,[15] 동시에 탄소를 흡수·차단하는 역할도 한다. 농축산업과 식품소비 과정에서 배출되는 온실가스의 대부분은 붉은 육고기 소비로 인한 것이다. 일인당 온실가스 배출량은 육고기 소비가 많은 −HDI가 가장 높은− 나라에서 낮은 나라에 비해 41%(2018년) 더 많다(Romanello et al., 2021). 붉은 육고기는 주로 소득수준이 높은 나라들에서 비만과 과체중, 관상동맥질환 등의 위험을 높이는 데 기여한다. 육고기의 생산과 소비를 줄이고 식물성 식품의 생산과 소비를 늘리는 것은 온실가스 감축뿐 아니라 건강에도 매우 이롭다.

저개발국에서는 지속 가능한 영농 및 농경법을 유지하여 온실가스 배출을 줄이면서, 필수적인 영양 공급이 가능해야 한다. 전 세계적으로 2018년 불균형 식이(영양소 및 칼로리)로 인한 사망자 수는 960만 명에 이른다. HDI가 높은 나라의 국민들은 HDI가 중간 혹은 낮은 나라의 국민들에 비해 4~8배 더 많이 붉은 육고기를 섭취하고, 9배 더 높은 기여 사망률을 보인다(19명 vs. 2명/10만 명당). 붉은 육고기 섭취로 인한 기여 사망률은 남성이 여성보다 더 높다.

---

15) 2018년 전체 농업생산의 배출량은 $5.6GtCO_2e$이며 이 중 52%가 축산업(주로 소)에 의한 것이다(Romanello et al., 2021).

3. 기후 탄력적 보건 시스템의 구축

1) 보건 시스템의 기후 탄력성

탄력성(resilience)이란 IPCC에 의하면, "위험한 사건이나 장애에 대처하는 사회 생태 시스템의 능력으로서, 적응·학습·전환 능력을 유지하면서도 필수적인 기능·정체성·구조를 유지하는 방식으로 대응하거나 재구성하는 것"으로 정의된다(IPCC, 2014). 즉, 탄력성은 상황에 따라 유연하게 변화하며, 스트레스를 받는 동안에도 계속 기능할 수 있는 시스템의 전체적인 능력과 민첩성을 나타낸다.

기후 탄력적 보건 시스템이란 기후 관련 충격과 스트레스를 예상·대응·극복·회복 및 적응하여, 불안정한 기후에도 불구하고 인구의 건강이 지속적으로 개선될 수 있게 하는 보건 시스템이다.[16] 기후 탄력성은 취약성은 감소시키고 적응 능력은 높이며 여러 바람직한 정책적·사회적 선택과 기회를 통해 기후 충격으로부터 회복하는 것이다. 기후 탄력성의 수준이 높을수록 기후 충격으로부터 더 잘 회복할 수 있다(〈그림 8-6〉).

전체 보건 시스템이 기후 탄력적이기 위해서는, 지도력과 거버넌스, 보건 인력, 보건 정보 시스템, 필수 의료 제품과 기술, 서비스 전달과 재정 분야 또한 더 탄력적이어야 하며, 기후에 민감한 건강위험이 무엇인지 파악하고 예측하여 대비할 수 있어야 한다.

인구의 건강을 효과적으로 보호하기 위해서는 보건 분야를 넘어서서 물, 에너지, 식품과 농업, 도시계획 등, 건강을 결정하는 다른 분야에 대한 관리도

---

16) WHO, "Operational framework for building climate resilient health systems. 2015." https://apps.who.int/iris/handle/10665/189951(접근일: 2022.6.5)

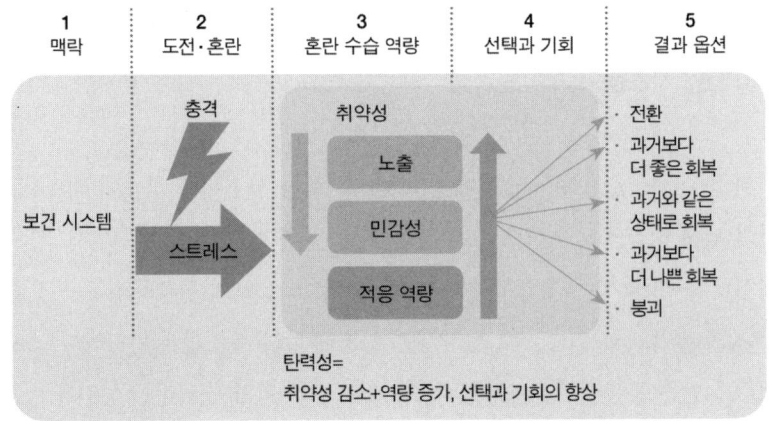

〈그림 8-6〉 탄력성에 대한 개념도

| 1 맥락 | 2 도전·혼란 | 3 혼란 수습 역량 | 4 선택과 기회 | 5 결과 옵션 |

탄력성=
취약성 감소+역량 증가, 선택과 기회의 향상

자료: WHO(2015), Figure 2.

필요하다. 예를 들어 수질이나 대기 질의 관리 기준을 건강보호의 관점에서 평가하여 다시 설정하는 것이다.

취약성 감소를 위해서는 빈곤과 불평등을 완화하기 위한 지속적 투자가 필요하며, 누구나 필수적인 서비스(보건, 교육, 깨끗한 식수와 적절한 식품 공급)를 받을 수 있도록 해야 한다.

2) 기후 탄력적 보건 시스템의 구성 요소

WHO에서는 보건 시스템의 기후 탄력성을 확보하기 위한 국가시행계획을 수립 시 고려할 점으로 7개 분야 10가지 요소를 제안하고 있다. 이 요소들은 보건 시스템 내에서 서로 밀접하게 연결되어 상호 강화한다. 또 나라별 특수한 상황에 맞추어 유연하게 적용하기를 권고하고 있다(〈표 8-3〉).[17]

---

17)   WHO, "Operational framework for building climate resilient health systems, 2015."

〈표 8-3〉 WHO의 기후 탄력적 보건 시스템 구축을 위한 10가지 구성 요소

범주	구성 요소
지도력과 거버넌스	부처 내·부처 간 지도력, 이행력 담보 방안
보건 인력	개인 및 기관의 재교육과 대응 역량, 소통력 강화
보건 정보 시스템	취약성, 역량 및 적응 평가
	통합적 위험 모니터링과 조기 경보
	건강과 기후 연구
필수 의료 제품과 기술	기후 탄력적이고 지속 가능한 기술과 기반
서비스 전달	건강의 환경적 결정요인 관리
	기후 정보가 반영된 보건 프로그램
	응급상황 대응과 관리
재정	기후보건 재정

자료: WHO(2015).

(1) 지도력과 거버넌스

① 부처 내 지도력과 부처 간 협업

공식적인 정부 기관과 정치 영역에서 기후변화가 보건 시스템에 가져올 충격을 평가·예측하여 보건 시스템을 전략적으로 관리할 수 있어야 한다. 정치적 지도력은 보건 분야 내의 모든 영역(전 보건 분야, 환경 보건, 매개체 관리, 수질 관리, 재해 관리, 보건 정보, 정책, 재정 등)에서 기후-민감 건강위험에 대응할 수 있는 정책을 마련하는 데 매우 중요하다. 또한 기후와 관련한 건강위험에 대한 평가·모니터링·규제·관리가 효과적으로 이루어지기 위해서는 농업, 식품, 물, 폐기물, 에너지, 수송, 노동계와 산업계, 도시계획, 주거와 사회 기반, 재해 관리 등의 분야와 밀접하게 협력해야 한다. 이들 비보건 분야의 기후변화 대응에 대한 투자가 건강보호 효과가 극대화되는 방식으로 이루어질 수 있도록 견인해야 한다.

② 이행력 담보

기후보건 정책의 이행력을 갖추기 위해서는, 보건부 내에 기후보건 담당 부서와 사람을 지정하고, 이행 프로그램과 예산을 마련하고, 이 부서는 다른 관련 부서들뿐 아니라 국제사회와도 협력해야 한다.

(2) 보건 인력

① 인적자원

보건 시스템에서는 무엇보다도 인력(보건 분야의 노동력)이 중요하며 인력에 의해 성과가 좌우된다. 기존의 보건 인력은 보건 정책, 관리, 연구와 분석, 돌봄 서비스 및 공중보건 서비스 전달의 영역에서 기후건강과 관련한 능력 개발이 되어야 한다. 기후 정보를 활용하는 방법, 분야 간 모니터링에 참여하는 것, 연구·시험하는 능력, 타 분야와 소통·협조하는 것, 비보건 분야의 정보를 분석·해석하는 것, 기후 활동가 및 대중과 기후 위험에 대해 소통하는 방법 등이 재교육을 통해 향상되어야 할 자질이다. 또 기후변화로 인해 발생하는 지역의 보건 서비스와 인력 수요증가에 대해 인력 수급계획 및 교육훈련이 잘 이루어지도록 해야 한다.

② 기관의 역량 개발, 소통과 인식 제고

기후보건 정책과 관련된 기관들의 경쟁력도 높여야 한다. 인적·물적 자원의 재배치 혹은 신규 확대, 프로그램이나 공정 관리를 통해 조직의 역량을 효율적으로 향상시켜야 한다.

지역사회의 다양한 시민단체와 지도자들은 지역 기후보건 정책의 파트너일 뿐 아니라 이해관계자이다. 지역의 기후 위험을 파악하고 정책 결정에 참여하며, 기후 위험과 기후 취약성에 대한 정보를 생산하여 알리고, 지역민을 기후 위험으로부터 보호하는 활동에 적극적으로 참여할 필요가 있다.

(3) 취약성, 역량, 적응 평가

보건 정책과 프로그램을 계획할 때 기후 취약성과 적응 평가(V&A: Vulner-ability and Adaptation assessment)는 필수적이다. 어떤 인구가 어떤 유형의 건강영향에 가장 취약한지, 이들을 보호해야 하는 시스템의 약점은 무엇인지, 어떤 구체적인 대응이 필요할 것인지를 평가하는 것이다. V&A 평가는 여러 시나리오에서 반복적으로 조사하고 주기적으로 검토하며, 추가적 연구와 평가, 보건 및 비보건 분야의 전문가 및 이해관계자들과 소통하면서 지속적으로 보완되어야 한다.

WHO가 제시하는 V&A의 6단계는 〈표 8-4〉와 같다.[18]

〈표 8-4〉 기후변화 건강 취약성과 적응 평가의 6단계

1. 계획
   1A. 다른 부서와 부처의 대표자를 포함하여 사업 팀을 구성하고 관리계획을 수립
   1B. 해결해야 할 문제와 정책 내용을 확인
   1C. 평가의 초점이 될 건강위험, 결과, 지리적 범위, 시간대를 정의
   1D. 기후변화로 피해를 받을 수 있는 인구집단을 포함한 이해관계자 프로세스를 수립
   1E. 평가하는 데 필요한 정보와 데이터를 찾아냄
   1F. 의사소통계획을 마련

2. 취약성 평가: 최근의 기후-민감 건강결과와 기후변화로 인한 질병부담 기술
   2A. 핵심적인 기후-민감 건강영향을 확인·기술하고 우선순위를 정함
   2B. 현재와 과거의 기상·기후 조건과 건강영향 간 관련성을 분석
   2C. 기후-민감 건강영향을 가중시키는 요인들 및 위험의 지역적 분포가 변화하는 추세 확인
   2D. 취약한 인구집단과 지역을 확인
   2E. 모니터링상에 나타나는 미래 취약성과 적응 대안들에 대한 평가의 기본 정보 문서화

3. 역량 평가: 보건 및 보건 관련 시스템의 역량 평가
   3A. 현재와 미래의 건강영향 관리를 위한 정책, 프로그램과 기반시설 확인
   3B. 기후-민감 건강영향에 대응하기 위한 보건 시스템의 현재의 역량 평가
   3C. 기후-민감 건강영향의 위험에 영향을 미칠 수 있는 다른 영역에서 하는 현재의 활동 평가

---

18) WHO, "Climate change and health vulnerability and adaptation assessment, 2021," https://www.who.int/publications-detail-redirect/9789240036383(접근일: 2022.6.5)

4. 미래위험 평가: 기후변화의 건강위험을 질적·양적으로 예측
   4A. 다양한 기후변화와 발전 시나리오에서 현재의 건강위험이 어떻게 변하는지 기술
   4B. 기후변화로 인해 발생할 수 있는 부정적인 건강영향의 추가적인 부담을 추정

5. 적응 평가: 현재와 예측된 건강위험 대응 정책, 프로그램과 행동을 확인, 우선순위 정하기
   5A. 예측된 건강부담 예방·감소를 위한 공중보건과 의료 서비스의 추가 정책·프로그램 확인
   5B. 미래 질병부담 감소를 위한 보건 시스템 적응 정책과 프로그램의 우선순위를 정함
   5C. 확인된 정책과 프로그램의 이행과 과제 해결을 위해 인적·재정적 자원을 마련
   5D. 이행 시와 미이행 시 초래되는 비용을 추정
   5E. 잠재적 건강위험 감소를 위한 실천방안 확인, 온실가스 감축 정책의 건강 공동편익 극대화

6. 결과 반영: 평가 결과를 종합, 기후변화 보건 정책, 계획과 보고 체계에 반영
   6A. 평가를 통해 얻은 지식과 이해를 종합하여 건강적응계획에 반영
   6B. 기후변화 건강위험과 기후 탄력적 보건 시스템의 모니터링과 관리의 순환과정 구축

자료: WHO(2021).

(4) 통합적 위험 모니터링과 조기 경보

통합적 위험 모니터링의 목적은 실시간 건강위험을 전체적으로 파악하기 위한 것이다. 이를 위해서는 기후와 환경조건, 보건 상황과 대응 능력에 관한 정보가 함께 활용되는 도구가 마련되어야 하며, 이는 고위험 조건을 발견·예측하여 소통하기 위한 조기 경보 시스템을 구축하는 데 기초가 된다.

통합적 위험 모니터링은 조기 진단 도구, 역학적 감시 체계, 다양한 감시 측정 자료(수질, 대기 질, 기온, 습도 등 기상, 극한 기상 등)를 모두 활용한다. 넓은 범위의 모니터링을 통해 기후 기상과 관련한 집단 발병 혹은 응급 발생을 보다 빨리 파악할 수 있다. 최근에는 표준화된 환경 및 인구집단의 보건 빅데이터를 활용할 수 있다. 이 모니터링에는 지역사회에 관한 질적·양적 정보 추적, 보건 시스템의 취약성, 준비 정도와 대응역량 수준에 관한 것도 포함되어야 한다.

조기 경보는 대중과 보건 정책 결정자들에게 극한 기상이변이나 집단 발병과 같은 응급 상황이 곧 일어날 것임을 예상하고 경각심을 가지게 할 수 있으며 적절한 대응과 준비를 할 수 있는 시간을 준다.

(5) 건강과 기후 연구

건강과 기후에 관한 기초 및 응용 연구를 통해 기후변화가 지역에 미칠 영향에 대한 불확실성을 줄이고, 지역적 해법과 역량에 관해 정확한 인식을 할 수 있으며, 정책 결정의 과학적 근거를 강화시킬 수 있다.

범지구적 차원부터 지역적 차원까지 기후가 건강에 미치는 위험에 대한 연구를 통해 다음의 주제—사회적·환경적 결정 요인의 조절 효과, 기후에 민감한 질병과 발생 위험, 지역사회와 보건 시스템의 현황을 이해하고 기후 위험을 극복하는 방법, 지역의 조건과 취약성이 비보건 분야의 건강 결정 요인들과 어떻게 연결되는지, 지역사회와 보건 서비스가 기후 변화와 충격을 극복하기 위해 어느 수준까지 준비가 필요한지 등—에 대한 답을 얻을 수 있다. 새로운 기술, 데이터 도구와 수단, 위험관리 전략을 개발하고 평가하기 위한 연구도 근거 기반의 정책에 중요하다.

연구를 통해 기존의 지식 관리 플랫폼에 정보가 제공되고, 효과적으로 소통하며, 실천에 활용할 기회가 만들어져야 한다. 기후와 건강에 대한 국가연구전략 수립 시 WHO 등이 제시하는 연구 어젠다를 참고할 수 있다.

(6) 기후 탄력적이고 지속 가능한 기술과 기반

기후 탄력적 보건 시스템을 구축하기 위해서는 예방 및 치료를 위한 의약품의 공급(백신부터 수술 장비에 이르기까지)이 필수적이다. 또 취약성을 감소시킬 수 있는 특정기술 분야에 대한 투자가 강화될 필요가 있다.

보건의료 시설은 폭염의 강도와 빈도의 증가, 태풍이나 폭풍의 급등과 같은 현재와 미래의 기후 위험을 고려하여 설치될 장소와 건축 방법이 정해져야 한다. 홍수나 가뭄이 일어나거나, 전기 공급에 문제가 생길 때도 물과 위생 서비스 같은 필수적 환경 서비스가 끊기지 않아야 하고, 온열질환자가 폭증할 때 의약품 공급에 차질이 없어야 한다.

새로운 정보통신기술을 활용하면 보건 의료 서비스 전달에서 기후 탄력성을 높일 수 있다. 위성을 통해 수집한 환경 정보는 기상 경보, 모니터링, 질병 감시, 수인성 및 매개체 질병의 전파위험지도 작성 등에 활용할 수 있다. 이동 통신은 데이터 수집의 속도와 양을 높여 주고 비용은 낮추며 질 높은 응급 대응에 도움을 준다. 최신 정보관리 기술로 환경과 보건 데이터를 연계하여 분석하는 능력도 크게 높아질 수 있다. 이러한 기술들은 질병 감시와 조기 경보뿐 아니라 V&A 평가도 크게 향상시킬 수 있다.

다른 한편, 환경 발자국(environmental footprint)[19]이 적은 의료 기술과 제품을 선택하여 사용하는 것도 기후 탄력성과 지속가능성을 높일 수 있다. 태양 열로 전력을 이용하는 광전지, 물 펌프, 백신 체인과 같은 공정과 기술을 사용하면 외지에 있는 보건 시설에 자체적으로 물과 에너지를 공급할 수 있고 위기 상황에서도 시설을 운영할 수 있다. 동시에 에너지가 적게 드는 기술을 사용하면 온실가스 배출이 줄어든다. 보건 시스템은 국가 경제에 기여하는 중요한 한 부분이다. 또 전 세계적으로 보건 분야에서 배출하는 온실가스는 전체의 4.9%(2018년)를 차지하며, 선진국일수록 비중이 더 높다(Romanello et al. 2021). 따라서 보건 분야도 에너지, 물, 건축물, 수송, 식품, 폐기물 처리뿐 아니라 의료 기술의 개발과 사용이 환경에 미치는 영향을 고려해야 한다.

---

19)   환경 발자국은 인간의 활동과 관련된 환경 영향을 평가하고 줄여 나가려는 노력의 일환으로 도입된 환경 지표이다. 대표적으로 생태 발자국(ecological footprint), 탄소 발자국(carbon footprint), 물 발자국(water footprint) 등이 있다. 생태 발자국은 1996년 최초로 도입된 환경 지표로서 음식과 옷, 에너지 등의 생산 및 쓰레기 처리 등 현재의 물질적 삶을 유지하는 데 들어가는 토지 면적을 나타내는 수치이다. 일인당 생태 발자국은 국민 한 사람의 일상생활이 자연 생태계에 미치는 영향을 토지 면적으로 환산한 수치로서 이 수치기 높을수록 생태계 훼손이 크다는 것을 의미한다. 물 발자국은 2002년 유네스코가 도입한 지표로서 사람이 직접 마시고 씻는 데 사용한 물과 음식이나 제품을 만드는 데 소요되는 물을 합친 총량이다. 수자원의 효율적 사용과 세계의 수자원 균형에 도움을 준다. 탄소 발자국은 2006년 영국 과학기술처가 제안한 지표로서 사람의 삶과 생산 소비 등 활동에서 직간접적으로 생겨나는 이산화탄소의 총량을 수치화한 것이다.

(7) 건강의 환경적 결정요인 관리

기후변화는 사회적 조건과 환경이 어떠한가에 따라 건강을 위협하는 정도가 달라진다. 어떤 보건 정책은 다른 분야와의 협업을 통하지 않고서는 효과적이지 못할 수 있다. 그러나 보통의 보건 분야는 비보건 분야에 대한 직접적인 관리 권한을 가지고 있지 않으므로, 건강에 영향을 미치는 비보건 분야의 정책과 프로그램에서 보건 분야가 중요한 역할을 할 수 있도록 하는 것이 필요하다.

한국에는 「환경보건법」과 환경부 내 환경보건국이 있어, 이와 관련한 법적·제도적 여건이 잘 마련되어 있다. 환경보건 정책은 환경과 보건을 연결하여 건강의 환경적 결정 요인에 대한 과학적 근거 제공, 인식의 향상, 환경 노출과 건강 결과가 연계된 모니터링, 환경매체 규제에서 관리기준 마련을 통해 건강위험 관리 등의 분야를 적극적으로 주도하거나 참여하여 건강의 환경적 결정 요인을 관리한다.

(8) 기후 정보가 반영된 보건 프로그램

기존의 다양한 보건 프로그램(재난위험 감소, 공중보건 대응 그리고 감염성 및 비감염성 질병 관리)은 그 자체만으로는 기후변화에 대응하는 데 충분하지 않다. 반드시 현재와 미래의 기후와 관련된 역량의 취약한 부분이 파악되고 정책 결정, 예산 투자 및 계획 수립에 반영되어야만 기후 탄력성을 확보할 수 있다. 기존 보건 프로그램에 기후 정보를 반영할 때 V&A 평가와 조기 경보 시스템 등의 정보를 활용하면 좋다. 예를 들어 조기 경보 시스템에서 폭염이나 집단 발병의 가능성이 경보되는 경우, 환자증가 부담과 이와 관련한 특정 수요를 예측·준비하여 적시에 보건 시스템이 운영될 수 있도록 하는 것이다. 기후 정보가 반영된 프로그램은 지속적으로 새로운 정보에 맞추어 보완해 나가야 한다.

(9) 응급상황 대응과 관리

기후 탄력성을 확보하는 데 핵심적인 요소는 기후 정보가 반영된 대응계획, 응급의료 체계, 지역사회 기반의 재난과 응급 관리이다. 보건 의료 시스템과 지역사회는 총체적인 공중보건 위험관리를 목표로, 대응 역량을 끌어올려야 한다. 그러나 이 보건위기 대응체계가 기후 정보를 제대로 반영하지 못한다면 골든 타임을 놓칠 수 있고, 기후와 무관하게 '응급 프로그램'과 '위기 대응'이 강조된다면 자원은 집중적으로 투여되더라도 기후 탄력성을 확보하는데는 효과적이지 않을 수 있다.

극한 기상이변이 일어난 지역에도 새로운 보건의료 시설과 서비스 전달 경로가 안전하게 확보되어 기능에 문제가 없어야 할 것이다. 물 공급, 하수 처리, 폐기물 처리와 위생, 통신, 에너지 공급, 의약품과 의료장비 수송과 저장 등이 극한 기상이변에도 안전하고 지속적으로 확보되어야 한다.

위기상황 발생 시 건강과 생명을 구하기 위한 최초 대응의 성패는 지역사회 스스로의 행동에 달려 있다. 따라서 지역사회가 자기 지역의 위험 그룹과 취약 그룹이 누구인지 잘 파악하고 준비할 필요가 있다.

(10) 기후와 보건 재정

감시 체계와 기후-민감 감염병 관리 프로그램을 지역적·시기적으로 확대해 나가거나, 극한 기상이변에도 견딜 수 있도록 보건의료 시설을 보강하는데, 또 물이나 식품 공급분야에서 기후 탄력성을 확보하기 위한 계획 수립과 이행에도 재원이 필요하다. V&A 평가 결과, 투자가 필요한 영역과 사업을 파악하고 계획해야 할 뿐 아니라, 핵심적인 돌봄 및 공중보건 서비스를 유지할 수 있도록 해야 한다. 재원은 국가 내 정부 재원뿐 아니라 국제적인 기후 재원 등을 잘 파악하고 활용하는 것이 좋다.

4. 한국 기후변화의 건강영향

1) 한반도 기후변화 현황과 전망

지난 109년간(1912~2020년) 한국의 연평균기온은 꾸준히 상승했고(매 10년 당 0.2℃ 상승, 과거 30년에 비해 최근 30년에는 1.6℃ 상승), 특히 최저기온은 최근 몇 년간을 제외하면 뚜렷하게 상승했다. 강수량은 증가했으나 강수 일수는 줄어들어, 강수의 강도가 증가했다(〈그림 8-7〉). 봄과 여름의 시작일이 빨라졌고, 여름은 길어지고 겨울은 짧아졌다(기상청, 2021).

IPCC 제6차 평가보고서(AR6)에서 제시한 온실가스 경로(SSP: Shared Socio-economic Pathway) 4종에 따라 기후를 예측한 결과(국립기상과학원, 2021),[20] 미래 후반기 한반도의 연평균기온은 온실가스 배출 정도에 따라 현재 대비 2.6~7.0℃까지 올라가며, 연평균 강수량은 2~13% 증가할 것으로 전망되었다(〈그림 8-8〉). 고탄소 시나리오(SSP5-8.5)의 경우 현시점에 비해 미래 후반기의 한반도에서 온난일은 3.5배로 급증하며, 상위 5%의 극한 강수일은 30% 가까이 증가할 것으로 전망되었다.[21]

---

[20] SSP1-2.6: 재생 에너지 기술 발달로 화석연료 사용이 최고화되고 친환경적으로 지속 가능한 경제성장을 가정, SSP2-4.5: 기후변화 완화 및 사회경제 발전 정도가 중간 단계를 가정, SSP3-7.0: 기후변화 완화 정책에 소극적이며 기술 개발이 늦어 기후변화에 취약한 사회구조를 가정, SSP5-8.5: 산업 기술의 빠른 발전에 중심을 두어 화석연료 사용이 높고 도시 위주의 무분별한 개발 확대를 가정.

[21] 온난일: 일 최고기온이 기준 기간의 90% 타일(상위 10%)을 초과한 날의 연중 일수, 상위 5% 극한 강수일: 일 강수량이 기준 기간의 95% 타일(상위 5%)보다 많은 날의 연중 일수.

〈그림 8-7〉한국 109년(1912~2020년) 기후변화

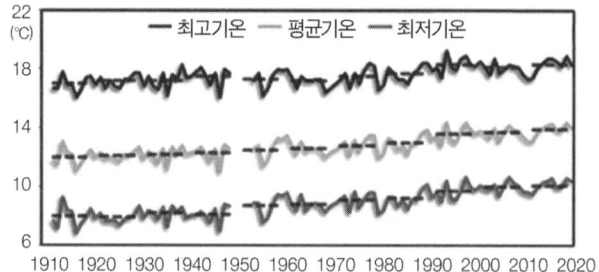

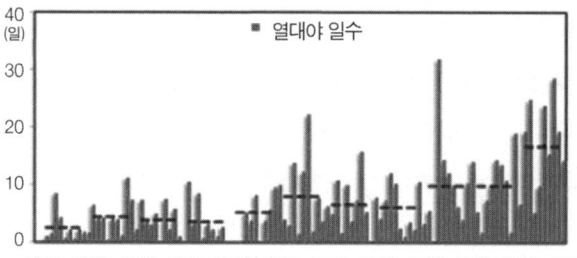

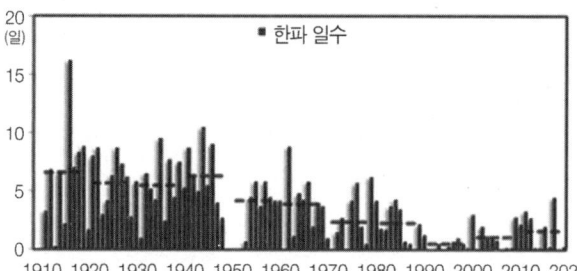

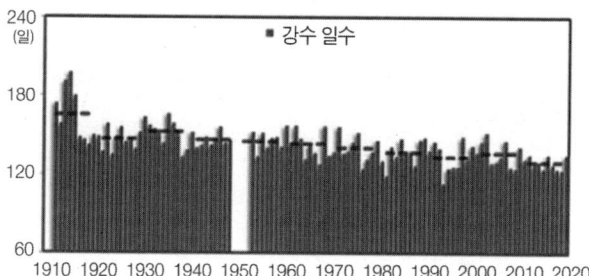

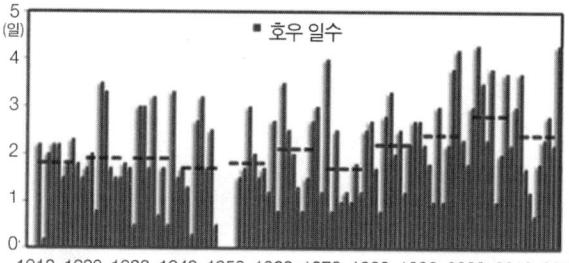

자료: 기상청(2021).

〈그림 8-8〉 한반도 SSP 시나리오에 따른 현재 대비 미래의 연평균기온(℃)과 연평균 강수량 변화(%) 예측

• 한반도 SSP 시나리오에 따른 현재 대비 미래의 연평균기온(℃) 예측

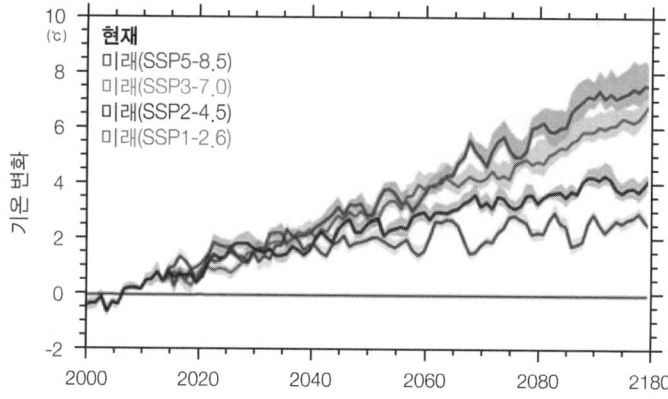

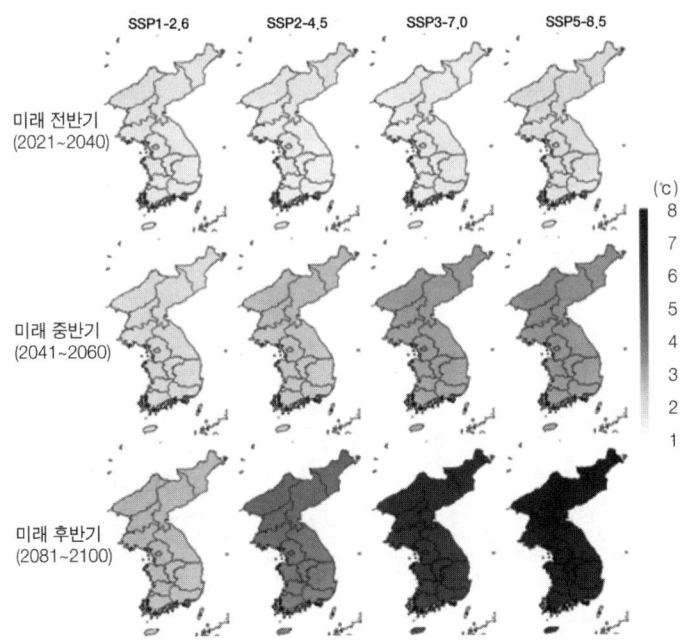

• 한반도 SSP 시나리오에 따른 현재 대비 미래의 연평균 강수량 변화(%) 예측

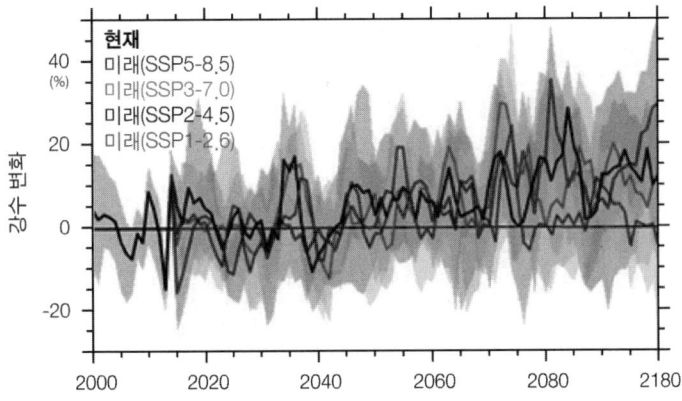

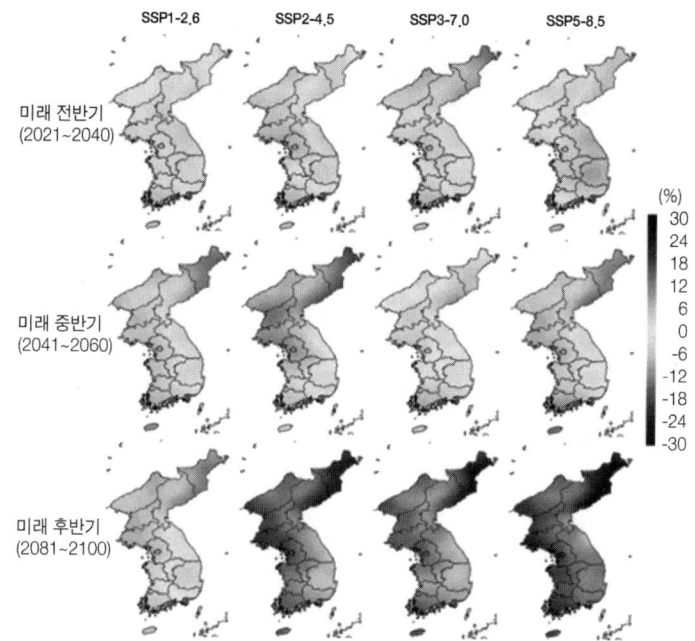

자료: 국립기상과학원(2021).

2) 기후변화의 건강영향

한국의 사회경제 구조는 급속한 인구 고령화, 1인 가구의 증가, 소득 양극화의 심화 등 급속도로 변하고 있으며, 기후변화에 대한 적응 능력이 낮아 취약 계층과 지역에서 건강피해가 증가하고 있다(관계계부처 합동, 2021).

(1) 폭염과 한파

폭염은 다양한 경로로 건강에 영향을 미친다. 직접적 노출은 온열질환자 발생, 탈진과 피로감 증대의 원인이 되어 노동생산성 감소로 이어진다. 지속적인 고온은 대기오염물질과 오존 농도를 증가시켜 호흡기 질환자가 증가하

<그림 8-9> 폭염의 영향 및 건강피해 경로

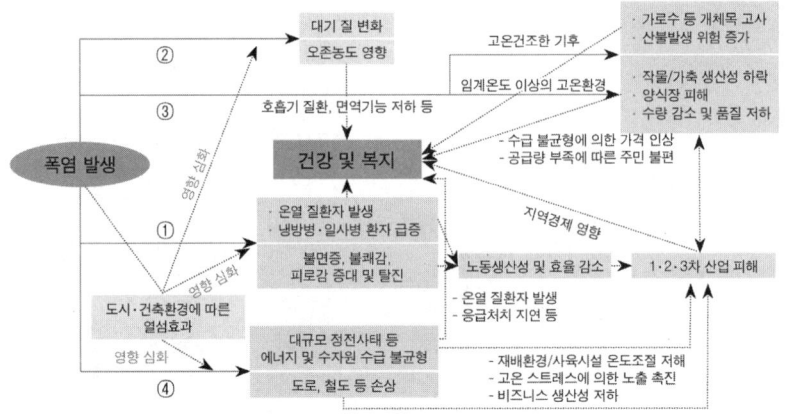

자료: 환경부(2020).

고 인체의 면역 기능이 떨어진다. 또 폭염은 산업 및 사회 기반시설이 가진 조건에 따라 열섬 효과를 발생시킬 수 있고 이로써 건강에 영향을 미친다(〈그림 8-9〉)(환경부, 2020).

폭염은 열사병, 열 탈진, 열 피로 등의 온열질환을 일으킨다(〈그림 8-10〉). 2018년 폭염 시 온열질환으로 인한 초과 응급실 방문자 수(4526명, 연평균 1,537명/10년), 입원환자 수(4035명, 연평균 1487명/10년), 사망자 수(170명, 연평균 61명/10년)가 최근 10년 중 가장 많았다(질병관리청, 2022).

폭염은 온열질환 외에도 신장질환(급성신장손상, 요로결석 등)과 심뇌혈관 질환과 관련이 있으며, 정신질환으로 인한 사망이나 자살과의 관련성도 높은 것으로 보고되었다(환경부, 2020). 기온이 1% 증가할 때 사망 위험은 5%(95% 신뢰 구간, 3~6%) 증가하고 비폭염 기간 대비 폭염 기간의 사망 위험은 8%(2~14%) 더 높았다. 75세 이상 노인, 남성, 저소득층, 농촌 지역, 1인 가구, 야외 노동 종사자가 폭염으로 인한 사망 위험이 더 높았다. 한국에서 온열질환 산업 재해 사망자 수는 해마다 증가하고 있다(2015년 1명, 2017년 5명, 2018년 12명).

316 기후변화와 탄소중립

〈그림 8-10〉 연도별 온열질환자·한랭질환자 및 사망자 수

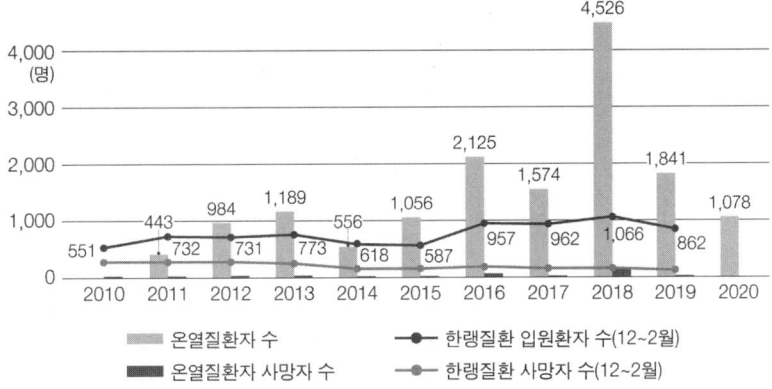

자료: 김효은 외(2022: 1463~1470).

기후변화는 날씨를 극단적으로 변하게 하여 폭염뿐 아니라 한파도 심해진다. 저체온증, 동상, 침수병 및 침족병, 동창 등 한랭질환자가 발생하며, 심할 경우 사망에 이를 수 있다. 한파는 한랭질환 외에도 심뇌혈관 질환, 호흡기 및 감염성 질환, 알레르기 비염과 천식 등과도 관련성이 보고되었다(질병관리청, 2022). 한국은 최근 8년(2013~2020년) 중 2018년에 전국 평균 한파일수가 12일로 가장 많았는데, 이때 한랭질환으로 응급실 방문 및 입원 환자가 가장 많이 발생했다(〈그림 8-10〉). 심한 추위보다 중등도 추위(영하 5~영하 12℃) 때 환자와 사망자가 더 많이 발생했다. 사망률은 65세 이상, 남성에서 높았고, 이환율은 15~64세와 남성, 농촌 지역에서 높았다.

(2) 대기 질

기상 상태는 대기 질을 결정하는 주요 요인 중 하나이다. 햇볕이 강렬하면 대기 중 오존 농도가 높아지며, 대기가 정체될 때는 오존과 미세먼지 농도가 모두 높아진다. 대기 질은 기온, 바람, 구름의 양, 강수, 인간의 활동 혹은 자연

〈그림 8-11〉 연도별 대기 중 초미세먼지와 오존 농도, 초미세먼지와 오존 노출의 건강영향
(기후보건지표)

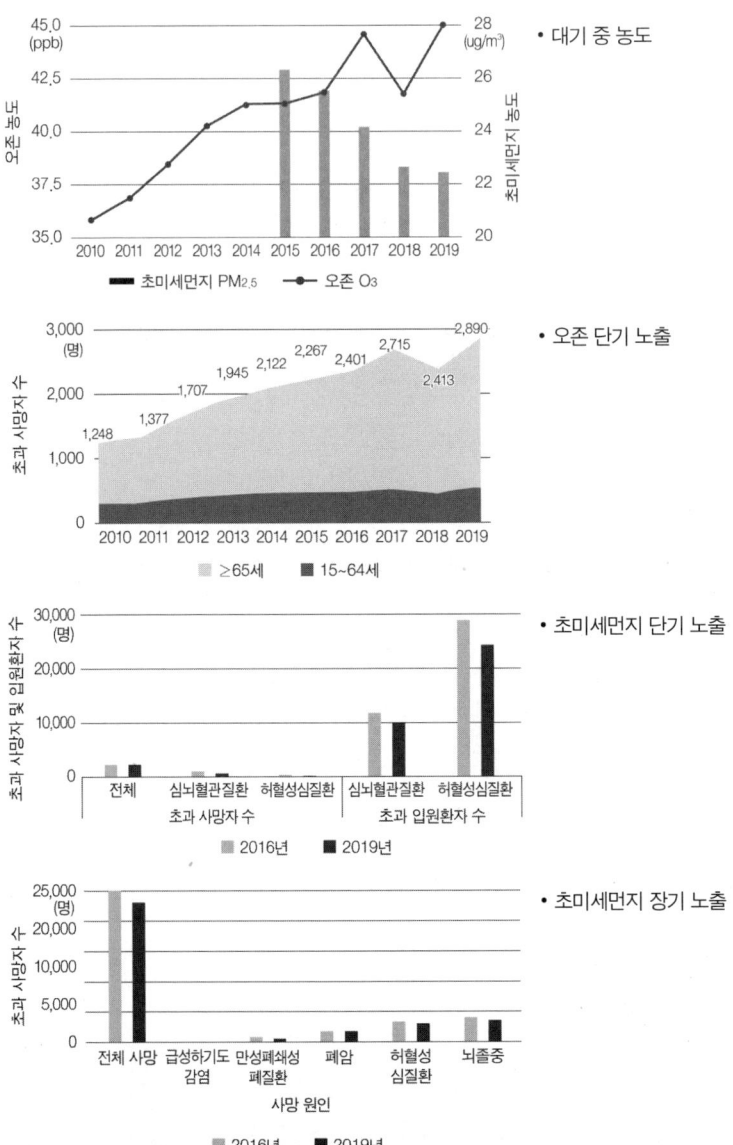

자료: 김효은 외(2022: 1463~1470).

에서 발생하는 오염 물질의 양에 따라 결정된다. 또한 강수량이 적어 가뭄이 생기면 산불이 빈번하게 일어나며 토양에서 발생하는 비산 먼지도 많아진다.

한국 대기 중 초미세먼지($PM_{2.5}$)는 감소 추세이나, 오존(O_3) 농도는 지속적으로 높아지고 있으며, 오존 노출로 인한 건강영향은 증가하고 있다(〈그림 8-11〉). 노인과 어린이, 기저질환자, 저소득층, 미세먼지 농도가 높은 지역, 미세먼지를 유발하는 큰 도로의 주변 지역이 대기 질로 인한 건강영향에 더 취약하다.

(3) 감염병

기후변화에 따른 감염병은 크게 2가지로 폭우, 홍수, 폭염과 관련해서 증가하는 설사 등 장감염질환(수인성 및 식품 매개성 감염병)과 생태계 변화로 인해 발생하는 매개체 감염병에 중점을 두고 평가되고 있다.

수인성 및 식품 매개 감염병은 평균기온과 관련성이 깊다. 기온 상승, 폭우 및 홍수에 의해서 비브리오균 감염증이 높게 나타났다. 기온이 증가하면 살모넬라(1℃ 증가당 47.8%), 장염 비브리오(19.2%) 및 황색포도상구균(5.1%)으로 인한 식중독 발생 건수가 증가했다(환경부, 2020). 수온 상승은 해로운 조류와 병원체를 증식시키고, 빈번한 폭우로 여가용 용수와 식수의 수원이 병원체와 독성 조류로 오염된다. 상하수도 기반 시설이 취약한 지역에 폭우, 홍수가 발생하면 하수 범람으로 바이러스와 세균의 오염 위험이 증가하고, 설사 등 장질환을 유발하는 병원체에 대한 노출이 빈번해질 수 있다.

한국은 최근 10년간(2010~2019년) 장감염질환이 지속적으로 증가하고 있다(〈그림 8-12〉). 장감염은 세균성과 바이러스성으로 구분되는데, 세균성의 경우 기온이 상승함에 따라 위험이 증가하며 주로 노령층에서 발생 위험이 높다. 바이러스성은 기온이 하강함에 따라 위험이 증가하며 주로 더운 지방, 영유아에서 발생 위험이 높다.

〈그림 8-12〉 연도별 장감염질환 입원환자 발생률 및 위도별·연령별 기온-장감염질환 입원
반응관계(상대 위험도)

• 장감염질환 입원환자 발생률

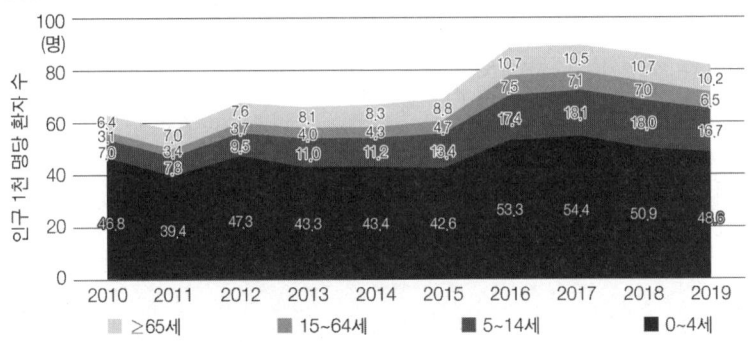

• 위도별·연령별 기온과 장감염질환 입원의 상대 위험도(기준 온도 20℃ 내외, 2010~2019년)

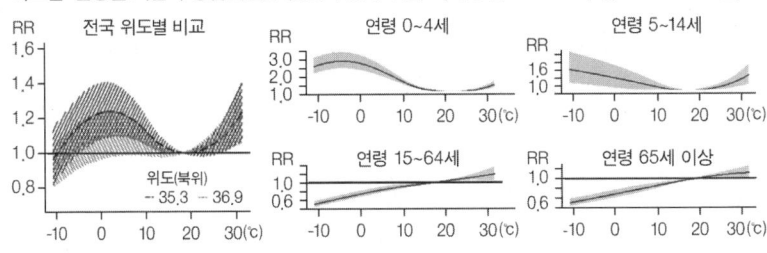

자료: 질병관리청(2022).

감염병 매개체의 지역적 분포 확대와 밀도 증가는 기온, 강우량, 습도와 같
은 기후와 밀접한 연관을 가진다. 모기가 매개하는 감염병인 뎅기열, 웨스트
나일열의 경우에 질병을 전파시킬 수 있는 매개체가 국내에 서식하고 있어
지속적인 감시가 요구된다. 진드기 매개 감염병인 쯔쯔가무시증, 중증열성혈
소판 감소증후군, 라임병 환자가 꾸준히 보고되고 있으나, 매개체와 기후 요
소들 간의 관련성에 대한 연구가 부족한 형편이다(질병관리청, 2022).

(4) 꽃가루

지구온난화에 따라 수목류의 개화 시기가 빨라지고, 꽃이 피어 있는 기간도 길어져 꽃가루에 노출되는 기간이 길어지고 노출 총량도 많아진다. 또 기온과 강수는 꽃가루 농도를 결정하는 데 중요한 역할을 한다. 알레르기 유발성 꽃가루에 의해 알레르기 질환이 급증할 수 있다. 서울의 꽃가루 농도는 점점 높아지고 있으며, 국민들의 알레르기 질환 유병률도 지속적으로 증가하고 있다(〈그림 8-13〉).[22]

(5) 기상재해

기상재해는 태풍, 호우, 대설, 지진뿐만 아니라 폭염, 한파와 같은 이상 고온 혹은 저온 현상 등을 포함한다. 기후변화는 기상이변에 의한 재해로 사망, 실종, 이재민 발생과 같은 인명 피해뿐 아니라 큰 규모의 재산 피해와 복구 비용이 발생한다. 한국은 산불 발생이 갈수록 잦아지고 있으며, 기상재해 발생 빈도는 1980년대 후반에 최고를 기록한 후 감소 추세를 보이고 있으나 평균 지속기간은 1990년대 중반 이후 증가 추세이고, 최근 들어서는 인명 피해가 증가하고 있다(〈그림 8-14〉).[23] 1980년부터 2006년까지 기상재해로 인해 발생한 연도별 사망자 수는 감소 추세이나 재해당 평균 사망자 수는 1980년대 12.5명에서 2000년대에는 21.3명으로 증가했다(환경부, 2020).

태풍으로 일어나는 폭풍, 홍수, 토사에 의한 재해는 홍수 범람, 산사태, 토사 유출을 일으켜 그 인명 및 재산 피해가 크다. 지구온난화가 유발한 해수온도 상승은 태풍의 대형화와 강도를 증가시키고 더 큰 피해를 만든다. 그러나

---

22) 질병관리청, "질병관리청 만성질환건강통계." https://health.kdca.go.kr/healthinfo/biz/pblc Vis/details.do(접근일: 2022.6.8)

23) e-나라지표, "자연재난 발생." https://www.index.go.kr/potal/main/Each DtlPageDetail.do? idx_cd=1628(접근일: 2022년 6월 8일); 환경부(2020).

〈그림 8-13〉 서울시 꽃가루 농도 추세(1998~2010년)와 전국 연도별 알레르기 질환 유병률

• X11-ARIMA를 이용한 알레르기 꽃가루 농도의 장기추세 분석

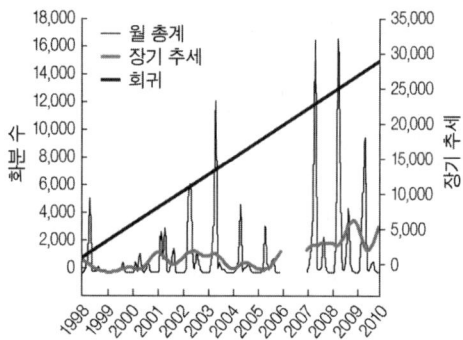

자료: 오재원(2018).

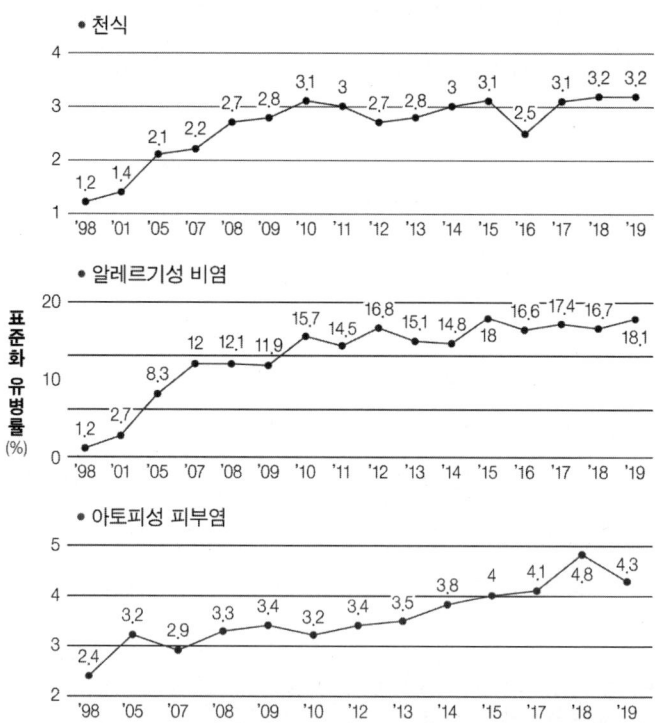

주: 알레르기 질환 유병률은 국민건강영양조사에서 의사 진단 경험률로 연령 표준화하여 산출함.
자료: 환경부(2020); 질병관리청, "질병관리청 만성질환 건강통계".

〈그림 8-14〉 한국 연도별 산불 및 자연재난 발생 현황

• 1980, 1990, 2000년대 산불 발생지점

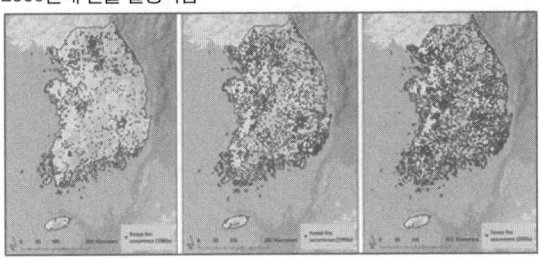

자료: Kim et al.(2019).

• 자연재해에 따른 한국 피해규모 추이

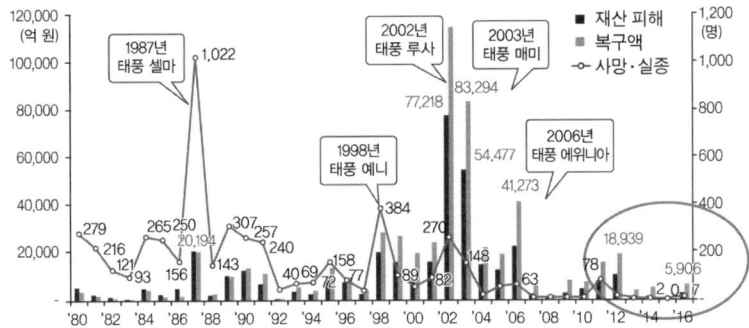

• 자연재난에 의한 최근 10년간 인명 피해

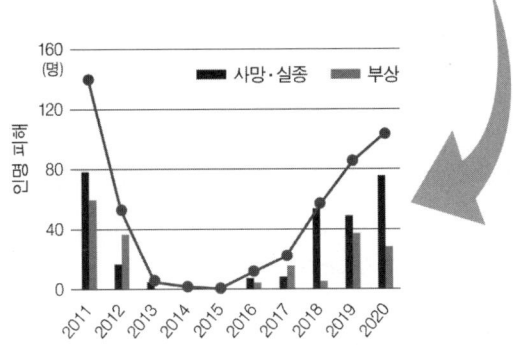

주: 자연재난은 태풍, 홍수, 호우, 강풍, 풍랑, 해일, 대설, 한파, 낙뢰, 가뭄, 폭염, 지진, 황사, 조류 대발생,
조수, 화산활동, 소행성·유성체 등 자연 우주물체의 추락·충돌, 그 밖에 이에 준하는 자연현상으로 발
생하는 재해임. 재산 피해는 당해 연도 가격 기준.
자료: 환경부(2020); 행정안전부(2021).

기후변화에 따른 기상재해의 건강영향을 정량화한 연구는 매우 부족한 형편이다(환경부, 2020).

5. 한국 기후환경보건정책

1) 국민건강 영향평가와 감시 체계

(1) 기후보건 영향평가와 예측

기후변화 건강피해를 예방하기 위해서는, 기후변화 건강영향의 감시 체계와 미래예측 체계 모두가 필요하다. 전자는 전통적인 감시 체계로서 조기 관리를 가능하게 하며, 후자는 의료자원 배분과 전문인력 수요 산출, 기상이변과 응급상황 대비 등 보건 의료 시스템의 기후 탄력성을 높이기 위한 것이다.

「보건의료기본법」제37조의2(기후변화에 따른 국민건강 영향평가 등)에 따라 질병관리청에서는 응급실 중심의 온열·한랭 질환 감시 체계와 (기존의) 감염병 질환 감시 체계를 운영하고 있다. 기후보건 영향평가는 5년 단위로 수립되

〈표 8-5〉 기후보건 영향평가의 대상과 내용

평가 범주	보건 영향	
기온(고온, 저온)	• 심뇌혈관 질환, 온열·한랭 질환 • 호흡기 및 알레르기 질환	• 신장 및 비뇨기 질환 • 정신건강
대기오염(미세먼지, 오존, 알레르겐 물질)	• 호흡기 및 알레르기 질환 • 심뇌혈관 질환	• 정신건강
기후변화로 인한 자연 생태계 변화	• 곤충·동물 매개 감염병 • 수인성·식품 매개 감염병	• 신종 감염병
기상재해 (홍수, 태풍, 가뭄 등)	• 사망 및 재해 • 수인성·식품 매개 감염병	• 정신건강

자료: 관계부처 합동(2020).

며, 4가지 범주(기온, 대기오염, 자연 생태계 변화, 기상재해)에 대해 이루어지고 있다(〈표 8-5〉).

환경부에서는 극한 기상에 대비한 건강영향을 감시·관리하는 플랫폼(앱 등) 개발을 추진하고 있다. 이는 중점관리지역(핫스팟) 정보, 건강위험 신호, 행동 요령 등의 감시 체계를 통해 확보된 관련 정보를 국민에게 제공하기 위한 것이다(관계부처 합동, 2020).

(2) 기후변화로 인한 감염병 감시 체계

질병관리청에서는 기후변화에 따른 감염병 대응의 일환으로, WHO가 운영하는 웹 기반 감염병 사건 감시 시스템(EIOS: Epidemic Intelligence from Open Sources)[24] 등 감시 정보의 보고 플랫폼에 참여·협력하여 보다 빠르게 정보를 배포하고 공유하고자 한다. 수인성 및 식품 매개성 감염병에 대한 감시-조사-관리가 연계되는 통합적 전산관리시스템(Enter-Net)[25]을 운영하고, 감염병 매개체 종합감시체계(Vector-Net)[26]를 지리정보시스템(GIS)으로 구축하여 전국 보건소에서 효율적인 매개체 방제를 할 수 있도록 한다. 또 해양 환경 내 병원성 비브리오균 감시 체계(Vibrio-Net)를 통해 전국 152개 지점에서 월 2회 연

---

24) WHO가 2017년부터 운영하는 사건-중심 공개 감시 체계이다. 기존 혹은 새롭게 만들어지는 다른 시스템들과 협력, 공개 정보에 기반하여 공중보건 위협 사항을 조기 발견·확인·평가·소통하여 신속히 대응함으로써 생명과 생활에 영향을 제거하는 것이 목적이다. 모든 유형의 유해 인자에 대한 통합적 연결망과 원헬스(동물 및 환경의 건강을 모두 포함) 접근에 기반한 지구적 감시 체계이다. 코로나19에 대한 국제적 대응에서 중요한 역할을 한다[WHO, "Epidemic Intelligence from Open Sources(EIOS)," https://www.who.int/initiatives/eios(접근일: 2022. 6.5)].

25) 콜레라, 장티푸스, 세균성 이질, A형 간염, 비브리오패혈증 등에 대한 병원체 분석 확인(관계부처 합동, 2020).

26) 모기 등 감염병 매개체 3종의 발생 밀도 및 병원체(쯔쯔가무시 등 7종) 조사 분석(관계부처 합동, 2020).

중 모니터링하여 병원성 비브리오균의 분포와 발생을 감시하고 예보·경보 체계를 구축하고 있다(관계부처 합동, 2020).

2) 기후변화 건강 취약성 평가

기후변화로 인한 건강 취약성을 평가하는 것은 기후 탄력적 보건 시스템을 구축하는 데 가장 기본이며, 기후건강 취약 지역과 계층에 정책의 우선순위를 정하는 데 근거가 된다. 국가기후변화적응센터[27])에서는 중앙정부와 지자체의 기후변화 적응정책 수립을 지원하기 위해 기후변화 취약성 평가를 지원하는 서비스를 제공한다.

그중 하나가 VESTAP(Vulnerability AssESsement Tool to Build Climate Change Adaptation Plan)이다. VESTAP은 웹 기반의 도구로 광역 및 기초 지방자치단체의 기후변화 적응정책 수립을 위한 취약성 평가 결과를 제공하며, 사용자정의(해당 지자체 특성에 맞춤)의 취약성을 평가할 수 있다. 취약성 평가 분야는 건강, 국토·연안, 농축산, 산림·생태계, 해양·수산, 물, 산업·에너지 7개 분야 45개 항목에 대해 평가하고 있으며 이 중 건강 취약성에 관한 13개 항목이 포함되어 있다. 최근(2018년 12월) VESTAP은 구버전을 발전시켜 지자체 간 비교 및 이행 평가와 연동될 수 있도록 민감도, 적응능력 현황의 누적추이 정보도 제공하고 있다. 취약성 평가 7개 분야 중 건강 부문에 대한 취약성 평가가 가장 많이 활용되었다(전체 이용자 수의 42.7%)(정휘철 외, 2019).

기후변화 영향 및 취약성 통합평가모형인 MOTIVE(Model Of in Tegrated Impact and Vulnerability Evaluation of Climate Change)는 현재 개발 중인 도구로 건강·물·농업·산림·생태·해양·수산 부문에 기후변화가 미치는 영향을 정량

---

27)   한국환경연구원과 국립환경과학원에 각각 국가기후변화적응센터가 설치되어 있다.

적으로 예측하여 기후변화 위험을 저감하고 회복 탄력성을 확보하기 위한 적응정책 수립(국가·중앙정부, 기초·광역 지자체)의 과학적 근거를 제공하고자 하는 목적을 가지고 있다. MOTIVE는 ① 부문 내·간 모형, ② 머신러닝 기반 통합평가 플랫폼, ③ 한국형 기후변화 리스크 평가 모형, ④ 통합환경공간계획 모형으로 구성되어, 정책 이슈별(식량안보, 공급 서비스, 보전 지역, SOC 및 국토 계획, 안전 관리, 취약계층 지원) 의사 결정을 지원한다. 건강 부분의 경우, 4개 기간(2003~2012, 2026~2035, 2046~2055, 2076~2085년) 한반도 남한 지역($1km^2$ 격자 단위로)에서 공통의 기후변화 시나리오에 따라 폭염, 대기오염, 감염병에 대해 예측한다.

3) 기후환경 보건정책의 방향

(1) 기후변화 완화 정책의 건강편익 추구

2020년의 세계 이산화탄소의 대기 중 농도는 1750~1800년에 비해 50% 더 높으며, 2019년 총 온실가스 배출량은 59.1 $GtCO_2e$로 지구온난화를 1.5℃로 억제하기 위해서는 2030년까지 25 $GtCO_2e$로 감축해야 한다.

온실가스 배출을 감축하는 여러 정책은 지구온난화를 완화할 뿐 아니라, 그 자체로 건강에도 이롭다. 에너지 시스템과 수송 체계를 녹색전환하는 것, 육식 기반의 식품 생산과 소비 체계를 식물 기반으로 전환하는 것은 대기오염과 미세먼지의 노출을 줄이고 신체활동 수준을 높이며 영양 불균형을 줄인다.

코로나19 팬데믹이 특히 수송과 산업 부문에 미친 경제적 타격으로 인해 세계 총 배출량의 48%를 차지하던 선진국(매우 높은 HDI 국가)의 온실가스 배출량이 2019년에 비해 약 10% 감소한 것으로 추정된다. 그러나 팬데믹으로부터 회복해 나가면서 배출량도 다시 증가하고 있다. WHO는 전 세계에서 팬데믹 극복에 쓰일 엄청난 규모의 재정을 건강한 녹색전환이 될 수 있는 방향으로 조정해서 사용해야만 지구온난화를 억제하고 기후변화로 인한 불평등을 감소시켜 건강의 공동 편익(co-benefit)을 극대화할 수 있다고 주장한다 (Romanello et al., 2021).

기후환경 보건정책은 기후변화 완화 정책, 경제 정책과 환경 정책이 가져올 수 있는 건강 부분의 공동 편익을 끌어내는 것을 주도해야 할 것이다.

(2) 원헬스와 자연기반 해법

인수공통감염병의 예에서 보듯이 지구 생명 공동체의 건강은 서로 연결되어 있다. 원헬스 체계는 이러한 종간 전파를 고려하여 사람·동물·환경의 건강을 통합적으로 관리하고자 하는 것이다. 한국은 질병관리청(보건복지부), 농림축산검역본부(농림축산식품부), 국립야생동물질병관리원(환경부)에서 사람-가축-야생동물의 질병 관리에 대한 협조와 정보 공유를 통해 국가 감염병 대응 체계를 구축하고 있다.

한국 식품생산 체계를 자연기반 해법에 따른 지속 가능한 식품 시스템이라 보기는 어렵다. 가축의 질병은 「가축전염병예방법」에 따라 질병 감시와 방역 체계를 운영하고 있다. 현재의 축산업에서 가축은 식량 자원으로만 다루어져[28] 지구 헌장의 원리인 "인간에게 얼마나 유용한가에 관계없이 가치를 지니는 생명체"로는 인정되지 않고 있다.[29] 가축의 집단 살처분 제도는 이러한 현실을 잘 나타낸다.[30] 가축 전염병 창궐의 근본 원인은 공장식 동물농장 사

---

28) 「가축전염병예방법」 제1조(목적) 이 법은 가축의 전염성 질병이 발생하거나 퍼지는 것을 막음으로써 축산업의 발전과 공중위생의 향상에 이바지함을 목적으로 한다.

29) Earth Charter. Principles I-1-a. Recognize that all beings are interdependent and every form of life has value regardless of its worth to human beings[Earth Charter, https://earthcharter.org/(접근일: 2022.6.2)].

30) 살처분은 감염된 가축(일반적 살처분)에 대해, 혹은 감염이 확실치 않으나 미리(예방적 살처

육 제도에 있고, 이러한 공장식 사육 체계는 자연기반 해법과는 완전히 반대되는 것이다. 생물다양성과 기후 탄력성을 확보하기 위해서는 현재의 농업, 어업, 임업 및 축산업 체계의 전면적인 녹색전환이 필요하다.

환경부 국립야생동물질병관리원에서는 인수공통감염병(야생 조류 고병원성 조류인플루엔자, 야생동물의 신·변종 인수공통감염병 등)[31]에 대한 모니터링 체계를 운영하고, 야생동물 질병정보시스템을 구축하고 있다(관계부처 합동, 2020). 이와 함께 야생동물 질병의 표준 진단기법 및 방역기술(확산도 분석 및 역학 조사) 개발, 서식 환경별 질병 분포의 특성 등 조사·연구를 실시하고 있다. 초기 단계에 있는 이 사업들은 향후 전문인력 및 재원의 투입과 조직의 확대로 빠른 시일 안에 사업의 범위와 내용을 확대하며 체계를 갖추어 사람과 가축의 질병 정보와 연계하여 활용되어야 할 것이다.

(3) 기후 건강피해의 취약성과 불평등에 대한 특별한 고려

기후변화로 인한 건강피해는 국가 간, 한 국가 내에서도 지역 간에 불평등하게, 현세대보다는 미래 세대에 더 심각하게 나타난다. 또 어린이와 노인과

분) 시행되는데, 동물 생명에 대한 존중과 동물 복지에 대한 개념은 전혀 없이 오로지 가축을 경제적 관점에서만 다루고 있다는 비판이 꾸준히 제기된다. 국회동물복지포럼(2018.7.9)에서는 집단 살처분 방식의 방역은 농민의 경제적 피해뿐 아니라, 쓰레기 버리듯 처분되는 동물들의 생명윤리 문제, 살처분 담당자들의 정신적 고통, 토양과 지하수 오염 등의 2차적 환경보건 문제를 유발한다. 가축 전염병 창궐의 근본 원인은 공장식 동물농장 사육 제도에 있다. 이를 개선하기 위한 방안으로 사육 제한 직불제, 한국형 백신 개발 등으로 감염 발생을 억제하는 예방 중심의 방역 체계와 동물 복지형 축산 시스템, 축산 및 육가공 산업의 환경개선부담금 신설 등이 제안되었다.

31) 조류, 멧돼지 중심에서 고라니, 박쥐, 너구리 등 질병매개동물 조사 대상을 확대하여, 11가지 주요 질병[조류인플루엔자(AI), 아프리카돼지열병(ASF), 돼지열병, 코로나바이러스, 중증열성혈소판감소증후군(SFTS), 결핵, 광견병, 구제역, 부툴리즘, 기생충, 웨스트나일]에 집중하여 진단·관리[환경부 국립야생동물질병관리원, https://me.go.kr/niwdc/web/index.do?menuId=32(접근일: 2022.6.2)].

같은 생물학적 취약계층 또는 사회경제적 취약계층에 집중적으로 피해가 발생한다. 기후환경 보건정책은, 이러한 기후건강 취약계층에 특별한 관심을 기울여, 이들의 건강영향 예방과 기후 회복력을 증진하는 다양한 방안을 마련·시행해야 한다.

다른 한편, 기후대응 정책을 이행하는 과정에서, 의도하지 않게 취약계층이 발생할 수 있다. 온실가스 배출의 주범으로 전환될 산업(예: 내연기관차와 석탄 화력발전 분야)의 기업과 노동자, 이들이 위치한 지역 주민들에서 발생할 수 있는 피해가 그것이다. 실업과 직무 불안정은 노동자들이 가지는 직무 스트레스 중 가장 심각한 것으로 건강에 매우 나쁜 영향을 미친다. 정부는 산업구조 개편에 따르는 기업 지원과 재직자들의 전직·재취업 준비를 지원하는 것을 포함해서 다양한 공정 전환 지원책을 내놓고 있다.[32]

이러한 정책 과제들을 뒷받침하기 위해, 환경민감계층 우선을 원칙으로 하는 「환경보건법」의 개정을 통해 환경보건 종합계획에 기후변화로 인한 건강영향과 대응에 관한 내용을 명시적으로 담아내는 것이 필요하다.

(4) 기후 탄력적 보건 시스템 구축

2020년부터 시작된 코로나19 팬데믹은 전 세계인에게 인간의 활동으로 인한 기후변화의 결과를 절절히 느끼게 했다. 또 기후변화로 인한 신종 전염병의 창궐은 공공보건의료 시스템의 중요성에 대한 인식을 높이고 공공의료체계가 더 잘 준비될 필요가 있음을 깨닫게 했다. 앞서 기술한 바와 같이 기후변화와 빈번해진 기상재해는 다양한 경로로 여러 가지 건강위험을 악화시킨

---

32) 관계부처 합동(고용, 산업, 과기, 환경, 기재) 보도자료(2021.7.22) 산업구조 변화에 대응한 공정한 노동전환 지원방안 발표. https://www.korea.kr/news/pressReleaseView.do?newsId=156462939(접근일: 2022.6.2)

다. 기후변화는 예측하기 어려운 보건의료 위기 상황을 초래할 수 있으며 보건 시스템은 여기에 준비되어야 한다.

그러나 현재까지 한국에서 기후변화가 건강에 미치는 영향에 관한 조사 연구는 온열질환 등 일부 진행되었으나, 기후변화가 보건의료 서비스와 시스템에 미치는 영향에 대한 연구는 거의 진행되지 않았다. 또 기후변화에 대응하는 보건 시스템 준비를 위해서는 미래의 기후변화로 인한 건강영향의 규모와 심각성, 질병 부담이 예측되어야 하나, 이와 관련된 연구도 매우 미흡하다.

다른 한편, 한국에서 가장 큰 대형 병원 하나가 배출하는 온실가스 배출량은 작은 규모의 군(郡)의 배출량과 비슷한 수준이다. 대형 병원은 24시간 운영되고 자기공명장치(MRI) 등 대규모 장비가 상시 가동되기 때문에 전력 소모가 크다. 상주자의 대부분이 외부 환경에 민감한 환자들이어서 항상 일정 온도를 유지해야 하므로 냉난방 부담도 크다. 최근 일부 병원에서 지열·태양열, 빙축열, 수열 등을 활용한 신재생 에너지를 도입하는 경우가 나타나고 있다.[33] 한국의 대형 병원과 보건의료 기관은 온실가스 배출을 줄이고, 병원 폐기물을 줄이는 등의 친환경 병원 정책을 더 적극적으로 추진하여, 전 사회의 탄소중립 노력에 적극 동참해야 할 것이다.

---

[33] "탄소중립 본격화 … 재생에너지 주목하는 대형병원." ≪이넷뉴스≫, 2022년 6월 24일 자. https://www.enetnews.co.kr/news/articleView.html?idxno=3059

참고문헌

관계부처 합동. 2020. 『제3차 국가 기후변화 적응대책(2021~2025)』.

국립기상과학원. 2021. 『한반도 기후변화 전망보고서 2020 개정판: SSP 4종 시나리오에 따른 기후변화 전망』.

기상청. 2020. 『기후변화과학 용어 설명집』.

기상청. 2021. 『우리나라 109년(1912~2020년) 기후변화분석보고서』. 국립기상과학원.

김효은 외. 2022. "역학·관리보고서: 제1차 기후보건영향평가 주요 결과". ≪주간 건강과 질병≫, 15(21): 1463~1470. 질병관리청

다이아몬드, 제레드(Jared Diamond). 2005. 『문명의 붕괴』. 강주헌 옮김. 서울: 김영사.

양원모. 2022. "탄소중립 본격화 … 재생에너지 주목하는 대형병원". ≪이넷뉴스≫, 6월 24일 자. https://www.enetnews.co.kr/news/articleView.html?idxno=3059

정휘철 외. 2019. 『적응이행 및 과학적 기반구축: 사용자기반 취약성평가도구 효용성강화』. 한국환경연구원 국가기후변화적응센터.

질병관리청. 2022. 『제1차 기후보건영향평가 보고서』.

행정안전부. 2021. 『재해연보2020』.

환경부. 2011. 『저탄소 녹색성장 기본법에 따른 국가 기후변화적응 기본계획(2011~2015)』.

환경부. 2020. 『기후변화 평가보고서 2020: 기후변화영향 및 적응』

—

질병관리청, "질병관리청 만성질환건강통계." https://health.kdca.go.kr/healthinfo/biz/pblcVis/details.do(접근일: 2022.6.8)

환경부 국립야생동물질병관리원, https://me.go.kr/niwdc/web/index.do?menuId=32(접근일: 2022.6.2)

—

Beyer, R. M., A. Manica, and C. Mora. 2021. "Shifts in global bat diversity suggest a possible role of climate change in the emergence of SARS-CoV-1 and SARS-CoV-2." *Sci Total Environ*, vol. 767, p.145413. https://doi.org/10.1016/j.scitotenv.2021.145413

Confalonieri, U. et al. 2007. "Human health. Climate Change 2007: Impacts, Adaptation and Vulnerability." in M. L. Parry et al.(eds). *Contribution of Working Group II to the AR4 of the IPCC*. Cambridge: Cambridge University Press.

Dizney, L. and M. D. Dearing. 2015. "Behavioural differences: a link between biodiversity and pathogen transmission." *Anim Behav*, vol.111, pp.341~347.

IPCC. 2007: Climate Change 2007: Impacts, Adaptation and Vulnerability. Contribution of Working Group II to the Fourth Assessment Report of the Intergovernmental Panel on Climate Change, M.L. Parry, O.F. Canziani, J.P. Palutikof, P.J. van der Linden and C.E. Hanson, Eds., Cambridge University Press, Cambridge, UK, 976 pp.

IPCC. 2014: Climate Change 2014: Impacts, Adaptation, and Vulnerability. Part A: Global and Sectoral Aspects. Contribution of Working Group II to the Fifth Assessment Report of the Intergovernmental Panel on Climate Change [Field, C.B., V.R. Barros, D.J. Dokken, K.J. Mach, M.D. Mastrandrea, T.E. Bilir, M. Chatterjee, K.L. Ebi, Y.O. Estrada, R.C. Genova, B. Girma, E.S. Kissel, A.N. Levy, S. MacCracken, P.R. Mastrandrea, and L.L. White (eds.)]. Cambridge University Press, Cambridge, United Kingdom and New York, NY, USA, 1132 pp.

Jones, K. E. et al. 2008. "Global trends in emerging infectious diseases." *Nature*, vol.451, no.7181, pp.990~993.

Keesing, F. et al. 2010. "Impacts of biodiversity on the emergence and transmission of infectious diseases." *Nature*, vol.468, no.7324, pp.647~652.

Levy, B. S. and J. A. Patz. 2015. "Climate Change, Human Rights, and Social Justice." *Ann Glob Health*, vol.81, no.3, pp.310~322.

Min, KD, JY Lee, Y So, and SI Cho. 2019.4.29. "Deforestation Increases the Risk of Scrub Typhus in Korea." *Int J Environ Res Public Health*, vol.16, no.9, p.1518. doi: 10.3390/ijerph16091518.

Min, K.-D. et al. 2020. "Protective effect of predator species richness on human hantavirus infection incidence." *Sci Rep*, vol.10, no.1, p.21744.

Olivero, J. et al. 2017. "Recent loss of closed forests is associated with Ebola virus disease outbreaks." *Sci Rep*, vol.7, no.1, p.14291.

Patz, J. A., H. K. Gibbs, J. A. Foley et al. 2007. "Climate Change and Global Health: Quantifying a Growing Ethical Crisis." *EcoHealth*, vol.4, no.4, pp.397~405. https://doi.org/10.1007/s10393-007-0141-1

Romanello, M. et al. 2021. "The 2021 report of the Lancet Countdown on health and climate change: code red for a healthy future." *The Lancet*, vol.398, no.10311, pp.1619~1662.

Smit, B. et al. 2001. "Climate Change 2001: Impacts, Adaptation and Vulnerability." in James J. McCarthy et al.(eds.). *Contribution of the Working Group II to the AR3 of the IPCC*. Cambridge: Cambridge University Press.

WHO. 2015. Operational framework for building climate resilient health systems.

WHO. 2020. "Guidance on mainstreaming biodiversity for nutrition and health." https://www.who. int/publications-detail-redirect/9789240006690(접근일: 2022.6.17)

WHO. 2021. *Climate change and health vulnerability and adaptation assessment*. Geneva: World Health Organization.

—

Climate Change Performance Index, "Climate Chnage Performance Index 2022." https://ccpi.org/ download/climate-change-performance-index-2022-2/(접근일: 2022.6.30)

EA Atlas of Energy, http://energyatlas.iea.org/#!/tellmap/1378539487/0(검색일: 2022.3.2)

Earth Charter, https://earthcharter.org/(접근일: 2022.6.2)

United Nations Environment Programme. 2020. Emissions Gap Report 2020. Nairobi. https://www. unep.org/emissions-gap-report-2020

WHO, "Climate change and health vulnerability and adaptation assessment. 2021." https://www. who.int/publications-detail-redirect/9789240036383(접근일: 2022.6.5)

WHO, "Epidemic Intelligence from Open Sources(EIOS)." https://www.who.int/initiatives/eios(접근일: 2022.6.5)

WHO, "New WHO-IUCN Expert Working Group on Biodiversity, Climate, One Health and Nature-based Solutions." https://www.who.int/news/item/30-03-2021-who-iucn-expert-working-group-biodiversity(검색일: 2022.6.27)

WHO, "Operational framework for building climate resilient health systems. 2015." https://apps. who.int/iris/handle/10665/189951(접근일: 2022.6.5)

제9장

기후변화 취약성과 기후 정의

추장민 | 한국환경연구원(KEI) 선임연구위원

1. 기후변화 취약성 이론과 평가 방법론

1) 취약성 개념과 핵심 요소

(1) 취약성 개념에 대한 이해

취약성(脆弱性, vulnerability)은 일상생활에서 그리 익숙하게 쓰이지 않는 다소 생소한 개념이다. 사전에서는 '무르고 약한 성질이나 특성'으로 정의하고 있으며, 결점, 결함, 맹점 등을 유의어로 열거하고 있다. 취약성 개념은 식량 안보, 자연재해, 가난, 재난위험 관리, 공중보건, 기후변화 등 연구 영역에서 관점과 접근법에 따라 〈표 9-1〉과 같이 크게 3가지 의미를 규정하여 사용되어 왔다(유가영 외, 2008: 5~7; 고재경, 2009: 13~16). 그 이유는 여러 가지 면에서 취약성의 개념이 모호하기 때문인데, 〈표 9-1〉에서 연구 분야, 관점과 접근법, 취약성의 의미에 따라 구분하여 정리한 내용을 서술하면 다음과 같다(유

〈표 9-1〉 취약성 개념 구분

연구 분야	관점과 접근법	취약성 의미
자연과학 (자연재해, 전염병 등)	외부의 위해 요소와 그에 따른 부정적인 영향(투입-반응 관계)	• 위해의 심각성과 야기된 피해 정도 • 생물·물리적 취약성
정치경제학·인문지리학 (가난, 기근 등)	외부의 스트레스에 대처하는 능력	• 가구나 지역사회의 사회경제적·정 치적인 요인들을 종합한 선천적인 (a priori) 상태나 조건 • 사회적 취약성(social vulnerability)
기후변화	외부 스트레스와 내부 대처능력 통합	외부 스트레스 노출, 영향, 적응 능력 등을 통합한 개념

자료: 유가영 외(2008: 5~7); 고재경(2009: 13~16).

가영 외, 2008: 5~7; 고재경, 2009: 13~16).

첫째, 자연재해 관리, 전염병 등을 연구하는 자연과학 분야에서는 외부의 위해 요소와 부정적인 영향이라는 투입-반응 관계의 관점에서 취약성을 다룬다. 이들 분야에서는 취약성의 의미를 위해의 심각성과 시스템에 미친 피해 정도의 관계로 정의하고, 시스템의 생물·물리적 취약성을 다룬다. 둘째, 가난, 기근 등을 연구하는 정치경제학과 인문지리학 분야에서 많이 사용하는 것으로 외부의 스트레스에 대처하는 능력의 관점에서 취약성을 다룬다. 여기에서는 취약성의 의미를 가구(household), 지역사회(community)의 사회경제적·정치적 요인들을 종합한 선천적인(a priori) 상태나 조건으로 정의하고, 사회적 취약성을 다룬다. 셋째, 주로 기후변화를 연구하는 분야에서는 외부 스트레스와 내부 대처능력의 통합적인 관점에서 취약성을 다룬다. 이 분야에서는 취약성의 의미를 기후 스트레스 노출, 영향, 적응 능력을 통합한 개념으로 정의한다.

이처럼 기후변화 취약성에 대한 연구 분야에서 기존의 외부 위해에 의한 결과물로서의 취약성과 그에 대한 대처 능력인 시스템의 내적 상태로서의 취약성에 통합적으로 접근하여 취약성의 의미를 새로운 차원으로 끌어올리는 전기를 마련했다고 볼 수 있다.

(2) 취약성 개념

① 개념의 정립

기후변화 취약성 개념은 취약성을 평가하는 목적에 따라 기관이나 학자별로 차이를 보인다. 현재 기후변화협약의 기후변화에 관한 정부 간 패널(IPCC: Intergovernmental Panel on Climate Change) 보고서에서 정립한 기후변화 취약성에 대한 개념이 이론적 연구나 경험적 평가 연구에 있어서 국제적으로 인정받고 있다. 2007년에 발간된 IPCC 제4차 보고서에서 기후변화 취약성에 대해 비교적 정돈된 형태로 다음과 같이 정의했다.

기후변화 취약성(climate change vulnerability)은 "한 시스템이 기후 변동성과 극한 현상을 포함한 기후변화의 부정적 영향을 받기 쉬운 정도 또는 그 영향에 대처할 수 없는 정도로서, 시스템이 노출된 기후 변화와 변동의 특성, 규모 및 비율, 시스템이 지닌 민감도와 적응 능력의 함수이다"(IPCC, 2007: 27). 여기서 시스템은 자연 시스템과 인간 시스템을 모두 포함한다. 이러한 개념 정의는 '기후변화 취약성=기후변화의 잠재적 영향(기후 노출＋민감도)－기후변화

〈그림 9-1〉 기후변화 취약성의 주요 요소 상호관계 도식도

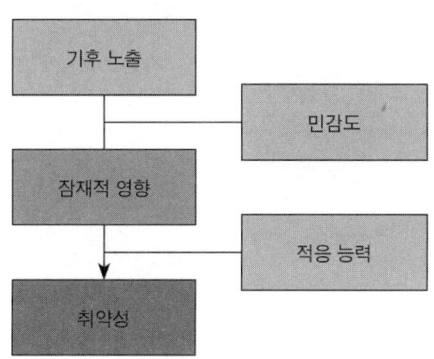

자료: 환경부(2021: 3).

적응 능력'의 식으로 표현될 수 있으며(환경부, 2021: 3), 이를 도식화하면 〈그림 9-1〉과 같다. 이 식은 기후변화의 노출은 자연 시스템과 인간 시스템이 지니고 있는 민감도에 따라 서로 상이한 잠재적 영향으로 나타나고, 해당 시스템이 갖고 있는 적응 능력에 따라 최종적으로 시스템의 취약성이 결정되는 것으로 풀이된다(환경부 국립환경과학원, 2011: 347).

② 개념의 발전

2014년 발표한 IPCC 제5차 보고서에서 기후변화와 관련된 위험과 주요 취약성에 대한 연구 성과를 반영하여 기후위험 프레임워크를 재구성하면서 기후변화 취약성 개념도 발전하게 된다. 새로운 기후위험평가 프레임워크는 인간 및 자연 시스템의 취약성 및 노출이 기후 위해(hazards)와 상호 작용한 결과로 기후와 관련한 부정적인 영향, 즉 기후 위험(climate risk)이 발생하는 것

〈그림 9-2〉 WG II AR5에서 제시한 핵심 개념 요약 정리

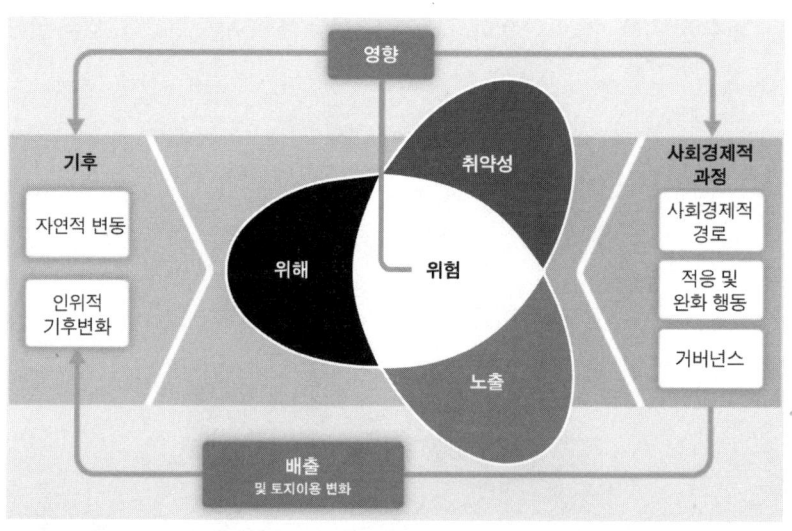

자료: IPCC(2014a: 3).

으로 재구성되었다(IPCC, 2014: 1046). 이 프레임워크에서 기후변화 취약성은 사회경제적 및 생물학적 시스템의 진화적 특성으로 정의되면서 개념적 발전을 했으며, 〈그림 9-2〉와 같이 기후 노출, 기후 위해와 함께 기후 위험 발생의 3대 구성요소로서 자리매김되었다(IPCC, 2014: 1046). 이처럼 기후변화 취약성은 〈그림 9-2〉 왼쪽의 기후 시스템과 오른쪽의 사회경제적 과정의 변화에 따라 영향을 받고 진화하는 동적(dynamic) 개념이다.

(3) 취약성 관련 핵심요소

기후변화 취약성의 개념에는 기후 노출(exposure), 민감도(sensitivity), 영향(impact), 적응 능력(adaptive capacity) 등 취약성에 상호 작용하는 다양한 요소가 포함되어 있다. 또한 기후위험평가 프레임워크가 재구성되고 취약성 개념이 발전하면서 기후 위험, 기후 위해 등 핵심적인 요소들과의 상호작용 관계에서 이해되고 있다. 따라서 기후변화 취약성의 개념을 온전히 이해하기 위해서는 이런 개념들에 대한 정의도 함께 이해할 필요가 있다. IPCC 보고서에서 밝힌 기후변화 취약성 관련 핵심요소에 대한 개념 정의는 〈표 9-2〉와 같다.

〈표 9-2〉 기후변화 취약성 관련 핵심요소와 개념 정의

요소	정의
노출 (exposure)	인간, 생활(생계), 종 혹은 생태계(ecosystem), 환경 기능, 서비스 및 자원, 기반 시설이나 경제·사회·문화적 자산이 부정적 영향을 받을 수 있는 장소나 환경에 놓이는 것
민감도 (sensitivity)	하나의 시스템이나 종이 기후 변동이나 기후변화(climate change)에 영향을 받는 정도로서, 부정적일 수 있고 긍정적일 수도 있으며, 또한 직접적인 것일 수도 있고 간접적인 것일 수도 있음
영향 (impact)	자연계 및 인간계에 대한 영향. 일반적으로 기후변화의 상호작용 혹은 특정 시기에 발생한 위해한(hazardous) 기후 현상 및 노출된 사회나 시스템의 취약성(vulnerability)으로 인해 생계, 건강, 생태계, 경제·사회·문화·서비스 및 인프라가 받는 영향

적응 능력 (adaptive capacity)	시스템, 제도, 인간 및 기타 유기체가 잠재적인 피해를 조정하고 주어진 기회를 활용하며 결과적으로 초래되는 상황에 대응할 수 있는 능력
위해 (hazard)	자연 혹은 인간이 유도한 물리적 현상 혹은 경향이나 생명의 손실 부상 혹은 기타 건강 영향(impact)뿐만 아니라 자산, 기반 시설, 생계 및 서비스 공급, 생태계와 환경자원의 피해 및 손실을 초래하는 물리적 영향의 발생 잠재성
위험 (risk)	가치의 일부가 위태로운 상태에 처해 있고 가치의 다양성을 고려했을 때 그 결말이 불분명한 상황에서 생명, 생계, 건강, 생태계, 종, 경제, 사회 및 문화적 자산, 서비스(환경적 서비스 포함) 및 기반 시설에 대한 부정적인 결과적 상황에 대한 잠재성. 위험은 위해한 현상 혹은 경향이 가져오는 영향에 따라 크게 증폭되어 발생할 확률(probability) 혹은 가능성(likelihood)

자료: IPCC(2014: 1772~1773, 2014b: 122, 127~128, 131)를 참고하여 저자가 정리.

2) 취약성 평가 방법론

(1) 취약성 평가 접근법

기후변화 취약성 평가는 기후변화 영향을 파악하고 평가하여 기후위험 저감 및 취약성을 감소시키는 방법을 개발하고 기후변화에 적응하는 정책을 수립하기 위한 필수적인 과정이자 기법이다. 취약성 개념과 마찬가지로 IPCC(2007) 제4차 보고서에서 기후변화의 영향, 적응 및 취약성 평가(CCIAV: Climate-Change Impacts, Adaptation, and Vulnerability)에 관한 접근법을 비교적 체계적으로 제시하고 있다(〈표 9-3〉 참고).

〈표 9-3〉에서 확인되듯이, 기후 시나리오 기반 영향 접근법(climate sce-nario-driven impact approach), 즉 하향식(top-down) 접근법과 적응과 취약성 기반 접근법(adaptation-and vulnerability approaches), 즉 상향식(bottom-up) 접근법으로 구분된다. 일반적으로 하향식 평가 접근법은 글로벌 및 지역 기후모델 시나리오에 기반하여 평가하는 접근법이고, 상향식 평가법은 지역 특성에 기반하여 평가하는 접근법이라고 할 수 있다(IPCC, 2007: 136). 기후변화 취약성 평가가 복잡해지면서 상향식과 하향식을 결합하여 평가하는 접근법을 취하고 있다.

<표 9-3> IPCC(2007)에서 밝히고 있는 평가 방법의 목표와 방법

	접근법			
	영향(Impact)	취약성(Vulnerability)	적용(Adaptation)	통합 평가(Integrated)
과학적 목표	미래 기후변화의 영향 및 위협에 대한 평가	기후변화의 취약성에 영향을 미치는 과정들을 평가	적응 및 적응 능력에 영향을 미치는 과정을 평가	다양한 구동 인자와 영향들 사이의 상호작용 및 피드백 평가
실제적 목표	위협을 감소시키기 위한 방법 개발	취약성을 감소시키기 위한 방법 개발	적응을 향상시키기 위한 방법 개발	세계적인 정치적 대안과 비용 산출
연구 방법	CCIAV의 표준 접근법 DPSIR 방법 Hazard-driven risk 방법	취약성 지표 및 profile 과거 및 편재의 기후 위협 Livelihood 분석 Agent-based 방법 서술적 방법 임계점의 이해를 포함하는 위험 지각 지속가능 정책의 성능 평가 지속가능 개발을 위한 적응 능력과의 관계에 대한 접근	통합 평가 모델링 분야별 통합 상호작용 다른 인자들과의 기후의 통합 여러 규모 및 종류에 따른 이해 당사자들의 토론을 통한 모형의 연계 접근법 간의 조합	
공간	하향식 세계규모-지역	상향식 국지적-지역적 거시 경제적 접근은 하향식 접근법을 이용	여러 규모의 통합 주로 세계 혹은 지역적 접근 격자 기반의 접근도 종종 있음	
시나리오 종류	기후 및 다른 요소들의 탐구적인 시나리오 작성 서술적 시나리오	사회-경제적인 조건 가설들 혹은 역추산법	기준점 적응 역사적 사실 및 장소와 행동에 따른 적응방안 유추	탐구 시나리오 작성: 외형 및 내형적 시나리오(피드백 포함) 표준적인 방법
동기	연구 중심	연구/ 이해 당사자 중심	이해 당사자/ 연구 중심	연구/ 이해 당사자 중심

자료: 환경부 국립환경과학원(2011: 346) 재인용.

(2) 취약성 평가 발전단계 및 취약성 평가 틀

IPCC 보고서에 따르면 제2차 보고서에 최초로 취약성 평가 개념이 도입된 이래 취약성 평가 방법은 기후변화와 그 영향의 구조에 대한 이해, 이해 당사자 및 정책적 수요 등에 따라 단계적으로 발전해 왔다. 취약성 평가의 발전 흐름과 변화 방향은 첫째, 다양한 학문 간 학제적 평가, 둘째, 영향과 적응, 기후변화 및 다른 요인들의 통합적 평가, 셋째, 영향을 추정하는 과학적 평가에서 적응정책 수립을 위한 정책 지향적 평가로 정리된다(고재경 외, 2009: 21).

유가영 외(2008)에 따르면, Füssel et al.(2006)가 정리한 취약성 평가방법 발전 과정을 원용하면서 취약성 평가 발전단계를 영향평가, 제1세대 취약성 평가, 제2세대 취약성 평가, 적응정책 평가의 4단계로 정리하고 있다(유가영 외, 2008: 14~16). 첫째, 영향평가는 시나리오를 토대로 인위적인 기후변화가 기후에 민감한 시스템에 미치는 잠재적인 생물 물질적인 영향 추정, 둘째, 1세대 취약성 평가는 비기후적인 요인이 민감도에 영향을 주는 부분이 추가되었으며, 포괄적인 사회적 측면과 잠재적인 적응까지 포함하여 평가, 셋째, 2세대 취약성 평가는 비기후적 요인이 민감도와 적응 능력에 주는 요소로 고려하면서 적응 능력의 개념이 취약성 평가에 도입, 넷째, 적응정책 평가는 기후변화에 적응하기 위한 정책적 수단, 즉 기후변화 취약성 감소를 위한 적응 대책들

〈그림 9-3〉 제2단계 취약성 평가의 개념 틀

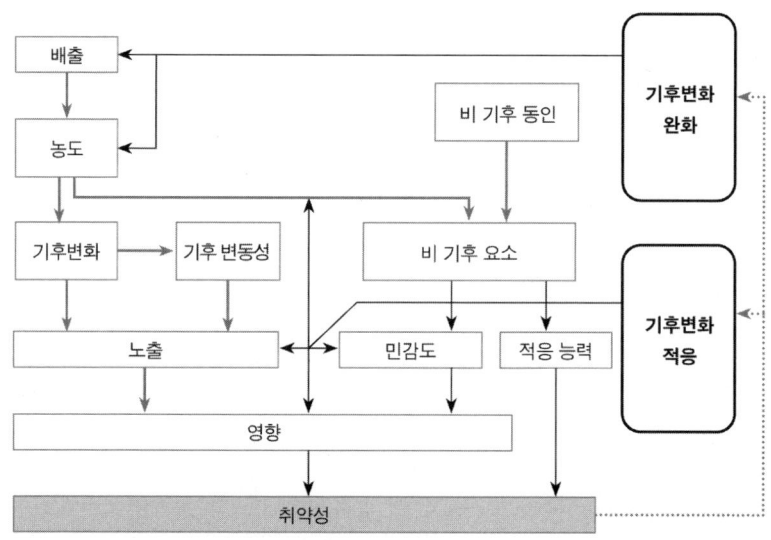

자료: 유가영(2008: 17). 저자가 자료를 번역·편집함.

을 파악하고 정책적 수단들의 가용성, 편익, 비용, 효율성 및 접근 가능성을 평가하는 것이다(유가영 외, 2008: 14~16). 이 중 2세대 취약성 평가는 앞서 소개한 취약성 개념이 정립되는 과정과 궤를 같이하면서 발전했으며, 노출, 민감도, 적응 능력 등 취약성 개념의 주요 구성요소를 모두 포함하고 있다. 즉, 취약성 개념과 구성 요소에 비교적 충실히 부합하는 평가 방법 틀을 갖추게 되었다(〈그림 9-3〉 참고).

이와 함께, IPCC 제4차 보고서 발간을 전후하여 기후변화 취약성 개념의 발전에 조응하여 온실가스 감축 시나리오와 연계된 사회경제 시나리오를 고려한 통합적 취약성 평가 방법론으로 발전해 왔다. 이 방법론의 핵심은 기후변화 통합 취약성 평가에 적용할 수 있는 사회경제 시나리오를 개발하여 통합적 취약성 평가 체계에 적용하는 것이다. 통합 취약성 평가는 상호 작용하는 자연 시스템과 인간 시스템의 연관 관계를 수직적·수평적으로 통합하여 분석함으로써 각 부문의 차이를 해소하고 일관성 있게 기후변화 영향 및 취약성을 평가할 수 있다는 데 장점이 있다(채여라 외, 2013: 29~31).

(3) 취약성 식별 기준

취약성 평가 도구의 하나로서 우선 취약성을 식별하기 위한 기준 설정이 필요하다. 취약성 식별 기준으로 2007년과 2014년 보고서에서 IPCC는 다음과 같이 제시했다. 먼저 2007년 보고서에서는 기후변화 영향의 크기, 시기, 지속성과 가역성, 가능성과 확실성, 적응 잠재성, 영향의 분포, 취약 시스템의 중요성 7가지를 '주요 취약성(key vulnerability)'을 식별하는 기준(criteria)으로 제시했다(IPCC, 2007: 785).

2014년 보고서에서는 '주요 취약성'을 식별하는 기준을 재구성하고 추가하여 다음과 같이 5가지 기준을 제시했다(IPCC, 2014: 1051).

- 사회, 지역사회, 또는 사회-생태 시스템의 기후 스트레스에 의한 노출. 노출은 특정 취약성의 '주요 취약성' 여부를 고려하기 위한 주요한 전제 조건.

- 취약 시스템의 중요도. 취약성이 사회 혹은 지역사회의 생존에 중대한 것이거나 기후 위해에 사회-생태 시스템이 노출되어 있는 특징을 갖고 있는 경우 '주요 취약성'으로 식별.

- 기후 관련 위해의 부정적 결과를 저감하거나 제한하기 위한 적응능력 구축에 있어서 사회, 지역사회 및 사회-생태 시스템 능력의 제한성. 대처 및 적응에 심각한 한계는 기후 위해에 대한 취약성을 높이는 핵심 요인으로 '주요 취약성'을 식별하는 기준을 제공.

- 취약한 조건의 지속성과 결과의 비가역성 정도. 취약한 조건이 지속되며 이를 변경시키기 어려운 경우 '주요 취약성'으로 간주. 지역사회 또는 사회-생태학적 시스템은 시스템의 부분 혹은 전체 붕괴를 야기하는 위험 임계값에 도달할 수 있으며, 이러한 시스템을 대체하지 못하거나 잠재적 혹은 실제적 손실 및 손상을 보완할 수 없음.

- 복잡한 상호 작용적 특성을 지닌 시스템 안에서 누적된 스트레스 요인에 대해 사회가 매우 민감하게 반응하도록 하는 조건의 존재. 추가적인 기후 위해가 부과될 경우 매우 민감하게 반응하는 지역사회 및 사회-생태적 시스템 또는 폭력 충돌과 같은 대처 및 적응 역량에 악영향을 미치는 조건.

(4) 취약성 지표와 대리 변수

취약성 평가 방법론에서 또 다른 주요한 이슈는 주요 취약성의 어떤 부분(what)을 어떻게(how) 평가할 것인가의 문제이다. 일반적으로 취약성은 지표를 개발하여 평가하는 방법을 택하고 있는데, 그 이유는 취약성은 통계적인 수치나 측정된 현상이 아닌 추상적인 개념이며, 기후 노출, 민감도, 적응 능력 등 다양한 요소로 구성되어 있기 때문이다. 이 때문에 기후변화 취약성에 대해서도 지표(indicator)를 개발하여 평가하는 방법을 택한다.

기후변화 취약성 지표를 개발하는 방법을 간략히 정리하면 다음과 같다.

첫째, 기후변화 취약성의 주요 구성요소인 기후 노출, 민감도, 적응 능력을 대표할 수 있는 분야와 세부 요소를 선정한다. 즉, 취약성 평가 대상항목을 선정한다. 예를 들면, 기후노출 범주에서는 호우, 가뭄, 폭염 등을, 민감도 범주에서는 인간 정주, 기반 시설, 농업, 보건, 복지 등을, 적응능력 범주에서는 경제적 능력, 교육, 환경 역량, 산업구조 등의 대표적인 세부 요소를 선택할 수 있다.

둘째, 세부 요소를 잘 반영하고 대표할 수 있는 대리 변수(proxy variable)를 추출하여 적용한다. 기후 노출은 기후변화 영향을 대표하는 변수, 민감도는 기후노출 영향의 정도를 나타내는 변수, 적응 능력은 기후변화 영향을 감소시킬 수 있는 변수로 구성된다. 여기에서 대리 변수들은 측정 또는 관측을 통해 자료 접근성과 획득성이 확보되어 세부 요소를 인지·평가할 수 있어야 하며, 수치로 정량화할 수 있어야 한다. 예를 들면, 호우 세부요소에는 일일 강수량 80mm 이상인 날 평균 등 호우 자료, 기반 시설 세부요소에는 상수도 보급(%), 경제적 능력 세부 요소에는 GDP 등 대리 변수를 선정할 수 있다. 취약성 지표와 대리 변수는 국내외적으로 공간적 범위에서, 글로벌, 지역, 국가, 지자체, 지역사회, 부문 및 계층에서, 보건, 생태계, 농업, 취약계층 등에서 세부적으로 개발하여 적용되고 있다. 〈표 9-4〉는 도시 지역 지역사회(동)의 기후변화 취약성 평가지표 및 주요 대리변수에 관한 국내 연구사례 예시이다.

셋째, 대리 변수에 대해 자료를 표준화하는 방법으로 취약성의 주요 구성요소와 세부요소를 지수화한다. 정량화된 각 지수들에 대한 연산 과정을 거쳐 최종적으로 취약성 지수로 계산한다. 기후변화 취약성 지표는 복합 지표의 특성을 지니고 있고, 각 대리 변수의 단위가 상이하기 때문에 각 지표를 상호 비교하여 주요 취약성 요소를 판별하고 취약성 상태를 정량화하여 평가하기 위해서다. 표준화 과정에서 각 지표에 대해 가중치를 부여하기도 한다.

〈표 9-4〉 도시지역 지역사회(동) 기후변화 취약성 평가지표 및 주요 대리변수

구분	세부 요소	지표	대리변수
기후 노출	호우	강수량	일 강수량이 80mm 이상인 날의 빈도
	기온	혹서	일 최고기온이 33℃ 이상인 날의 빈도
		혹한	일 최저기온이 영하 5℃ 이하인 날의 빈도
민감도	지리적 특성	홍수 취약지역	상습수해지역/재해위험지구 면적/전체 면적
	인구적 특성	인구밀도	인구수/전체 면적
		생물학적 취약인구	12세 이하 인구(%), 65세 이상 인구(%)
		사회적 취약인구	독거노인가구(기초생활수급자(%), 차상위계층)(%), 기초생활 수급인구/차상위계층인구(%), 한부모(조손)가구(%), 소년소녀 가장가구(%)
		건강상태	장애인인구(%)
	정주 시설	건물유형	건축연도별 단독, 다세대(다가구), 연립, 아파트 주택(%), 주거 복잡도(%)
	보건	출산율	출산율(%)
적응 능력	경제적 능력	예산지출/ 재산세	예산지출 총액 및 비목별 예산액/전체 인구수, 재산세/세대
		주택점유 형태	주택점유형태별(일반가구) 가구율(%)
		차량소유	자가용보유대수/세대
	물적 인프라	의료보건	의료보건시설(보건소, 병원, 의원) 개수 및 종사자/ 전체 인구수
		사회복지	사회복지시설 개수 및 종사자/전체 인구수
		청소년 보호	청소년 관련 교육훈련시설 개수 및 수용인원/청소년 인구수
		주민자치	주민자치센터 면적/전체 인구수
		녹지면적	도시 일상권공원 개수 및 면적/전체 인구수
		대피시설	풍수해대피시설(노인정, 학교, 주민자치센터, 교회 등) 수용인 원 및 개수/전체 인구수, 폭염 관련 무더위 쉼터 수용인원 및 개수/전체 인구수, 한파 관련 대피시설 수용인원 및 개수/전체 인구수
		대응시설	빗물 펌프장 용량(mm/hr)/면적, 빗물저류시설 용량/면적 비상급수시설 공급능력 및 개수/전체 인구수
		에너지 접근성	도시가스 이용가구(%)
		맑은 물 접근성	상수도 보급가구(%)

사회적 자본	기후변화 인지도	기후변화 및 재해관리 교육 이수자/전체 인구수 기후변화 및 재해관리 교육 횟수
	사회적 네트워크	주민자치위원회 구성인원수 및 프로그램 개수, 동반장회의 구성인원수, 자원봉사자 조직개수 및 인원수, 지역자율방재/방범 조직개수 및 인원수, 응급상황 발생 시 동원 조직, 시민단체 등 민간단체
제도적 역량	인적자원	담당공무원(기후변화, 자연재해관리, 저소득층 지원 및 관리)수, 도우미(노인바우처, 요양보호사 등) 수 및 일인당 관리대상 인원수
	제도시행	풍수해 대응 예경보 및 재난예방 시스템, 지원 정책 폭염/혹한 등 대응 예경보 및 재난예방 시스템, 지원 정책
	기자재 운용 능력	대피차량대수, 배수펌프개수, 앰불런스차량대수, 비상급수차량대수, 응급복구물자 규모 및 종류

자료: 추장민 외(2010: 43).

(5) 취약성 평가 원리와 평가 도구

① 평가 원리

국립환경과학원은 기후변화 취약성 평가 원리를 다음과 같이 단계적 과정으로 설명하고 있다(국립환경과학원, 2010: 3~4). 제1단계에서는 기후변화 악영향(기후 노출 및 민감도)을 평가한다. 예를 들면 세부 요소로서 벼농사의 기후변화 취약성을 평가한다고 했을 때, 집중호우에 대한 벼농사의 기후변화 노출과 민감도를 평가한다. 구체적으로 일 강수량 80mm 이상인 날의 횟수를 대리 변수로 기후 노출을 평가한다. 또한 해발 10m 이하 저지대 면적, 벼 재배 면적율 등을 대리 변수로 기후 노출에 대한 민감도를 평가한다. 제2단계에서는 사회·경제·지리 등 통계자료를 이용하여 적응 능력을 평가한다. 〈표 9-5〉와 같이 집중호우에 대한 벼농사의 적응 능력을 평가하는데 대리 변수에는 복구가능 인구, 제방면적 비율 등을 대리 변수로 사용한다. 제3단계에서는 취약성 지수를 정량화한다. 예를 들면 집중호우에 대한 벼농사의 취약성 지수를 앞서 제시한 취약성 서식[취약성 지수=악영향(기후 노출+민감도)−적응 능력]을 적용하여 정량화한다.

〈표 9-5〉 기후변화 취약성 평가 원리(벼농사의 기후변화 취약성 평가 사례)

단계	제1단계	제2단계	제3단계
범주	기후 노출 및 민감도	적응 능력	취약성 지수 정량화
세부요소	벼농사의 집중호우 노출/민감도	벼농사의 집중호우 적응 능력	벼농사의 집중호우 취약성 지수
대리변수	• 일 강수량 80mm 이상 날 횟수 • 해발 10m 이하 저지대 면적 • 벼 재배 면적률	• 부가능 인구 (=농가 인구수-어린이·노약자 인구수) • 재배면적 비율, 하수도 보급률 • 재정 자립도	
GIS 지도화	 집중호우에 대한 벼농사 (노출+민감도) [-] 1 / 0.75 / 0.5 / 0.25	 집중호우에 대한 벼농사 (적응 능력) [-] 0.6 / 0.5 / 0.4 / 0.3 / 0.2 / 0.1	기후변화 악영향[+] 집중호우에 대한 벼농사 (노출+민감도) [-] 1 / 0.75 / 0.5 / 0.25 적응 능력[-] 집중호우에 대한 벼농사 (적응 능력) [-] 0.6 / 0.5 / 0.4 / 0.3 / 0.2 / 0.1 취약성 지수가 값은 취약성이 높음 집중호우에 대한 벼농사 (취약성 지수) [-] 0.75 / 0.5 / 0.25 / -0.25 / -0.75

자료: 국립환경과학원(2010: 3~4).

② 평가 도구 및 항목

기후변화 취약성에 대한 정형화되고 통일된 평가를 위해 취약성 평가 도구 (assessment tool)를 개발하여 사용한다. 한국에서는 현재 지자체의 기후변화 적응계획 수립을 지원하기 위해 국가기후위기적응센터에서 '기후변화 취약성 IPCC 평가 도구 시스템(VESTAP: Vulnerability Assessment Tool to build Climate Change Adaptation Plan)'을 개발하여 웹 기반 평가 도구를 제공하고 있다.

VESTAP의 주요 기능은 〈그림 9-4〉와 같이 첫째, 기후변화 RCP 4.5 시나리오와 RCP 8.5 시나리오에 기반한[1] 광역 및 기초 지자체의 기후변화 취약성 지표 분석과 각 지자체별 특성을 반영한 취약성 평가를 수행할 수 있는 사용자 정의 취약성을 평가한다. 둘째, 사용자가 원하는 정보를 선택하여 지자체 간 일대일 비교 정보를 제공한다. 셋째, 앙상블 기후 모형을 신규로 적용한 기후노출 세부 정보를 제공한다. 넷째, 기후변화 적응계획 이행평가와 연동될 수 있도록 민감도, 적응능력 현황의 누적추이 정보를 제공한다.

VESTAP에서 제공하는 기후변화 취약성 평가 항목은 건강(21개 항목), 국토·연안(9개 항목), 농축산(5개 항목), 물(12개 항목), 산림·생태계(10개 항목), 산업·에너지(1개 항목), 해양·수산(1개 항목), 산업·에너지(4개 항목) 등 총 7개 부문, 59개 평가 항목으로 구성되어 있다(이명진 외, 2020: 121).

구체적인 취약성 평가 항목은 〈표 9-6〉과 같이 건강 부문은 감염병, 대기

---

1) RCP(Representative Concentration Pathways, 대표 농도 경로)는 IPCC 제5차 평가보고서에서 사용한 온실가스 시나리오로서 온실가스 농도값을 설정 후 기후변화 시나리오를 산출하여 그 결과의 대책으로 사회·경제 분야별 온실가스 배출 저감정책을 결정하는 개념이다. 여기에서 RCP 4.5는 온실가스 저감 정책이 상당히 실행되는 경우의 시나리오로 이산화탄소 농도값이 540ppm으로 설정되었으며, RCP 8.5는 현재 추세(저감 없이) 온실가스가 배출되는 경우(BAU 시나리오)로 이산화탄소 농도값이 940ppm으로 설정되었다[국가기후위기적응정보포털, "기후변화 新시나리오(RCP)소개-RCP 소개." https://kaccc.kei.re.kr/portal/climate Change/chan geview/changeview_view.do?num=6(검색일: 2022.6.15)].

〈그림 9-4〉 VESTAP 지자체 취약성 평가 결과 정보 표출(예시)

자료: 국가기후위기적응정보포털 기후변화 취약성 평가 지원 시스템 홈페이지. "VESTAP 주요 기능". https://
vestap.kei.re.kr/loginPage.do?(검색일: 2022.6.15)

〈표 9-6〉 VESTAP 취약성 평가 항목(총 59개)

부문	취약성 평가 항목
건강(21)	곤충 및 설치류에 의한 전염병 건강 취약성
	기타 대기오염물질에 의한 건강 취약성
	미세먼지에 의한 건강 취약성
	수인성 매개 질환에 의한 건강 취약성
	오존농도 상승에 의한 건강 취약성
	태풍에 의한 건강 취약성
	폭염에 의한 건강 취약성
	폭염에 의한 온열질환 취약성(5세 미만 영유아 대상)
	폭염에 의한 온열질환 취약성(65세 이상 노인 대상)
	폭염에 의한 온열질환 취약성(심혈관계 질환자 대상)
	폭염에 의한 온열질환 취약성(야외 노동자 대상)
	폭염에 의한 온열질환 취약성(일반)
	폭염에 의한 온열질환 취약성(저소득층 대상)
	한파에 의한 건강 취약성
	한파에 의한 한랭질환 취약성(5세 미만 영유아 대상)
	한파에 의한 한랭질환 취약성(65세 이상 노인 대상)
	한파에 의한 한랭질환 취약성(심혈관계 질환자 대상)
	한파에 의한 한랭질환 취약성(야외 노동자 대상)
	한파에 의한 한랭질환 취약성(일반)
	한파에 의한 한랭질환 취약성(저소득층 대상)
	홍수에 의한 건강 취약성
국토·연안(9)	태풍에 의한 기반 시설 취약성
	토사 재해에 대한 건축물 취약성
	토사 재해에 대한 기반 시설 취약성
	폭설에 대한 기반 시설 취약성
	폭설에 의한 도로 취약성
	폭염에 대한 기반 시설 취약성
	해수면 상승에 대한 기반 시설 취약성
	홍수에 대한 기반 시설 취약성
	홍수에 따른 건축물 취약성
농축산(5)	가축 생산성의 취약성
	농경지 토양침식에 대한 취약성

	벼 생산성의 취약성
	사과 생산성의 취약성
	재배, 사육시설 붕괴의 취약성
물(12)	가뭄에 의한 수질 취약성
	단기 가뭄에 의한 용수 취약성(공업용수 대상)
	단기 가뭄에 의한 용수 취약성(농업용수 대상)
	단기 가뭄에 의한 용수 취약성(생활용수 대상)
	단기 가뭄에 의한 용수 취약성(일반)
	수질 및 수 생태에 대한 취약성
	이수에 대한 취약성
	장기 가뭄에 의한 용수 취약성(공업용수 대상)
	장기 가뭄에 의한 용수 취약성(농업용수 대상)
	장기 가뭄에 의한 용수 취약성(생활용수 대상)
	장기 가뭄에 의한 용수 취약성(일반)
	치수의 취약성
산림·생태계(10)	가뭄에 의한 산림 식생의 취약성
	곤충의 취약성
	국립공원의 취약성
	병해충에 의한 소나무 취약성
	산림 생산성의 취약성
	산불에 대한 취약성
	산사태에 의한 임도의 취약성
	소나무와 송이버섯의 취약성
	집중호우에 의한 산사태 취약성
	침엽수의 취약성
산업·에너지(1)	이상 고온에 의한 겨울 스포츠(스키 관광) 취약성
해양·수산(1)	수온 변화에 의한 수산업(양식업)의 취약성

자료: 이명진 외(2020: 121~123) 재인용.

오염, 태풍, 폭염, 한파, 홍수 등 극한 기상현상 등으로 인한 건강 취약성, 국토·연안 부문은 태풍, 폭설, 홍수 등 극한 기상현상과 토사 재해 및 해수면 상승으로 인한 기반 시설 및 건축물의 취약성, 농축산 부문은 가축, 벼, 사과 등 식량 생산성, 농경지 및 시설 등의 취약성, 물 부문은 단기 및 장기 가뭄의 용

수 및 수질, 이수, 취수 및 생태계 취약성, 산림·생태계는 식생, 병해충, 주요
생산물, 산림 관리, 재해 취약성 등이다.

2. 기후변화 취약성과 기후 불평등

1) 기후변화 취약성 실태

(1) 글로벌 기후변화 취약성 실태

기후변화 취약성은 기후변화와 기후 변동성의 영향으로 전 세계적 범위에
서 광범하게 존재한다. 역대 IPCC 보고서에서는 부문과 지역별로 구분하여
기후변화 취약성 실태를 발표해 왔다.

2007년에 발표한 제4차 보고서에서 부문으로는 담수 자원 및 관리, 생태계
의 재산, 상품 및 서비스, 식량과 섬유 및 산림 생산물, 연안 시스템과 저지대
지역, 산업, 정주 및 사회, 인간건강 등 6개 부문, 그리고 지역으로는 아프리
카, 아시아, 호주와 뉴질랜드, 유럽, 라틴 아메리카, 북아메리카, 극지방, 군소
도서지역 등 8개 지역으로 구분하여 다루었다. 2014년 제5차 보고서에서는
부문으로 담수 자원, 육지 및 수 생태계, 연안 시스템 및 저지대 지역, 해양 시
스템, 식량안보 및 식량 생산 시스템, 도시 지역, 농촌 지역, 주요 경제부문 및
서비스, 인간건강, 인간안보, 생계 및 빈곤 등 11개 부문, 그리고 지역으로는
아프리카, 유럽, 아시아, 호주, 북아메리카, 중앙 및 남아메리카, 극지방, 군소
도서지역, 해양 등 8개 지역으로 구분하여 다루었다. 이처럼 제4차 보고서에
비해 제5차 보고서에서는 부문에 대한 취약성 평가가 세분화되었고, 특히 인
간과 사회 시스템 분야의 취약성 평가와 실태에 관한 내용이 대폭 추가되었다.

글로벌 차원에서 기후변화 취약성 실태에 대해 IPCC(2014) 제5차 보고서에

〈표 9-7〉 IPCC 보고서의 부문 및 지역별 취약성 평가 구분

구분	제4차 보고서	제5차 보고서
부문	담수 자원 및 관리, 생태계의 재산, 상품 및 서비스, 식량과 섬유 및 산림 생산물, 연안 시스템과 저지대 지역, 산업, 정주 및 사회, 인간건강	담수 자원, 육지 및 수 생태계, 연안 시스템 및 저지대 지역, 해양 시스템, 식량안보 및 식량 생산 시스템, 도시 지역, 농촌 지역, 주요 경제부문 및 서비스, 인간건강, 인간안보, 생계 및 빈곤
지역	아프리카, 아시아, 호주와 뉴질랜드, 유럽, 라틴 아메리카, 북아메리카, 극지방, 군소 도서지역	아프리카, 유럽, 아시아, 호주, 북아메리카, 중앙 및 남아메리카, 극지방, 군소 도서지역, 해양

자료: IPCC(2007, 2014) 자료를 참고하여 저자가 작성.

서는 전 세계의 관련 연구 결과를 토대로 〈표 9-8〉과 같이 기후변화의 8가지 위해 유형별로 주요 취약성, 주요 위험, 새로운 위험으로 범주화하고 각 범주 간 상호작용의 관점에서 식별했다. 특히 주요 취약성에 대해서는 사회적 취약성, 경제적 취약성, 환경적 취약성, 제도적 취약성, 기후 노출로 구분하여 유형화해서 정리했다.

〈표 9-8〉에 나타난 기후변화 주요 취약성 실태에 대해서는 다음과 같이 개괄적으로 정리할 수 있다. 첫째, 기후변화로 인한 위해 요인뿐만 아니라 다양한 비(非)기후 스트레스 요인(non-climatic stressors)과 결부되어 취약성이 나타난다. 둘째, 사회적 취약성, 제도적 취약성 그리고 경제적 취약성이 기후변화 취약성의 주류로 등장했다. 특히 인구 구성, 사회경제적 능력, 거주 상태, 소득 및 경제 구조 등 사회경제적 상태와 이에 대처하는 정부의 정책, 관리 체제 및 재원 등 제도적 기반과 역량이 주요 취약성을 결정짓는 핵심적인 요소로 작용한다. 셋째, 환경적 취약성, 사회적 취약성, 경제적 취약성 및 제도적 취약성 등 다양한 취약성이 특정 지역이나 인구 집단에 중첩되어 있다. 중첩된 취약성 간 상호작용과 전이 과정이 전체 취약성을 악화시키고, 사회적 갈등과 불평등 그리고 기후변화의 주요 위험과 새로운 위험을 초래하는 주요 요인이 되고 있다.

〈표 9-8〉 IPCC 5차 보고서에서 식별한 기후변화의 위해, 주요 취약성, 주요 위험, 새로운 위험

번호	위해(Hazard)	주요 취약성(Key vulnerability)		주요 위험(Key risks)	새로운 위험(Emergent risks)
i	해수면 상승과 폭풍 해일을 포함한 연안 홍수 (WG I ARS 3.7 및 13.5절; WG I ARS 표 13.5; 절 5.4.3, 8.1.4, 8.2.3, 8.2.4, 13.1.4, 13.2.2, 24.4, 24.5, 26.7, 26.8, 29.3.1 및 30.3.1; 박스 25-1, 25-7)	• 저지대 연안지역과 군소 도서 개도국의 사람, 경제활동과 기반 시설의 노출 높음 • 열악한 주거와 기반 시설의 노출 높음. 소외된 주거와 부적절한 보험 수단으로 도서인구의 보호방지 못함. 소외된 계층의 다양한 측면의 빈곤과 생계수단에 대한 제한 • 재난위험 저감에 대한 지역정부의 관심 부족	☂ ⛹ 🏛	• 사망, 부상, 생계수단, 식량 공급 및 음용수 공급 손상 공유 자원, 지역 의식과 정체성의 손실, 특히 토종 언어지역의 토착 인들의 위험이 높음	• 급속한 도시화, 해수면 상승, 경제활동 증가, 자연자원 고갈 및 보험수단의 제한 등 상호작용; 위험 관리에 대한 부담이 국가에서 개인에게로 이전되어 더 심각한 불평등을 초래함
ii	극한 강우 및 내륙 홍수 (WG I ARS FAQ 12.2; 절 3.2.7, 3.4.8, 8.2.3, 8.2.4, 13.2.1, 25.10, 26.3, 26.7, 26.8 및 27.3.5; 박스 25-8)	• 도시 지역의 대규모 사람들이 홍수사태에 노출 특히 저소득 임시 거주지역의 홍수 노출 • 도시 배수 인프라의 부족, 노화, 부적절하고 열악한 관리, 사회적 소외, 심각한 빈곤, 문화적으로 부적절한 설계에 따른 대응능력에 대한 제한 • 재난위험 저감에 대한 부적절한 관심	☂ ⛹ 🏛	• 사망, 부상, 인간안보 손상 특히 어린이, 노인, 장애인들의 위험이 높음	• 집중호우 빈도 증가, 도시화, 보험 수단의 제한, 위험관리 부담이 국가에서 위험에 노출된 대상으로 이전되어 더 심각한 불평등을 초래하며, 인프라 파괴로 인한 자산 손실, 도시 구역의 방지, 고위험/고빈곤의 공간적 덫을 발생시킴
iii	시스템적 위험을 넣는 새로운 위해 (WG I ARS절 11.3.2; 절 8.1.4, 8.2.4, 10.2, 10.3, 12.6, 23.9, 25.10, 26.7 및 26.8)	• 노출된 인구와 인프라, 새로운 위해 요소에 대한 역사적 경험 부족 • 과도하게 위해 중심적인 관리 개발과 인프라 설계 외/혹은 보전 대응 능력	☂ ⛹ 🏛	• 전력 시스템과 연계된 시스템의 설패, 예: 전력 펌프의 연결망에 수 시스템 또는 전기/통신과 연결된 응급 서비스 등 극단적 사태에서는 건강 및 응급 서비스 분되	• 연결된 시스템의 의존성으로 인한 상호작용은 극단적 사태의 영향을 확대시킴, 관리 제도에 대한 신뢰 부족으로 사회적 결합력이 감소되면 대응을 위한 준비와 능력을 약화시킴
iv	도시열섬효과 포함 극한 적의 빈도와 강도 증가 (WG I ARS절 11.3.2; 절 8.2.3, 11.3, 11.4.1, 13.2, 23.5, 24.4.6, 25.8.1, 26.6 및 26.8; 박스 CC+HS)	• 고온에 노출된 거주자 내 노인, 영유아, 임산부, 만성질환을 가진 도시인구 증가 • 취약 그룹을 위한 새로운 위험 수준에 작업하도록 건강, 응급 및 사회 서비스를 제공하는 지역 조직의 미흡능력	⛹ 🏛	• 극단일때 기간 중 사망률과 질병률 증가	• 지역적 극한 기후 지역 열섬, 그리고 대기오염의 변화가 인구통계학적 변동과의 상호작용; 건강과 응급 서비스의 과부하, 더운 기후에서의 육체 노동자의 높은 사망률, 질병률, 생산성 감소 초래
v	온난화, 가뭄 및 강수량 변동성 (WG I ARS절 11.3.2; 절 7.3, 7.4, 7.5, 11.3, 11.6.1, 13.2.1, 13.2.2, 19.3.2, 19.4.1, 22.3.4, 24.4, 26.8 및 27.3.4)	• 도시와 농촌 환경이 빈곤 인구의 식량 불안정에 대한 민감함: 특히 손상된 구매자로서 농민, 지소득 인구, 손상받은 수입자로서 농의에 의존하는 경우 제품, 불안정한 수입과 여성과 가정이 기구의 제한된 대응 능력	⛹ 🏛	• 영양실조 감소 진행의 역전으로 인한 생명 손실과 피해 위험	• 기후변화, 인구 증가, 생산성 감소, 바이오 연료 작물 재배 및 식량 가격과 기반한 사람들의 영양 실조를 증가시키는 지속되는 불평등과 계속되는 식량 불안정 사이의 상호작용; 더 큰 부담을 초래하고, 사회적 네크워크의 고갈은 대응 능력을 감소시킴

번호	위해(Hazard)	주요 취약성(Key vulnerability)		주요 위험(Key risks)	새로운 위험(Emergent risks)
vi	가뭄 (WG I AR5절 12.4.1 및 12.4.5; 절 3.2.7, 3.4.8, 3.5.1, 8.2.3, 8.2.4, 9.3.3, 9.3.5, 13.2.1, 19.3.2.2 및 24.4)	• 도시 인구에 대한 부적절한 물 서비스, 기존 물 부족공급 불안정성과 물 공급 증가 제한 • 도시와 농촌의 연계를 포함한 물 관리(체계 능력)과 회복력 부족	[사회적 취약성, 제도적 취약성]	• 심각한 피해와 경제적 영향을 초 래하는 사람과 산업에 대한 물 급 부족	• 도시화, 인프라 부족, 지하수 고갈 사이의 상호 작용
		• 음용수와 관개 물에 대한 접근이 부족한 건조지의 가난한 농부 또는 목축인 • 물에 의존하는 농업과 목축 시스템의 손실을 보상 에 대한 한정된 능력, 자연자원을 둘러싼 갈등 • 물 관리 제한된 능력과 회복력 부족, 부적절한 토지 정책, 목축 동기에 대한 오해와 훼손	[노출, 사회적 취약성, 제도적 취약성]	• 농업 생산성 그리고/또는 목촌 시 림들의 수입의 손실: 특히 물 집약 적 농업에 의존하는 생계 파괴. 시 장이나 보 위험	• 인간 취약성의 상호작용: 생계 악화, 빈곤의 덫, 식량 불안전성 증가, 토지 생산성 감소, 농촌인 구 외부 이주, 지속득 및 중소득 국가의 새로운 도시빈민 증가, 빈물 농업 시스템과/또는 목축 업의 잠재적 티핑포인트
vii	해양온도 상승, 해양 산성화, 북극해의 손실 (WG I AR5절 11.3.3; 절 5.4.2, 6.3.1, 6.3.2, 7.4.2, 9.3.5, 22.3.2.3, 24.4, 25.6, 27.3.3, 28.2, 28.3, 29.3.1, 30.5 및 30.6; 박스 CC-OA 및 CC-CR)	• 연안 지역사회에 대한 각 생태계 서비스와 난류 선호종이 높은 민감성; 북극 시스템의 높은 민감 성, 예: 외래 침입종 • 생태계 서비스에 의존하는 연안과 SIDS 어업 지 역사회의 민감성; 그리고 북극 원주지역 및 문화	[환경적 취약성]	• 신호 피복, 복극 생물종, 그리고 생물다양성 감소 중요한 생태계 서비스의 잠재적 손실과 연결됨 • 생태계의 잠재적 손실, 고유종 손실, 생 태계 유형의 혼화과 외래 침입 우 체의 증가되 지배력의 위험	• 산성화 및 온난화 같은 스트레스의 상호작용에 의한 식화결 유기체의 위험 증가
viii	육지온도 상승도, 폭염의 빈도와 강도 변화 (WG I AR5절 11.3.5; 절 4.3.4, 19.3.2.1, 22.4.5.6 및 27.3.2.1; FAQs 4.5 및 4.7; 박스 23-1 및 CC-WE)	• 육상 생태계로부터의 공급, 규제 및 문화적 서비 스의 손실로 인한 사회의 민감성 • 인간 시스템: 농업·생태 시스템 자연·생태 시스템 의 민감성 요소: (1) 해충과 질병, 화재, 산사태, 침 식, 홍수, 눈사태, 수질 및 지역 기후의 규제의 손실; (2) 식량, 섬유, 섬유 연료, 바이오 에너지 공급 의 손실; (3) 휴양, 관광, 미적 유산 가치 및 생물다 양성의 손실	[환경적 취약성]	• 생물다양성 감소와 중요한 생태계 서비스의 잠재적 손실, 고유종 손 실, 생태계의 유형의 혼화과 외래 침 입 유체의 증가된 지배력의 위험	• 사회-생태적 시스템과 이들에 의존하는 생태계 서비스 손실 간 상호작용

[범례] 🚶 사회적 취약성 📊 경제적 취약성 🌐 환경적 취약성 🏛 제도적 취약성 ☂ 노출

자료: IPCC(2014: 1070~1071).

(2) 한국의 기후변화 취약성 실태

한국의 기후변화 취약성 실태는 정부가 몇 차례 발표한 기후변화 평가보고서에서 찾을 수 있다.[2] 정부가 발간한 역대 한국의 기후변화 평가보고서 평가 범위, 그리고 한국 보고서의 흐름과 IPCC 제2실무그룹의 역대 보고서 흐름과의 연결성은 〈표 9-9〉를 통해 알 수 있다.

2011년 발간된 「한국 기후변화 평가보고서 2010」은 IPCC 보고서에서 제시하고 있는 절차에 따라 내용 구조를 벤치마킹하여 한국의 기후변화 취약성 실태를 체계적으로 정리한 최초의 보고서이다. 이 보고서에서는 그때까지의 국내외 주요 연구성과를 집대성하여 한국의 수자원, 생태계, 농업, 연안 및 해양, 산업, 보건의 6개 부문에 대한 기후변화 취약성을 정리했다. 하지만 당시 국내에서는 기후변화 취약성에 대한 연구가 많지 않았으며, 기후변화 영향평가에 관한 기초적인 연구와 비기후적 요인이 민감도에 영향을 미치는 제1세대 취약성 평가가 주로 진행되었다(환경부 국립환경과학원, 2011: 350).

2015년 발간된 「한국 기후변화 평가보고서 2014: 기후변화 영향 및 적응」에서는 기존의 6개 부문에서 수자원, 생태계, 산림, 농업, 해양 및 수산, 산업 및 에너지, 보건, 인간 정주공간 및 복지의 8개 부문으로 확대하여 취약성의 원인을 규명하는 차원에서 취약성을 평가했다. 두 번째로 발간된 이 보고서에서는 활발하게 진행된 취약성 평가와 관련된 국내 연구결과가 반영되었다. 수자원 부문에서 홍수, 가뭄을 중심으로 취약성을 평가하여 내린 결론은 집

---

2)   정부는 그동안 환경부 등 주관으로 「한국 기후변화 평가보고서 2010」(2011), 「한국 기후변화 평가보고서 2014」(2015), 「한국 기후변화 평가보고서 2020: 기후변화 영향 및 적응」(2020)을 발간했다. 2020년의 보고서에 따르면 한국 역대 평가보고서 리스트에는 2012년의 보고서도 포함되어 있다. '2014년 보고서'에 따르면 2010년과 2014년 사이에 보고서가 발간되었다는 언급이 없고, 다만 2012년부터 후속보고서 발간을 위한 작업을 시작했고, 그 결과로서 '2014년 보고서'가 발간되었다고 밝히고 있다.

<표 9-9> IPCC WG II 보고서 흐름(AR4, AR5, AR6) 및 한국 기후변화 평가보고서 2020의 범위

IPCC AR4	IPCC AR5	IPCC AR6	제1차 기후변화 평가보고서(2010)	제2차 기후변화 평가보고서(2012~)	제2차 기후변화 평가보고서(2014)	기후변화 평가보고서(2020)
3. Freshwater resources and their management	3: Freshwater resources	2. Terrestrial and freshwater ecosystems and their services	수자원	수자원	수자원	수자원
		4. Water				
6. Coastal systems and low-lying areas	5: Coastal systems and low-lying areas 6: Ocean systems	3. Ocean and coastal ecosystems and their services	해안 및 해양	해양 및 수산	해양 및 수산	해양 및 수산
4. Ecosystem, their properties, goods and services	4: Terrestrial and inland water systems	2. Terrestrial and freshwater ecosystems and their services	생태계	생태계	생태계	생태계
				산림	산림	산림
5. Food, fiber, and other ecosystem products	7: Food production systems and food security	5. Food, fiber, and other ecosystem products	농업	농업	농업	농업
7. Industry, settlement and society	10: Key economic sectors and services	-	산업 및 에너지	산업 및 에너지	산업 및 에너지	산업 및 에너지
	11. Human health	7. Health, Wellbing and the changing structure of communities	보건	보건	보건	보건
	8: Urban Areas 9: Rural Areas 12: Human security 13: Livelihoods and poverty	6. Cities, settlements and key infrastructure	-	도시 농촌 및 안전 복지	도시 농촌 및 안전 복지	도시 농촌 및 안전 복지
		8. Poverty, livelihoods and sustainable development 16. Key risks across sectors and regions 17. Decision-making options for managing risk 18. Climate resilient development pathways		적응 및 취약성	적응 전략	적응 계획 및 대책

자료: 환경부(2020: 5).

〈표 9-10〉 홍수 부문 산업단지별 기후변화 취약성

취약성이 낮은 산업단지 ←————————————————————→ 취약성이 높은 산업단지

1등급 산업단지	2등급 산업단지	3등급 산업단지	4등급 산업단지	5등급 산업단지
21. 석문국가	15. 반월특수시화	38. 포항국가	07. 군산2국가	20. 삼일자원비축
04. 구미국가	11. 대덕연구개발특구	08. 남동국가	26. 옥포국가	33. 지세포자원비축
36. 파주출판문화정보	42. 한국수출주안지구	40. 한국수출(부평지구)	13. 대죽자원비축	34. 진해국가
05. 구미하이테크밸리	28. 울산미포국가	25. 오송생명과학	06. 군산국가	23. 안정국가
10. 대구사이언스파크	27. 온산국가	16. 반월특수(안산)	12. 대불국가	14. 명지녹산
31. 장항국가	18. 북평국가	09. 달성2차일반	03. 광주첨단과학	32. 죽도국가
19. 빛그린	24. 여수국가		01. 고정국가	17. 보은
29. 월성전원	37. 파주탄현영세중기		22. 아산국가	02. 광양
	39. 포항블루밸리		30. 익산1국가	
	41. 한국수출(서울디지털)			
	35. 창원국가			

자료: 환경부(2020: 239) 재인용.

중강우 빈발 및 지표 유출량 증가, 강설 감소, 지하수 함양량 감소로 수자원 관리의 어려움 가중, 홍수량 증가로 낙동강 유역의 홍수 취약성 크게 증가, 가뭄의 발생 빈도 및 심도가 증가하는 지역에서 필연적으로 물 부족 발생, 특히 농업 및 수문학으로 영향을 미치는 심한 가뭄 또는 극심한 가뭄의 발생 빈도가 증가하는 것으로 전망했다(환경부 국립환경과학원, 2015: 60). 산림 부문에서는 취약성 구성 요소인 민감도, 노출 및 적응 능력별로 지표를 개발하여 취약성을 평가했고, 새롭게 추가된 인간 정주공간 및 복지 부문의 평가에서는 도시, 농촌, 복지 분야에서 나타나는 기후변화 취약성의 주요 원인도 제시했다(환경부 국립환경과학원, 2015: 108, 263~266).

2020년에 발간된 『한국 기후변화 평가보고서 2020: 기후변화 영향 및 적응』에서 가장 최근의 한국 기후변화 취약성 실태를 파악할 수 있다. 세 번째로 발간된 이 보고서는 두 번째 보고서와 동일하게 8개 부문에 대한 취약성의 주요 요인을 규명하는 차원에서 취약성을 평가했다. 이 보고서에서 분석한 취약성의 주요 요인에 대한 확인을 통해 한국의 부문별 기후변화 취약성 실태를 이해할 수 있으며 자세한 내용은 〈표 9-11〉과 같다.

〈표 9-11〉 한국 부문별 기후변화 취약성(주요 요인) 실태

부문	취약성(주요 요인)
수자원	• 홍수 취약성: 경기 북부·강원도 지역이 상대적으로 홍수 취약지역, 미래 확률 강우량 증가로 인해 홍수량 증가 및 침수지역 확대 • 가뭄 취약성: 미래 전망기간이 길어지고 겨울철일수록 가뭄 빈도와 규모 증가로 가뭄피해 증가 전망 • 물 공급: 남부 지방을 중심으로 점차 물 부족 심화 전망 • 지하수: 미래 지하수위 하강 증가
생태계	• 기온 상승으로 한대성 식물의 생물다양성 감소와 생태계 파괴에 지배적인 영향 가능성 • 해수면 상승으로 생태계의 구조 및 기능 변화, 해안 침식과 연안 침강으로 피해 발생, 생물종 다양성과 생태계 서비스에도 부정적인 영향
산림	• 산림 생장: 소나무, 낙엽송, 잣나무 등 침엽수림이 기후변화에 취약하여 생장 감소 전망, 특히 해안가 및 남부 저지대 지역에서 생장 취약성 높음 • 산림 분포: 아고산림이나 침엽수림은 취약성 증가, 아고산림과 냉온대림 분포 감소, 해안 지역 높은 취약성, 취약수종 잠재분포 가능면적 감소전망 • 탄소: 기온 상승으로 토양탄소 감소, 토양 유기물의 분해 및 호흡 촉진으로 산림탄소 순손실 발생 가능성 • 산림 재해: 산사태는 산의 경사 방향, 경사도, 토양 특성, 강우 강도, 식생 활력, 산림 관리, 토지 이용이 주요한 영향 요인. 산불은 평균기온 상승과 습도 감소 그리고 인간 활동이 주요 영향요인으로 산불 발생의 잠재적 위험성 증가 전망. 산림 병해충은 습도, 기온 등 기후 요인과 인구 규모 및 이동 등 인위적인 요인이 주요 요인으로 북상의 잠재적 위험성 증가 전망
농업	• 식량작물: 가뭄과 온도 상승(고온) 작물 생장에 주요 영향요인, 작물별 기후변화 영향 상이 • 원예작물: 착색기 고온의 과실 품질에 피해 영향 • 병해충: 기후변화는 식물 병해충의 발병력과 기주식물의 저항성에 모두 영향 • 잡초: 기후변화는 잡초의 생육과 발생 양상의 변화와 제초제의 방제 효과에 영향, 잡초 방제 효율성 감소 및 제초제 저항성 잡초의 발생과 확산 심화
해양 및 수산	• 연근해 어업(남해안): 근해 어업보다는 연안 어업의 취약성이 높음 • 양식업: 기후 노출에는 김, 미역 등 해조류(특히 서해안 지역)가 가장 취약, 민감도와 적응력 면에서 바지락과 멍게의 취약성 높음
산업 및 에너지	• 온난화 현상은 노동생산성을 저해하여 기업의 이윤과 해당 지역의 기반 산업에 영향 • 금융, 보건, 항공, 관광, 정유, 가스, 수송장비 산업이 높은 위험 수준에 처해 있지만 대비 정도가 상대적으로 낮은 기후변화 취약산업 분류 • 가스 산업은 국제시장수급 불안, 시설물 관리, 보호 및 안전, 에너지 수요 변화 등에 영향
보건	• 폭염 취약인구는 65세 이상 인구, 독거노인, 기초생활수급자, 장애인, 만성질환자 등임 • 홍수 취약지역은 서울, 강원도, 경상남도. 폭설 취약지역은 강원도, 충청북도, 전라북도, 경상남도. 해수면 상승 취약지역은 남해안(전남 진도군, 신안군 등)과 서해안(충남 태안군 등) 일대 • 기상재해 사망률은 중소도시 및 농어촌 지역, 특히 해안 지역 거주자의 취약성 매우 높음 • 노인, 아동, 기저질환자, 사회경제적 취약계층이 대기오염에 더욱 취약 • 기온 상승이 말라리아 뎅기열 발생 위험을 증가시키는 요인

인간 정주공간 및 복지	• 기후변화는 도시와 농어촌 지역 모두 취약 지역과 취약계층에 더 큰 피해 초래 • 취약 지역과 취약 시설에 거주하는 생물학적·사회경제적 취약계층은 기후변화 취약성이 상대적으로 크게 증가할 가능성 • 농촌 쇠퇴와 토지관리 미비는 기후변화에 매우 취약한 요인

자료: 환경부(2020) 각 부문 취약성의 주요 원인과 결론 부분 등을 참고하여 저자가 작성.

수자원 부문에서는 홍수, 가뭄, 물 공급, 지하수, 강설에 대해 취약성을 평가했다. 홍수, 가뭄, 물 공급 및 지하수 모든 측면에서 기후변화 취약성이 악화되는 것으로 전망되었다. 생태계 부문은 식물생태, 동물생태, 취약 생태계로 구분하여 취약성을 평가했다. 기온 상승으로 인한 한대성 식물 영향, 해수면 상승으로 인한 생태계 영향이 주요한 취약성으로 분석되었다. 산림 부문은 산림 생장, 산림 분포, 탄소, 산림 재해(산사태, 산불, 산림 병해충)에 대해 평가했다. 기온 상승과 강수량이 침엽수림, 취약 수종의 생장과 분포 그리고 산림 탄소에 미치는 영향, 생물물리학적 및 기후 요인과 인위적인 요인의 영향 등을 산림 재해 취약성의 주요 요인으로 제시했다.

농업 부문은 식량작물, 원예작물, 병해충, 잡초에 대해 평가했다. 가뭄, 기온 상승 등 기후변화는 식량작물과 원예작물의 식물 계절, 재배 적기와 적지, 생산성과 품질, 병해충 및 잡초 발생을 변화시키고 있으며, 향후 변화 추세를 가속화할 것으로 전망했다. 해양 및 수산 부문은 연근해 어업(남해안)과 양식업 등 수산 산업의 취약성을 평가했다. 양식업 분야에서 해조류의 주요 취약성은 기후 노출이 크거나 민간도가 높은 반면에 적응 능력이 낮은 데서 기인하는 것으로 나타났다.

산업 및 에너지 부문에서 산업 분야는 제조업, 교통, 식품·안전, 관광산업, 레저산업, 패션산업, 보험산업, 중소기업, 에너지 분야는 발전, 에너지 수요, 송배전에 대해 취약성을 평가했다. 온난화 현상은 노동생산성을 저해하여 기업의 이윤과 해당 지역의 기반 산업에도 영향을 줄 수 있다. 산업별로는 금융, 보건, 항공, 관광, 정유, 가스, 수송장비 산업이 높은 위험 수준에 처해 있지만 대비 정도가 상대적으로 낮은 기후변화 취약 산업으로 분류되었다. 에너지 분야에서 도시가스 산업의 기후변화 취약성 요인으로 태풍과 집중호우로 인한 시설물 관리에 미치는 영향, 그리고 한파 및 폭설로 인한 수급 변화, 안전 관리 부실, 시설물 파손, 관말압력 저하, 혹서로 인한 시설물 이격, 가스압력 상승, 에너지 수요 변화 등에 미치는 영향을 제시했다(환경부, 2020: 233).

보건 부문은 폭염, 기상재해, 대기 질, 알레르기, 감염병에 대해 평가했다. 폭염은 65세 이상 인구, 독거노인, 기초생활수급자, 장애인, 만성질환자 등이 민감 취약 인구집단으로 분류되었다. 기상재해에서 홍수는 기상요소가 가장 큰 영향 요소이며, 취약 지역은 서울, 강원도, 경상남도로 식별되었다. 폭설은 백두대간을 따라 강원도, 충청북도, 전라북도, 경상남도, 해수면 상승은 남해 안(전라남도 진도군, 신안군 등)과 서해안(충청남도 태안군 등) 일대가 각각 취약 지역에 속한다. 기상재해로 인한 사망률은 대도시보다 중소도시 및 농어촌 지역, 특히 해안 지역 거주자의 취약성이 매우 높으며, 사회경제적 지위가 낮은 사람들의 생활 방식이 더 취약한 것으로 나타났다. 대기 질은 노인, 아동, 기저질환자, 사회경제적 취약계층이 대기오염에 더욱 취약하며, 알레르기는 질환 발생이 증가 추세에 있다. 감염병은 기온과 밀접한 상관성이 있으며, 기온 상승이 말라리아 뎅기열 발생 위험을 증가시키는 요인으로 확인되었다.

인간 정주공간 및 복지 부문에서 도시, 농촌, 복지에 대해 평가했다. 기후 변화로 인해 도시와 농어촌 지역 모두 취약지역과 취약계층에 더 큰 피해 초래가 예상된다. 취약지역과 취약시설에 거주하는 생물학적·사회경제적 취약 계층은 기후변화 취약성이 상대적으로 크게 증가할 가능성이 있다. 농촌의 쇠퇴와 관리되지 않은 다수의 토지들은 기후변화에 매우 취약한 요인이 되고 있다.

2) 기후 불평등 실태

(1) 기후변화 취약성 특성과 기후 불평등

IPCC 제5차 보고서에서는 동학(dynamics), 격차(differential), 경향(trends)의 3가지 측면에서 기후변화 주요 취약성 특성을 분석했다(IPCC, 2014: 1066~1068).

첫째, 노출과 취약성의 동학. 전 세계적 또는 지역적 규모로 나타나고 있는 취약성을 결정하는 구조와 과정이 동적이며, 공간적으로 다양한 특성을 지니고 있다. 기후 위해에 대해 공동체 또는 사회-생태 시스템의 취약성과 노출이 동적 특성을 갖고 있기 때문에 사회, 경제, 인구, 문화, 환경, 거버넌스 등 요소의 변화와 이들이 받는 영향은 시공간에 걸쳐 다양하게 나타난다.

둘째, 취약성과 노출의 격차. 부, 교육, 인종, 종교, 성별, 연령, 계급, 장애, 건강 상태는 기후적 그리고 비(非)기후적 위해로부터 개인이나 사회의 노출과 취약성의 격차를 야기하는 요인으로 작용한다. 또한 취약성 격차는 유사하게 노출된 사람과 지역사회라도 피해, 손상, 손실과 복구 성과에 있어서는 서로 상이한 수준이라는 사실에서도 드러난다.

셋째, 노출과 취약성의 경향. 먼저 사회경제적 취약성 경향에서 다차원의 빈곤은 기후변화와 극한 현상에 대한 사회의 취약성을 결정하는 주요한 요소로 간주되고 있다. 또한 개인과 인구집단의 건강 상태는 기후 위해에 대한 대응과 적응을 제약하여 기후변화 취약성에 영향을 준다. 다음으로 환경적 취약성 경향에서 생태계 시스템 서비스와 기능은 기후변화에 취약하다. 생태계 시스템 서비스에 대한 기후변화의 부정적인 영향으로 인해 농촌인구와 같은 생태계 서비스에 의존하는 사람들의 위험이 증가한다. 마지막 제도적 위해성은 무엇보다도 거버넌스의 역할을 의미한다. 거버넌스는 기후변화와 극한 현상에 노출된 사회와 공동체 취약성과 적응 능력에 영향을 미치는 핵심 요소이다.

결국 기후변화 취약성은 인간 및 자연 시스템의 기후 노출, 민감도 및 적응 능력의 상호작용에 의해 결정되기 때문에 생물종, 지역, 인종, 부문, 계층, 세대에 따라 상이하다는 것이다. 또한 기후 위험은 기후 위해, 취약성, 노출 간의 상호작용에서 발생하기 때문에 기후 위해와 취약성의 차이에 따라 인간 및 자연 시스템에 미치는 기후 위험도 다르게 나타나게 된다.

기후변화 취약성 특성의 핵심은 다양한 기후적 및 비기후적 요소들과 사회 경제적 취약성들 간의 작용에 의해 매우 상이하게 나타난다는 것이다. 문제는 현실 세계에서 기후변화 취약성과 기후 위험과 피해가 특정한 지역, 국가, 지방, 계층, 세대, 부문에 상대적으로 집중되어 높게 나타난다는 데 있다. 앞서 살펴본 국내외 기후변화 취약성 실태와 같이 군소 도서와 저지대 지역, 저소득계층, 노인, 아동 등 사회경제적·생물학적으로 기후변화에 취약한 계층, 농수산업 등 자연자원 의존형 산업, 물, 에너지 등 인프라 미비 및 접근성 낙후 지역 등 취약성이 높고 적응 능력이 낮은 개인, 집단, 국가, 지역이 이에 해당한다.

이와 같은 기후변화 취약성의 실태는 바로 기후변화의 노출, 민감도 및 적응 능력이 개인, 집단 및 공간에 따라 불평등하게 나타나고 있다는 사실, 즉 기후 불평등(climate inequality)의 실상을 여실히 보여 준다.

(2) 기후변화 취약성 관련 기후 불평등 실태

IPCC(2022) 제6차 보고서(정책 결정자를 위한 요약)에 따르면 전 세계적으로 약 33억~36억 명이 기후변화에 매우 취약한 상태에서 기후 위험에 직면하여 살고 있다(IPCC, 2022: 11). 기후변화 취약성과 기후 위험이 지역 및 국가에 따라 상이하게 나타나면서 국제적인 기후 불평등을 초래한다.

동 보고서에서 발표한 위해, 노출, 취약성의 상호작용 과정에서 초래되는 기후변화 주요 위험의 지역별 사례는 〈표 9-12〉와 같다. 〈표 9-12〉는 모든 지

〈표 9-12〉 IPCC 제6차 보고서의 지역별 기후변화 주요위험 사례

지역	주요 위험

군소
도서지역
	• 육상, 해양 및 연안 생물다양성과 생태계 서비스 손실
	• 인명 및 자산의 손실, 정주 지역과 인프라의 파괴로 인한 식량안보에 대한 위험
	  및 경제적 혼란
	• 전통적인 농업 생태 시스템의 생물다양성 손실로 인한 어업, 농업, 관광업의 경
	  제적 쇠퇴와 생계 파산
	• 암초 및 암초가 아닌 섬의 거주 가능성 감소로 인한 변위(displacement) 증가
	• 거의 모든 군소 섬에서 물 안보에 대한 위험

북아메리카	• 증가하는 평균기온, 기상 및 기후 극한현상 그리고 복합 기후위험으로 인한 기
	  후에 민감한 정신건강 결과, 인간 사망률 및 이환율
	• 생물다양성, 기능 및 보호 서비스의 손실을 포함한 해양, 연안 및 육상 생태계
	  의 훼손 위험
	• 생태 시스템, 관개 농업 및 기타 사용을 위한 지표수 가용성 감소, 그리고 수질
	  악화의 결과와 결부된 담수자원 위험
	• 농업, 가축, 사냥, 어업, 양식업 생산성 및 접근성의 변화를 통한 식량 및 영양
	  안보에 대한 위험
	• 해수면 상승으로 인한 연안 도시, 정주 지역 및 인프라의 위험을 포함한 계단식
	  및 복합적인 기후 이해로 인한 웰빙, 생계 및 경제활동에 대한 위험

유럽	• 연안 및 내륙 홍수로 인한 사람, 경제 및 인프라에 대한 위험 • 기온 상승과 극심한 폭염으로 인한 사람의 스트레스와 사망 • 상호 연결된 다부문의 물 부족 • 복합 열과 건조 조건 및 극한 기상으로 인한 작물생산 손실
중앙 및 남아메리카	• 물 안보 위험 • 증가하는 전염병, 특히 매개체 감염 질병에 의한 심각한 건강영향 • 산호 백화로 인한 산호초 생태계 파괴 • 빈번하고 극심한 가뭄으로 인한 식량안보 위험 • 홍수, 산사태, 해수면 상승, 폭풍 해일, 연안 침식으로 인한 생명과 인프라 손실
호주	• 생물다양성과 생태계 서비스 가치와 연계된 열대 얕은 산호초의 훼손 • 해수면 상승으로 인한 저지대 연안 지역의 인간 및 자연 시스템 손실 • 농업 생산성 감소로 인한 생계 및 수입 영향 • 사람과 야생동물의 열 관련 사망률 및 이환율 증가 • 눈 감소로 인한 호주의 고산 생물다양성 손실

아시아	• 연안 도시, 특히 정주 지역의 홍수로 인한 사람의 웰빙과 복지와 관련된 도시
	  인프라 피해와 영향
	• 생물다양성 손실, 서식지 이주, 관련된 담수·육지·해양 생태계 전반에 걸쳐 인
	  간이 의존하는 시스템의 파괴
	• 해양 온난화 및 산성화, 해수면 상승, 해양 열파 및 자원 남획으로 인한 더 빈번
	  하고 광범위한 산호 백화 및 이에 따른 폐사
	• 해수면 상승으로 인한 연안 수산자원 감소, 일부 지역에서 강수량 감소하고 기
	  온 상승
	• 극한 기온, 강우량 변동성 및 가뭄 증가로 인한 식량과 물 안보 위험

아프리카	• 종의 멸종과 감소 혹은 담수·육지·해양 생태계와 그들 서비스의 돌이킬 수 없
	  는 손실
	• 식량안보 위험, 영양실조(미량 영양소 결핍) 위험, 농작물, 가축 및 어업의 식량
	  감소로 인한 생계 손실
	• 해양생태계 건강위험과 연안 지역사회 생계 위험

- 더위와 감염병(매개성 질병 및 설사 포함) 증가로 인한 사람 사망률 및 이환률 증가
- 경제적 생산량과 성장률 감소, 불평등 및 빈곤율 증가
- 가뭄과 더위로 인한 물과 에너지 안보위험 증가

자료: IPCC(2022: 17).

역이 기후변화 위험에 직면해 있으나 군소 도서지역, 연안 및 저지대 지역, 농업, 어업 등 자연자원에 의존하고 있는 지역, 생태적으로 열악한 건조 지역 또는 산악 지역이 집중적으로 주요 기후위험에 직면해 있다는 사실을 보여 준다. 이들 지역에 속한 국가는 기후 위험에 더욱 취약할 수밖에 없는 실정이다. 해수면 상승, 물 부족, 홍수 등 자연재해 빈발, 육상 및 해양 생태계 파괴, 감염병 확산, 농업 생산성 하락 및 식량 위기 등 기후 위험에 처한 국가들은 대부분 군소 도서, 중앙 및 남아메리카, 아시아, 아프리카 등 지역의 개발도상국 또는 최빈국 상태에 있는 국가들이기 때문이다. 지역 및 국가 사이에 존재하는 이러한 기후 불평등이 국제사회에서 제기되고 주목받는 이유이다.

한 국가 내에서 기후변화 취약성과 관련한 기후 불평등은 먼저 공간적으로 드러난다. 2020년 한국 기후변화 평가보고서에 따르면 호우 피해, 폭염에 대한 건강 취약성 등에서 공간적 불평등이 나타나고 있다. 〈그림 9-5〉와 같이 호우 피해의 빈도가 높고 피해가 많은 지역은 경기도 북부와 동부, 강원도 남동부 지역 등으로 나타났다.

기후 불평등은 또한 개인과 집단의 생물학적 조건과 사회경제적 지위와 결부되어 나타난다. 생물학적 및 사회경제적 취약계층이라고 할 수 있는 아동, 노년층, 여성, 원주민 등에서 기후 불평등은 두드러진다. 특히 〈그림 9-6〉과 같이 개도국 노년층은 신체적·경제적·사회적인 능력 부족으로 복합적인 피해를 입고 있다.

대표적인 사회경제적 취약계층인 저소득계층에서 나타나는 기후 불평등도 복합적이다. 추장민 외(2010)에 따르면, 〈그림 9-7〉과 같이 서울시 홍수로 인

〈그림 9-5〉 평균 호우피해 지역 구분(Zoning using Average Heavy Rain Damage)(왼쪽)
최대 호우피해 지역 구분(Zoning using Maximum Heavy Rain Damage)(오른쪽)

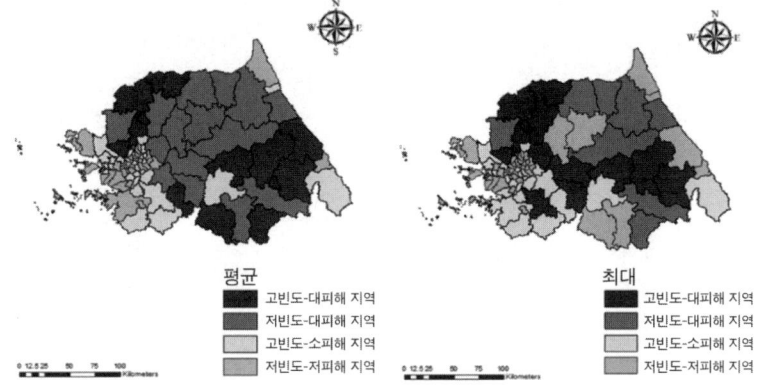

평균
■ 고빈도-대피해 지역
■ 저빈도-대피해 지역
□ 고빈도-소피해 지역
□ 저빈도-저피해 지역

최대
■ 고빈도-대피해 지역
■ 저빈도-대피해 지역
□ 고빈도-소피해 지역
□ 저빈도-저피해 지역

자료: 환경부(2020: 52) 재인용. 자료의 본문을 참고하여 저자가 번역·편집.

〈그림 9-6〉 기후변화로 인한 노년층의 피해

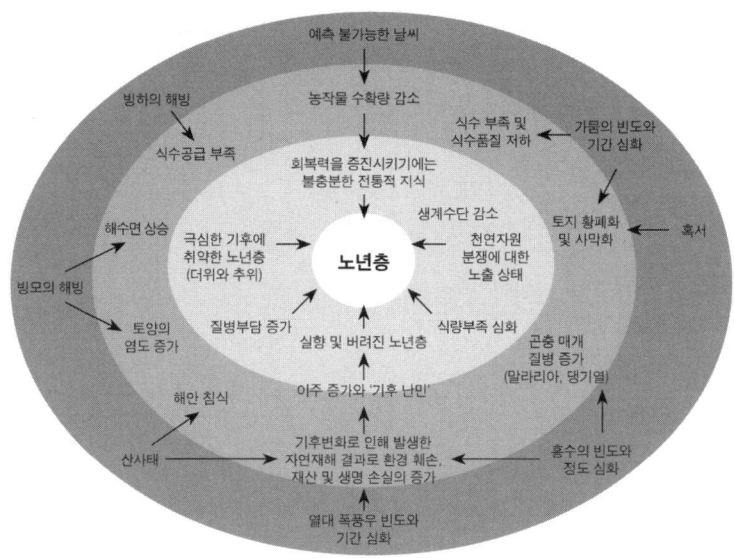

자료: 홍은경(2016: 81) 재인용.

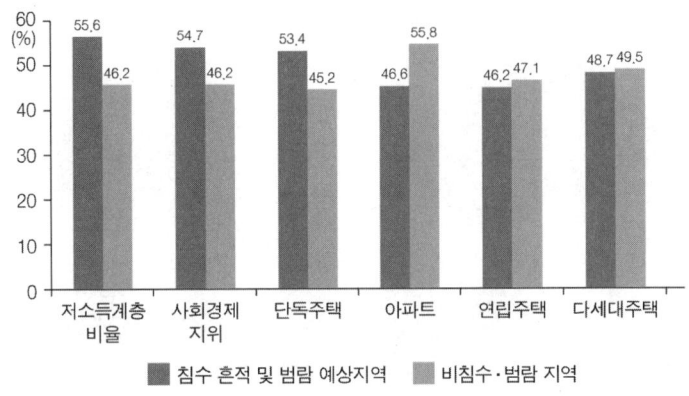

<그림 9-7> 서울시 침수 흔적 및 범람 예상지역과 비침수·범람 지역 저소득계층 및 주택 유형별 분포 비율

자료: 추장민 외(2010: 22).

한 침수 흔적이 있는 지역 및 범람 예상지역에 거주하는 동(洞)의 저소득계층 비율(55.6%)이 침수 흔적이 없는 지역 및 범람 예상지역이 아닌 지역의 비율 (46.2%)보다 상대적으로 높다. 또한 주택 유형에서 홍수에 상대적으로 취약할 수 있는 단독주택의 비율도 침수 흔적이 있는 지역 및 범람 예상지역이 상대적으로 높은(53.4%/45.2%) 반면 아파트는 상대적으로 낮다(46.6%/55.8%). 지역 및 주택 여건에서 저소득계층이 상대적으로 홍수로 인한 피해에 더 많이 노출되어 있는 것으로 해석할 수 있다.

폭염에 의한 건강피해도 사회·경제·환경 여건에 따른 기후 노출과 민감도 및 적응 능력의 차이로 초래되고 있는 대표적인 기후 불평등 사례이다. 채여라 외(2018)에 따르면 〈그림 9-8〉과 같이 지역, 연령, 소득, 직업에 따라 폭염으로 인한 온열질환 발생률에 차이가 있으며, 농촌, 고령층, 저소득계층, 야외 노동자에서 상대적으로 높게 나타난다.

기후 불평등은 기후변화에 대응하기 위한 에너지 사용 증가에 따른 부담에서도 나타난다. 〈표 9-13〉과 같이 낮은 분위에 속하는 저소득계층의 소득에

〈그림 9-8〉 지역별·연령별·소득별·직업군별 폭염의 온열질환 발생률 영향

• 2013~2015년 지역별 일 최고기온 및 폭염일수와 온열질환 발생률

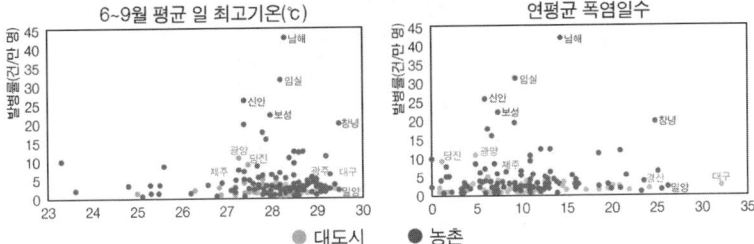

• 2013~2015년 연령대별 온열질환 발생률

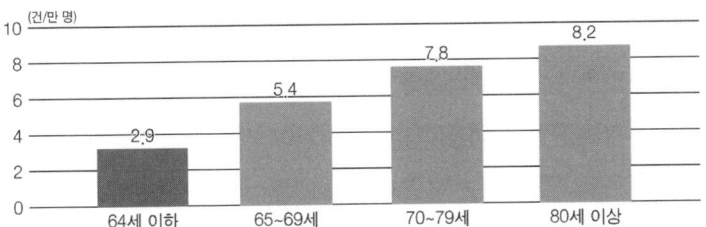

• 2013~2015년 소득별 온열질환 발생률

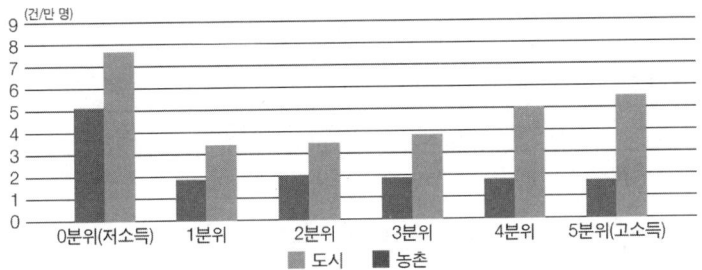

• 2002~2015년 직업군별 온열질환 발생률

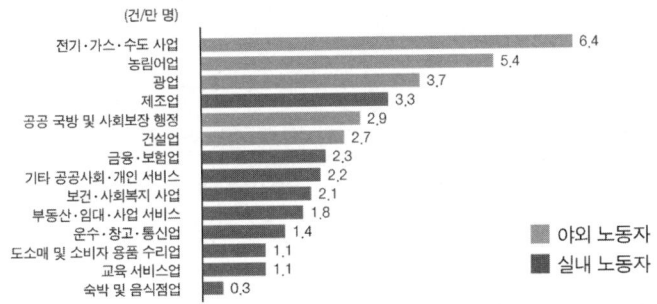

자료: 채여라 외(2018: 10~14) 자료의 〈그림 8〉, 〈그림 10〉, 〈그림 13〉, 〈그림 16〉의 제목을 저자가 각 그림 안으로 편집하여 작성.

〈표 9-13〉소득 분위별 연료비/소득 비율

(단위: %)

구분	2007	2008	2009	2010	2011	2012	2013	2014	2015	2016
1분위	9.6	10.3	10.5	10.9	11.0	10.8	10.7	9.4	7.9	8.0
2분위	5.6	5.9	5.8	6.2	6.0	6.0	5.8	5.1	4.7	4.6
3분위	4.4	4.7	4.7	4.8	4.5	4.6	4.5	4.2	3.8	3.5
4분위	3.8	3.9	3.9	4.0	4.0	3.9	3.9	3.6	3.3	3.0
5분위	3.4	3.5	3.5	3.6	3.6	3.6	3.4	3.1	2.8	2.7
6분위	3.2	3.1	3.2	3.3	3.2	3.1	3.1	2.9	2.7	2.3
7분위	2.7	2.7	2.8	3.0	2.9	2.8	2.8	2.5	2.3	2.2
8분위	2.5	2.5	2.5	2.7	2.6	2.5	2.5	2.3	2.1	1.9
9분위	2.1	2.1	2.1	2.4	2.2	2.2	2.2	2.0	1.9	1.6
10분위	1.6	1.6	1.7	1.8	1.7	1.7	1.7	1.5	1.4	1.3
전체 평균	2.9	2.9	3.0	3.2	3.1	3.0	3.0	2.7	2.5	2.3

자료: 박광수(2019: 26).

서 차지하는 연료비 부담이 높은 분위에 속하는 고소득계층보다 매우 높다. 이는 단위 열량당 상대적으로 고가인 등유를 더 많이 사용하고 있는 것과 관련이 있다. 기후변화로 인한 에너지 사용이 증가하면 저소득계층의 에너지 비용 부담이 점점 가중해질 것으로 예상된다. 기후변화 취약성의 주요 요소인 적응 능력의 격차로 인해 기후변화로 인한 비용 부담에서 기후 불평등으로 나타나고 있는 것이다.

한편 사회경제적 시스템에 존재하는 다차원적 불평등이 기후 불평등에 미치는 영향과 구조를 살펴볼 필요가 있다. IPCC(2014) 제5차 보고서에서는 다차원적 불평등에 의해 유발된 기후변화 및 기후변화 대응 과정의 영향과 위험, 즉 다차원적 취약성으로 인한 기후 불평등 사례를 다음과 같이 제시했다 (IPCC, 2014: 50). 첫째, 사회 특권계층은 기동성과 자원 및 권력에 대한 접근성이 용이해 기후변화 대응 전략에서 혜택을 받을 수 있으며, 이는 다른 계층에 손해를 입힐 수 있다. 둘째, 남성과 여성의 차별적 영향은 사회에서의 독특한

〈그림 9-9〉 교차적 불평등으로 인한 다차원적 취약성

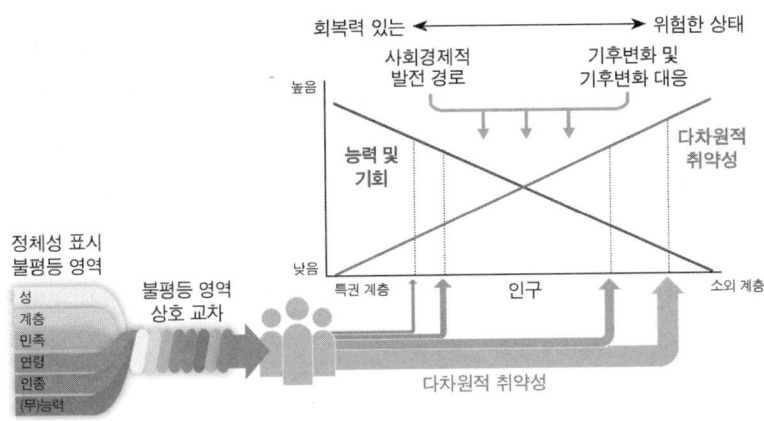

자료: IPCC(2014: 50) 저자가 자료를 번역·편집.

역할과 역할의 확대 혹은 제약에 따라 격차가 발생한다. 셋째, 기후 위험으로 부터 남성과 여성의 사망은 사회경제적 불이익, 직업 및 문화적 사명감에 의해 영향을 받는다. 넷째, 여성은 극한 기상현상이나 기후변화에 더 많은 심리적·감정적 스트레스를 받고 정신 건강 악영향에 시달린다. 다섯째, 어린이와 노인은 기동력이 부족하고 감염병 발병 가능성이 높으며 사회적 고립과 배제로 더 큰 위험에 직면해 있다. 여섯째, 도시 지역 이주자를 포함한 저소득계층은 열악하고 안전하지 못한 집단 주거시설, 부실한 인프라 그리고 건강보험과 응급 서비스, 재난방지 대책을 제공받지 못함으로써 큰 기후변화 위험에 노출되어 있다. 일곱째, 인종이나 민족적 차이로 인한 소외계층은 낮은 경제적 신분, 열악한 건강 상태, 대피 능력의 부족 등으로 폭염 피해가 가중된다. 여덟째, 자연자원에 의존하는 토착민과 유목민, 어부 등의 생계와 생활양식은 기후변화에 매우 민감한 영향을 받는다. 아홉째, 여성 가장 등 토지와 노동 접근성에서 불리한 집단은 기후변화 대응 사업의 혜택을 덜 받는 경향이 있다.

이러한 기후 불평등의 원인과 그 책임에 있어서 기후 부정의(climate injustice)의 문제가 제기된다. 왜냐하면 만약 특정 개인, 집단, 국가 및 지역이 기후변화 취약성과 기후 위험이 높지만 기후변화 취약성과 기후 위험의 악화에 책임이 작거나 없을 경우에는 그들은 기후변화의 원인과 책임에 있어서 부정의한 상태에 놓여 있기 때문이다. 즉, 온실가스 배출량은 적지만 기후변화로 인한 피해를 더 많이 받고, 그로 인한 비용 부담도 더 많이 지출한다면 이는 부정의한 상황이 아닐 수 없는 것이다. 정의론적 관점에서 접근하여 기후 불평등과 기후 부정의의 원인을 분석하고 기후변화 대응을 위한 정책 방안을 모색하는 이유가 여기에 있다.

3. 기후정의 이론과 관련 정책 현황

1) 기후정의 이론

(1) 환경정의 이론: 기후정의 이론의 기원

① 환경정의 개념

기후변화를 포함한 광의의 환경 분야에 발생하는 부정의에 대해 정의론적 관점에서의 접근은 역사적으로 미국에서 '환경 정의(environmental justice)' 개념이 대두되면서 시작되었다. 1980년대 미국에서 사회경제적 지위가 낮은 유색인종의 거주 지역에 상대적으로 더 많이 설치된 유해 폐기물 매립장 등 환경 유해시설에 반대하는 지역사회 시민운동이 전개되면서 환경정의 이슈가 부각된 것이다.

환경 정의에 대한 개념 정의는 환경 불평등, 즉 환경 부정의 발생 구조의 이해로부터 출발해야 한다. 환경 부정의 발생의 구조적 원인은 크게 사회적

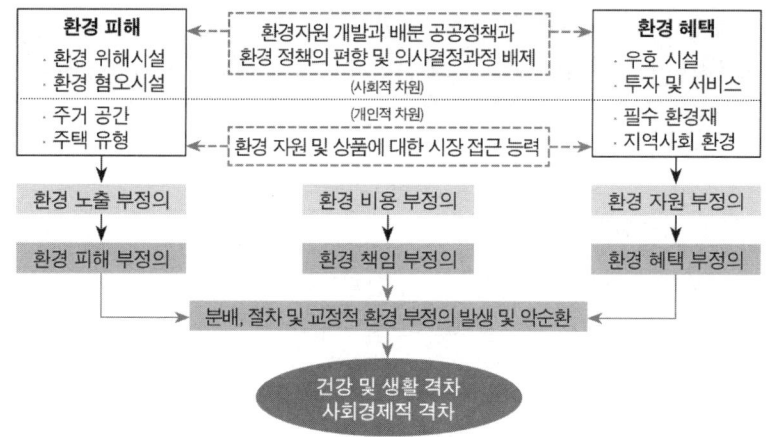

<그림 9-10> 환경 부정의 발생 구조

자료: 추장민 외(2007: 10) 자료를 수정·보완하여 저자가 작성.

차원과 개인적 차원으로 나뉜다. 사회적 차원에서는 환경자원의 개발과 배분에 관한 개발 정책과 환경 정책의 편향성과 의사결정 과정에서 특정 계층, 지역 및 세대에 대한 배제로 인해 발생한다. 개인적 차원에서는 환경 자원과 상품 시장에 대한 접근 능력의 격차로 인해 발생한다. 이로 인해 환경 피해, 환경 책임 및 환경 혜택의 영역에서 분배, 절차 및 교정적 환경 부정의가 발생하고 악순환하게 된다. 이러한 환경 부정의는 사회·경제 시스템에서 건강과 생활의 격차, 사회경제적 격차로 이어지는 구조를 갖고 있다.

위와 같이 환경 정의는 다양한 분야와 영역을 포괄하고 있어서 환경 정의의 주체와 대상, 범위와 내용 그리고 정책 영역과 지향점에 따라 다르게 정의될 수 있다. 그 결과 환경 정의는 환경 공정성, 환경 형평성, 환경 평등, 환경 복지, 생태 정의 등 유사한 개념들과 혼재되어 사용되기도 한다. 현재 한국에서 환경 정의의 개념은 환경정책 기본의 제2조 2항에 법적으로 정의되어 있다. 법 조항에 따르면 환경 정의란 "환경 관련 법령이나 조례·규칙을 제정·개정하거나 정책을 수립·시행할 때 모든 사람에게 실질적인 참여를 보장하고, 환경에 관한 정보에 접근하도록 하며, 환경적 혜택과 부담을 공평하게 나누고, 환경오염 또는 환경 훼손으로 인한 피해에 대해 공정한 구제를 보장"하는 것이다.

　② 환경정의 3대 분야

　환경정의 개념에 대한 법적 정의를 살펴보면 아래와 같이 분배적 환경 정의, 절차적 환경 정의, 교정적 환경 정의 3대 분야로 구성되어 있음을 알 수 있다(환경부, 2019: 6~7).

　분배적 환경 정의는 환경적 혜택과 부담을 공평하게 배분하는 것이다. 여기에서 환경적 혜택은 쾌적하고 건강한 환경 질, 상하수도, 에너지, 폐기물, 환경 인프라 등 환경 서비스의 혜택을 의미하며, 환경적 부담은 환경오염·유해 시설·유해 물질의 영향, 기후변화 영향, 신기술 등 환경 위험의 영향, 환경과 관련한 세금 및 부담금 등을 포함한다. 또한 공평한 배분은 첫째, 현세대에서 특정 지역이나 인구집단에게 혜택이 부족하거나 부담이 가중되지 않도록 하는 것, 둘째, 현세대에서의 혜택이 미래 세대에게 계승되도록 하고, 현세대의 부담을 미대 세대에 전가하거나 가중되지 않도록 하는 것, 개발로 인한 환경적 부담이 가중되는 인구집단과 개발의 편익을 향유하는 인구집단의 불평등한 분배를 해소하도록 하는 것을 의미한다.

　절차적 환경 정의는 모든 사람에게 실질적인 참여, 환경에 관한 정보 접근을 보장하는 것이다. 여기에서 실질적인 참여 보장은 첫째, 개발 계획 및 사업 등에 대한 의사 결정에 참여 기회를 보장하는 것, 둘째, 개진된 의견이 관련 의사 결정에 실질적으로 반영되고 충분히 고려되는 시스템을 운영하는 것, 셋째, 시민의 참여를 촉진하는 지원 대책을 시행하는 것, 이는 시민의 참여를 보장하는 법적 기반과 제도를 도입하는 것을 의미한다. 환경에 관한 정보 접근 보장은 환경 정보의 적절한 생산, 환경 정보의 효용성 확보, 환경 정보의 접근성 제고, 정보 취약 인구집단을 고려한 정보 제공, 정보공개 범위 및 대상 확대 등을 포함한다.

교정적 환경 정의는 환경오염 또는 환경 훼손의 피해에 대해 공정하게 구제하는 것이다. 여기서 공정한 구제는 환경오염 또는 환경 훼손의 원인 제공자에 대한 책임 강화, 개발로 인한 공공 환경재 훼손에 대한 복원 또는 정당한 보상, 환경·건강 피해에 대한 신속하고 공정한 구제 및 인과관계 입증 책임을 피해자에서 원인 제공자로 전환하는 것 등을 포함한다.

(2) 기후정의 개념, 분야 및 주요 내용

① 기후정의 개념

환경 정의와 마찬가지로 기후 정의에 대한 개념 정의는 기후 불평등, 즉 기후 부정의 발생 구조에 대한 이해가 필요하다. 사회경제적 시스템에 존재하는 불평등과 연계하여 기후변화 취약성, 기후 위험에 나타나고 있는 기후 불평등의 구조적 원인을 파악할 필요가 있는 것이다. 〈그림 9-11〉은 다차원적 불평등이 기후 위해에 대한 취약계층의 노출과 취약성을 악화시키고 이는 결과적으로 취약계층은 기후 위해로 인해 자산과 소득에서 여타 계층과 비교해 불균형적인 손실을 입게 되는 기후 부정의 발생의 악순환 구조를 보여 준다.

국제사회에서 기후정의 이슈는 2002년 미국의 곡물 감시(Corp Watch) 등 각국의 사회정의 및 환경 정의 시민단체 대표들이 '발리 기후정의 원칙(Bali Principles of Climate Justice)'을 선언하면서 조직적인 공론화가 시작되었다고 볼 수 있다. 이 원칙은 1991년에 발표된 환경정의 17개 원칙을 원용한 것으로 총 27개로 구성되어 있으며 기후변화 완화와 적응, 기후변화 책임, 저소득계층, 여성, 농촌 및 원주민들의 권리 및 보호, 개인과 지역사회의 권리 등에 관

〈그림 9-11〉 기후 부정의 발생의 기후변화-불평등 악순환 구조

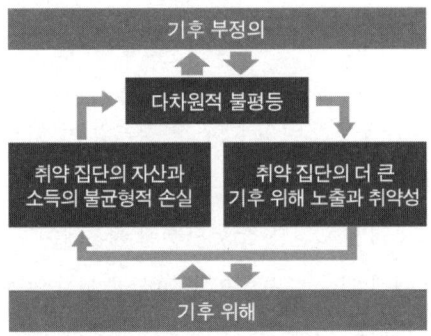

자료: UN/DESA(2016) 자료를 바탕으로 저자가 수정하여 작성.

한 10대 기후정의 원칙을 제시했다.[3] 또한 2009년 허리케인 카타리나의 피해에 직면하여 미국의 기후변화에 대한 환경 정의 리더십 포럼(environmental Justice Leadership form on Climate Change)에서도 기후정의 원칙을 제시했다.[4] 기후 정의가 국제사회에서 정책적·규범적 개념으로 채택된 것은 2015년에 채택된 기후변화 파리협정으로, 기후변화협약 당사국들은 "기후변화에 대응하는 행동을 취할 때 '기후정의' 개념의 중요성을 주목한다"는 구절을 포함시켰다(UN, 2015).

이러한 기후정의 원칙이 수립된 배경으로부터 환경 정의의 이론적 바탕을 토대로 기후정의 개념과 범위가 정립되었다고 유추할 수 있다. 관련 자료에 따르면 기후 정의는 "기후변화의 이익과 부담 및 기후변화에 대처할 책임의 정당한 분할, 공정한 공유, 공평한 분배를 다루는 개념"으로 이해되고 있다.[5]

3)   Energy Justice Network, "Bali Principles of Climate Justice."(29 August 2002) http://www.ejnet.org/ej/bali.pdf(검색일: 2022.6.22)

4)   Energy Justice Network, "Environmental Justice Leadership Forum on Climate Change: Principles of Climate Justice." http://www.ejnet.org/ej/bali.pdf(검색일: 2022.6.22)

현재 한국에서는 환경정의 개념과 마찬가지로 기후정의 개념이 법률에 정의되어 있다. 2021년 제정된 「기후위기 대응을 위한 탄소중립·녹색성장 기본법」의 총론에 "'기후 정의'란 기후변화를 야기하는 온실가스 배출에 대한 사회계층별 책임이 다름을 인정하고 기후위기를 극복하는 과정에서 모든 이해 당사자들이 의사결정 과정에 동등하고 실질적으로 참여하여 기후변화의 책임에 따라 탄소중립사회로의 이행 부담과 녹색성장의 이익을 공정하게 나누고 사회적·경제적 및 세대 간의 평등을 보장하는 것을 말한다"(환경부, 2022: 11)라고 규정했다.

이처럼 기후정의 개념은 환경 정의와 유사하게 앞부분에 책임의 차별성을 강조하는 교정적 정의, 동등하고 실질적 참여를 보장하는 절차적 정의 그리고 부담과 이익의 공정한 배분을 통한 이해 당사자 간 평등을 추구하는 분배적 정의로 구성되어 있다.[6) 다만 환경정의 개념과의 차이점은 현세대뿐만 아니라 현세대와 미래 세대 간의 정의를 고려하여 '세대 간 평등'을 명시적으로 포함하고 있다는 점이다.

② 기후정의 분야 및 주요 내용

기후변화에 관한 환경 정의 리더십 포럼에서 제시한 10대 기후정의 원칙을 살펴보면 기후정의 3대 분야의 주요 내용을 가늠할 수 있다.[7) 10대 원칙은 주

---

5) Wikipedia, "Climate Justice." https://en.wikipedia.org/wiki/Climate_justice(검색일: 2022.6. 22)

6) 연구자에 따라서는 기후변화 및 대응 정책의 특성을 고려하여 기후 정의를 책임의 공평한 분담과 기후 취약계층의 우선적 배려(분배적 정의), 온실가스 배출 최소화를 위한 생산구조의 변경(생산적 정의), 국민의 참여와 의견 반영(절차적 정의), 생태계와 지구적 차원을 고려(인정적 정의)하는 4가지 정의로 구성하여 개념을 정의하는 경우도 있다(한상운 외, 2019: 23).

7) Energy Justice Network, "Environmental Justice Leadership Forum on Climate Change: Principles of Climate Justice." http://www.ejnet.org/ej/bali.pdf(검색일: 2022.6.22)

로 분배적 정의에 관한 내용을 포함하고 있으며, 절차적 정의와 교정적 정의에 관한 내용도 일부 포함되어 있다.

- 투명하고 수익을 창출하며 모든 사람이 쉽게 이해할 수 있는 메커니즘을 통해 탄소 감축을 통한 탄소제로경제 구축(분배적 정의).
- 기후변화의 환경, 건강 및 사회적 영향으로부터 인종, 성별, 국적 또는 사회경제적 지위에 관계없이 모든 미국 국민과 그들의 지역사회 동등 보호 및 기후변화 대책의 인권 또는 환경권리 침해 방지(분배적 정의 및 교정적 정의).
- 탄소감축 전략의 공중보건 부정적 영향 및 지역사회 건강격차 악화 방지(신규 오염원 방지, 취약 지역의 기존 오염원 제거, 유색인종, 원주민 및 저소득 지역사회 및 주변 지역 온실가스 등 오염물질 감축전략 수립 등)(분배적 정의 및 교정적 정의).
- 기후변화와 부정적인 영향을 초래한 책임자들의 기후변화로 인한 경제, 사회 및 환경 위기 대응비용 부담 요구(에너지 사용 전체 과정의 환경, 건강, 사회 및 경제적 비용 포함)(교정적 정의).
- 화석연료 경제에서 친환경적이고 깨끗한 재생 에너지 경제로의 전환을 위해 법적으로 관련 자원이 지원되는 국가목표 개발(분배적 정의).
- 탄소감축 전략으로 창출된 수익을 녹색 청정 재생 에너지 전환의 촉매제로서 지원(분배적 정의).
- 모든 미국인, 특히 유색인종, 원주민 및 저소득 미국인이 정의로운 전환 경험 및 삶의 질 향상을 위한 인력 개발 프로그램 추진으로 녹색경제의 생성 및 운영 참여기회 창출(분배적 정의).
- 오염 물질을 배출하는 화석연료 경제에서 친환경 청정 경제로 전환함으로써 저소득, 유색인종, 토착민 및 중산층 취약계층에게 경제·사회적 안전망 제공(분배적 정의).

- 녹색경제를 통해 재교육 대상자들과 불완전 고용, 실업자 및/또는 노동조합에서 배제된 사람들에게 충분한 일자리 기회 보장(분배적 정의).
- 현재와 미래에 기후변화 불균형적인 영향에 있는 유색인종, 원주민 및 저소득 지역사회에 정책 결정과정에 참여할 수 있는 양도할 수 없는 권리 보장(절차적 정의).

IPCC(2022) 제6차 보고서(정책 결정자를 위한 요약)에 따르면 다음과 같이 3가지 원칙으로 기후정의 분야를 구분했다(IPCC, 2022: 5). 첫째, 분배적 정의는 개인, 국가 및 세대 간 부담과 이익의 배분을 의미한다. 둘째, 절차적 정의는 의사결정 과정에서 누가 참여하고 결정하는지를 의미한다. 셋째, 인정은 다양한 문화와 관점에 대한 기본적인 존중과 강력한 참여, 그리고 공정한 배려를 수반한다.

2) 기후정의 관련 정책

(1) 기후정의 관련 국내 정책

① 분배적 정의 관련 정책

분배적 정의와 관련한 정책 가운데 대표적인 것은 「기후위기 대응을 위한 탄소중립·녹색성장 기본법」의 관련 규정이다. 동 법률에 따르면 기본 원칙(제3조)에 "기후위기로 인한 책임과 이익이 사회 전체에 균형 있게 분배되도록 하는 기후 정의를 추구함으로써 기후위기와 사회적 불평등을 동시에 극복하고, 탄소중립사회로의 이행 과정에서 피해를 입을 수 있는 취약한 계층·부문·지역을 보호하는 정의로운 전환을 실현한다"고 규정했다(환경부, 2022: 13). 또한 제7장 정의로운 전환에서 기후위기 사회 안전망의 마련(제47조), 정의로운 전환 특별지구의 지정 등(제48조)에도 분배적 정의에 관한 규정이 명시되었다.

기후변화에 대응하기 위한 국가 전략과 계획 및 사업에서도 분배적 정의와 관련된 정책을 찾아볼 수 있다. 2020년에 수립된 '「2050 탄소중립」 추진전략'의 3대 정책방향 중 하나로 탄소중립사회로의 공정 전환이 채택되었고, 취약 산업·계층 보호 및 신산업 체계로의 편입 지원, 지역 중심의 탄소중립 실현 등이 10대 과제로 포함되었다(관계부처 합동, 2020).

제3차 국가 기후변화 적응대책(2021~2025)에서 추진되고 있는 분배적 정의와 관련된 정책으로는 상습 침수지역에 대한 지역 맞춤형 홍수대응 강화, 가뭄취약지도 구축 등 가뭄 취약지역에 대한 가뭄 대응력 제고, 급경사지 붕괴위험지역 관리 및 풍수해 생활권 종합정비사업 추진 등 지역 맞춤형 재해예방 확대, 기후변화 취약계층 건강 안전망 구축 등 기후변화 취약계층 건강 보호, 폭염·한파 등 극한 기상현상 대비 취약대상 관리기반 강화를 통한 기후변화 취약계층 중점보호 강화 등이 있다(관계부처 합동, 2021).

또한 에너지 취약계층을 지원하는 에너지바우처제도, 저소득계층 에너지 효율 사업, 전기요금 복지할인제도 등을 추진하고 있다. 구체적으로 2015년부터 에너지 취약계층에게 난방 에너지(전기, 도시가스, 지역 난방, 연탄, 등유, 프로판 가스) 구입을 지원하고 있으며, 한국에너지재단을 중심으로 2007년부터 저소득계층의 주택 개량을 통해 에너지 효율을 제고하여 에너지를 절감하는 사업을 진행하고 있다(환경부, 2019: 13). 그리고 국민기초생활보장법의 제8조에 따라 최저 생계비 생계 급여 중 광열비를 지급하고, 국민기초생활보장수급자, 장애인 등 사회적 배려계층에게 전기 요금을 할인하여 요금 부담을 경감하는 정책을 추진 중이다(환경부, 2019: 13).

② 절차적 정의 관련 정책

절차적 정의와 관련한 대표적인 정책도 「기후위기 대응을 위한 탄소중립·녹색성장 기본법」의 규정에서 찾을 수 있다. 탄소중립과 녹색성장 추진의 기본 원칙(제3조) 중 하나로서 "탄소중립사회로의 이행과 녹색성장의 추진 과정에서 모든 국민의 민주적 참여를 보장한다"라고 명시했다(환경부, 2022: 14). 또한 "국가와 지방자치단체는 국민과 사업자에게 관련 정보를 투명하게 제공하며, 이들이 의사결정 과정에 적극 참여하고 협력할 수 있도록 보장하여야 한다"고 국가와 지방자치단체의 책무를 규정했다. 특히 제7장 정의로운 전환의 제51조(국민참여 보장을 위한 지원)에서는 기본 원칙과 책무에서 규정한 절차적 정의의 실현을 위해 행정적·재정적 지원을 할 수 있도록 했다(환경부, 2022: 87). 그리고 '「2050 탄소중립」 추진전략'에서는 탄소중립 실현을 위해 시민사회, 산업계 중소기업 등의 참여를 촉진하고, 탄소중립을 추진하는 전 과정에서 양방향(top-down & bottom-up) 소통을 강화하는 과제를 채택하여 추진 중이다(관계부처 합동, 2020).

③ 교정적 정의 관련 정책

「기후위기 대응을 위한 탄소중립·녹색성장 기본법」은 한국 기후정의 관련 정책의 방향과 내용을 대부분 포괄한다. 교정적 정의 분야에서도 마찬가지다. 그런데 동법에는 교정적 정의에 관련된 내용이 상대적으로 많다. 이는 기후변화의 역사적 책임이 개인, 지역, 국가 간 서로 상이하고 원인과 피해의 당사자가 서로 불일치하다는 것 그리고 미래 세대와도 관련되어 있기 때문으로 보인다. 특히 기본 원칙(제3조)에 "미래 세대의 생존을 보장하기 위해 현재 세대가 져야 할 책임이라는 세대 간 형평성의 원칙과 지속가능발전의 원칙에 입각한다"(제1항), "환경오염이나 온실가스 배출로 인해 경제적 비용이 재화 또는 서비스의 시장가격으로 합리적으로 반영되도록 조세 체계와 금융 체계

등을 개편하여 오염자 부담의 원칙이 구현되도록 노력한다"(제5항), "기후위기가 인류 공동의 문제라는 인식 아래 지구 평균기온 상승을 산업화 이전 대비 최대 1.5℃로 제한하기 위한 국제사회의 노력에 적극 동참하고, 개발도상국의 환경과 사회정의를 저해하지 아니하며, 기후위기 대응을 지원하기 위한 협력을 강화한다"(제8항)고 규정했다(환경부, 2022: 13~14).

(2) 기후정의 관련 국외 정책

① 분배적 정의 관련 정책

국제사회에서 기후 정의의 분배적 정의와 관련한 정책은 우선 2015년 체결된 '기후변화 파리협정'에서 찾을 수 있다. 협정 당사국들이 동 협약의 전문과 관련 조항에서 채택한 "상이한 국내 여건에 비추어 형평"의 원칙을 적용하기로 한 것은 국가를 포함한 국제사회의 주요 이해 당사자들이 준수해야 할 분배적 정의와 관련된 규범에 해당한다(법제처 국가법령정보센터, 2016.11.10). 또한 동 협정에는 기후변화의 부정적 영향에 특별히 취약한 개도국에 대한 인식, 최빈국에 대한 자금 제공과 기술 이전에 대한 충분한 고려, 형평에 기초한 기후변화 대응과 지속가능발전 및 빈곤 퇴치를 위한 노력, 양성평등, 여성역량 강화, 세대 간 형평, 인권, 보건에 대한 권리, 원주민·지역공동체·이주민·아동·장애인·취약계층의 권리 및 발전권에 대한 각자 의무존중 등 분배적 정의를 추구하는 규정을 담았다(법제처 국가법령정보센터, 2016.11.10).

국외에서 실제 추진되고 있는 분배적 정의와 관련된 포괄적인 정책은 유럽에서 시행 중인 '유럽 그린딜(European Green Deal)'이다. 2019년에 발표된 '유럽 그린딜'의 분배적 정의와 관련된 정책은 공정전환체계(JTM: Just Transition Mechanism)이다(European Commission, 2019: 16). 유럽은 공정전환기금을 마련하여 유럽연합(EU) 회원국 및 산업 간 상이한 기술개발 여건을 감안하여 공정

〈그림 9-12〉 유럽 그린딜 정책 개요

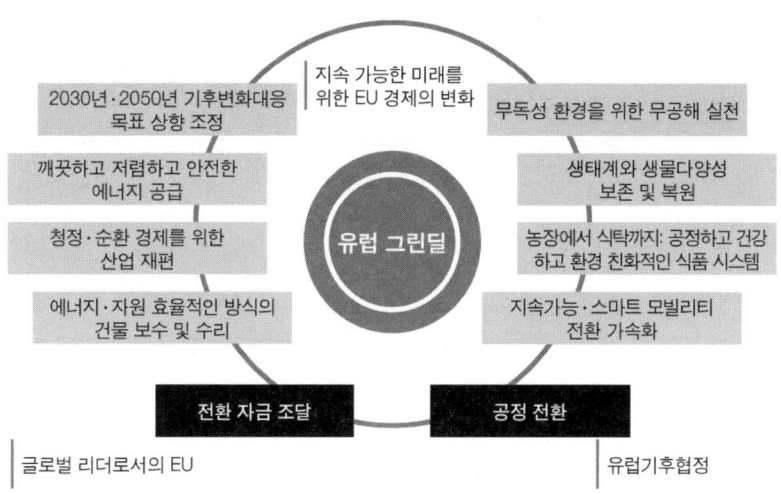

지속 가능한 미래를 위한 EU 경제의 변화

2030년·2050년 기후변화대응 목표 상향 조정

무독성 환경을 위한 무공해 실천

깨끗하고 저렴하고 안전한 에너지 공급

생태계와 생물다양성 보존 및 복원

청정·순환 경제를 위한 산업 재편

농장에서 식탁까지: 공정하고 건강하고 환경 친화적인 식품 시스템

에너지·자원 효율적인 방식의 건물 보수 및 수리

지속가능·스마트 모빌리티 전환 가속화

유럽 그린딜

전환 자금 조달

공정 전환

글로벌 리더로서의 EU

유럽기후협정

자료: KOTRA(2020: 3) 재인용.

한 전환을 위해 탄소중립 전환 과정에서 영향을 받게 될 지역과 산업을 지원하는 공정한 전환 체계를 마련한 것이다.

또한 많은 국가들이 기후변화 적응 정책의 일환으로 추진하고 있는 폭염, 혹한, 풍수해 등 극한 기후와 에너지 빈곤으로부터 취약계층을 보호하는 정책도 분배적 정의와 관련된 정책에 속한다. 폭염의 예를 들면, 미국·프랑스·영국·캐나다·호주 등 국가들은 2003년 유럽의 폭염으로 대규모 사망자가 발생하자 폭염 경보시스템 체계 구축 및 단계별 대책 추진, 폭염 취약계층 선정 및 특별대책 시행 등 정책을 추진해 왔다(추장민, 2010: 98~103). 취약계층의 에너지 빈곤에 대한 지원 정책으로는 미국의 '저소득 가정 에너지 지원 사업(LIHEAP: Low Income Home Energy Assistance Program)'과 '주택 에너지 효율 개선 사업(WAP: Weatherzation Asssistance Program)', 영국의 '에너지 빈곤 전략(The Fuel Poverty Strategy)' 등이 대표적이다(환경부, 2017: 89, 2019: 42~43).

② 절차적 정의 관련 정책

절차적 정의와 관련해 국제사회의 대표적인 정책도 기후변화 대응의 국제적 규범인 '기후변화 파리협정'의 관련 조항에서 찾을 수 있다. 분배적 정의에 관한 규정과 유사하게 동 협정 전문에 협정에서 다루어지는 문제에 대한 교육, 훈련, 공중의 인식, 공중의 참여, 공중의 정보 접근의 중요성과 기후변화 대응에 있어서 각국의 정부 조직과 다양한 행위자의 참여 중요성을 명시했다(법제처 국가법령정보센터, 2016.11.10). 특히 협정의 제13조에 당사국의 상호 신뢰와 확신을 구축하고 효과적인 이행을 촉진하며 행동 및 지원을 위해 투명성 프레임워크(transparency framework)를 설치했다. 기후변화 대응에 있어서 절차적 정의의 중요성이 동 협정을 통해서 강조된 것으로 평가된다. '유럽 그린딜'에서도 공중과 모든 이해 당사자의 참여와 의지를 '유럽 그린딜' 성공의 관건적 요소로 인식하고, 유럽기후법(European Climate Pact) 제정 절차에 공중의 참여를 명시하는 등 절차적 정의와 관련한 정책을 구체화했다(European Commission, 2019: 22~23).

③ 교정적 정의 관련 정책

국제사회에서 기후변화를 초래한 책임을 둘러싼 공방은 가장 뜨거운 논란 사안이다. 소위 오염자 부담 원칙을 어떻게 적용해 기후변화를 초래한 원인자에게 책임을 부담하게 할 것인지가 기후변화의 교정적 정의를 실현하는 핵심 이슈이기 때문이다. 국제사회에서는 교정적 정의와 관련된 정책으로 여전히 기후변화 파리협정이 중요한 역할을 하고 있다. 기후변화 파리협정에서 적용하고 있는 공통적이지만 국가별로 서로 상이한 책임을 지는 원칙이 바로 기후변화 책임의 경중에 따라 국가별로 상이한 책임을 부담하게 함으로써 기후변화 책임에 대한 교정적 정의를 구현하는 정책에 해당한다. 국제사회에서는 국가별 책임을 형량하는 기준과 방법, 즉 교정적 정의의 실현 방법을 둘러싸고 완전한 합의를 이루지 못하고 있으며, 앞으로도 논쟁이 계속될 것으로 보인다.

그런데 국제사회에서는 이미 교정적 정의를 실현하기 위한 실질적 정책이 도입되고 있다. 현재 유럽 주도로 추진되고 있는 탄소국경조정제도(CBAM: Carbon Border Ajustments Mechanism)가 대표적인 교정적 정의와 관련된 주요한 정책 사례이다. CBAM은 탄소감축 노력으로 국내 산업이 부담하게 될 비용만큼 수출입 과정에서 수입품에 상응한 비용을 부과하겠다는 제도이다(European Commission, 2019: 5). 기후변화를 초래한 책임에 대한 정당한 책임을 부과한다는 점에서 교정적 정의와 맥락이 닿아 있는 정책인 것이다. 즉, 유럽 입장에서 이 제도는 기후변화의 책임을 부담하는 데 있어 교정적 정의를 실현함으로써 유럽 기업에게 공정한 경쟁 환경을 조성하겠다는 의도를 갖고 있다.

3) 기후정의 정책의 발전 방향

기후정의 정책은 다음과 같은 3가지 측면에서 발전 방향을 고려해야 할 것이다.

첫 번째로 고려해야 할 것은 환경과 기후변화의 상호 작용과 관련성이다. 예를 들면 환경적 혜택에 있어서 분배적 환경 정의는 쾌적하고 건강한 환경 질과 환경 서비스(물·에너지·자연 생태)를 공평하게 향유하는 것이다. 기후변화는 환경 질과 환경 서비스의 쾌적성, 건강성 및 안전성에 영향을 미쳐 분배적 환경 정의에 긍정적 혹은 부정적인 작용을 한다. 대기 질, 수질 등 환경 질과 환경 서비스의 변화도 기후변화의 분배적 기후 정의에 영향을 주는 요소로서 작용을 하고 있다. 환경과 기후변화의 상호 작용과 관련성은 환경 정의와 기후 정의가 직간접적으로 밀접히 관련되어 있다는 것을 의미한다. 이러한 측면을 고려하여 향후 기후정의 정책은 환경정의 정책과 연계하여 '기후환경 정의' 통합 정책으로 발전해 나가야 할 것이다.

두 번째로 고려해야 할 것은 복합 재난의 빈발과 감염병 등 신종 재난의 증가이다. 최근 기후변화로 인한 초대형 자연 재난이 빈발하고 있다. 초대형 자연 재난은 사회 재난을 동반한 복합 재난의 형태로 심각한 물적·인적 피해를 초래하고 있다. 이와 함께, 코로나19 팬데믹과 같은 신종 감염병 증가의 원인 가운데 하나로 기후변화를 지목하기도 한다. 기후변화와 관련한 감염병 등 신종 재난의 증가는 인류 사회의 미래 위험을 가중시키고 있는 것이다(추장민 외, 2022: 37~38). 취약 지역, 국가, 인종, 계층에서 복합 재난과 신종 재난의 피해가 상대적으로 집중되어 발생하면서 재난 불평등을 심화시키고 그로 인한 기후 부정의를 더욱 악화시키는 요인이 되고 있다. 기후정의 정책의 발전 방향을 복합 재난과 신종 재난을 예방하고 피해를 저감하는 데 두어야 하는 이유이다.

세 번째로 고려해야 할 것은 기후정의 정책의 지향점에 대한 전환적 접근이다. IPCC(2022) 제6차 보고서(정책 결정자를 위한 요약)에서 기후변화 대응 방향으로 "기후 위험(climate risk)"에서 "기후 탄력적 발전(climate resilient development)"으로 전환을 제안한 바 있다(IPCC, 2022: 4). 기후변화에 대응하는 접근법이 기후 위험을 저감하면서도 동시에 기후 위험에 대응할 수 있는 회복력(resilience) 강화에 지향점을 두는 방향으로 전환되고 있는 것이다. 이러한 전환에 조응하여 기후정의 정책의 발전 방향도 기후변화 취약성이 상대적으로 높은 지역, 국가, 계층, 인종, 부문, 세대가 '기후 탄력적 발전'을 할 수 있는 역량을 강화하는 데 초점을 둘 필요가 있다.

참고문헌

고재경. 2009. 『경기도 기후변화 취약성 평가 연구』, 13~16쪽, 21쪽. 경기개발연구원.

관계부처 합동. 2020. 「2050 탄소중립」추진전략.

관계부처 합동. 2021. 제3차 국가 기후변화 적응대책(2021~2025).

국립환경과학원. 2010.6.24. 「지역별 기후변화 취약성 평가를 위한 시스템 개발: [붙임1] 취약성 평가
　　원리」보도자료, 3~4쪽.

박광수. 2019.7. 「가구의 에너지 소비 실태와 특성」. ≪보건복지포럼≫, 26쪽. 한국보건사회연구원.

법제처 국가법령정보센터. 2016.11.10. 파리협정.

유가영 외. 2008. 『기후변화 취약성 지표의 개발 및 도입방안』, 5~7쪽, 14~17쪽. 한국환경정책·평가
　　연구원.

이명진 외. 2020. 『Data Science 기반 기후변화대응 지원 구축을 위한 전략 마련 연구』, 121~123쪽.
　　한국환경정책·평가연구원.

채여라 외. 2013. 『사회·경제 시나리오를 고려한 기후변화 통합 취약성 평가체계 개발』, 29~31쪽. 환
　　경부 한국환경산업기술원.

채여라 외. 2018. 「수요자 중심 맞춤형 폭염 대응방안 마련」. ≪KEI 포커스≫, 제6권 제9호, 10~14쪽.
　　한국환경정책·평가연구원.

추장민 외. 2007. 『도시지역 저소득계층 보호를 위한 환경정책 연구(I-1)』, 10쪽. 한국환경정책·평가
　　연구원.

추장민 외. 2010. 『저소득계층의 기후변화 적응역량 강화를 위한 정책방안 연구(I)』, 22쪽, 43쪽,
　　98~103쪽 . 한국환경정책·평가연구원.

추장민 외. 2022. 『복합재난시대: 위험사회에서 안전사회로의 전환』, 37~38쪽. 대통령직속 정책기획
　　위원회.

한상운 외. 2019. 『기후정의 실현을 위한 정책 개선방안 연구(I)』, 23쪽. 한국환경정책·평가연구원.

홍은경. 2016. 「개도국의 기후변화 취약계층에 대한 논의」. ≪국제개발협력≫, 2106권 4호, 81쪽.

환경부. 2017. 『환경정의 실현을 위한 정책방안 마련 연구』, 89쪽.

환경부. 2019. 『환경정의 종합계획 마련 연구』, 6~7쪽, 13쪽, 42~43쪽.

환경부. 2020. 『한국 기후변화 평가보고서 2020: 기후변화 영향 및 적응』, 5쪽, 52쪽, 233쪽, 239쪽.

환경부. 2021. 『지자체 기후변화 적응대책 세부시행계획 수립지침』, 3쪽.

환경부. 2022. 『기후변화대응을 위한 탄소중립·녹색성장 기본법 법령집』, 11쪽, 13~14쪽, 87쪽.

환경부 국립환경과학원. 2011. 『한국 기후변화 평가보고서 2010』, 346~347쪽, 350쪽.

환경부 국립환경과학원. 2015. 『한국 기후변화 평가보고서 2014: 기후변화 영향 및 적응』, 60쪽, 108 쪽, 263~266쪽.

IPCC. 2014a. 『기후변화 2014: 영향, 적응 및 취약성(정책결정자를 위한 요약보고서)』. IPCC 제5차 평가보고서 제2실무그룹 국문 번역본(2014.10), 3쪽. 환경부 국립환경과학원.

IPCC. 2014b. 『기후변화 2014 종합보고서』. IPCC 제5차 평가 종합보고서 국문 번역본(2015.5), 122 쪽, 127~128쪽, 131쪽. 기상청.

KOTRA. 2020. 「유럽 그린딜(European Green Deal) 추진동향 및 시사점」. ≪Global Market Report 20-024≫, 3쪽.

—

국가기후위기적응정보포털. "기후변화 新시나리오(RCP)소개―RCP 소개". https://kaccc.kei.re.kr/por tal/climateChange/changeview/changeview_view.do?num=6(검색일: 2022.6.15)

국가기후위기적응정보포털 기후변화취약성평가지원시스템 홈페이지. "VESTAP 주요기능". https:// vestap.kei.re.kr/loginPage.do?(검색일: 2022.6.15)

네이버 국어사전. https://ko.dict.naver.com/#/search?query=%EC%B7%A8%EC%95%BD%EC%84%B1 (검색일: 2022.5.20)

—

European Commission. 2019.12.11. "The European Green Deal." p.5, p.16, pp.22~23. https://eur-lex.europa.eu/resource.html?uri=cellar:b828d165-1c22-11ea-8c1f-01aa75ed71a1.0002.02/DOC _1&format=PDF(검색일: 2022.6.22)

IPCC. 2007. *Climate Change 2007: Impacts, Adaptation and Vulnerability, Contribution to Working Group II to the Fourth Assessment Report of the Intergovernmental Panel on Climate change,* p.27, p.136, p.785. Cambridge University Press.

IPCC. 2014. *Climate Change 2014: Impacts, Adaptation and Vulnerability, Contribution to Working Group II to the Fifth Assessment Report of the Intergovernmental Panel on Climate change,* p.50, p.1046, p.1051, pp.1066~1068, pp.1070~1071, pp.1772~1773. Cambridge University Press. https://www.ipcc.ch/site/assets/uploads/2018/02/WGIIAR5-PartA_FINAL.pdf, https: //www.ipcc.ch/site/assets/uploads/2018/02/WGIIAR5-AnnexII_FINAL.pdf(검색일: 2022.6.22)

IPCC. 2022. *Climate Change 2022: Impacts, Adaptation and Vulnerability: Summary for Policy makers, Working Group II Contribution to Six Assessment Report of the Intergovernmental Panel on Climate Change,* pp.4~5, p.11, p.17. https://report.ipcc.ch/ar6wg2/pdf/ IPCC_AR6_WGII_SummaryForPolicymakers.pdf(검색일: 2022.8.8)

UN. 2015. "PARIS AGREEMENT." https://unfccc.int/sites/default/files/english_paris_agreement.pdf
(검색일: 2022.6.22)

UN/DESA. 2016.9.3. "UN/DESA Policy Brief #45: The nexus between climate change and inequali-
ties." https://www.un.org/development/desa/dpad/publication/wess-policy-brief-the-nexus-
between-climate-change-and-inequalities/(검색일: 2022.6.22)

―

Energy Justice Network. "Bali Principles of Climate Justice(29 August 2002)." http://www.ejnet.
org/ej/bali.pdf(검색일: 2022.6.22)

Energy Justice Network. "Environmental Justice Leadership Forum on Climate Change: Principles of
Climate Justice." http://www.ejnet.org/ej/bali.pdf(검색일: 2022.6.22)

Wikipedia. "Climate Justice." https://en.wikipedia.org/wiki/Climate_justice(검색일: 2022.6.22)

제10장

탄소중립을 위한 지방자치단체의 역할과 과제

문태훈 ㅣ 중앙대학교 도시계획·부동산학과 교수

　이 장에서는 탄소중립을 위한 지방정부의 역할과 과제에 대해 살펴본다. 지방자치단체는 중앙정부의 정책에 동조하면서 지방자치 권역의 목표와 문제를 달성하고 해결하기 위해 노력한다. 탄소중립은 대통령이 국제사회에 약속한 목표이지만 중앙정부의 정책이고, 국제사회와의 약속으로 대통령이 선언한 것이다. 그러나 탄소중립은 결국 지방자치단체에서 이행되어야 하는 것이어서 지방자치단체의 탄소중립을 위한 의지와 역량이 핵심적 선행 조건이다. 이 2가지를 중심으로 한 이론적 논의, 기존 연구, 지방자치단체의 역할과 과제들을 차례로 살펴본다.

1. 서론

농부가 아무리 농사를 열심히 지어도 전쟁이 터지면 아무 소용이 없다. 기후변화는 그 어떤 전쟁보다 더 심하고 가혹할 수 있다. 많은 인명 피해와 재산 손실을 가져오는 것이 전쟁이지만 이는 국지적·단기적으로 결국 해결되고 다시 부흥할 수 있는 치유 가능한 사건이다. 그러나 기후변화는 전 지구를 대상으로 한 무차별 공격이다. 만약 우리가 기후변화를 완화하는 데 실패한다면 그로 인한 인명 피해나 재산 손실은 전쟁과 비교할 수 없을 정도로 가혹하고 총체적일 것이다.

이러한 사태를 막기 위한 인류의 노력이 바로 기후변화에 관한 정부 간 협의체(IPCC: Intergovernment Panel on Climate Change)를 중심으로 진행되고 있는 기후변화협약이다. 가장 최근의 기후변화협약이 2015년의 파리협약이고, 파리협약에서 채택된 특별보고서는 지구의 평균기온이 상승하는 것을 2100년까지 산업혁명 이전 대비 $1.5^\circ C$ 이내로 막아야 하고, 이를 위해서는 2050년까지 탄소중립을 실현해야 하며, 그 중간 목표로 2030년까지 이산화탄소 배출량을 2010년 대비 최소 40% 감축할 것을 경로로 제시했다. 이런 정도의 감축 수준으로 $1.5^\circ C$ 목표를 달성할 확률은 66% 수준이라고 한다.

탄소중립은 19세기 말부터 시작된 산업혁명 이후 지금까지 인류가 이루어 온 거대한 탄소 문명을 탈탄소 문명으로 전환하는 엄청난 혁명을 이루어 내야 한다는 의미이다. 흔히 탈탄소는 석탄, 석유, 가스 같은 화석연료를 수소나 태양광, 풍력 등 신재생 에너지로 전환함으로써 달성할 수 있다고 한다. 온실가스의 대부분이 에너지 소비에서 나오는 것이니 맞는 말이다. 그러나 이것은 석탄과 석유에 의존하던 에너지를 신재생 에너지로 교체하면 달성할 수 있는 단순한 전환이 아니라 우리가 지금까지 이루어 온 탄소 기반의 문명을 완전히 새로운 문명으로 바꾸어야 한다는 것을 의미한다.

인류는 농업혁명, 산업혁명을 거치며 오늘까지 거대한 자본주의 산업 문명으로 발전해 왔다. 이러한 혁명은 기술 발전이 주도해 온 측면이 크다. 그러나 크게 보면 기술의 발전은 부족한 무엇인가를 극복하려는 노력에서 탄생한 측면이 크다. 농업혁명은 식량 부족을 극복하려는 노력이 씨앗을 심는 농경으로 발전된 것이었다. 산업혁명은 전통적으로 의존하던 연료로서의 나무가 부족해지자 새로운 연료를 찾는 과정에서 석탄과 석유를 이용하고 노동력 부족을 대신할 증기기관과 내연기관이 만들어지면서 시작되었다. 이제 인류가 직면한 새로운 부족은 지구의 정화 능력이다. 온실가스를 흡수할 수 있는 용량이 부족해서 일어나고 있는 현상이 기후변화이다. 지구가 온실가스를 흡수할 수 있는 용량을 늘리든지, 배출량을 줄여서 지구의 한계용량 범위 내에서 머무는 것이다. 그래서 이제 지구 사회는 온실가스 흡수 능력의 부족을 해결할 수 있는 탈탄소 혁명의 시대, 탈탄소 문명의 시대에 진입하고 있다. 탄소가 없는 세상은 어떤 세상일까? 탄소 없는 세상에서 우리의 삶과 일상은 어떤 모습일까? 이 모든 변화는 지방에서 시작되고 지방에서 그 성패가 결정된다. 우리는 모두 지방에서 살기 때문이다. 그래서 탈탄소의 시작과 끝은 결국 지방에서 이루어지는 것이다. 여기서 지방의 도시와 지역 주민들에게 공공 서비스를 제공하는 지방자치단체의 역할은 무엇이고 실행해 나가야 할 과제는 어떤 것일까?

2. 관련 연구 검토

1) 기후변화와 탄소중립 개관

(1) 기후변화

지구는 태양으로부터 엄청난 에너지를 받고 있다. 기후변화 완화를 위한 에너지 변환에서 가장 많은 노력을 들이고 있는 것이 태양광을 이용한 재생에너지이다. 인류가 1년 소비하는 에너지의 양은 80분 동안 지구에 닿는 태양

에너지의 양과 비슷하다고 한다. 이 엄청난 양의 태양 에너지는 지구의 대기권에서 온난화 작용을 하여 지구를 동식물이 살기에 적합한 온도로 유지해준다. 지구의 대기는 질소 78%, 산소 21%, 온실가스(GHG: Green House Gas) 1%로 구성되어 있다. 이 중 이산화질소와 산소는 지구가 태양열을 보존해 지구 온도를 올리는 것을 막는다. 나머지 1%인 온실가스가 태양열을 보존해 지구 온도를 올리는 역할을 하는데 이러한 온실가스는 수증기, 이산화탄소(CO_2), 메탄(CH_4), 아산화질소(N_2O) 등을 통합적으로 지칭한다. 대기 중 온실가스의 농도가 적정할 때(400ppm 이하) 온실가스는 지구의 평균온도를 인간을 비롯한 생물들이 지구상에서 살 수 있는 적정 온도인 15℃ 정도로 유지시킨다. 대기 중에 온실가스가 없으면 지구의 평균온도는 영하 19℃로 생물이 살기에 적합하지 않은 환경이 된다. 지금은 산업혁명 이후 화석연료의 사용이 폭발적으로 급증하고 이로써 배출되는 이산화탄소 등의 온실가스가 대기 중에 누적되어 온실가스 농도가 적정 농도보다 높아지면서 지구 평균온도가 계속 상승해 문제가 심각해지고 있는 것이다.

지구의 평균온도 상승은 빙하를 녹이고 빙하의 급격한 감소는 지구의 태양열 흡수를 증가시키고 태양열 반사를 감소시켜 지구 온도는 추가적으로 상승하고 온난화가 가속화된다. 지구온난화의 가속화는 해양 생태계, 육지 생태계를 파괴하여 생물종 멸종을 가속화하고 이는 다시 지구온난화를 가속화한다. 좋을 때 더 좋아지고, 나쁠 때 더 나빠지는 악순환의 고리가 강하게 형성되고 있는 것이다.

산업혁명 이후 화석연료의 사용으로 지구온난화가 서서히 가속화되기 시작했는데 본격적인 산업혁명의 기점[1]을 19세기 말 1870년 정도로 잡으면 현

---

1) 산업혁명 이후의 탄소 문명은 18세기 말(1763~1775년) 제임스 와트(James Watt)가 증기기관을 만들고, 19세기 중반인 1831년 영국의 리버풀-맨체스터 간 최초의 장거리 철도를 놓고 운

재 2022년까지 불과 150년 남짓한 기간이다. 인류가 화석연료를 쓰기 시작하면서 불과 150여 년 만에 대기 중의 온실가스 농도가 기후변화를 초래할 정도로 높아져 기후위기를 초래하게 된 것이다. 150년은 긴 세월이 아니다. 할아버지 세대부터 아버지 세대 그리고 내가 있는 현재 세대까지의 기간이 평균 150년 정도이다. 3세대 남짓한 시간에 지구 전체의 순환 흐름을 인간이 바꾸고 있는 것이다. 현세대를 인류세라고 부를 만하게 만든 것이다.

(2) 탄소중립 개관

탄소중립은 우리가 연료를 사용하면서 배출하는 총 이산화탄소의 발생량을 신재생 에너지의 사용 비중을 높여 최대한 줄이고, 배출되는 탄소를 채집·저장·이용하거나(CCSU: Carbon Capture, Store, and Use) 삼림 등에서 흡수하는 이산화탄소 양을 모두 감안해 순배출을 제로(Net-Zero)로 하는 것을 의미한다. 탄소배출 감축을 위한 노력은 기후변화에 대한 세계적 논의가 기후변화협약으로 진행되면서 지금까지 꾸준히 진행되어 왔다. 그 연혁을 간략히 살펴보면 다음과 같다.

- 1972년 스톡홀름 회의(인간 환경에 관한 유엔총회)에서 범지구적 환경 이슈를 처음으로 다루었다. 회의 결과의 일부로 세계기상기구(WMO: World Meterological Organization)의 주관하에 기후변화의 원인에 관한 연구 프로그램 진행을 권고했다.
- 1979년 WMO는 기후변화에 관한 제1차 세계기후회의를 개최했고, 세계 기후 프로그램(World Climate Programme)을 설립하는데 이는 후에 IPCC의 설립 기반이 된다.

행하면서 본격화된다.

- 1988년 캐나다 토론토 회의에서는 변화하는 대기에 관한 총회(Conference on Changing Atmosphere)에서 2005년까지 1988년 대비 이산화탄소 배출량을 20% 감축할 것을 촉구하는 합의를 최초로 도출했다.

- 1990년 IPCC 제1차 평가보고서는 현재 상태가 지속된다면(BAU: Business As Usual) 지구 온도가 10년에 0.3℃씩 증가할 것이며, 21세기 말 3℃ 정도 상승할 것으로 전망했다. 평균 해수면은 21세기에 매 10년마다 6cm씩 상승할 것이며, 2030년까지 20cm, 21세기 말까지 65cm 상승을 예상했다.

- 1992년 브라질 리우 유엔환경개발회의(UNCED: United Nations Conference on Environment and Development)에서 유엔기후변화협약(UNFCCC: Framework Convention on Climate Change)을 채택한다. 이 협약에서 '공통되지만 차별화된 책임' 원칙에 의거하여 협상을 진행하기로 합의했다. 이 합의에서 부속서 I 국가(OECD 회원국과 동구권 국가로 구성)는 2000년까지 온실가스 배출을 1990년 수준으로 안정화할 것에 협약하고, 개도국(비부속서 I 국가)을 지원한다는 내용을 포함했다. 부속서 I 국가는 비부속서 I 국가에 온실가스 저감을 위한 재정을 지원하는 데 합의했다.

- 1995년 3월 제1차 당사국 총회(COP: Conference Of Parties, 유엔기후협약의 최고 의사결정 기구)를 독일 본에서 개최했다.

- 1997년 12월 일본 교토에서 제3차 당사국 총회를 개최하고 교토의정서를 채택했다. 여기서 부속서 I 국가는 2008~2012년 제1차 공약 기간 중 1990년 수준 대비 평균 5.2% 감축할 것에 합의했다.

- 2015년 12월 파리 당사국 총회에서 파리협정을 체결하여 신기후체제를 출범시킨다. 산업화 이전 대비 지구 평균기온 상승폭을 2℃보다 낮게 억제하기로 하고, 1.5℃ 상승 억제를 위한 노력을 계속할 것에 합의한다. 그리고 온실가스를 적게 배출하는 개발을 촉진하고, 재원의 흐름을 온실가스 저배출과 기후 탄력적 개발을 위한 경로와 부합하도록 하고, 공통의 그러나 차별화된 책임 원칙을 유

지하고, 강제가 아닌 국가별 자발적 감축 목표(NDC: Nationally Determined Contributions)로 국가 탄소 배출량 감소 목표를 제출토록 했다.

- 2018년 IPCC 지구온난화 1.5℃ 특별보고서에 2100년까지 지구 기온의 상승을 산업혁명 이전 대비 1.5℃로 제한하기 위해 2030년까지 2010년 대비 최소 45%를 감축하고, 2050년까지 탄소중립을 달성할 것을 제시했다.

- 2018년 IPCC의 파리협약과 지구온난화 1.5℃ 특별보고서에 유럽연합(EU)은 그린딜과 탄소국경조정제도로 가장 선제적으로 대응한다. 그리고 탄소중립에 대응해 기업 경영이 단순한 이익 추구에서 기후위기로 인한 기업 경영 리스크를 방어하고, 탄소중립을 촉진시키기 위해 기업의 환경·사회·거버넌스(ESG: Environment, Society, Governance) 시스템의 확립·적용·확산을 촉진하게 된다. 대표적인 흐름이 재정 투융자의 흐름을 ESG에 기반한 기업경영 평가와 연계시켜 석탄 발전, 탄소 다배출 산업에 대한 투융자를 금지하고 나아가서 투자 회수를 단행하는 형태로 나타나고 있다.

- 2020년 한국 대통령이 2050 탄소중립을 선언했다.

- 2021년 한국은 2030년까지 2018년 대비 탄소 배출량 40% 줄이기로 선언했다. 이를 지키기 위해서는 2018년 이산화탄소 배출량 7억 2760만 톤에서 2030년 4억 3660만 톤으로, 2030년까지 매년 전년도의 4%씩 줄여야 한다. 2030년 부문별 감축 목표(2018년 대비)는 전환 부문 44.4%, 산업 14.5%, 건물 32.8%, 수송 37.8%, 농축수산 27.1%, 폐기물 46.8%를 감축해야 한다.[1]

연혁이 다소 복잡해 보이지만 크게 보면 교토협약시스템(1992, 1992~2020)과 파리협약시스템(2015, 2021~2030)으로 나눌 수 있다. 교토협약시스템은 선진국에게 의무 감축량이 부과되었고 위반 시 패널티가 있었던 반면, 파리협약시스템은 의무 감축량이 부과되는 대신 NDC를 제출하고, 매 5년마다 감축목표를 갱신하고 후퇴된 감축 목표를 금지하는 감축 시스템으로 변화한 것이다. 교토협약은 부속서 I 국가(선진국)가 중심인 의무 감축량이 부과되는 강제 시스템이었고, 의무 감축량은 교토협약 2008~2012년 제1차 공약 기간 중 1990년 수준 대비 평균 5.2% 감축하는 것이었다. 공약 기간 후 이 감축 성과는 목표를 달성한 것으로 평가되었으나 실상은 이들 국가의 온실가스 다배출 산업을 해외로 이전시키고, 온실가스 다배출 상품을 외국으로부터 수입하여 자국 내 이산화탄소 배출량을 감축시켜 지구 전체적으로는 이산화탄소 배출량이 더 늘어난 것으로 확인되었다. 거기에 더해 제2차 공약 기간 중 온실가스 다배출 국가인 미국, 중국, 러시아, 일본 등이 참여하지 않거나 탈퇴하여 남은 회원국들의 총 배출량이 15%에 불과하게 되었다. 이런 여러 가지 이유들과 선진국과 개도국 간의 이해관계 대립으로 파리협약은 모든 국가가 참가하되, 의무 할당량은 없게 하는 것으로 합의를 하게 된다.

그러나 탄소국경조정제도나 ESG에 기반한 탄소 다배출 산업에 대한 투자 중지나 투자 회수 등의 수단은 실질적으로 자유무역협정과는 어긋나는 방침이어서 후발 개발도상국에게 매우 불리한 여건이 될 가능성이 크고, 갈등의 소지도 많이 남아 있다. 한국도 주력 산업인 반도체, 철강, 자동차, 석유화학, 시멘트 등의 산업이 온실가스 다배출 산업이어서 이들 산업체의 구조 조정과 전환에 따르는 비용이 매우 클 것으로 예측되어 이에 대한 대비가 매우 중요하다.

한편 탄소중립을 달성하기 위해 지구 평균온도의 상승을 1.5℃ 또는 2℃로 막자는 논의는 탄소 예산과 밀접히 관련된다. 여기서 탄소 예산은 산업혁명 이전 대비 지구 온도의 상승 한계를 1.5℃ 또는 2℃로 막자고 할 때 허용되는 총 탄소 배출량을 말한다. 1.5℃ 목표와 2℃ 목표 시 탄소 예산과 탄소 예산의 잔존 연한은 〈표 10-1〉과 같다.[1, 2]

IPCC 제6차 보고서 제1실무그룹의 초안 보고서는 2019년 기준으로 세계 이산화탄소 배출량을 BAU 시 350억 톤으로 다시 추정하고, 1.5℃를 목표로

<표 10-1> 탄소 예산과 잔존 연한

목표 온도	달성 확률	탄소 예산	
1.5℃	50% 확률	이산화탄소 4600억 톤	4600/350=13+2032
	66% 확률	이산화탄소 3600억 톤	3600/350=10+2029
2℃	50% 확률	이산화탄소 1조 3100억 톤	13100/350=37+2056
	66% 확률	이산화탄소 1조 1100억 톤	11100/350=31+2050
참고: 2019년 기준 세계 이산화탄소 배출량은 350억 톤 BAU 시	1.5℃ 2029~2030년경 목표달성 불가 2.0℃ 2048~2053년경 목표달성 불가		

<표 10-2> 지구온난화 1.5℃와 2℃ 주요영향 비교

구분	1.5℃	2℃	비고
고유 생태계 및 인간계	높은 위험	매우 높은 위험	-
중위도 폭염일 온도	3℃ 상승	4℃ 상승	-
고위도 극한일 온도	4.5℃ 상승	6℃ 상승	-
산호 소멸	70~90%	99% 이상	-
기후 영향으로 인한 빈곤 취약 인구	2℃ 온난화에서 2050년까지 최대 수억 증가		
물 부족 인구	2℃에서 최대 50% 증가		
그 외	평균온도 상승(대부분의 지역), 극한 고온(거주 지역 대부분), 호우 및 가뭄 증가(일부 지역)		
육상 생태계	중간 위험	높은 위험	
서식지 절반 이상이 감소될 비율	곤충(6%), 식물(8%), 척추동물(4%)	곤충(18%), 식물(16%), 척추동물(8%)	2℃에서 2배 증가
다른 유형의 생태계로 전환되는 면적	6.5%	13.0%	2℃에서 2배 증가
대규모 특이 현상	중간 위험	중간 위험에서 높은 위험	
해수면 상승	0.26~0.77m	0.30~0.93m	약 10cm 차이 인구 1천만 명이 해수면 상승 위험에서 벗어남
북극 해빙의 완전 소멸 빈도	100년에 한 번 (복원 가능)	10년에 한 번 (복원 어려움)	1.5℃ 초과 시 남극 해빙 및 그린란드 빙상 손실

할 때 1.5℃ 달성 확률 50%에서 남은 탄소 예산은 4600억 톤으로 잔존 연한이 13년, 소진 연도가 2032년이고, 66% 확률로는 탄소 예산 3600억 톤으로 잔존 연한이 10년, 소진 연도가 2029년이다. 2019년을 기준으로 했는데 현재가 2022년이니 66% 확률로 1.5℃로 지구 평균온도 상승을 막는 데 성공할 수 있는 연도는 2029년으로, 앞으로 8년이 남은 셈이다. 현재 상태가 지속되어 이산화탄소 배출이 파격적으로 줄어들지 않는 한 2050 탄소중립은 불가능하다. 66% 성공 확률로 2050년까지 탄소 예산의 소진을 연장하기 위해서는 세계 이산화탄소 배출량이 약 160억 톤 수준이 되어야 하는데 이렇게 되려면 현재 총 세계 배출량의 반 이상이 감소해야 한다. 지구온난화 1.5℃와 2℃의 주요 영향을 비교하면 〈표 10-2〉와 같다.[2, 3]

2) 탄소중립과 지방자치단체 관련 연구

중앙정부 차원의 기후변화와 신기후체제에 대한 대응 관련 연구를 제외하면, 지방자치단체의 탄소중립에 관련된 연구는 생각보다 많지 않다. 지방자치단체의 탄소중립 연구의 대부분은 지방자치단체의 탄소중립 이행을 위한 정책 방향과 정책 제안을 하는 연구들이다.[4, 5, 6, 7]

같은 맥락에서 외국 지방정부의 탄소중립을 위한 제도와 거버넌스 구축을 검토하고 이것의 한국적 적용 가능성을 검토하는 연구도 이루어지고 있다.[8, 9] 지방자치단체의 탄소중립을 위한 연구에서 중앙정부에 대한 시각은 비판적이다. 중앙정부와 지방자치단체 간에 의사소통이나 협력적 기반 없이 중앙은 전국 목표와 정책 방안들을, 지방은 지방의 선언적 목표와 방안들을 양산하고 있고,[6] 탄소중립의 핵심인 에너지 전환의 측면에서 지방정부가 할 수 있는 역할이 어느 정도인지에 대한 명확한 범위가 정립되지 않은 상태에서 진행되고 있으며, 지자체에서 쓰는 전기보다 더 많은 전기를 타 지역으로 송전하면서 탄소배출 감축 책임은 지자체 담당이라는 비판7 등이 제기되고 있다. 요약하면 중앙정부가 탄소중립 국가목표를 제시하고 있지만 이것의 실행이 지방에서 이루어져야 하는데 정작 지방과는 협의나 협력적 기반이 취약하고, 지방의 영역에 대한 구분도 모호하며, 지방자치단체의 책임과 권한이 일치하지 않는다는 것이다. 탄소중립과 관련된 외국 정부의 정책과 제도에 대한 연구는 예산제도와 탄소 감축을 연계시키는 노르웨이의 기후예산제, 프랑스의 녹색예산제도 등에 대한 연구가 있다.[8, 9, 10]

3. 지방자치단체의 역량과 의지

1) 지방자치단체의 탄소중립 역량과 의지

미국의 환경학자 레스터 브라운(Lester R. Brown)은 지방 환경정책의 성공여부를 지방자치단체의 제도적 능력과 개입 의지라는 2가지 변수의 조합으로 설명한다. 이때 제도적 능력은 지방자치단체의 재정력, 인력 등을 말하고, 개입 의지는 지방자치단체장의 문제 해결이나 목표달성 의지를 말한다. 브라운은 두 변수의 강약 조합에 따라 지방 환경정책의 바람직한 모습을 진보형(progressives), 갈등형(strugglers), 지연형(delayers), 퇴보형(regressives) 순으로 들고 있다(〈그림 10-1〉). 브라운은 진보형은 환경 행정을 위한 자치 정부의 제도적 능력과 환경 보전을 위한 정부의 의지가 강한 경우에만 나타난다고 주장한다. 이 경우 지방정부는 중앙정부의 환경 정책의 범위를 넘어서는 독자적인 환경 정책을 형성하고 집행할 수 있으며 상당한 환경 질의 개선은 물론 환경 창조를 달성할 수 있다는 것이다. 갈등형은 제도적인 능력은 구비되지 않았으나 환경 보전을 위한 정부 개입의 의지가 강한 경우로서 환경문제의 개선

<그림 10-1> 지방자치단체의 제도적 능력과 개입 정도에 따른 탄소중립 정책의 변화

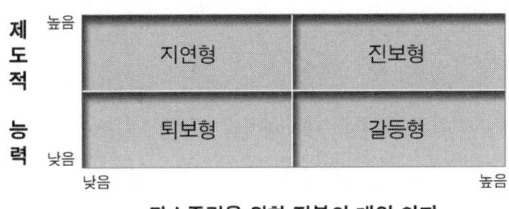

을 이룩할 수 있으나 진보의 정도는 느리게 나타난다고 한다. 지연형은 제도
적 능력은 구비되어 있으나 지방정부의 환경보전 의지가 약한 경우로서 환경
행정은 현상 유지에 급급한 모습을 보이며 느린 진보조차도 이룩하기가 힘들
다는 것이다. 마지막으로 퇴보형은 제도적 능력도 환경보전 의지도 없는 경
우로서 이 경우 지역 환경문제는 곧 환경 재앙으로 연결될 가능성이 높아진
다고 주장한다. 물론 가장 바람직한 것이 진보형이고 최악이 퇴보형이다. 문
제는 지연형과 갈등형 중 어느 형태가 더 바람직할 것인가의 문제인데 여기
서 브라운은 제도적 능력은 구비되어 있으나 환경보전 의지가 약한 지연형보
다는 제도적 능력이 부족하더라도 환경보전 의지가 강한 갈등형이 환경 보전
에 더 긍정적인 결과를 가져온다고 주장한다.[11, 12] 사실 지방자치단체의 의지
가 강한 경우 제도적 능력은 지방자치단체의 적극적 노력에 의해 상당 부분
극복될 수 있다. 반면 제도적 능력이 있다 하더라도 개입 의지가 없으면 해당
정책의 이행은 지연될 수밖에 없다.

　브라운의 이러한 주장은 비단 환경정책 분야에만 국한되는 것은 아니다.
지방자치단체가 직면하고 있는 다양한 문제를 해결하기 위한 각 부문의 정책
에도 동일한 논리가 적용될 수 있다. 이렇게 보면 지방자치단체의 탄소중립
정책도 지방자치단체의 제도적 능력과 개입 의지의 정도에 따라 달라질 것이
다. 이 경우에도 재정이나 인력이 잘 구비되어 제도적인 능력은 높지만 탄소

중립을 위한 지방자치단체의 개입 의지가 약한 경우보다 제도적 능력은 낮지만 개입 의지가 높은 경우 탄소중립 정책이 성공적으로 이행될 확률이 더 높아질 것이라 볼 수 있다.

2) 지방자치단체의 탄소중립 이행

이상의 논의를 확장하면, 지방자치단체의 탄소중립 정책에 대한 개입 의지를 강화하고, 역량을 개선해 나가기 위해서는 3가지 차원에서의 정책을 동시에 추진해 나가야 한다. 즉, 지방자치단체의 탄소중립과 탈탄소 지역으로의 전환을 위해서는 지방자치단체를 지탱하고 있는 지역의 사회적 기반을 탈탄소 사회로 전환하는 데 우선적인 노력을 기울일 필요가 있다. 지역 주민들이 탈탄소의 필요성과 중요함을 인식하고, 이를 생활양식의 변화와 연계시킬 수 있어야 한다. 이를 위해 탄소 배출과 관련된 정보를 신속하게 공개하고, 교육, 체험활동 등을 활성화하고, 적극적 참여를 위한 유인책을 발굴하고, 이를 기반으로 지역의 정책 과정과 정책 구조를 탄소 중립적인 구조로 전환해 나가야 한다.

궁극적으로는 지역의 탄소중립 정책의 합리성을 하나씩 제고시켜 나가야 할 것이다. 부언하면 지역사회가 탈탄소 사회로 전환해 나가야 한다는 점을 깊이 인식할 때 지방자치단체의 정책 과정이나 정책 구조가 탄소 중립적인 방향으로 발전해 나갈 수 있을 것이며, 이러한 정책 과정과 정책 구조 속에서 합리적이고 지역 특성에 적합한 탄소중립 정책이 제대로 만들어지고 올바르게 집행되어 나갈 수 있을 것이다. 물론 이러한 과정은 순서적이거나 일방향이 아닌 동시적이며 쌍방향의 상호 역동적인 것이 되어야 한다. 이상 설명한 지방자치단체의 탄소중립 정책의 차원과 과제를 정리하면 〈그림 10-2〉와 같다.

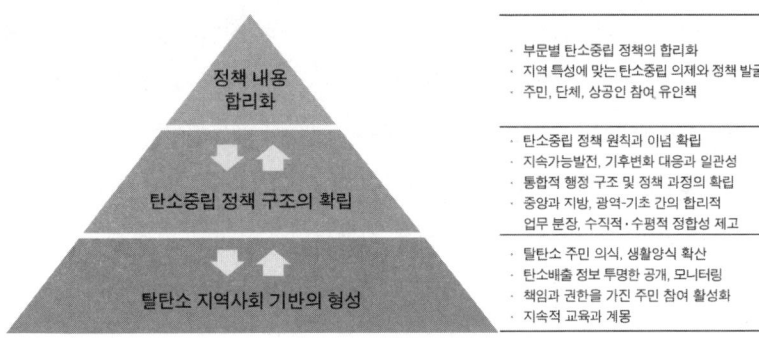

〈그림 10-2〉 탄소중립 정책의 차원과 과제

- 정책 내용 합리화
  - 부문별 탄소중립 정책의 합리화
  - 지역 특성에 맞는 탄소중립 의제와 정책 발굴
  - 주민, 단체, 상공인 참여 유인책

- 탄소중립 정책 구조의 확립
  - 탄소중립 정책 원칙과 이념 확립
  - 지속가능발전, 기후변화 대응과 일관성
  - 통합적 행정 구조 및 정책 과정의 확립
  - 중앙과 지방, 광역-기초 간의 합리적 업무 분장, 수직적·수평적 정합성 제고

- 탈탄소 지역사회 기반의 형성
  - 탈탄소 주민 의식, 생활양식 확산
  - 탄소배출 정보 투명한 공개, 모니터링
  - 책임과 권한을 가진 주민 참여 활성화
  - 지속적 교육과 계몽

4. 탄소중립을 위한 지방자치단체의 역할과 과제

탄소중립 정책의 차원과 과제에서 제시된 탄소중립을 위한 지방자치단체의 역할과 과제를 사회적 기반의 형성 → 정책 구조의 합리화 → 탄소중립 정책의 합리화로 나누어 살펴보면 다음과 같다.

1) 탈탄소 지역사회 기반의 형성

지방자치는 의사결정 권한의 분산과 주민참여 확대를 기본 요소로 한다. 따라서 지방자치단체의 탄소중립을 위해서 무엇보다도 중요한 것은 탄소중립의 필요성과 중요성을 지역사회에 잘 인식시켜 지역 주민의 적극적인 탄소중립 의지를 키워 나감으로써 탄소중립을 위한 지역의 사회적 기반을 조성해 나가는 일이다.

(1) 탄소배출 정보의 공개

탄소중립사회의 기반을 조성하기 위해서는 해당 지역의 탄소배출 상태에 대한 정확한 정보가 주민들에게 주기적으로 공개되어야 하며, 탄소 배출의 구조와 결과에 대해 주민들에 대한 홍보와 교육이 제공되어야 한다. 교육은 지역사회의 탄소중립 달성을 위한 장기적이고도 효과적인 투자라 할 수 있어 지역주민 전체를 대상으로 지속적으로 시행되면 많은 변화를 촉진시킬 수 있다. 지역 연대를 통해 탄소배출 저감을 위한 공동 활동을 전개하거나, 지자체와 공조하여 지역의 탄소 포털 사이트를 구축하고 지역의 탄소배출 관련 모든 정보가 이곳으로 집중되고 상호 공유되게 하는 것도 방법일 수 있다.

(2) 주민 참여의 제도적 장치

탄소중립 정책의 형성과 수행을 위해 많은 점들이 논의될 수 있겠으나 무엇보다도 중요한 것은 지역 주민의 참여를 들 수 있다. 지방자치는 주민의 의사에 입각한 자치를 의미한다. 지방자치단체의 정책결정 과정에 주민들이 참여할 수 있는 제도적 장치를 마련하는 것이 필수라고 할 수 있다. 탄소중립을 위한 시민 참여 제도화는 지역 주민의 탄소중립 책임에 상응하는 권한을 부여하는 방향에서 이루어져야 할 것이다. 주민 참여는 정책과 계획의 형성 초기단계에서부터, 그리고 정책의 결정, 집행, 모니터링, 평가, 환류, 전 과정에 걸쳐 이루어지도록 하는 것이 실질적인 주민 참여를 위해 필요하다.

지역 주민이 달성하고자 하는 지역의 비전이나 미래상에 대한 합의는 그 지역에서 시행되는 여러 정책의 방향을 제시해 주는 목표와 지침이 되어 각종 이해관계가 얽힌 정책들을 통합하는 역할을 하게 된다. 더구나 지역 주민의 참여는 탄소중립 정책의 집행 과정에서 주민들의 지지를 확보할 수 있을 뿐 아니라 지방자치단체가 시행하는 정책에 결함이 없는지 또는 빠트린 부분이 없는지를 정책 결정의 초기 단계에서 검증할 수 있기 때문에 중요한 의미를 지닌다. 주민 참여는 탄소중립 정책의 방향을 제시하는 비전과 이념을 설정하는 데 핵심이 되며, 정책 결정자들에게 필요한 중요한 정보를 제공할 수 있고, 탄소중립 관리 부서에 대한 지지를 확보하는 데 중요한 역할을 할 수 있다. 그뿐만 아니라 탄소중립을 위해서는 궁극적으로 소비 행태의 변화가 요구된다는 점에서도 지역 주민의 자발적인 참여는 대단히 중요하다.

성공적인 주민 참여를 위해서는 지방자치단체가 정한 탄소중립 목표와 이의 실행 수단에 대한 주민들과의 끊임없는 의사소통과 주민들의 반응이 결정적인 요소로 작용한다. 주민들과 효과적인 의사소통을 하기 위해서 지방 부서는 탄소 배출과 관련된 정보를 시의적절하게 주민들에게 공개해야 하며 주민들의 비판에 귀를 기울여야 한다.

지역 주민의 정책 과정에 대한 참여는 때로는 부정적인 결과를 가져올 수 있다. 예를 들면 지역 주민들로부터 정책 과정에 도움이 되는 정보를 얻기보다는 왜곡된 정보를 얻는 경우도 있을 수 있으며, 설정된 정책에 대한 주민들의 반대로 정책 수행이 지연될 수도 있다. 이러한 왜곡은 행정 비용의 증가를 동반할 수 있다. 탄소중립에 대한 지역 주민들의 반대에 직면할 때 정책 결정과정과 이행과정에서 관련 부서와 주민들 간의 의사소통이 어느 정도나 이루어졌는지 재검토해 보아야 할 것이다. 극단적인 님비(NIMBY) 현상들은 지역 주민들의 소외와 희생 속에서 이루어진 일방적인 결정과 기존 시설들의 부실한 관리에 대한 강한 불신에서 야기된 경우가 많았다는 사실을 명심할 필요가 있다.

(3) 지방자치단체의 지속가능발전목표(Local SDGs) 수립

탄소중립을 위한 지역사회 기반 조성에서 주목할 것은 2015년 유엔의 지속가능발전목표(UN SDGs: UN Sustainable Development Goals)가 수립되고, 한국에서도 2018년 한국형 지속가능발전목표(K-SDGs)가 수립되어 중앙정부는 물론 지방자치단체에서도 시행되고 있는 점이다.

국가 차원의 지속가능목표와 이행 계획 그리고 지방자치단체의 지속가능발전목표와 이행 계획은 유엔의 새천년개발목표 시한이 2015년에 완료됨에 따라 2016년부터 2030년까지 세계 각국이 달성해야 할 17개 지속가능목표, 169개 세부 목표, 232개 지표로 구체화되어 수립되면서 새로운 전기를 맞는다. 한국도 유엔의 지속가능발전목표를 수용하여 17개 지속가능발전목표, 122개 세부 목표, 214개 지표를 포함하는 국가 지속가능발전목표를 2018년 12월에 수립했다. 그리고 제4차 지속가능발전기본계획에서 17개 목표, 세부 목표 119개, 지표 236개로 수정하여 추진하고 있다.

탄소중립은 기후변화 위기에 대한 대응으로 추진되는 것이고, 기후변화 위기에 대한 대응책은 결국 지속가능발전을 달성하기 위한 것이므로 탄소중립도 지속가능발전목표와 상호 일관되고 상호 상승작용을 하는 방향에서 추진되어야 할 것이다. 유엔의 2030 지속가능발전목표가 새로 수립되면서 기존에 지방의 지속가능발전을 위해 수립되고 이행되었던 지방의제21은 지방 지속가능발전목표의 이행 계획으로 대체되었다.

모호하던 지속가능발전의 개념이 구체적인 유엔의 지속가능발전목표의 경우 17개 목표, 169개 세부 목표로, 한국의 지속가능발전목표의 경우 17개 목표와 122개의 세부 목표로 세분화되어 더 분명해진 것은 큰 장점이다. 그러나 구체적이지만 훨씬 더 복잡해진 목표와 세부 목표 그리고 이들 간의 상호관계-상쇄관계-상승관계를 감안하는 지방 지속가능발전목표를 지방자치단체를 포함한 9개 그룹2)간의 긴밀한 협력하에 수립하고 이행할 수 있기 위해서는

---

2)   지방자치단체, 청년 단체, 여성 단체, 과학자, 농부, 기업, 노조, 원주민, 환경 그룹의 9개 주요 단체를 지칭한다. 유엔의 지속가능발전목표에서는 이들을 복수 이해관계자 그룹(MGoS: Multiple Groups of Stakeholders)이라 부른다.

세밀한 연구와 준비, 노력이 추가되어야 한다. 이를 위한 지방자치단체의 적극적인 주도와 지원, 협력은 점차 더 중요해지고 있다. 탄소중립 정책 → 기후변화 대응 정책 → 지속가능발전목표 간에 충돌 없이 상호 상승작용을 하는 방향에서 탄소중립 정책이 개발되고 이행되어야 할 것이다.

2) 탄소중립 정책 구조의 확립

(1) 제도적 정합성의 확보

탄소중립을 위한 정책 구조와 정책 과정을 위해서는 탄소중립 정책과 기후변화 대응, 지속가능발전과의 정책적·제도적 정합성이 높아야 한다. 정책적·제도적 정합성이란 정책과 제도를 구성하는 여러 요소들이 정책 목적을 달성하기 위해 서로 잘 부합하고 있는 정도를 말한다. 정책 요소들 간의 상호 보완적 관계 또는 최소한 중립적 관계들이 유지되는 것을 제도의 내적 정합성이라 하고, 제도와 제도를 둘러싼 환경적 맥락과의 부합성을 제도의 외적 정합성이라 한다.[13] 제도의 내적 정합성과 외적 정합성이 높아야 정책과 제도가 의도한 목표를 성공적으로 달성할 수 있다는 이론이다. 탄소중립 정책은 기후변화 완화를 위한 정책과 지속가능발전 정책과의 제도적 정합성이 높아야 한다. 탄소중립과 기후변화 대응과 지속가능발전이 상생하는 관계로 상호 작용할 수 있도록 구성되어야 한다는 것이다.[14] 탄소중립, 기후변화, 지속가능발전이 서로 목표와 가치를 공유할 때 다양한 이해관계를 가지는 지역 정책들이 탄소 중립적인 방향으로 통합되고 조정될 가능성이 높아진다. 수평적·수직적 정합성, 일관성 등의 내적 정합성뿐 아니라 국제사회, 국민 여론, 산업체 수요 등의 외적 정합성도 확보되어야 한다. 이에 상응하도록 지자체의 조례가 제정되어야 할 것이고 관련 조직을 정비하는 것이 필요하다. 정리하면 〈그림 10-3〉과 같다.[13]

<그림 10-3> 지속가능발전, 기후변화, 탄소중립을 위한 제도적 정합성의 요소

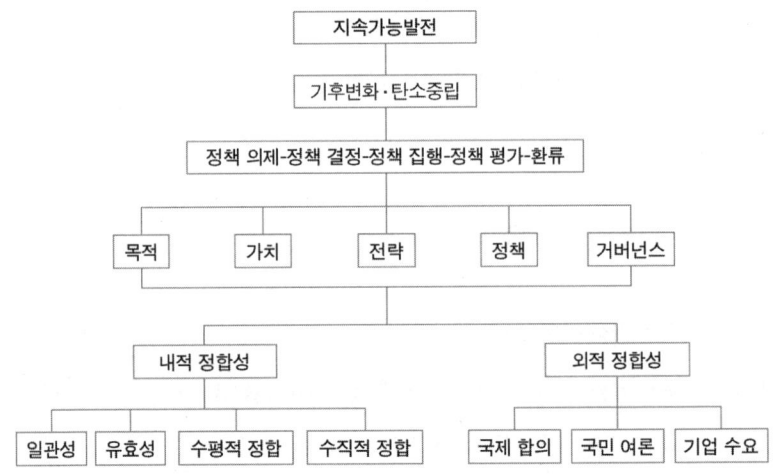

유엔의 지속가능발전목표를 수용한 한국의 국가 지속가능발전계획 수립이
나 지방 지속가능발전계획 수립에는 다양하고 복잡한 목표로 부문별 전문가
들의 역할이 커지고, 지역 주민과 다양한 이해관계자들의 참여가 지방의제21
과 비교했을 때 상대적으로 저조한 모습을 보일 가능성도 있다. 이러한 점을
감안해 다양한 이해관계자들과 주민의 적극적 참여를 제도화할 수 있는 기반
을 확충하고 중앙 부서 간, 중앙과 지방 간, 지방자치단체 간의 환경 업무에
대한 합리적인 조정, 협력, 통합 기능을 강화하여 환경 정책을 만들고 집행하
는 정책 구조를 친환경적으로 만들어 나가야 할 필요성이 더 커지고 있다.

(2) 지방자치단체의 탄소중립제도 구축

지방자치단체는 탄소중립을 위해 온실가스 감축 계획을 수립하고, 탄소중
립을 위해 지자체의 제도적 기반을 구축해야 한다. 기후위기 대응을 위한 「탄
소중립 녹색성장 기본법」(이하 「탄소중립기본법」)은 지자체의 탄소중립제도 관

런 조항들을 다음과 같이 규정하고 있다. 탄소중립사회로의 이행과 녹색성장의 기본 원칙을 제시하고,[3] 국가와 지방자치단체의 공동 책무로 경제, 사회, 교육, 문화 등 모든 부문에 탄소중립·녹색성장의 기본 원칙이 반영될 수 있도록 노력할 것, 이행 성과의 평가, 기후정의와 정의로운 전환, 기후변화 현상에 대한 과학적 연구와 관련 정보의 투명한 제공, 국민과 사업자들의 의사결정과정 참여 보장, 국제 협력의 추진, 전문인력의 양성(제4조), 연도별 감축 목표의 이행현황 점검과 공개(제9조), 시·도의 탄소중립 녹색성장 기본계획의 수립(제11조), 시·군·구 탄소중립 녹색성장 기본계획의 수립(제12조), 2050 지방탄소중립녹색성장위원회의 구성과 운영(제22조), 온실가스감축인지 예산제도의 실시(제24조), 탄소중립도시의 지정과 조성을 위한 정책의 수립과 시행(제29조), 지역 에너지 전환의 지원(제30조), 시·도지사 및 시장·군수·구청장의 지역별 온실가스 관련 정보 및 통계의 작성과 제출(제36조), 시·도지사 및 시장·군수·구청장의 지방 기후위기 적응 대책의 수립과 시행(제40조), 지역 기후위기 대응 사업의 시행(제42조), 국민참여 보장을 위한 지원(제52조), 협동조합 활성화와 지원(제52조), 정의로운 전환 지원센터의 설립(제53조), 지방자치단체장이 참여하는 탄소중립지방정부실천연대의 구성과 운영(제65조), 탄소중립지원센터의 설립·운영·지원(제68조), 지역기후대응기금의 설치(제69조), 탄소중립 이행 책임관의 지정(제79조) 등을 규정하고 있다.

---

3)   탄소중립·녹색성장의 기본 원칙: 세대 간 형평성의 원칙과 지속가능발전의 원칙, 탄소중립사회로의 이행과 녹색성장의 추진, 정의로운 전환, 오염자 부담의 원칙, 국가 성장동력을 확충하고 국제 경쟁력을 강화해 일자리 창출 기회로 활용, 국민의 민주적 참여 보장, 기온 상승을 최대 1.5℃로 제한하기 위한 국제적 노력에 동참, 개도국의 환경과 사회정의를 저해하지 아니하며 기후위기 대응을 위한 지원 강화 등의 원칙(탄소중립기본법 제3조).

3) 탄소중립 정책 내용의 합리화

지자체의 탄소중립 정책은 결국 도시의 에너지 사용과 온실가스 배출량을 최소화하는 방향으로 정책 내용이 합리적으로 개선되어 나가야 한다. 도시의 탄소중립을 위해 판을 바꾸는 정책들은 제로 에너지 건축물의 확산, 전기자동차의 확산을 위한 충전 시설 등 기반 시설의 확충, 폐기물과 음식물 쓰레기 등 유기 재료의 분리수거와 순환, 건물 에너지원의 전력화와 냉난방 시스템의 효율성 제고, 자동차 통행량 축소와 배기가스 배출 최소화, 도시 내 재생에너지 생산의 촉진, 온실가스 감축 목표의 설정과 그 달성을 위한 예산 수립 등이다. 이를 정리하면 〈표 10-3〉과 같다.[1, 15]

이상의 정책들 중에서 탄소중립을 위한 건물의 탈탄소화 정책들은 건물과 건물을 포함하는 도시의 공간적 범위에 따라 체계적으로 추진할 필요가 있다. 절전 기기 등을 사용한 건물 에너지 사용 감축 → 건축물 구조를 패시브하우스로 개조하는 등의 제로 에너지 건축물 확산 → 도시의 공간계획 차원에서 탄소중립도시 달성을 위한 접근 등 복합적인 차원에서 같이 추진할 필요가 있다. 이 내용들을 상술하면 〈표 10-4〉와 같다.[1]

〈표 10-3〉 탄소중립도시를 위한 판을 바꾸는 부문별 정책과 적용 도시들

부문	주요 정책	적용 도시
제로 에너지 건축물	• 도시의 모든 건물은 연간 에너지 사용(냉난방, 조명, 어플라이언스, 차량 충전 등)을 전량 충당할 수 있도록 효율적으로 설계하고 건축 • 모든 에너지는 가능한 재생 에너지로 생산하며, 기존 건물은 리모델링	벤쿠버
유비쿼터스 기반 전기자동차 충전	• 도시 내 전기자동차 운전자가 합리적인 가격의 충전소에 빠르고 안전하게 접근할 수 있도록 함 • 바이오 연료와 수소 연료 등 청정 에너지 교통 시스템 구축 노력	오슬로

유기 재료 순환 의무화	• 공공 기관, 기업, 주택에서 배출하는 폐기물과 유기 재료를 분리·수집·가공해 최대한 순환, 유기물질은 탄소 포획용 퇴비로 사용하기 위해 회수	샌프란시스코
건물 전력화, 냉난방 시스템 전환	• 건물에서 사용하는 에너지원을 전력화하고, 냉난방 시스템을 고효율 열펌프로 대체 • 지역 난방을 다양한 재생 에너지원으로 대체	볼더, 뉴욕, 워싱턴 D.C.
자동차 금지 구역, 저배기가스 차량존 지정 운영	• 도시에서 자동차 통행금지 구역을 설정해 운영 • 대기오염을 줄이고 석유 기반의 차량 통행을 줄이기 위한 방안 마련	스톡홀름, 런던, 오슬로
생산자 역량 강화, 재생 에너지 전기 구매	• 공공 재원을 투입하고, 민간투자를 장려해 도시 내 재생 에너지 생산 촉진 • 재생 에너지 생산표준 채택, 구매자 연합 조직화, 지원 정책 마련	워싱턴 D.C., 멜버른, 리우데자네이루
도시기후예산 책정	• 도시의 연간 온실가스 감축 목표를 설정하고, 목표 달성을 위한 예산 수립, 예산 상세내역에 단기 배출감축 조치의 예상 영향과 비용 책정, 예산서 제안·채택·실행·평가까지 적용	오슬로

〈표 10-4〉 탄소중립도시를 위한 판을 바꾸는 정책의 방향과 세부 내용

분야	방향	비고
1. 건물 사용 에너지 감축	계절의 영향을 받는 냉난방 에너지 사용의 최소화	
	효율적 기기로의 교체	
	에너지원의 전력화와 신재생 에너지 사용의 확대	
	4차 산업의 발달과 스마트 시티	• 건물에너지관리시스템(BEMS: Building Energy Management System) • 지능형 전력 계량기(AMI: Advanced Metering Infrastructure) 실시간 전력 요금제, 수요반응자원거래, 가상 발전소(VPP: Virtual Power Plant), V2G Vehicle to Grid, 마이크로 그리드 등
2. 제로 에너지 건축물	패시브 건축	
	제로 에너지 건축물 보급을 위한 제도 개선	• 제로 에너지 건축물 인증제도(2017) • 제로 에너지 건축물 보급을 위해 인증 의무화 • EU: 2021년부터 모든 신축 건축물에 대해 제로 에너지 건축 기준을 의무화 • 독일: 융자 및 보조금을 통해 현행법보다 높은 성능의 건물 구매를 지원, 에너지 평가서를 도입. 부동산 거래 시 증빙을 의무화＋에너지 효율화 지침(EED: Energy Efficiency Directives) • 미국, 한국: 에너지공급자효율성향상의무화제도(EERS: Energy Efficiency Resource Standard) • 독일에서는 건물을 리모델링할 때 노후 보일러를 교체하고, 냉난방 설비 효율을 개선. 영국은 기준 이하로 에너지 성능 등급이 낮은 건축물은 임대를 금지

	기존 건축물의 성능 개선을 통한 탄소중립, 그린 리모델링	
	유럽연합의 그린 리모델링 확산	• EU(2009): 2050 저탄소경제 로드맵 발표. 연평균 2% 비율로 기존 건물을 리모델링. 2050년까지 건물 부문의 온실가스를 80%까지 줄이는 계획 실행
	국내 그린 리모델링 활성화를 위한 제도 개선	• 2019년 기준 공공 건축물은 전체 건축물의 2.9%에 불과(연면적 기준 약 5.6%). 민간 건축물 그린 리모델링 확대를 고려하지 않으면 건물 부문 온실가스 배출량 감축에 미치는 영향은 제한적 • 건물 에너지 성능을 시장에서 다루기 위해서는 가치 평가를 위한 정보 제공이 우선되어야 함 • 인증 취득을 전제로 한 취득세, 종부세 등 세제 완화가 이루어지면 제로 에너지 건축물 전환을 유도 촉진
3. 건물과 도시의 탄소중립	단계적 성능 개선 및 총량 제한	• 건축법을 통한 규제보다 부동산 거래나 인허가 업종의 신고허가 절차에 의무 규정을 도입하는 것이 효과적 • 임대용 건축물에 15년 이상 노후 보일러를 교체하고, 홑유리 창호, 형광등, 5등급 이하 빌트인 가전들을 바꾸기만 해도 그동안 에너지 효율을 적용하지 못한 85%의 건물을 변화시킬 수 있음
	건축물 생애 주기를 고려한 탄소중립	• 매년 전체 건축물의 약 2%에 해당하는 면적이 신축으로 증가 • 목재의 생산유통 과정에서 발생하는 이산화탄소 배출량은 시멘트의 2분의 1, 철근의 4분의 1 수준. 목조건축의 이산화탄소 발생량은 철근 콘크리트 건축물의 40% 수준 • OECD 국가 전체 목재 자원량의 1% 수확. 한국은 0.6%에 불과. 이 중 13%만 제재목을 생산. 전체 목재수요 중 국산목재 비중은 16% • 주택의 평균수명은 영국 140년, 미국 74년, 한국 단독주택 32년, 아파트 23년
	기후변화에 대응할 수 있는 탄소중립도시 구축	• 고밀 도시에서 건물 단위의 에너지 자립은 에너지 생산 잠재량 측면에서 한계. 이를 상쇄할 수 있는 주변 지역과의 연결을 고려해야 함 • 신규개발 택지는 에너지 자립을 위한 배후 생산지를 고민 • 2015 포틀랜드의 20분 이웃, 2017 호주 플랜 멜번의 20분 커뮤니티, 2020 프랑스의 15분 도시. 자동차 없이 중요 공간에 접근할 수 있는 지속가능도시 • 스웨덴 녹색공간지표(Green Space Index) 모든 시민이 200m 이내로 녹지공간에 접근
4. 우리의 일상을 지키는 가장 합리적인 방법	• 에너지 절약, 고효율 가전제품, 콘덴싱 보일러, 태양광 설치, 인덕션, 단열 공사, 고효율 창호 교체, 배출권, 소규모 재생 에너지 거래, 비용을 분담할 수 있는 시장경제 수단을 활성화 • 기후재난에 취약한 부분을 파악해 체계적인 대안 마련 • 물순환체계 개선, 도심부 열섬 완화를 위해 그늘과 녹지 면적을 늘려야 함	

5. 토론과 소결

2050 탄소중립을 위해서 당장은 에너지 사용, 산업과 건물, 교통 부문의 탄소 배출을 줄이기 위한 단기적 노력에 집중해야겠지만 다른 한편으로는 게임체인저가 될 수 있는 혁신적 기술의 개발과 탈탄소 문명으로의 전환 그리고 탄소 문명이 기반해 왔던 양적 성장과 소비 기반의 시장 자본주의적 경제발전 모델에 대한 수정된 접근도 불가피할 것이다.

중요도가 높은 기술은 단연 신재생 에너지 부문이겠으나 그에 못지않게 탄소중립 달성 이전까지 탄소 문명에서 불가피하게 양산하고 있는 탄소를 포집·저장·사용하는 기술, 이산화탄소의 저감을 위해 이산화탄소를 원료로 하는 산업 기술 등은 주목해야 할 기술연구 분야로 평가할 수 있다. 한국 동해안에서 상당한 양의 탄소 저장이 가능한 장소가 발견되고 있어 이를 활용할 수 있는 기술을 개발한다면 탄소 문명과 탈탄소 문명을 잇는 중요한 가교 역할을 할 수 있을 것이다.[1]

다른 한편으로는 현재의 과도한 소비 기반의 양적 경제성장 모델을 질적 경제발전 모델로 전환해 나가려는 노력이 필요하다. 현재의 소비 우선의 가치를 변화시키지 않고 기술 발전만으로 탄소중립을 달성하기는 힘들다. 국내총생산(GDP) 위주의 경제성장 측정과 경제성장 정책은 많은 한계를 지니고 있다. 이에 대한 대응으로 GDP의 한계를 보완하는 새로운 발전지수도 다양하게 제시되고 있는데 그 대표적인 예가 GDP의 한계를 보완하면서 삶의 질, 환경 친화적인 지속가능성, 사회적 형평성 등을 종합적으로 고려하면서 경제발전과 지속가능성을 동시에 측정하려는 노력으로 발전해 온 참발전지수(GPI: Genuine Progress Index) 등이다.[16]

그리고 기존의 경제성장 우선의 신고전경제학 경제성장 모델에 대응해 새로운 경제학을 주장하는 허만 달리(Herman Daly) 등의 생태경제학 논의에 대해서도 충분한 관심을 기울일 필요가 있다. 이 모든 노력에서 지역인재 양성은 필수적이다. 지방이 취해야 할 최선의 대안과 경로를 모색하기 위해 모든 지혜를 모을 수 있어야 하기 때문이다. 지방정부는 이러한 다양한 논의와 가능성에 열린 자세로 접근하면서 지역의 특성과 가치를 바탕으로 중앙정부와 협력해 나가야 할 것이다.

참고문헌

1. 한국환경연구원. 2021. 『대한민국 탄소중립 2050』, 263~271쪽, 279쪽.

2. IPCC. 2021. 「기후변화 2021 과학적 근거: 정책결정자를 위한 요약본」. WGI 제6차 평가보고서.

3. 노재성. 2018. 「IPCC 지구온난화 1.5℃ 특별보고서는 우리에게 무엇을 이야기하는가?」. ≪국내 IP 환경동향보고≫. 한국환경산업기술원.

4. 유정민·김정아. 2020.6.22. 「서울시 탄소배출제로를 위한 비전과 추진전략」. ≪정책리포트≫, 제302호. 서울연구원.

5. 한희진·민상오. 2022. 「제주 2030 카본프리 아일랜드 정책의 성과와 도전과제: 한국의 탄소중립 정책에 주는 함의」. ≪아시아연구≫, 25(1): 347~374.

6. 고재경·예민지. 2021.4.7. 「지역의 탄소중립, 목표 넘어 실행이 중요!」. ≪이슈&진단≫, No.451.

7. 양철·정윤희·김정섭. 2021. 「에너지 전환과 지방자치단체의 역할 범위: "강원 2040 탄소중립"을 중심으로」. ≪환경법과 정책≫, 제27권. 강원대학교 비교법학연구소

8. 안상욱·한희진. 2021. 「프랑스 재정 및 예산분야의 기후변화대응: 녹색국채와 녹색예산 사례」. ≪국제지역연구≫, 제25권 2호.

9. 양지원. 2021 . 「유럽 기후관련 예산제도 사례연구: 한국에의 정책적 시사점」. ≪유럽연구≫, 제39권 3호. 한국유럽학회.

고재경·예민지. 2020. 「그린뉴딜 성공의 조건: 탄소인지예산」. ≪이슈&진단≫, 430호. 경기연구원.

10. 송지원. 2020. 「유럽 그린딜과 스웨덴 정부의 녹색예산안」. ≪국제노동브리프≫, 제18권 11호. 한국노동연구원.

11. Lester, James P. 1990. "A New Federalism? Enviornmental Policy in the State." Norman J. Vig and Michael E. Kraft. *Environmental Policy in the 1990s.* Washington D.C: CQ Press.

12. 문태훈. 1997. 『환경정책론』, 539쪽. 형설출판사.

13. 정정길. 2002. 「행정과 정책연구를 위한 시차적 접근방법: 제도의 정합성을 중심으로」. ≪한국행정학보≫, 36(1): 1~19.

14. 문태훈·김희석. 2022. 「기후위기 대응 환경정책과 환경거버넌스 정합성 제로를 위한 발전방향」. ≪한국행정연구≫, 31(1): 27~57.

15. CNCA(Carbon Neutral Cities Alliance). 2018. *GAME CHANGERS.*

16. 김경아·문태훈. 2022. 「한국 대도시의 참발전지수 연구」. ≪한국지역개발학회지≫, 34(2): 1~26.

제11장

기후위기와 교육의 생태적 전환

이재영 | 공주대학교 환경교육과 교수

1. 진단

1) 구조적 재난으로서의 기후위기

(1) 현실이 된 기후위기

기후변화가 가져올 위기 상황에 대해서는 이미 수십 년 전부터 경고가 계속되어 왔다. 그러나 의사 결정자나 정책 입안자는 물론 일반 시민들도 이 경고를 별로 진지하게 받아들이지 않았고, 기후변화를 막기 위해 필요하다고 제안된 정책들은 대부분 진지하게 논의할 의제조차도 되지 못했다. 기후변화가 지구적 현상이고 감각적으로 체험하기 어려운 사건이라는 점을 고려하면 한편으로는 이해가 되기도 한다. 오늘날의 인류는 10년 후의 1억 원보다는 당장의 1천만 원을 선택할 만큼 매우 영리하지만, 앞으로 닥쳐올 문제 상황을 예상해서 지금의 삶의 양식을 크게 바꿀 만큼 지혜롭거나 그럴 수 있을 정도로 진화하지는 못한 것인지도 모른다. 그렇다면 지금과 같은 기후위기 상황을 인간의 본능과 직관에 맡겨 놓는다면 인류의 미래는 절망적일 것이며, 이때 우리가 믿을 수 있는 건 공동의 학습뿐이다.

기후위기가 가능성이 아니라 현실로 나타나면서 지난 2~3년 사이에 상황은 급변했다. 기후변화와 사람들의 제한된 감각 사이를 연결하는 징검돌이 하나둘씩 놓이더니 이제 그 징검돌을 가로지르는 판석들이 깔리기 시작했다. 저 멀리 바다 위에서 다가오는 산더미만 한 파도를 목격하게 되었고, 사람들은 불길한 징후를 감지하고 침몰하는 배에 탄 쥐들처럼 불안감을 느끼게 되었다. 호주의 동부 지역을 불태우면서 약 10억 마리 이상의 동물을 죽게 만든 대형 산불은 아프리카, 남미, 북미, 러시아에서도 계속되고 있다. 2020년 여름 한반도에는 기상관측 이래 가장 긴 장마가 계속되었고, 강한 태풍들이 연달아 들이닥쳤다.

지난 몇 년 사이 사람들의 눈과 입을 괴롭게 만든 미세먼지가 그 징검돌 위에 놓인 하나의 판석이었다면, 2020년 전 세계를 공포의 도가니로 몰아넣고 2022년 6월 기준 약 5억 4천만 명의 감염자와 632만 명[1]이 넘는 사망자를 만들어 낸 코로나19가 두 번째 판석이 되었다. 최근 발표된 설문조사 결과(환경보건시민센터, 2020)를 보면 시민들의 약 80%가 코로나19와 기후변화 사이의 연결 고리를 인지하고 있는 것으로 나타났다.

기원후 2~3세기에 퍼진 천연두는 고대 로마제국의 토대를 흔들었고, 14세기 흑사병은 중세 봉건사회가 몰락하는 중요한 계기가 되었다. 돌이켜 보면 지금부터 약 100년 전인 1918년을 전후하여 전 세계를 휩쓴 스페인 독감은 근대 산업문명을 끝내라는 자연의 혹은 신의 명령이었는지 모른다. 그 당시 과학기술의 발달을 등에 업고 시장의 자기조절 능력을 맹신하면서 자연을 상

---

[1]   https://ourworldindata.org/(2022년 6월 19일 기준)

품생산의 원료로만 취급하던 자유주의적 자본주의 체제가 인간과 자연 모두에게 얼마나 치명적이었는지를 보여 준다.

(2) 기후위기와 부정적 미래 인식

그러나 불행하게도 인류는 제1차 세계대전 당시 이런 위해성을 충분히 배우지도 깨닫지도 못했고, 1980년을 전후해서는 그보다 더 지독한 신자유주의 체제에 자신의 운명을 맡기는 어리석은 선택을 하고 말았다(장석준, 2011). 지구적 금융자본은 전 세계를 휩쓸며 자신들의 이데올로기를 본격적으로 퍼뜨리기 시작했다. 그들에 따르면 인간은 본래 무한 욕망을 가진 이기적 존재이며, 한정된 자원을 두고 벌이는 경쟁은 불가피한 일이고, 능력에 따른 차별이야말로 공정한 것이다. 그들은 우리 귀에 이렇게 속삭인다. "이웃은 신경 쓰지 마라. 그러다 너도 죽는다." 그들은 자연과 인간을 상품화하고, 극단적인 경쟁과 사회경제적 양극화를 심화시키고, 마침내 기후변화를 통해 지구의 생명지원 체계를 교란함으로써 인류 전체를 위기에 몰아넣고 말았다.

산업 문명의 시대에 좋은 삶이란 더 많은 것을 소유하고 소비하는 삶이며, 이를 위해 꼭 필요한 더 많은 화폐를 보유한 삶이다(김태형, 2020). 그 결과 이 시대의 교육은 더 많은 화폐를 받을 수 있도록 스스로를 값나가는 상품으로 만들어 가는 과정이라 해도 과언이 아니다. 이런 식으로 좋은 삶을 규정하면 경쟁은 불가피하고, 교육은 능력주의와 서열화를 조장하며, 아이들은 자기 삶의 주인으로 성장하는 데 필요한 생기를 잃고 자본의 선택을 기다리는 상품이 될 수밖에 없다.

2015년에 국제 여론조사 기관인 GlobeScan(GlobeScan Radar, 2015)이 조사한 바에 따르면, "다음 세대가 우리 세대보다 더 나은 삶을 살 것이라고 생각하는가?"라는 질문에 2001년에는 동의가 55%, 부동의가 38%였지만, 2015년에는 부동의가 48%로 동의 45%를 넘어섰다.

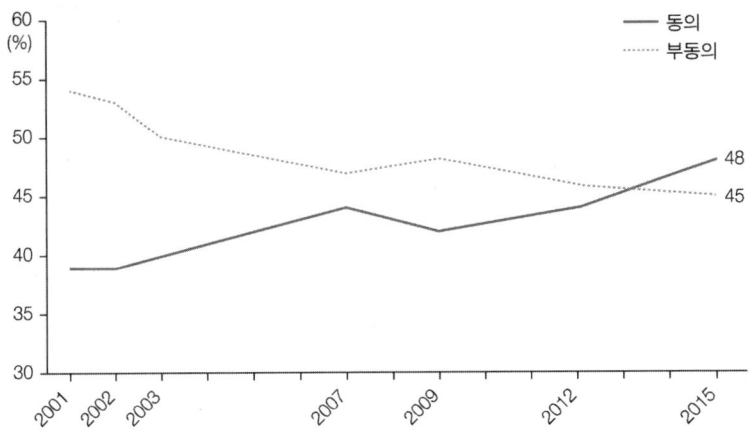

〈그림 11-1〉 다음 세대의 삶의 질에 대한 인식 조사결과

다음 세대가 우리 세대보다 더 나은 삶을 살 것이라고 생각하는가?
동의 vs. 부동의, 13개국 평균, 2001~2015

자료: GlobeScan Radar(2015).

이 조사 결과야말로 산업 문명이 이미 심리적으로 종말을 고했음을 보여
주는 증거 중 하나이다. 다음 세대가 우리 세대보다 더 나쁜 삶을 살게 된다
고 할 때 그런 문명을 계속 유지할 뻔뻔하고 비양심적인 세대가 있겠는가? 이
제 결혼도 하지 않고 아이도 낳지 않겠다고 선언하는 여성이 많아지고 있는
데 이런 현상은 미래에 대한 불안과 미래 세대에 대한 미안함을 반영한다고
하겠다. 2022년 2월 국가환경교육센터(국가환경교육센터, 2022)에서 조사한 바
에 따르면 다음 세대가 우리 세대보다 나쁜 삶을 살 것이라고 생각하는 응답
자의 비율이 67%까지 높아졌다.

(3) 구조적 재난으로서의 기후위기

미세먼지가 온실가스 배출의 주범 중 하나인 화력발전소와 제련소에서 엄
청나게 배출된다는 사실을 모르는 사람은 별로 없을 것이다. 미세먼지와 코

로나19와 같은 감염병은 일종의 구조적 재난이다. 구조적 재난이란 기후변화, 미세먼지, 생물 멸종, 핵발전소 사고(후쿠시마), 지열 개발로 인한 포항 지진 등 자연적 재난과 사회적 재난의 원인이 결합하여 발생하는 재해를 말한다. 이런 재난의 특징은 피해자는 많은데 책임 소재가 애매하고 실제로 책임을 지는 사람도 없다는 것이다.

마쓰모토 미와오(2018)는 지구온난화 문제, 성층권 오존층 파괴 문제, 환경 호르몬 문제, 핵폐기물 처리 문제, 유전자 변형 작물의 안전성 문제 등 인류가 직면한 많은 문제가 과학기술의 발전이 초래한 사회문제임을 지적하며 이를 '지(知)의 실패'로 규정한다. '지의 실패' 원인은 과학기술과 사회학의 단절, 사회학자와 과학기술자의 재발 방지를 위한 책임 회피에서 찾을 수 있으며, 그 이면에 내재해 있는 현대사회의 구조적 문제를 지적할 수 있다. 따라서 사회의 시스템을 근본적으로 바꾸지 않으면 기후위기와 핵발전소 붕괴와 같은 구조적 재난은 계속 재발할 것이며, 해결의 실마리조차 찾을 수 없을 것이다.

2) 자본주의 산업 문명과 교육

(1) 산업 문명의 이데올로기

자본주의 산업 문명은 기후위기의 근본 원인이다. 이 문명이 학교와 교실은 물론 학부모, 학생, 교사의 마음속에 다음과 같은 8가지 이데올로기를 확산함으로써 자기 스스로를 확대 재생산해 왔다.

① 인간의 본성은 이기적이고 인간의 욕망은 무한하다

인간에게 본성이라고 부를 수 있는 것이 있는지, 있다면 그것이 무엇인지 우리는 쉽게 확신할 수 없다. 인간은 종 차원에서 볼 때 진화의 산물로서 끊임없이 새로운 존재로 거듭나고 있다. 다만 여기서 문제가 되는 것은 사람들로 하여금 인간이 본성적으로 이기적이고, 인간의 욕망은 무한하다는 생각을 내면화하도록 만드는 사회 문화적 장치들이며, 이것을 받아들이는 순간 사람들은 이어지는 논리를 통해 협동보다는 경쟁을 정당화하는 덫에서 벗어나기 어려워진다.

② 인간의 욕망은 무한하고 자원은 한정되어 있다

가끔 학생들이 묻고는 한다. 지구는 몇 명의 인류를 먹여 살릴 수 있을까? 왜 지구촌 어딘가에서는 음식물 쓰레기를 처리하지 못해 골머리를 썩는데 다른 곳에서는 굶어 죽는 사람들이 수두룩한 것일까? 인간이 살아가면서 필요한 거의 모든 자원을 지구 생태계로부터 얻는다는 점을 고려할 때, 우리가 획득할 수 있는 자원이 유한하다는 것은 분명하다. 그러나 그 자원이 모자라는지 넘치는지는 인간이 자신의 욕망을 어떻게 다루느냐에 따라 상대적으로 결정되는 것이다. 간디가 말한 것처럼, 지구는 모든 사람의 필요(needs)를 충족시키기에는 충분하지만 한 사람의 욕망(desires)을 채우기에는 부족하다는 것을 기억해야 한다.

③ 욕망은 무한하고 자원은 한정되어 있어 경쟁은 불가피하다

홉스의 주장처럼, 이기적인 인간들이 자기 이익을 지키기 위해 만인과 투쟁하는 상황이 자연 상태(natural state)인가? 전통적인 공동체에서는 축장(蓄藏)에 대한 적대감이 있어서 흉년이 들어 누군가 굶어 죽고 있는데 창고에 음식을 감춰 두고 내놓지 않으면 때려죽여도 괜찮았다고 한다(이진경, 2016). 인간이 무한 욕망을 가졌고, 그 욕망을 충족하기 위한 경로에서 벗어날 수 없는 존재라는 주장은 이미 자발적 가난과 증여의 문화 사례들(우치다 타츠루·오카다 도시오, 2015)을 통해 반증된 바 있다.

④ 시장은 이 경쟁을 합리적인 분배 체계로 바꾸는 자기조절 능력이 있다

인간이 살아가는 데 필요한 재화와 서비스는 시장을 통해 사고팔 수 있다. 시장은 수요와 공급이라는 자기조절 장치를 통해 어떤 상품과 서비스를 조절하는 기능을 하는 것도 사실이다. 그러나 시장은 정치적 진공 상태에서 작동하는 시스템이 아니며, 독과점에 의해 손쉽게 오염될 수 있고 자본가들은 정치권력과 결탁하거나 협상함으로써 각종 법률과 제도를 자신들에게 유리하도록 만들거나 바꿀 수 있다. 20세기 동안에만 해도 세계대전, 대공황, 석유파동, 금융위기 등을 통해 우리는 지구적 자본과 시장이 정치권력에 의존해서만 겨우 생존할 수 있음을 명백하게 확인했다.

⑤ 더 많은 자원과 에너지를 소유하고 소비함으로써 좋은 삶이 가능하다

가난과 궁핍은 좋은 삶을 어렵게 만드는 위협 요소임에 틀림없다. 그렇다고 해서 우리가 소유하고 소비하는 자원과 에너지의 크기만큼 삶의 질이 높아지거나 행복해지지 않는다는 것도 분명해 보인다. 욕망은 배고파서 밥을 먹고 싶다는 욕구처럼 충족될 수 있는 것이 아니며, 행복은 얼마만큼을 가졌느냐가 아니라 가진 것을 어떻게 바라보느냐에 달린 것이다. 행복하고 좋은 삶의 척도를 내 마음 안에서 찾지 않고 내가 소유하고 누리는 것으로부터 찾는다는 점에서 산업 문명은 화폐 만능, 물질 중심이다. 더 많은 상품을 내다팔아서 더 많은 이윤을 얻는 것이 목표인 자본 중심의 산업 문명에서 사람들이 시장 밖에서 행복하고 좋은 삶을 찾으려고 하는 것만큼 끔찍한 상황은 없을 것이다. 광고는 결코 그런 시장 밖으로의 이탈을 용납하려고 하지 않는다.

⑥ 좋은 삶을 위해 꼭 필요한 것이 화폐이고 화폐는 많으면 많을수록 좋다

원하는 모든 것이 시장에 상품으로 나오고, 구매에 필요한 화폐만 갖고 있다면 언제든 그 상품을 구매하여 욕망을 충족함으로써 좋은 삶을 살 수 있다

고 믿는 사회에서 화폐는 상징적으로가 아니라 실질적으로 전지전능한 신으로 작동한다. 따라서 내 삶의 질은 내가 보유하고 있는 화폐량과 비례한다. 오늘날의 화폐는 과거에 화폐 노릇을 했던 쌀과 달라서 축적하기 위해 커다란 창고가 필요한 것도 아니고 오래 보관하면 썩는 것도 아니다. 많으면 많을수록 신에 가까워지는 것이고 얼마든지 무한 축적이 가능하다.

⑦ 학교는 화폐 획득을 위한 경쟁력을 기르고 서열화하는 장소이다

오늘날 시장에서는 인간이나 자연뿐만 아니라 화폐도 상품이다(폴라니, 2009). 화폐를 얻기 위해서는 내 몸과 정신을 자본에 팔아야 한다. 내가 더 많은 연봉을 주고 구매할 만큼 쓸모가 있다는 것을 증명해 보여야 한다. 이를 위해 가장 널리 통용되고 있는 증거가 바로 명문 대학교 졸업 증명서이다. 더 많은 돈을 받을 수 있는 직장을 가기 위해서는 더 좋은 대학에, 더 좋은 대학에 가기 위해서는 더 높은 성적이, 더 높은 성적을 위해서는 더 일찍 더 치열하게 이 경주에 뛰어들어야 하고, 학교는 이 피 튀기는 경쟁 과정을 매우 공정하고 객관적으로 보이도록 절차를 만들고 관리함으로써 학생들을 걸러 내고 서열을 매기는 역할을 한다. 모두가 더 많은 은행 잔고라는 하나의 목표를 향해 내달리기 시작하는 순간, 이미 나머지 모든 것은 결정된다.

⑧ 능력에 따른 차별과 그런 차별의 세습은 공정하다

2017년 11월 12일 고려대학교 대나무숲에 올라온 글이 논란이 되었다. 그 글의 일부를 인용하면 다음과 같다.

학벌주의가 심해졌으면 좋겠어요. 가끔 고대숲에 학벌 관련 얘기가 올라오면 아직도 학벌로 사람 따지는 경우가 있냐는 댓글이 보여요. 저는 동의 못해요. 내가 어떻게 고대에 왔는데… 저는 학벌주의가 더 심해져서 SKY 출신이 더 대접받았으면 좋

겠어요. 아예 진출할 수 있는 직업군이 분류되면 더 좋구요.

출신 대학에 따라 진출할 수 있는 직업군이 달랐으면 좋겠다는 말은, 글쓴이가 소위 명문 대학교 출신이라는 것을 학력을 넘어 일종의 신분으로 인식하고 있음을 보여 준다. 한국교육개발원의 연구보고서(박경호 외, 2017)에 의하면 한국 사회에서 학력은 이미 신분처럼 세습되고 있고, 특히 젊은 세대에서 능력에 따른 차별은 공정한 것이라는 인식이 퍼지고 있다.

(2) 산업 시대의 교육과정 구성 원리

위에서 열거한 것과 같은 자본주의 산업 문명의 이데올로기는 인간관이나 행복관에만 한정되지 않는다. 이 문명의 프레임 속에서는 모든 존재가 주로 도구적 가치라는 측면에서만 인식된다. 자연이든 사람이든 이미 주어진 목적(더 많은 화폐 축적)을 효과적으로 달성하기 위한 도구적 합리성의 기획 안에서 도구적 가치만을 가지며, 인간의 존엄성이나 자연의 내재적 가치는 무시되기 일쑤다.

산업 문명의 학교에서 길러 내고자 하는 학생은 한마디로 자본의 도구이고 상품생산에 필요한 자원의 일종이다. 2001년에는 교육부의 이름까지 교육인적자원부로 바꾸지 않았던가. 학습자는 자본이 상품을 만들고 판매하는 데 사용할 잠재적 노동자 혹은 산업예비군에 불과하며, 더 많은 값을 받고 팔려 나가기를 기대하는 또 하나의 상품일 뿐이다.

자기 삶의 주체라는 생각은 이러한 도구적 존재들이 가져서는 안 되는 위험한 형질이다. 산업 문명의 도구적 합리성은 앞서 지적한 좋은 삶(더 많은 소유와 소비)을 가장 효율적으로 달성하기 위한 관점에서 지식과 기능의 가치를 평가하고 인정하며, 개별 교사의 의지와는 무관하게 교육은 자원으로서 이런 지식과 기능을 가진 쓸모 있는 인간을 효율적으로 길러 내고 걸러 내는 장치로 전락하기 쉽다. 앞서 대나무숲에 글을 올린 학생은 SKY 대학의 학생들에게 특별한 대우를 해 달라고 주장함으로써 스스로가 선택을 기다리고 있는 진열장의 상품임을 인정하는 셈이 되었다. 그들은 더 비싸게만 쳐준다면 더 이상을 바라지 않는다.

산업 문명에서 가장 중요한 의사 결정의 기준은 효율성이다. 효율성은 투자 대비 이윤의 극대화와 최적화의 논리와 결합된다. 효율성을 극대화하기 위해서는 전문화라는 이름의 분절화, 표준화라는 이름의 획일화가 필요하고, 이는 학교에서 파편화된 교과 중심주의와 학생 개개인의 다양성과 잠재성의 차이를 무시하는 일제 고사식 객관형 시험이 주를 이루게 된다. 대학수학능력시험이라는 문제풀이형 평가 과정에서 학생은 자신의 생각을 말할 수 없고, 가르칠 교사는 평가할 권리를 갖지 못한다. 학생 한 사람 한 사람이 누려야 할 성장과 발전의 가능성 실현보다는 공정성이라는 가면을 쓴 능력 지상주의가 압도적인 힘을 발휘한다.

경쟁과 서열화는 그 자체로 오늘과 내일에 대해 이중적인 공포와 불안을 조장함으로써 자본주의 산업 문명을 유지하고 새로운 대안을 꿈꾸지 못하게 만드는 효과적인 통제와 관리의 수단이 될 수 있다. 신자유주의 체제에서 시장의 파트너로 작동하는 국가 주도의 중앙 통제와 일사 분란함은 교육의 다양성과 학교의 자율성(자치)을 억제하는 구조적 장벽으로 작동한다.

(3) 산업 문명의 학교에서 길러 낸 아이들

2017년에 전 세계 10개국 1만 2천명을 대상으로 실시한 조사의 결과를 보면 요즘 아이들은 교도소의 재소자들보다 야외활동 시간이 적다고 한다. 또 하루에 30분도 야외 활동을 하지 않는 아이들이 3분의 1에 이른다고 한다 (TreeHugger, 2017). 코로나19로 인해 사회적 거리 두기가 강조되면서 아이들의 야외 활동이나 모임 활동은 더욱 위축되고 있다. 계속되는 실내 생활에 지친 아이들이 스마트폰을 손에 쥐고 아파트 여기저기를 돌아다니며 포켓몬스 터를 잡는 풍경을 언제까지 지켜만 보아야 할까.

세계적인 환경심리학자 리처드 루브(Richard Louv)는 이런 현상을 자연결핍 장애(nature deficit disorder)라고 규정하고, 그 결과로 나타나는 것이 바로 과잉 행동집중력장애라고 주장했다. 그는 이런 아이들에게는 정신과 상담과 신경 안정제가 아니라 일상적이고 직접적인 자연 체험을 제공해야 한다고 권고했 다. 자연과의 일상적인 접촉을 넘어 나무를 심고 가꾸거나 텃밭에서 채소를 돌보고 닭장에 가서 똥을 치우고 때맞추어 모이를 주면서 길러질 수 있는 생 태적 감수성이나 생명에 대한 윤리 의식은 이제 어디에서 그 성장의 씨앗을 만나게 될 것인가? 코로나19 사태에 대응하기 위해 한국형 뉴딜을 추진하겠 다고 밝히면서 10대 핵심과제 중 하나로 그린 스마트 미래학교가 제시되었 다. 부디 학교 지붕에 태양광 전지판을 깔고 교실 곳곳에 최첨단 컴퓨터와 무 료 와이파이를 설치한다고 해서 그린 스마트 미래학교가 되지는 않는다는 것 을 교육부가 알았으면 좋겠는데, 이 정책을 시설과가 담당한다는 것부터 불 길하다.

<그림 11-2> 아동과 청소년의 정직지수 조사 결과

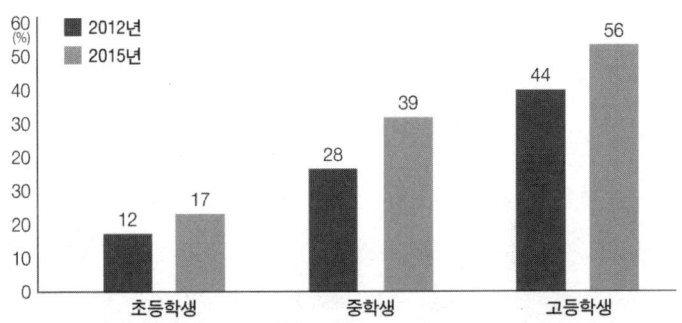

범죄의 대가로 10억 원을 받는다면 1년간 감옥에 가도 괜찮다?

자료: 흥사단 투명사회운동본부 윤리연구센터(2015).

홍사단 투명사회운동본부가 조사한 바에 따르면 10억 원을 준다면 죄를 짓고 1년 동안 감옥에 갈 생각이 있느냐는 질문에 대해 〈그림 11-2〉와 같은 응답 결과가 나왔다(홍사단 투명사회운동본부 윤리연구센터, 2015).

이 결과에서 흥미로운 점은 초등학생보다는 중학생, 중학생보다는 고등학생으로 갈수록 동의한 비율이 높았다는 사실과 2013년에 비해 2015년 조사에서 일관되게 그 비율이 높아졌다는 사실이다. 아이들은 자기가 지은 죄로 인해 사람들이 어떤 고통을 겪게 될 것인가에 대해서는 생각조차 하지 않는다. 단지 받게 될 10억 원의 돈과 참아 내야 할 1년간의 감옥 생활을 비교할 뿐이다. 산업 문명의 학교가 이런 아이들을 길러 내고 있다.

OECD 2030 '미래를 위한 교육' 보고서에서 가장 강조하고 있는 키워드는 학습자 행위 주체성(student agency)이라고 할 수 있다. 권일남 등(2018)의 보고에 따르면 OECD 국제학업성취도평가 결과에서 한국의 만 15세 학생들은 자기 주도적인 학습 태도에서 OECD 평균보다 낮았다.

이번 평가에서는 만 15세 학생들의 자기 주도적 학습(self-regulated learning) 태도를 13개 지표를 사용해서 분석했는데, 한국 학생들은 13개 지표 모두에서 OECD 평균보다 낮게 나타났다. 덴마크나 핀란드의 경우는 학생들의 자기 주도적 학습 태도나 학교에 대한 소속감이 매우 높은 것으로 나타났다. 한국은 학업 성취가 가장 하위권인 멕시코보다도 더 낮은 수준이었다.

구체적으로 볼 때 전반적인 자기 주도적 학습태도 수준은 낮지만 상세화 전략을 사용하고 외재적으로 동기화되어 있는 정도 그리고 경쟁 학습을 선호하는 정도와 읽기 소양점수 간의 상관관계가 특히 높은 것으로 나타났다. 이는 한국 청소년들의 높은 성취 수준이 소속감이 없는 학교생활에서 타율적으로 형성되고 있다는 것을 나타내는 것이다.

학습에 있어서 자기 주도성이 낮다거나, 미래에 대한 자기 결정력이 낮다거나, 행복도가 가장 낮다거나, 자살률이 높다거나, 교사나 부모에 대한 존경심이 낮다는 등의 이야기는 이제 별로 새롭지도 않고 충격적이지도 않다. 이런 비정상적인 사태를 반복적으로 겪으면서도 그냥 넘어갈 수 있는 건 이제 아이나 어른을 막론하고 '권태감'과 '피로감'이 삶을 지배하는 주된 정서이기 때문이 아닐까? 산업 문명이 바라는 대로 사람들은 생기를 잃고 기계가 되어 가고 있다.

2. 전환

1) 생태 문명을 향한 교육의 전환

(1) 생태 문명

생태 문명이란 무엇일까? 간단하게 정의해 보면, '모든 사람들의 생태 발자국이 1 이하인 문명'이라고 할 수 있지 않을까? 풀어 보자면, '모든 인류가 나처럼 살아도 지구의 생태적 수용 능력이 감당할 수 있다는 판단에 근거한 삶의 양식이 보편화된 문명'이라고 할 수 있겠다. 물론 이런 삶의 양식이 구체적으로 실현되는 방식은 문화에 따라 다양할수록 좋을 것이다.

이제 우리는 생태 문명으로의 전환을 위해 그리고 기후위기에 대응하기 위해 좋은 삶에 관한 우리의 내적 기준을 바꾸는 동시에 그런 삶을 실현하기 위한 외적 조건을 바꾸어야 한다(이재영, 2019). 그리고 교육 역시 변화의 주체이기 이전에 변화의 대상으로서 생태 문명을 향해 근본적인 전환을 이루어야 한다. 생태 문명으로의 전환과 교육은 어떤 관계가 있을까?

〈그림 11-3〉에서는 OECD의 '인간개발지수(HDI)'와 그 나라 국민들의 '평균 생태 발자국 크기'를 비교한 연구 결과를 통해 매우 흥미로운 시사점을 얻을 수 있다. 'HDI'가 0.7을 넘어서는 순간부터 '생태 발자국의 크기'와 거의 정

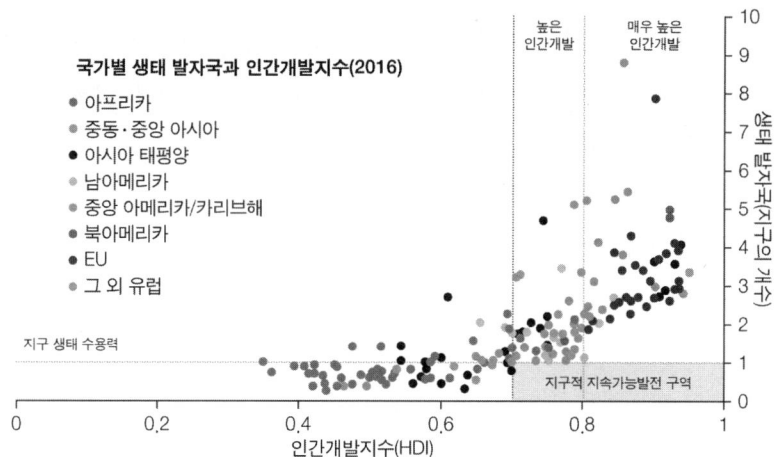

〈그림 11-3〉 HDI와 생태 발자국의 상관관계

국가별 생태 발자국과 인간개발지수(2016)

- 아프리카
- 중동·중앙 아시아
- 아시아 태평양
- 남아메리카
- 중앙 아메리카/카리브해
- 북아메리카
- EU
- 그 외 유럽

지구 생태 수용력

인간개발지수(HDI)

비례하고 있는데, 이는 더 많이 배운 사람일수록 더 많은 에너지와 자원을 소비하고 더 많은 폐기물을 지구에 남기는 삶을 살고 있음을 의미한다.

소비 또는 소유의 크기와 삶의 질이 비례한다고 믿는 자본주의 산업 문명의 교육 시스템 속에서, 학습자는 더 많이 소유하고 더 많이 소비하는 데 필요한 능력과 자격을 추구하며, 이는 결과적으로 생태계와 사회 체계의 지속 불가능성을 심화시키는 결과를 초래할 수 있다.

교육의 과제는 사회를 '지구적 지속가능발전 구역'(〈그림 11-3〉 오른쪽 아래 음영에 해당)으로 옮기는 변화를 만들어 내는 것이다(Global Footprint Network, 2020). 즉, 지구의 생태 용량을 초과하지 않는 수준으로 물질과 에너지 소비를 줄이면서 동시에 지금보다 더 좋은 삶의 질을 유지할 수 있는 문명을 만들어 가는 데 필요한 의지와 역량을 기르도록 도울 책임이 있다.

문화적으로 생태 문명은 산업 문명의 멋짐(크고 빛나고 죽지 않는)이 야만이나 몰상식이 되는 문명이라고 할 수 있다. 예를 들어 큰 차, 큰 집, 잦은 해외여행, 마블링이 잘 된 송아지 고기 등. 1995년 건강보호법이 통과되기 전까지는 대중교통수단이나 심지어 엘리베이터 안에서도 흡연을 할 수 있었고, 이것이 불법이 아니었다. 그러나 그로부터 25년이 지난 이제 누군가 지하철이나 버스 안에서 담배를 핀다면 그는 야만인이라거나 몰상식하다는 비판을 피하기 어려울 것이다.

(2) 생태전환 교육

생태전환 교육은 '지속 가능하고 좋은 삶을 지향'하는 교육이며 이는 곧 '학습자 한 사람 한 사람이 지구 위에서 다른 사람이나 생명(자연)과 함께 영원히 행복할 수 있는 길을 찾고 나아가도록 돕는 교육'이다(O'Brien, 2016).

상품화된 자아, 공동체의 붕괴, 기후위기와 생태계 파괴 속에서 학습자들로 하여금 교육의 궁극적인 목표라고 할 수 있는 자기 발견, 자기 이해, 자기실현을 통해 지속 가능하고 좋은 삶을 살아가는 데 필요한 힘(자립력과 공생력)을 기르는 교육으로의 전환이 필요하다.

그 과정에서 핵심적인 영역은 인성 교육, 민주시민 교육, 환경생태 교육이

〈표 11-1〉 산업주의와 생태주의의 비교

산업주의	생태주의
기계론	생명론
환원주의(deductivism)	총체주의(holism)
개체 중심	관계 중심
분절적 → 전문가 중심주의	통합적(integrative) → 거버넌스
효율성(efficiency), 양적	효과성(effectiveness), 질적
실증주의	비판주의
보편적·객관적 과학 지식	전통적·맥락적 생태 지식
도구적 자연관과 인간관	목적적 자연관과 인간관(생명-생태 윤리)
시장의 자기조절능력 기반 경제	공동체, 사회적, 순환경제
지구적 자본, 국가	지역, 마을
경쟁력	자립력과 공생력

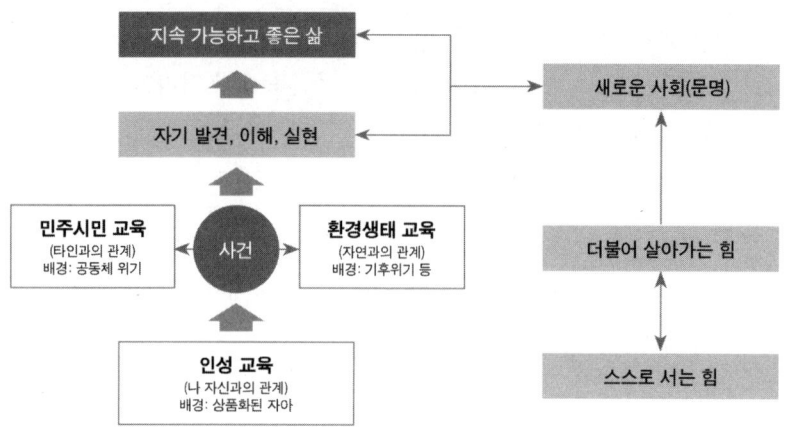

〈그림 11-4〉 지구생태시민과 생태 문명의 관계

라고 할 수 있으며, 사건 탐구와 같은 통합적이고 심도 있는 학습을 통해 학생들은 '생태 시민'으로 변화할 수 있고, 이런 새로운 인류(지구생태시민)와 함께 새로운 생태 문명도 조금씩 태어날 수 있다.

생태전환 교육은 생태 문명으로 전환하기 위해 필요한 의지와 역량을 생산하는 과정으로서의 교육이라는 의미(변화의 주체로서의 교육)와 생태 문명으로 가기 위한 교육 자체의 전환(변화의 대상으로서의 교육)이라는 이중적 의미를 동시에 갖고 있다.

(3) 생태적 원리들: 생태전환 교육의 이론적·이념적 토대

생태 문명과 생태전환 교육의 이론적·이념적 토대로서 삼아야 할 생태적 원리에는 어떤 것들이 있을까? 아래는 다양한 문헌들에서 강조하고 있는 생태적 원리들을 발췌·요약한 것이다. 다만 일부 내용에 대해서는 생태주의 내에서도 의견의 불일치가 존재한다.

① 자연(생명)은 내재적 가치를 가진다

자연은 인간에게 어떤 쓸모가 있는가와 무관하게 존재할 권리를 가진다. 나아가 볼리비아(구도완 외, 2021)가 2011년 자연을 법적 권리의 주체로 인정하는 '어머니 지구법'을 새롭게 제정하면서 강조한 것처럼 존재하고 생존할 권리, 인간의 변형으로부터 자유로운 상태에서 진화하고 생명 순환을 지속할 권리, 평형을 유지할 권리, 오염되지 않을 권리, 유전자나 세포가 조작되지 않을 권리, 지역 공동체와 생태계 균형을 해치는 개발계획이나 거대 사회기반시설 건설에 영향받지 않을 권리 등을 가질 수 있다.

② 생태계를 구성하는 모든 생명·비생명 요소들은 서로 연결되어 있다

모든 구슬이 나머지 모든 구슬을 서로 비추는 인드라망의 비유에서 보듯이 하나에서 어떤 일이 생기면 반드시 연결된 여럿에게 영향을 미친다. 다른 말로 하면, 무언가가 존재한다는 것 자체가 접속하고 관계 맺고 있다는 뜻이며, 연결되어 있는 다른 존재나 관계망에 변화가 생기면 그 존재 역시 변화를 겪게 된다. 자연의 건강, 동물의 건강, 인간의 건강이 서로 연결되어 있음을 묘사하기 위해 최근 자주 사용되는 원헬스(One Health)도 이런 의미를 나타낸다.

③ 생물다양성이 높을수록 생태계의 회복 탄력성이 높고 지속 가능하다

차이는 제거해야 할 걸림돌이 아니라 북돋아 주어야 할 속성이다. 이는 학교에서 학생을 바라보는 관점에 중요한 시사점을 준다. 경쟁과 서열화가 아니라 학생 각자가 가지고 있는 잠재성을 발견하고 실현하도록 도움으로써 시스템으로서 기후위기와 환경 재난에 대응하기 위한 사회의 회복 탄력성이 높아질 수 있다.

④ 생태계는 회복 탄력성이 있지만 수용 능력에는 한계가 있다

자연 생태계는 외부의 충격으로부터 스스로를 지키고 원래 상태로 돌아오려고 하는 성질(항상성)과 그렇게 할 수 있는 능력(회복 탄력성)을 갖고 있다. 그러나 충격이 너무 세거나 변화의 폭이 너무 커서 생태계의 수용 능력을 넘어서면 체제 전환이 일어나고 본래의 생태계로 돌아갈 수 없다. 현재의 사회 체계는 지난 수천 년간 큰 변화가 없었던 생태계의 안정성에 기반해서 만들어진 것이다. 그러나 과도한 온실가스 배출로 인한 기후변화와 같이 지구 생태계에 가해진 교란이 지나치게 크면 다시 이전으로 돌아갈 수 없다.

⑤ 공짜 점심은 없다

얻는 것이 있으면 잃는 것이 있고 빛이 밝으면 어둠도 짙다. 편리함에는 반드시 그 대가가 따른다. 일회용 플라스틱의 편리함에는 썩지 않는 쓰레기라는 대가가, 자동차의 편리함에는 온실가스 배출과 기후변화라는 대가가 따른다. 4차 산업혁명과 인공지능 등의 정보통신기술이 인류의 미래를 구원할 원동력처럼 묘사되지만, 실제로 인공지능 컴퓨터를 돌리기 위해서는 비행기 수천 대가 비행하는 과정에서 발생하는 것 이상의 온실가스가 배출된다. 오늘날 공정성을 강조하면서 수능의 비중을 높이자는 주장이 제기되고 있지만 그 반작용으로 우리는 교실 수업이 문제풀이 중심으로 진행되는 대가를 치르게 될 것이다.

⑥ 전체는 부분의 합 이상이며 이를 창발성이라고 한다

생태주의는 늘 전체가 부분의 합 이상이라고 강조하지만 부분을 전체에 종속시키는 전체주의(totalism)는 아니다. 여기서 강조하는 것은 부분들이 모여서 전체를 구성할 때 새롭게 생겨나는 속성, 즉 창발성(emergent property)의 의미이다. 자동차는 수만 개의 부품으로 구성되어 있지만 이것들이 자동차라

는 하나의 시스템 속에 통일되었을 때 비로소 주행이라는 새로운 속성이 탄생한다. 타이어나 핸들만으로는 달릴 수 없다. 지구 생태계가 하나의 시스템으로 작동하면서 갖게 되는 창발적 속성이 바로 생명지원 능력(life supporting capacity)이다.

⑦ 자연은 순환하고 반복하며 끊임없이 차이를 만들어 낸다

매일 해가 뜨고 진다. 그 가운데서 얼었던 땅은 녹고 씨앗에서는 싹이 트고 바다는 물고기를 데리고 움직이고 새로운 생명이 태어나고 자란다. 학습자들의 변화도 마찬가지다. 매일매일 기계적으로 반복되는 것처럼 보이는 학교활동 역시 어떻게 구성되고 운영되느냐에 따라 실제로는 학습자가 새로운 존재로 변화하고 거듭나기 위한 내적 에너지를 만들어 낼 수 있고 그렇지 못할 수도 있다. 모든 것은 변화한다. 그러나 변화에는 시간이 필요하다.

⑧ 지구는 하나의 시스템으로서 자기조절 능력을 갖는다

가이아 여신은 인간만큼 지구상의 모든 생명체를 사랑한다. 중요한 것은 하나의 시스템으로 지구 전체의 건강성이다. 그 과정에서 인간은 특별한 지위를 갖지 않는다. 장회익이 '온생명론'(장회익, 2014)에서 제기한 것처럼, 인간은 자의식을 가진, 우주 생명의 신경세포로서 자신들의 선택과 행동이 우주 생명의 전체에 어떤 영향을 미치는지 깨닫고 암세포에서 신경세포로의 존재론적 전회가 필요하다는 주장도 있다.

좋은 삶은 피안이 아니라 지금 여기에서, 목적지나 결과로 규정되기보다는 늘 끝이 없는 변화와 생성의 과정으로 묘사되며, 그런 의미에서 지속가능성의 원리와 연결된다. 지속가능성이란 계속(continuity)과 변화(change)가, 존재(being)와 생성(becoming)이 통일된 상태를 말한다. 그것이 이 세계가 작동하

는 생태적 원리이고, 지속가능하고 좋은 삶의 핵심이다. 동일한 원리가 사회와 학교를 조직하고 운영하는 원리로 적용될 때 생태 문명은 태어날 수 있을 것이다. 좋은 삶을 향한 하나의 시작은 작은 자기(self)에 대한 집착을 줄이는 것이고, 나아가 자기의 경계를 계속 확장하는 것이다(이재영, 2017).

(4) 생태전환 교육이 추구하는 인간상과 역량

① 추구하는 인간상: 지구생태시민

2015 개정 교육과정에서 추구하는 인간상은 4가지로 자주적인 사람, 더불어 사는 사람, 창의적인 사람, 교양 있는 사람이다. 이를 요약하면 '바른 인성을 갖춘 창의 융합형' 인재라고 할 수 있다. 기후위기와 환경 재난이 현실이 되고 있는 오늘날에도 여전히 기존의 인간상으로 충분한 걸까?

생태전환 교육이 추구하는 인간상은 한마디로 '지구생태시민'이라고 할 수 있다. 지구생태시민이란 '지구인으로서 기후위기를 포함하여 지속 불가능에 처한 인류의 생태적·사회(정치경제)적 위기 상황에 대한 인식을 바탕으로 문제 해결을 위한 전환 과정에 참여하는 민주 시민'이라고 정의할 수 있다. 지구생태시민은 세계 시민이자 민주 시민이면서 동시에 지구적 지속가능성을 추구하는 생태 시민이다. 따라서 자기가 살고 있는 마을과 지역을 깊이 이해하고 지속 가능한 사회로의 변화를 위해 참여하려는 의지와 능력을 갖춘 사람이다.

기후위기와 환경 재난의 시대에 한국 교육과정의 이념이라고 할 수 있는 홍익인간을 구현한 것이 바로 지구생태시민이라고 할 수 있지 않을까? 널리 세상을 이롭게 한다는 보편성이 21세기를 위기와 함께 시작한 우리에게 구체화되었을 때 나타날 수 있는 모습이 바로 지구생태시민일 수 있다고 제안한다.

② 핵심 역량: 자립력과 공생력

2015 개정 교육과정은 흔히 역량 중심의 교육과정이라고 불린다. 교육과정 총론에서는 일반 핵심역량으로 자기 관리, 지식정보 처리, 창의적 사고, 심미적 감성, 의사소통, 공동체 역량 6가지를 제시하고 있다. 개정 교육과정 발표 직후에 수행된 다음의 연구는 역량에 여전히 지식 중심적으로 접근하는 전형적인 태도를 보여 준다.

지식의 체계적 전수와 습득을 통한 지력의 개발은 곧 역량의 개발이라는 점에서 볼 때, 초·중등학교의 내용(주지) 교과에서는 지식의 체계적 전수와 습득은 역량 구현의 주요 수단이자 각 학교의 여전한 핵심 기능이 되어야 할 것이다(홍후조 외, 2016).

홍후조 외(2016)는 "역량 중심의 교육에서는 주요한 학습법으로서 일련의 프로젝트 수행이 강조된다. … 역량은 사회의 다양한 분야에 걸쳐 발휘되는 다양한 차원과 기능으로서, 상대적으로 고차원적 능력을 의미한다"고 말하면서도 여전히 '프로젝트 학습의 요체는 지력의 개발'이라거나 역량이 '지식의 체계적 습득에 의한 지력의 개발'과 관계된다는 산업주의 역량관을 벗어나지 못하고 있다.

기후위기와 생태계 파괴에서 초래된 코로나19 등 전 지구적 위기 상황은 우리에게 지속 가능한 삶을 위해서는 경쟁력이 아니라 자립력과 공생력이 함께 필요함을 가르쳐 주고 있다. 이웃과 자연을 고려하면서 자기 삶을 설계하고 꾸려 가는 능력을 길러 주는 것이 학교의 역할이다. 예를 들어 기후변화로 인해 농업 생태가 급격하게 변하고 있는 시점에서 지난 수십 년 동안 농업, 농학, 농민, 농촌을 무시해 온 한국의 식량 자급률은 매우 낮은 실정이고, 각국이 식량을 안보의 관점으로 바라보게 되었을 때 매우 심각한 문제가 생길 수 있다.

어떤 의미에서 자립력과 공생력은 기존에 추구하던 인간상이나 핵심 역량이 포함되어 있다고 할 수도 있다. 그러나 중요한 것은 이런 핵심 역량이 교과별 핵심 개념이나 내용의 하위 수준에서 기능으로 전락해 버린 점에 있다. 이제는 실질적으로 이런 역량들을 길러 줄 수 있도록 교육과정의 중심이 교과가 아니라 역량이 되어야 한다.

③ 환경학습권

새로운 국가 환경교육 추진 체계를 연구한 보고서(이재영 외, 2017)에서 처음 환경학습권이라는 용어가 등장했다. 이 보고서에 따르면 환경학습권은 환경권과 학습권을 통합적으로 추구하는 일종의 기본권이며, 기후위기와 환경재난의 시대에 특별히 강조되고 보장되어야 할 권리라고 설명하고 있다.

헌법 제35조에서 환경권은 "건강하고 쾌적한 환경에서 생활할 권리"로 정의되며, 환경학습권은 주로 환경권이 침해되기 전에, 환경에 대한 알 권리와 환경에 관한 의사 결정에 참여할 권리를 실현하기 위해 바탕이 되는 권리라고 할 수 있다.

한국 헌법은 아직 학습권을 담고 있지 않으며, 대신 교육기본법 제3조(학습권)에서 "모든 국민은 평생에 걸쳐 학습하고, 능력과 적성에 따라 교육을 받을 권리를 가진다"고 규정하고 있다. 청소년기후행동이 2020년 3월 헌법소원을 제기하면서 강조한 바와 같이, 기후위기에 대한 국가의 부적절하고 불충분한 대응은 미래 세대의 생존권과 행복추구권을 침해할 가능성이 있으며, 이런 맥락에서 환경학습권은 생존을 위한 학습권이라고 할 수 있다. 2021년 10월 교육기본법이 개정되면서 제22조 2항에 기후변화환경교육이라는 조항이 생기고 생태전환 교육을 정부와 지자체의 의무 사항으로 명시한 것은 진일보한 변화이다.

2) 기후위기와 통합적 관점의 필요성

(1) 기후위기는 환경문제만은 아니다

기후변화는 어떤 문제인가? 아이러니하게도 기후변화가 환경문제라는 고정관념을 깨뜨리는 것이야말로 기후환경 교육의 핵심 과제라고 할 수 있다. 미국 예일 대학교 기후변화 커뮤니케이션 센터(Leiserowitz et al., 2018)가 미국 성인 1278명을 대상으로 조사한 결과에 따르면, 기후위기를 환경 쟁점(75%)이나 과학 쟁점(69%)이라고 응답한 사람이 가장 많았지만, 그 밖에 극심한 날씨(64%), 농업(63%), 건강(58%), 정치(57%), 경제(54%), 인도주의(51%), 도덕(38%), 빈곤(29%), 국가안보(27%), 사회정의(24%), 종교(9%)의 문제라고 답한 비율도 적지 않았다. 이는 기후변화를 생태적·경제적·정치적·문화적 관점에

〈그림 11-5〉 기후위기의 성격에 대한 설문조사 결과

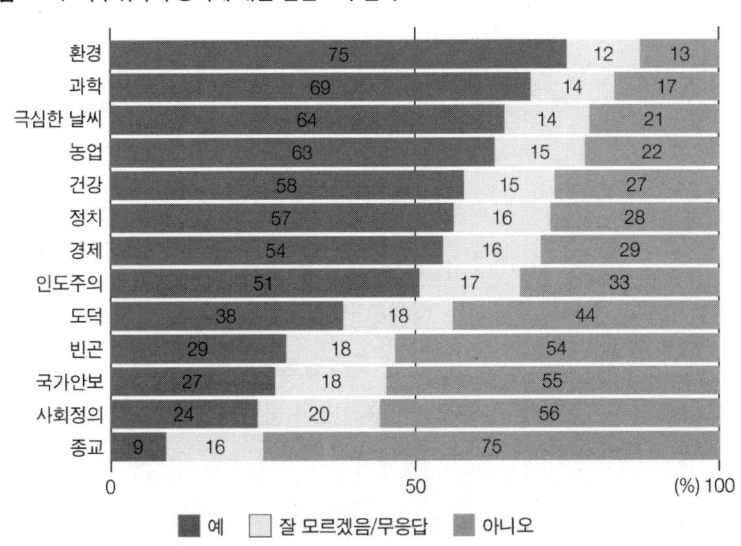

자료: Leiserowitz et al.(2018).

서 통합적으로 이해해야 해결의 실마리를 찾을 수 있음을 암시한다.

지금 전 세계를 공포에 몰아넣은 코로나19라는 안전 문제는 생태계 파괴와 기후변화로 인해 나타난 것이며, 그로 인해 2020년 1/4분기에만 3억 명의 일자리가 줄어들었고, 그 과정에서 가난한 여성들의 일자리가 특히 많이 없어졌으며, 그 여성의 아이들이 기본적인 인권조차 보장받지 못하고 있는 실정이다. 기후위기-질병-실업-성차별-인권으로 이어지는 고통의 사실을 이해해야만 기후변화의 심각성과 본질을 알고 대응책을 만들 수 있다.

그레타 툰베리(Greta Thunberg) 역시 인터뷰에서 "기후위기는 단지 환경에 관한 것이 아니다. 인권, 정의, 정치적 의지의 위기이다. 제국주의, 인종차별, 가부장제에 의한 억압 체계가 그것을 만들어 내고 연료를 공급했다"고 주장했다.

(2) 기후변화와 인권 문제

① 기후위기는 인권의 위기

기후변화는 1948년 유엔에서 세계인권선언이 채택된 이래 가장 큰 인권의 위기를 가져오고 있다. 최선의 시나리오로 간다고 해도 세계적으로 최소 수억에서 수십 억 명이 절대적인 빈곤을 포함해 기본적인 인권이 보장되지 못하는 위기 상황에 처한다는 것이 유엔인권위원회(Human Right Council)[2]의 경고이다.

2018년 노벨 경제학 수상자 윌리엄 노드하우스(William Nordhaus)(2019: 1991~2014)는"기후변화는 우리 세계를 위협하는 거상이자 세계경제의 궁극적

---

2) 이 부분은 인권위원회 보고서(Human Right Council, 2019)의 주요 내용을 발췌·정리한 것임을 밝혀 둔다.

도전"이라고 주장했다. 2001년 노벨 경제학 수상자 조지프 스티글리츠(Joseph Stiglitz)(2019)는 기후변화를 '제3차 세계대전'이라고 불렀고, 프란치스코 교황 (Harvey and Ambrose, 2019) 역시 기후변화를 막기 위한 긴급한 조치를 취하지 못한다면 그것은 가난한 자들과 미래 세대를 향한 부정의하고 잔인한 행위가 될 것이라고 경고했다.

세계적인 인권 단체나 기관조차 기후변화가 전 세계 사람들의 인권에 막대한 영향을 미치고 있고, 앞으로 더 심각한 영향을 미치게 될 것임을 이제야 조금씩 깨달아 가고 있다. 이제 우리에게 남은 것은 이 지속 불가능한 세계를 지속 가능하도록 근본적으로 바꾸기 위한 변혁적(transformative) 혹은 전환적 (transitional) 실천과 참여다.

각 대륙마다 기후위기 증상이 다른데 아프리카의 경우에는 가뭄과 사막화, 그로 인한 식수 부족과 농작물 수확량의 급감이다. 지금도 한국에서는 홍수와 범람, 프랑스에서는 혹한, 호주에서는 폭설, 미국에서는 허리케인과 산불, 태평양의 많은 섬들에서는 해수면 상승, 스위스에서는 만년설이 무너져 흘러내린 뒤 나중에 나타날 물 부족이 문제가 되고 있다. 해수 온도의 상승으로 무수한 해양 생물이 위기를 맞고 있고, 그들에게 의존해 살고 있는 수억 명 사람들의 생존도 위기에 처해 있다.

② 기후위기와 가난한 자들의 인권

IPCC 보고서(IPCC, 2022)에 따르면 1.5℃만 연평균기온이 올라도 약 4억 5천만 명의 삶이 위태로워질 것이며, 해수면 상승으로 최소 1천만 명, 홍수, 가뭄, 폭설, 폭염, 산불 등으로 인해 1억 9천만 명이 조기 사망할 것으로 추정하고 있다. 세계은행(World Bank, 2020)에 따르면, 2℃가 오르면 1억~4억 명의 사람들이 굶주림으로 고통받게 될 것이며, 10억~20억 명의 사람들이 물 부족에 시달리게 될 것이라고 한다. 2080년까지 세계 곡물 생산량의 30%가 줄어들 위험이 있고, 2030~2050년 사이에 해마다 약 25만 명이 추가로 영양실조 등으로 죽게 될 것이라고 추정한다. 해마다 약 1억 명이 추가로 빈곤 상태에 빠지게 될 것이라고도 한다.

가난한 사람들에게 있어 집을 잃는다는 것은 치명적인 위협이다. 2050년까지 약 1억 4천만 명이 지금 살고 있는 곳을 떠나게 될 것이라고 한다. 2018년에만 135개국에서 약 1800만 명이 환경 난민이 되었는데 이는 분쟁으로 인한 난민보다 2배 이상 많은 숫자이다. 이런 와중에도 정부는 부자들이 사는 동네나 지역에만 관심을 가져서 가난한 사람들은 재난으로부터 보호받지 못하는 경우가 흔하다.

가난한 사람들은 산비탈과 같이 기후변화로 인한 영향(산사태 등)을 받기 쉽고 그런 변화에 견디는 힘이 취약한 지역과 집에 살고 있는 경우가 대부분이다. 그들은 자연재해와 질병과 곡물가 상승 등에 취약하다. 그리하여 기후변화는 기존의 가난과 불평등을 더 심화시키는 결과를 초래할 것이다.

Oxfram(2021)에 따르면 부유한 10%가 온실가스 배출의 50%에 대해 책임이 있고, 하위 50%는 온실가스 배출의 10%에 대해서만 책임이 있다. 상위 1%는 하위 10%보다 175배나 많은 온실가스를 배출하고 있다. 부자들은 더 많은 온실가스를 배출하고 그로 인해 더 많은 혜택을 누리면서도 기후변화로 인한 영향을 가장 적게 받는 반면, 가난한 사람들은 온실가스도 적게 배출하고 혜택도 별로 누리지 못하면서 기후변화로 인한 영향에는 가장 취약한 상태로 노출되어 있다. 이것이야말로 빈곤과 불평등이 만나 사회정의가 무너지는 지점이다. 심각한 것은 기후변화가 이런 빈부격차를 이전보다 25%가량 더 벌어지게 만들었다는 점이다. 기후변화는 인권 보장이라는 측면에서 인류가 지난 50년 동안 어렵게 이루어 놓은 성취들을 모두 물거품이 되게 만들 위험이 있다.

국제노동기구(ILO)에 따르면 전 세계 일자리의 40%에 해당하는 약 12억 개의 일자리가 지속 가능하고 건강한 환경과 연결되어 있다고 한다. 1.5℃ 시나리오가 최선의 경우로 간다고 해도 2030년까지 전체 노동시간의 2%, 즉 7억 2천만 개의 정규직 일자리가 사라질 위기에 놓여 있다.

③ 기후위기, 인권 그리고 환경학습권

2019년 기준 49개 국가, 245개 지역, 7천여 개 도시, 6천여 개 회사에서 온실가스 배출량이 감소하기 시작했다고 보고하고 있다. 기후위기에 대응하는 다양한 정책들을 구상하거나 실행하는 과정에서 인권침해가 발생하지 않도록 처음부터 함께 고려하는 안목이 필요하다. 기후변화와 인권 문제를 연결하기 위한 창의적인 접근과 프로젝트가 필요하다.

학교에서는 이런 문제들을 통합적·간학문적(interdisciplinary)으로 배우기 위한 새로운 접근이 필요하고, 사회에서는 이런 약자들이 의사결정 과정에서 배제되지 않도록 하기 위한 제도적 장치들을 마련하고 각별히 고려해야 한다. 특히 기후 거부자들(climate denier)을 포함해 이런 사회적 변혁과 전환에 대해 저항하는 반세력들이 결집할 가능성도 무시할 수 없다. 예를 들어 인종차별주의자, 국수주의자, 나치즘이나 파시즘 등이 등장하고 이로 인한 새로운 인권침해의 가능성(예: 미국에서 발생한 흑인 사망사건 등)도 없지 않다.

그동안 기후환경 교육과 민주시민 교육과 인권 교육은 서로에 대해 너무 관심이 없었고 무지했다. 이제라도 진지한 대화를 시작해야 한다. 우리는 기후환경 교육과 민주시민 교육 못지않게 인권 교육을 결합했을 때 많은 시사점을 얻을 수 있을 것이다.

환경학습권을 보장하는 것은 미래 세대의 인권을 보장하는 의미를 갖는다. 자신들의 존재 자체를 위협하는 환경적 변화에 대해 배울 기회를 갖지 못한다는 것은 인간으로서 누려야 할 기본권을 침해당하는 것이라고 볼 수 있다. 가능하다면 교육기본법, 환경정책기본법, 학생인권조례에 기후변화 등 환경

위기에 대해 배울 환경학습권에 관한 사항을 포함할 필요가 있다. 브라질은 이미 헌법에 환경 교육에 관한 사항을 포함했던 바가 있다.

(3) 환경정의, 사회정의 그리고 평화[3]

① 신자유주의의 극복

신자유주의 경제정책과 지구화는 사회정의, 평화, 환경적 지속가능성에 적대적이며, 따라서 우리는 사회적·환경적 책임감을 바탕으로 새로운 경제를 상상해야 한다. 신자유주의 경제정책은 탈규제와 단기 이윤 극대화를 토대로 하고 있기 때문에 적절한 규제, 공공선에 대한 비전, 지구적 경제 발전의 장기적 함의를 요구하는 사회정의, 평화, 환경 정의와 대척적인 관계에 있다. 증가하는 빈곤, 온실가스 배출, 사회적 불평등, 전통문화의 붕괴는 신자유주의 세계화의 방향으로 세계경제가 바뀌면서 나타난 부산물이다. '경제성장이 안 되면 일자리를 잃고 삶이 엉망이 될 것'이라는 신자유주의의 주장은 반드시 통합적 교육을 통해 철저하게 의심받아야 하고, 새로운 경제적 비전을 찾도록 권장되어야 한다.

사회정의, 평화, 환경 정의는 서로 분리될 수 없으며, 상호 의존적이고 영향을 주고받는다. 이것들은 서로를 고려하면서 함께 추구하지 않으면 달성될 수 없는 목표들이다. 지구적 자본주의는 군국주의, 제국주의, 전쟁 그리고 전지구적 환경 파괴와 같은 인간 억압의 기제를 형성하고 증폭시키는 체계적인 공통분모이다. 우리는 인간 해방의 문제가 매우 복잡하다는 것을 기꺼이 받아들이고, 주제별로 자기 영역에 갇혀서 본질주의에 빠지지 않도록 유의해야 한다.

---

3)   이 부분은 Andrzejewski and Symcox(2009: 302~312)를 발췌·요약한 것임을 밝혀 둔다.

우리는 하나의 주제가 다른 주제보다 더 중요하다는 식의 생각에 도전하면서, 이런 여러 주제들이 어떻게 연결되고 영향을 주고받는지 배울 수 있는 교육을 제안한다. 이를 위해서는 각 영역별로 잘 정리된 이론이나 문서가 아니라 국제 협약이나 지역의 쟁점(사건)들을 심도 있게 살펴보는 것이 크게 도움이 된다. 우리는 마을, 지역, 국가, 세계 사이 그리고 각자의 좋은 삶과 타자와 지구의 웰빙 사이의 신화화된 분리를 넘는 가교를 찾아야 한다.

② 기후위기와 해방의 교육

교육가는 반드시 표준화 운동(정책)에 도전하고 교육 담론을 배타적인 학술적 책무성에서 더 확장시켜 사회정의, 평화, 환경 정의를 포함하는 책무성으로 바꾸어야 한다. 오늘날의 학교는 지배적인 사회의 이데올로기를 드러내면서 다양한 학생들을 하나의 현존하는 사회질서의 논리에 동화시키는 기능을 해왔다고 평가한다.

학교는 교육과정을 통해 이런 스테레오 타입을 재생산하고 정당화했으며, 보편적 지식이라는 이름으로 특정한 지배 형식을 만들어 내고 있다. 우리는 학교가 학생들로 하여금 자기가 살고 있는 이 세계의 실제적인 문제(쟁점)들이 교육과정의 중심에 놓이고 이를 중심으로 대화하고, 다양한 정보를 수집·해석·적용하는 과정에 참여하도록 도와야 한다고 주장한다. 이는 파울로 프레이리(Paulo Freire)의 해방의 교육학과 일맥상통한다. 시스템적 사고와 비판적 사고가 새로운 생태 시민의 중요한 덕목이자 역량으로 평가받는 이유도 바로 여기에 있다. 비판적 사고는 한계를 설정하고 가능성의 조건을 생각할 수 있는 능력이다. 성장에는 한계가 있으며, 우리가 누릴 수 있는 풍요에도 한계가 있다.

현재 상태를 바꾸려면, 교육대학의 교원 양성과정을 혁신해야 하고, 변혁과 전환의 거점이 되도록 해야 한다. 스테레오 타입의 헤게모니를 반영한 가치를 전달하는 문제는 유치원~고등학교 교육에서만 나타나는 것이 아니라, 교사 교육에서도 마찬가지다. 문화적으로 다양한 학생들에게 제도화된(교육과정) 지식만을 전달하도록 교사들을 준비시키는 교사 교육체계의 변화가 불가피하다. 시험과 선발의 과정을 통해 교사들은 현실 기득권의 가치와 학술적 뛰어남이라는 담론에 갇힌 채 보수적인 입장을 내면화하는 경향이 강하다. 이제부터는 교사를 진실을 전달하는 기술자가 아니라 변혁적 지식인으로 보는 관점의 전환이 필요하다.

3. 제안

1) 유네스코와 교육의 미래

(1) 세월호 사고와 코로나19

대한민국 시민들은 세월호 사고를 겪으면서 최소한 100년 전에 던졌어야 할 질문을 던지게 되었다. '국가란 무엇인가?', '왜 국가가 필요한가?', '시민의 생명과 안전을 지켜 주지 못하는 국가에 왜 세금을 내야 하는가?' 머지않아 촛불혁명이 일어났고 대통령은 헌법적 질서에 따라 탄핵을 당했다. 학교에서는 민주시민 교육의 필요성이 강조되고, 범교과 활동으로 안전 교육이 의무화되었다.

지금 우리는 기후변화와 생태계 파괴로 인한 인수공통감염병 코로나19의 전 세계적인 확산으로 전례 없는 경험을 하고 있다. 사람이 많이 모이는 스포츠와 종교 행사가 열리지 못하게 되었고, 외국 방문이 거의 불가능해졌으며, 전국의 모든 학교가 문을 닫는 초유의 상황이 발생했다.

최소한 물리적으로는 학교가 문을 닫고, 교사와 학생이 얼굴을 마주하고 만나는 대면 수업이 원격 수업으로 대체되면서 우리는 국가의 존재에 버금가는 근본적인 질문을 던지게 되었다. 왜 학교가 필요한가? 왜 아이들은 학교에 가야 하는가? 배움은 교사와의 대면 수업을 통해 가장 잘 일어날 수 있는가? 왜 이런 와중에도 코로나19라는 현상과 원인, 대응 방안에 대해서보다 여전히 국영수를 중심으로 수업을 하고 있는가? 아이들은 학교에서 무엇을 배워야 하는가? 학생은 여전히 스크린 앞에서 출석 체크를 하고, 스크린 너머 선생님의 설명을 듣고, 과제물을 제출하는 그런 수동적인 관리와 통제의 대상으로 규정되어도 좋은가?

(2) 교육을 위한 새로운 사회계약

유네스코는 2021년 11월 발표된 기념비적인 보고서(유네스코한국위원회, 2021)를 통해 "이제 우리는 인류의 진로를 바꾸고 더 심각한 혼란으로부터 지구를 구하기 위해, 긴급 조치가 필요하다"고 제안하면서 이 행동은 장기적이어야 하며 전략적 사고와 결합되어야 한다고 지적했다. 보고서에 따르면 교육은 이러한 어려운 문제를 해결하는 데 중요한 역할을 한다. 그러나 코로나19 상황에서 확인할 수 있듯이 교육은 매우 취약하기도 하다. '교육을 위한 새로운 사회계약'은 인간과 인간, 인간과 지구, 인간과 기술과의 관계를 다시 세우는 것을 목표로 하며, 기본권(으로서의 교육)에 대한 존중과 공동재로서 교육에 대한 관심은 우리가 공유하는 세계와 상호 연결된 미래를 연결하는 중심이 되어야 한다고 제안한다.

보고서[4]에서는 인류를 지속 불가능하게 만들고 있는 2가지 원인으로 사회경제적 불평등과 환경 위기를 꼽고 있다. 현재의 길을 계속 간다는 것은 비양심적인 불평등과 착취, 다양한 형태의 폭력, 사회적 결속 및 자유의 침식, 지

---

[4] 이 부분은 보고서 서문에 나오는 내용을 발췌·요약한 것이다.

속적인 환경 파괴, 위험하고 재앙적일 생물다양성 손실을 수용하는 것이다.

그리고 미래의 불확실성을 증가시키는 2가지 원인으로는 과학기술과 디지털 혁명을 지적하면서 현재의 길을 계속 가는 것은 우리 사회의 기술 및 디지털 혁신에 수반되는 위험을 예견·해결하지 못하는 것이라고 강조한다.

현재와 미래의 위기 상황은 우리가 만든 사회·정치·경제 시스템에서 파생되며, 이 시스템에서는 단기적인 것이 장기적인 것보다, 소수의 이익이 다수의 이익보다 우선시된다. 기후 및 환경 재해는 지속 불가능한 자원의 사용 수준에 따른 경제모델에 의해 가속화된다. 단기 이익과 과도한 소비를 우선시하는 경제모델은, 전 세계적으로 너무 많은 사회들을 특징짓는 탐욕적인 개인주의, 경쟁, 공감 결여와 밀접하게 연결되어 있다. 세계의 부는 극도로 집중되었고, 극심한 경제적 불평등은 우리 사회의 결속력을 약화시키고 있다.

가능하고 대안적인 미래에 대한 모든 탐구는 윤리, 형평성, 정의에 대한 심오한 질문을 제기한다. 어떤 미래가 바람직한 것이며, 그 미래는 누구를 위한 것인가? 현재의 교육발전 모델을 단순히 확대하는 것은 지속될 수 있는 경로가 아니다. 우리의 어려움은 제한된 자원 및 수단으로 인한 결과만이 아니다. 우리의 위기는 또한 '우리가 교육하는 이유와 방법, 학습을 조직하는 방법'에서도 비롯된다.

교육 시스템은 그동안 '단기적 특권과 안락함이 장기적 지속가능성보다 더 중요하다'는 잘못된 믿음을 심어 왔다. 개인적 성공, 국가적 경쟁 및 경제 발전의 가치를 강조함으로써, 우리의 상호 의존성을 이해하고, 서로와 지구를 돌보고, 연대하는 것을 훼손해 왔다.

교육은 집단적 노력을 중심으로 우리를 통합하고, 사회·경제 및 환경 정의에 기반을 둔 모든 사람들을 위한 지속 가능한 미래를 형성하는 데 필요한 지식, 과학 그리고 혁신을 제공하는 것을 목표로 해야 한다. 환경적·기술적·사회적 변화에 대비하는 동시에, 과거의 불의를 바로잡아야 한다.

2) 행위 주체자로서의 학습자: OECD 교육 2030

(1) 학교교육의 본연적 과제

학교는 교육이라는 이름으로 무엇을 하는 기관인가? 흔히 학교는 다음과 같은 3가지 본연의 과제를 갖고 있다고 여겨진다(권오현 외, 2017).

① 개별 학생들이 각자의 적성과 능력에 맞게 자기를 계발할 기회를 두루 제공함으로써 학생들의 좋은 삶 혹은 웰빙에 기여한다.

② 그 과정에서 개별 학생들이 성장하고 발전할 수 있도록 자극을 주고 어떤 이유로든 힘들어 하는 학생들을 도와준다.

③ 이러한 과정을 운영함에 있어서 제도적 일관성과 공정성을 유지함으로써 수요자(학생과 학부모)의 신뢰를 얻는다.

여기서 우리는 학교가 완수해야 할 기본적인 본연의 과제에 관해 한 가지 질문을 던지지 않을 수 없다. 현재와 같은 기후위기와 환경재난 상황에서는 다음과 같은 질문을 통해 새로운 과제를 추가해야 하지 않을까?

질문 1. 학교는 어떻게 학생들로 하여금 자신의 지속 가능하고 좋은 삶에 심대한 영향을 미치는 환경적 변화(기후위기 등)를 충분히 이해하도록 도울 수 있을까?

질문 2. 현재와 같은 기후위기와 환경재난 상황을 극복하기 위해 학생이 개인적으로 그리고 공동체 구성원으로 무엇을 어떻게 해야 할 것인지 이해하고 이를 실천에 옮기도록 도울 수 있을까?

질문 3. 과학적 불확실성과 미래에 대한 불안감이 가져오는 무력감과 우울감을 극복하고 주인으로서 자기 삶을 끌고 갈 수 있는 힘을 기르도록 어떻게 도울 수 있을까?

(2) 학습자: 능동적 행위 주체자

필자는 한 신문 칼럼에서 기후위기를 겪으면서 미래 세대와 현세대의 관계가 달라질 것이라는 취지로 다음과 같이 주장한 바 있다.

기후위기와 환경 재난의 시대, 이제 어른과 아이의 관계는 완전히 새로운 국면에 접어들지도 모른다. 남녀 사이의 차별보다 더 뿌리 깊은 차별, 바로 어른과 아이 사이의 차별이 도마 위에 올랐고, 툰베리는 그 선을 넘었다. … 툰베리는 어린아이로서 어른에게 호소한 게 아니다. 미래 세대로서 현세대에게 '명령'한 것이다(이재영, 2020).

'OECD 교육 2030: 미래 교육과 역량 프로젝트'(OECD, 2018)에서는 행위 주체자로서의 학생(student agency)을 강조하고 있다. 이 프로젝트는 지금 중학생인 아이가 취업을 하고 사회에 진출하는 시기인 2030년 무렵 필요할 것으로 예상되는 미래 핵심역량이 무엇인가 그리고 이런 역량을 어떻게 학교교육을 통해 학습하고 키워 갈 수 있도록 할 것인가라는 고민에서 출발한다(윤종혁 외, 2016).

이번 프로젝트에서는 미래의 사회 모습에 맞춘 필요 핵심역량을 넘어서 교육을 통해 새로운 사회 구축을 강조한 점과 교육 혁신을 통해 이루고자 하는 목적을 '개인과 사회의 웰빙(individual and collective well-being)'으로 규정한 점이 과거의 DeSeCo(Definition and Selection of Competency)와는 다른 점이라고 할 수 있다(이근호 외, 2017).

OECD 2030 보고서에서 제시한 학습 프레임워크는 미래 사회를 살아갈 개인이 갖추어야 할 주요 역량으로 변혁적 역량(transformative competencies)을 통해 새로운 가치를 창조하기(creating new value), 긴장과 딜레마에 대처하기(reconciling tensions & dilemmas), 책임감 갖기(taking responsibility) 3가지를 포함하고 있다. 2030년대의 새로운 사회에서는 새로운 가치를 창조할 수 있는 역량, 즉 창의적인 아이디어를 통한 경제활동과 새로운 생활 방식, 사회적 모델 등을 개발할 수 있는 능력을 강조한 것으로 볼 수 있다(최수진 외, 2017).

(3) 행위 주체자와 자기 디자인

학습자의 행위 주체성을 강조한다는 것은 자기 자신을 디자인(self-design) 할 수 있는 힘, 즉 학생이 교사, 부모와 소통하며 자신의 능력과 소질에 맞게 스스로 수업, 학업, 진로, 삶 등을 수행하고 이를 긍정적으로 변화시켜 가는 주체(agent)로서의 자질을 나타내는 것이다.

이는 통상적으로 아이들이 할 수 없다고 생각해 온 것들의 벽을 깨뜨리는 과정을 요구한다. 예를 들어, 필리핀에서 최근 시작한 것처럼 학생들이 학교 안팎에 나무를 심고 학교를 다니는 동안 꾸준하게 모니터링하고 돌보도록 하게 하거나(생태적 활동), 햇빛발전소펀드에 투자(저금)하고 그 결과로 얻어지는 배당금을 받게 하거나 학교 내 협동조합이나 사회적 기업에 참여하고(경제적 활동), 정당에 가입할 수 있게 해서 만 18세로 낮아진 참정권과 연계하거나(정치적 활동), 학생회를 통해 학교 교육과정의 일정 시간을 스스로 결정할 수 있게 하는 등 과거에는 상상하기 어려웠던 영역으로까지 학생들의 참여와 실천의 기회를 확대할 필요가 있다.

참고문헌

구도완 외. 2021. 『질문의 전환, 전환의 질문』. 풀씨.

국가환경교육센터. 2022. 「기후변화와 미세먼지에 대한 인식 조사」.

권오현·박은지·안성환·유지연·진동섭. 2017. 「진로·진학과 연계한 고교 선택 중심 교육과정 편성·
운영방안 연구」. 정책연구-2016-위탁. 교육부.

권일남·김태균·전명순·김정률. 2018. 「자기주도적 청소년 활동 활성화 방안」. 여성가족부.

김태형. 2020. 『풍요중독사회』. 한겨레출판.

루브, 리처드(Richard Louv). 2016. 『지금 우리는 자연으로 간다: 자연 결핍 장애를 극복하고 삶을 회
복시키기 위하여』. 서울: 목수책방.

마쓰모토 미와오(松本三和夫). 2018. 『지의 실패: 과학기술의 발전은 왜 재앙을 막지 못하는가?』. 김
경원 옮김. 서울: 이상북스.

박경호·김지수·김창환·남궁지영·백승주·양희준·김성식·김위정·하봉운·한금영. 2017. 「교육격차
실태 종합 분석」. 한국교육개발원.

우치다 타츠루(内田 樹)·오카다 토시오(岡田 斗司夫). 2015. 『절망의 시대를 건너는 법: 밥을 나누는 약
자들의 생존술에서 배우다』. 김경원 옮김. 메멘토.

유네스코한국위원회. 2021. 「함께 그려보는 우리의 미래: 교육을 위한 새로운 사회계약」. 국제미래
교육위원회 보고서.

윤종혁·김은영·최수진·김경자·황규호. 2016. 「OECD 교육 2030: 미래교육과 역량을 위한 현황분석
과 향후과제」. 한국교육개발원.

이근호·이미경·서지영·변희현·김기철·유창완·이주연·김종윤·윤기준. 2017. 「OECD Ecuation 2030
교육과정 조사에 따른 역량중심 교육과정 비교 연구」. 한국교육과정평가원.

이재영. 2017. 『사건중심 환경탐구』. 공주대학교출판부.

이재영. 2019. 「기후변화대응을 위한 우리 교육의 방향」. 《월간 교육정책포럼》, 315호.

이재영. 2020. "툰베리와 초등학생의 호소? 그것은 명령이다". 《한겨레신문》, 2020년 2월 12일.
http://www.hani.co.kr/arti/opinion/because/928007.html#csidx1282676b6ab279eb63ad9e5c1
0e7a44

이재영 외. 2017. 「국가 차원의 환경교육 추진체계 구축방안 연구」. (사)한국환경교육학회.

이진경. 2016. 『파격의 고전』. 글항아리.

장석준. 2011. 『신자유주의의 탄생: 왜 우리는 신자유주의를 막을 수 없었나』. 서울: 책세상.

장회익. 2014. 『삶과 온생명』. 현암사.

최수진·이재덕·김은영·김혜진·백남진·김정민·박주현. 2017. 「OECD 교육 2030 참여 연구: 역량 개념틀 타당성 분석 및 역량 개발을 위한 교육과제」. 한국교육개발원.

폴라니, 칼(Karl Polanyi). 2009. 『거대한 전환: 우리 시대의 정치경제적 기원』. 서울: 길.

홍후조·김대영·조호제·민부자·하화주. 2016. 「2015 개정 교육과정의 총론과 교과 연계방안 연구: 역량과 범교과 학습 주제를 중심으로」. 교육부.

환경보건시민센터. 2020. 「코로나19 사태 관련 긴급 국민의식조사 결과」.

흥사단 투명사회운동본부 윤리연구센터. 2015. 「청소년 정직지수 조사 결과」.

IPCC. 2022. 「IPCC 제1실무그룹 보고서: 정책결정자를 위한 요약보고서」.

—

Andrzejewski, M. Baltodano and L. Symcox. 2009. *Social Justice, Peace, and Environmental Education: Transformative Standards*. Routledge.

Global Footprint Network. 2020. "Sustainable Development: Sustainable development is successful only when it improves people's well-being without degrading the environment." https://www.footprintnetwork.org/our-work/sustainable-development/

GlobeScan Radar. 2017. "Public Opinion Survey." https://globescan.com/category/globescan-radar/

Harvey, Fiona and Jillian Ambrose. 2019. "Pope Francis declares 'climate emergency' and urges action." *Guardian*, June 14, 2019. https://www.theguardian.com/environment/2019/jun/14/pope-francis-declares-climate-emergencyand-urges-action

Human Right Council. 2019. "Climate change and poverty: Report of the Special Rapporteuron extreme poverty and human rights, Promotion and protection of all human rights, civil, political, economic, social and cultural rights, including the right to development."

Leiserowitz, A., E. Maibach, C. Roser-Renouf, S. Rosenthal, M. Cutler, and J. Kotcher. 2018(March). *Climate change in the American mind*. Yale University and George Mason University. New Haven, CT: Yale Program on Climate Change Communication.

Nordhaus, William. 2019. "Climate Change: The Ultimate Challenge for Economics." *American Economic Review*, 109(6): 1991~2014.

O'Brien, C. 2016. *Education for Sustainable Happiness and Wellbeing*. Routledge.

OECD. 2018. "OECD Future of Education and Skills 2030: The Future We Want." www.oecd.org/education/2030/

Oxfram. 2021. "Take actionfor climate justice: A guide for teachers and educatorsworking with young people aged 9~16."

Stiglitz, Joseph. 2019. "The climate crisis is our third world war. It needs a bold response." *Guardian*, June 4, 2019. https://www.theguardian.com/commentisfree/2019/jun/04/climate-change-world-war-iiigreen-new-deal

TreeHugger. 2017. "Children Spend Less Time Outside Than Prison Inmates." https://www.treehugger.com/children-spend-less-time-outside-prison-inmates-4857353(Updated: October 11, 2017)

World Bank. 2020. "JOINT REPORTON MULTILATERAL DEVELOPMENT Bank's Climate Change."

그린뉴딜의 비교 정치

이태동 | 연세대학교 정치외교학과 교수

1. 서론

기후위기는 그 복잡성으로 인해 패러다임의 변환을 요구한다(Albert, 2020). 최근 들어 제안되고 있는 그린뉴딜은 3가지 중대 이슈를 다루는 것을 목표로 한다. 환경 지속가능성, 경제 그리고 사회적 불평등이다. 1930년대에 경제 대공황을 극복하고자 했던 미국의 뉴딜 정책에 기반하여, 'Green'이라는 수식어는 혁신적이고 지속 가능한 산업, 일자리 그리고 인프라를 통해 온실가스(GHG: Green House Gas) 배출과 환경오염을 줄여야 한다는 정부와 사회의 역할을 추가했다고 볼 수 있다(Tienhaara, 2016).

---

* 이 장은 Lee, Taedong, M. Kim, and N. Chifamba, "Political Framework of Green New Deal: A comparative analysis of the EU and US Proposals", *the Korean Journal of International Studies*, 19(2):221~246(2021)를 번역하고, 한국 사례를 추가하여 보완한 글이다.

바르비에(Barbier, 2010)는 G20 국가들이 모두 환경을 위한 부양책을 도입할 것을 강력히 권고했다. 아시씨와 버널(Asici and Bunul, 2012)은 그린뉴딜에 대한 생태사회학자들의 관점을 비교함으로써 생태사회학자들과 혁신주의자들이 변혁적이고 진보적인 환경 어젠다를 고려한다는 것을 발견했다. 그러나 녹색성장과 그린뉴딜에 대해 늘어나는 공적·학술적·정치적 관심에도 불구하고(Tienhaara, 2016), 최근의 그린뉴딜 제안들은 비교 정치의 관점에서 체계적으로 연구된 바가 거의 없다.

이 글은 비교 분석적 틀을 제공하기 위해 그린뉴딜의 정치를 개념화하고, 유럽연합(EU), 미국, 한국의 그린뉴딜 제안들을 실증적으로 비교하는 데 기여하는 것을 목표로 한다. 이 글에서는 그린뉴딜을 위한 EU의 제안인 유럽 그린딜(EGD: The European Green Deal)(2020), 미국 그린뉴딜 결의안(H.RES.109)과 한국의 그린뉴딜을 비교 분석했다. 그리고 체계적인 비교를 위해 초기에 제안되었던 그린뉴딜 제안들을 비교했다. 이러한 비교 방법을 선택한 이유는, 이 글이 효과적인 그린뉴딜 전략을 만들고 발전시키고자 하는 정책 결정자와 전문가들에게 실용적인 틀을 제공하는 것을 목표로 하고 있기 때문이다. 이 글에서 제공하는 그린뉴딜 분석틀은 녹색성장과 지속가능성에 대한 연구들을 바탕으로 만들어진 것이다. 특히 이 글은 그린뉴딜의 틀을 발전시키고 분석함에 있어 누가, 무엇을, 왜, 어떻게 얻는지에 대한 정치학의 근본적인 질문들을 활용하고 있다. 이러한 정치적 질문들에 대답함으로써 해당 연구는 그린뉴딜의 핵심적 구성 요소를 이해하는 데 기여할 것이다. 그린뉴딜 제안들에 대한 체계적인 비교는 서로 다른 그린뉴딜 구상안들이 초점을 두는 부분을 명료하게 밝힌다. 그러므로 이 비교 연구는 환경 정책과 경제정책을 결합하여 정책적 시사점을 밝히는 도구를 제공한다.

다음 절에서는 그린뉴딜의 다양한 개념들에 대해 논할 것이다. 이후 그린뉴딜 분석의 틀을 소개한다. 제공되는 틀을 바탕으로 EU, 미국, 한국의 그린뉴딜 제안들을 분석한 다음 마지막으로는 이 글의 정책적 시사점과 기여를 논한다.

1) 그린뉴딜의 개념

그린뉴딜은 근본적으로 경제에 활력을 불어넣으면서도 기후변화와 환경 보존을 다루고자 하는 정책이다. 이렇듯 쉽지 않은 다양한 요인들의 결합은 "경제와 환경은 2개의 반대되는 힘이 아니라, 서로를 구성한다"(Luke, 2009)는 생태 근대화(ecological mordernization)로부터 시작되었다.

경제 대공황이 프랭클린 루스벨트(Franklin Roosevelt)의 1933년 뉴딜 정책의 추동력이었던 것에 반해, 그린뉴딜은 2008년의 국제적 경기 침체에 의해 시작되었다. 런던을 기반으로 했던 경제학자들, 기자들 그리고 전문가들은 지구온난화, 세계 금융위기, 석유 의존도 문제를 다루는 '3개의 교집합' 접근을 강조했다. 이 접근 방법을 통해 바르비에가 주장했던 세계적 회복을 지속시키고 탄소 의존도, 생태 위기와 빈곤을 줄이는 일자리를 창출하기 위한 정책을 조합한 것이 그린뉴딜이다(Barbier, 2020). 2008년 국제 경기침체의 주요 요인이 지속할 수 없는 수준의 빚과 에너지 및 다른 자원들에 대한 소비(Tienhaara, 2014)임을 규명했고, 이들은 환경과 에너지의 지속가능성 확보를 통해 이를 해결하고자 했다. 2008년의 경제적 이슈와 환경 이슈가 결합됨으로써, 그린뉴딜은 일반적인 기후변화 혹은 환경보호 정책과 차별적인 양상을 띤다. 즉, 그린뉴딜은 환경보호만을 하고자 한 것이 아니라 경제를 변화시키고자 한 것이다. 그린뉴딜에 대한 일반적인 담론과 정치적 의지는 2008년부터 2018년까지 하향세를 타는 듯해 보였다. 그러나 2019년 전례 없는 국제적 재정 위기와 기후 조건의 악화라는 상황 아래 그린뉴딜은 다시 한 번 국제적 담론에서 표면화되었다.

개념적 측면에서 그린뉴딜은 도발적이다. EU의 그린뉴딜에 앞서 영국의 그린뉴딜 제안 또한 학계의 관심을 유발했다. *The Case for the Green New Deal* (2020)에서 앤 페티퍼(Ann Pettifor)는 그린뉴딜이 단지 아이디어나 정책 제안만으로 남아서는 안 되고, 근본적으로 포괄적인 계획이 되어야 한다고 논했다. 그는 그린뉴딜이 기후와 국제적인 경제 실패 모두를 위한 해결책이라고 본다. 기후와 경제 문제는 자본주의 사회에서 분리되어 생각되기보다는 밀접하게 결합되어 다루어져야 하는 영역이기 때문이다.

우스먼 초한(Usman W. Chohan)과 같은 학자들은 그린뉴딜이 개념적으로나 실질적으로나 단순히 파생된 것이 아니고, 다양한 사회생태학 분야에서부터 나온 이론적 토대를 가지고 있다고 주장한다. 그러므로 그린뉴딜과 관련한 제안들의 영향과 철학적 토대를 이해하기 위해서는 이러한 이론적 근거들을 정밀하게 연구할 가치가 있는 것이다. 초한은 어떠한 정치적 세력들이 그린 뉴딜을 지지하거나 반대하는지와 관련된 여러 이론적 접근들 그리고 에코페미니스트들과 생태경제학자들의 다양한 관점들을 평가함으로써, 그린뉴딜의 실행 가능성과 다음 단계에 대한 세계적·지역적 내러티브를 어떻게 배치할 것인지 파악한다.

블룸필드와 스튜어드(Bloomfield and Steward, 2020)는 여러 그린뉴딜을 구성한 정치적 이데올로기와 각각의 전망을 형성한 때를 비교하는 접근을 시도했다. 그들은 유럽과 미국의 각기 다른 그린뉴딜의 밀물과 썰물을 밝혀냈고, 또한 그것을 일시적인 현상으로 보았으며 당시의 신흥 이슈들을 해결할 수 있는 능력을 기준으로 그린뉴딜의 잠재력을 정의했다. 그들은 코로나19 팬데믹 상황이 신생 이슈에 해당하며, 그린뉴딜의 코로나 위기를 극복할 잠재력이 실행 가능한 정치적 견해로 해석될 수 있을지 탐구해 보는 기회를 제공한다고 보았다.

이러한 관점들은 모두 그린뉴딜을 둘러싼 담론의 중요성이 커져 가고 있음을 보여 준다. 그린뉴딜은 가까운 미래에 대한 야심 찬 목표를 설정하고 있는데 새로이 등장한 코로나19 팬데믹의 복잡성으로 인해 이 목표들은 조금씩 변형되고 있다. 이 글은 그린뉴딜의 주요 부분에 대한 이해를 향상하기 위해 핵심적인 정치적 질문에 답을 제시하며 나아가 정치학과 그린뉴딜의 실현 가능성 간의 상호작용을 설명하고자 한다. 더욱이 이 연구가 환경과 경제를 동시에 고려하는 연구에 기여할 수 있는 이유는, 첫째로 그린뉴딜의 정치를 다루었던 연구들의 수가 적었기 때문이다. 둘째, 이미 수행된 연구들은 2008년 국제 재정위기 이후에 이루어진 것이었다. 10년이 넘는 기간 동안 그린뉴딜의 영향과 정치 영역에서의 영향이 있었음에도 불구하고 그린뉴딜 관련 주제들에 대한 상당한 발전이 이루어지지 않았다. 셋째, 현재의 그린뉴딜 제안들을 정치적 관점에서 실증적으로 비교 분석하는 연구는 거의 없다. 이 글은 그린뉴딜의 정치에 대한 틀을 제안함으로써 이러한 개념적이고 실증적인 영역에서의 빈틈을 메우는 데 기여한다.

녹색경제에 기여하는 것을 의도했던 정책들이 많이 존재해 왔음에도 그린뉴딜은 지속 가능한 발전과 녹색성장과 같은 기존에 적용되었던 개념들과 차별화되는 요소들을 가지고 있다. 그린뉴딜은 현재로서 여러 분야를 반영하는 지속 가능한 회복 계획 중 가장 많이 논의되고 있음에도 불구하고 충분한 관심을 받지 못하고 있다. 체계적인 틀을 만드는 것은 그린뉴딜의 이론적·과학적 분석을 위해 필요한 실용적 분석을 가능하게 할 것이다.

2) 그린뉴딜의 정치 분석 틀: 누가, 무엇을, 왜, 어떻게 달성할 것인가?

그린뉴딜 구상을 위한 노력에도 불구하고(Dauncey, 2019), 그린뉴딜에 대한 가장 근본적인 질문인 누가, 무엇을, 왜, 어떻게 얻는지에 대한 답을 제공하는 틀은 부재한다. 그러므로 이 글은 해럴드 라스웰(Harold Laswell)의 정치에 대한 정의를 바탕으로(Lasswell, 1936), "누가(주체), 왜(목표), 무엇(내용), 어떻게 (수단)"에 대한 설명으로 구성된 틀을 제시하고자 한다. 이러한 접근을 통해 경제적·생태적·사회적 위기에 대응하기 위한 그린뉴딜의 전략과 정책 목표를 각 카테고리에 따른 구체적인 질문으로 구성했다. 각 하위 범주는 다운시(Dauncey, 2019)에 의해 분석된 10개의 그린뉴딜 제안들에 대한 검토와 녹색 성장, 지속가능성에 대한 문헌들을 기반으로 하고 있다. 이 글이 제안하는 체계는 전문가들과 학자들로 하여금 그린뉴딜의 구성 요소들을 재평가하고 발전하게 하여 경제적으로 효과적이고, 생태학적으로 지속 가능하며, 사회문제를 포괄하는 그린뉴딜을 시행하도록 한다. 이렇게 제안된 분석 체계를 통해 현존하는 연구 질문인 "급성장하며 시행되고 있는 그린뉴딜은 환경과 경제 그리고 사회적 위기를 해결한다는 녹색 미사여구를 가진 경제개발계획에 불과한가"에 대해 답할 수 있을 것이다. 또한 여기서 제시하는 분석틀은 전문가들과 학자들이 효과적인 그린뉴딜 전략 발전을 위해 제외되거나 포함된 구성 요소들을 명료화하는 데도 도움을 줄 수 있을 것이다.

이 글은 그린뉴딜을 지속 가능한 산업과 인프라의 구축, 투자와 일자리 창출 그리고 혁신을 통한 커뮤니티의 구축을 통해 기후변화, 경기 침체 그리고 불평등 문제를 다루고자 하는 정부의 경기 부양책으로 정의한다. 우리 체계의 첫 번째 요소인 '누가' 부문은 어떠한 정부 기관이 정책 시행자인지 그리고 어떠한 산업, 사회단체 혹은 커뮤니티를 정책의 타깃으로 하고 있는지에 대한 질문에 답한다. 둘째, '왜' 부문은 그린뉴딜의 목표를 다루고 그린뉴딜이 달성하고자 하는 목표가 무엇인지에 대한 질문에 답한다. 셋째, '무엇을' 부문은 그린뉴딜의 내용을 다루며 그린뉴딜의 목표를 달성하기 위해 어떠한 것이 수행될 것인가에 대한 질문에 답한다. 마지막으로, '어떻게' 부문은 그린뉴딜의 내용을 실현하기 위한 방법을 논한다.

〈표 12-1〉 그린뉴딜의 정치 체계(틀)

카테고리	하위 카테고리	질문
누가 (주체)	정책 개시자	그린뉴딜 제안이 그린뉴딜 정책의 시행을 위해 정부 기관(혹은 기관들)을 지정하는가?
		제안의 내용이 학자들, 기업들, 시민사회 그리고 노동조합들의 의견을 반영하고자 하는 의지를 보이는가?
		제안의 내용이 지방·시의 정부의 역할을 다루는가?
	정책 대상	제안의 내용이 그린뉴딜의 목표 달성을 위해 특정 산업(혹은 사업 부문)과 커뮤니티가 발전되어야 함을 명시하고 있는가?
		제안의 내용이 기후변화 탄력성, 평등 그리고 경제적 경쟁력을 강화시키기 위해 취약한 사회조직이나 커뮤니티를 지정하고 있는가?
왜 (목표)	기후변화 완화와 적응	제안이 2050 경제에서의 탄소중립, 순 온실가스 배출, 탄소 제거에 대한 목표를 세우고 있는가?
		제안이 기후변화를 완화하고, 기후변화에 적응하기 위해 생물다양성을 보존하고 환경을 보호하는 것을 목표로 하고 있는가?
		제안이 기후변화 탄력성을 기르는 것을 목표로 하는가?
	녹색성장	제안이 장기의, 지속 가능한 그리고 좋은 질의 일자리를 창출하는 것을 목표로 하는가?
		제안이 녹색성장(경제성장을 달성하면서도 환경 영향을 감소·분리시키는 것) 달성을 목표로 하는가?
	사회적 평등	제안의 내용이 사회 불평등을 줄이고자 의도하는가?
		제안이 환경과 안정적인 에너지를 비롯한 기본적인 필요를 보장함으로써 삶의 질을 향상시킬 수 있도록 설정되어 있는가?
무엇을 (내용)	인프라 구축	제안이 기후변화 완화를 달성하기 위해 필요한 인프라를 구축할 계획을 포함하고 있는가?
		제안이 기후변화 회복력 증진을 위한, 지방과 커뮤니티 기반의 인프라와 주택의 건축 내용을 포함하고 있는가?
	에너지 전환	제안이 에너지 전환에 참여할 소비자들을 여러 사회조직으로부터 모아 통합시키고자 하는가?
		제안이 재생 에너지, 스마트 그리드, 에너지 축적 그리고 전기철도와 같은 에너지 전환의 사업 영역을 위한 재정적·법적 지지를 포함하고 있는가?
	경제 재구성	제안이 탄소중립 경제의 달성을 위해 세금 개혁과 같은 재정적 개혁을 다루고 있는가?
		제안이 재원 사용과 낭비를 최소화하기 위한 순환경제의 개념을 인식하고 있는가?
	산업 전환	제안의 내용이 운송 부문을 탄소 중립적으로 변화시키면서도 모든 사회집단에게 접근 가능하도록 하기 위한 공공투자와 법적 지원의 내용을 담고 있는가?
		제안이 농업에서의 온실가스 배출을 줄이면서도 식량 가용성을 보호할 수 있도록 지속 가능한 토지 사용을 가능하게 하는 지지 내용을 포함하고 있는가?

		제안이 무역 산업을 지속 가능하면서도 사회 평등을 추구하도록 변모시키고자 하는 노력을 담고 있는가?
어떻게 (수단)	교육	제안이 기후변화에 대한 경각심 확대를 위해 공공 교육을 실시할 계획을 포함하고 있는가?
	직업훈련	제안이 지속 가능하고 평등한 고용 기회를 보장하기 위해 노동자들과 소수 그룹이 산업 전환에 합류할 수 있도록 하는 직업교육의 내용을 포함하고 있는가?
	연구와 혁신	그린뉴딜 목표 달성을 위한 기술적 발전의 중요성을 인식하여 연구와 발전을 위한 투자와 법적 지지의 내용을 제안의 내용에 포함시키고 있는가?
	국제 협력	제안이 기후변화 완화와 산업 전환과 관련하여 국제 협력을 촉진할 방법을 포함하고 있는가?
	기금 조성	제안이 펀딩의 재원과 공공투자의 구조에 대한 내용을 반영하고 있는가?
		제안의 내용이 펀딩 재원으로 개인 투자를 포함시키고 있는가?

(1) 누가(주체)

그린뉴딜은 목표 달성을 위해 공공 기관들, 노동조합들, 기업들, 금융 부문 그리고 NGO 등 여러 그룹 간의 광범위한 사회적 합의를 필요로 한다. 그러므로 누가 그린뉴딜의 주체에 포함되고 포함되지 않는지를 규명하는 것은 그린뉴딜의 구조적 평가에 있어 아주 중요하다. 제안된 분석틀은 그린뉴딜의 핵심 주체를 정책 개시자와 정책 타깃의 두 그룹으로 나누고 있다. 정책 개시자와 관련된 질문은 그린뉴딜 제안이 그린뉴딜 정책을 수행하기 위해 정부 기관을 지정하고 있는지, 지정하고 있다면 어떻게 하고 있는지에 대해 묻는다. 이렇게 제시된 질문들은 정책 수행의 핵심 주체는 누구인지 그리고 누가 그에 대해 책임을 지는지에 대한 정보를 요구한다.

한편 분석틀은 정책의 타깃이 누구인지에 대해서도 묻는다. 정책타깃 그룹은 ① 일반 대중(일자리 창출, 깨끗한 공기와 물과 같은 사회적 이점 그리고 전기에 대한 접근성), ② 산업(농업, 운송, 제조업 그리고 재생 가능한 에너지), ③ 커뮤니티(낮은 기후변화 탄력성, 저임금 그리고 청년들) 3개의 카테고리로 나눌 수 있다. 정책 타깃을 선명히 하고자 질문은 제안의 내용이 그린뉴딜의 목표 달성을 위해 특정 산업(혹은 사업 부문)과 커뮤니티가 발전되어야 함을 명시하고 있는지 묻는다. 여러 경우에 정부 조직과 비정부 주체들은 그린뉴딜을 구상하고 시행하기 위해 교류한다. 부가적으로 사회적 불평등을 고려하여, 이 글은 제안의 내용이 기후변화 탄력성, 평등 그리고 경제적 경쟁력을 강화시키기 위해 취약한 사회조직이나 커뮤니티를 지정하고 있는지에 대해서도 묻고 있다.

(2) 왜(목표)

'왜' 질문은 그린뉴딜의 목표를 구체화하기 위한 것이다. 하위 카테고리는 기후변화 완화와 적응, 녹색성장 그리고 사회적 불평등으로 구성되어 있다. 기후변화 완화와 적응은 그린뉴딜을 '녹색'으로 만드는 가장 중요한 부분이다 (Bloomfield and Steward, 2020). 여기서 질문은 그린뉴딜이 기후변화 완화를 위해 온실가스 배출을 급속하게 줄일 것인지를 다루고 있다(IPCC, 2019). 기후적응을 위해, 제안이 기후 탄력성의 향상(Lee and Lee, 2016)을 목표로 하고 있는지 묻는 질문도 포함되어 있다.

하위 카테고리 중 녹색성장 부문은 지속 불가능한 빚, 고실업률 그리고 소득 불평등과 같은 경제적 어려움을 다루고자 하는 그린뉴딜의 목표를 드러내고 있다. 그린뉴딜의 기원과 같은 루스벨트의 뉴딜 정책은 정부의 투자와 지출이 경제를 부양할 것이라고 주장한(Pettifor, 2019) 케인스 경제학을 기초로 했다. 뉴딜 정책과 같이 그린뉴딜 또한 기후 완화와 적응을 달성하기 위해 필요한 정부투자를 통해 경제적 고난을 극복하고자 한다. 그린뉴딜, 녹색성장 그리고 성장 감퇴를 비교해 본 후 대니얼 오닐(Daniel W. O'Neill)은 그린뉴딜과 녹색성장이 같은 환경 정책들을 공유하지만, 그린뉴딜에는 포함되는 진보적인 사회정책들이 녹색성장에서는 배제된다고 논한 바 있다(O'Neill, 2020: 260). 힉켈과 칼리스(Hickel and Kallis, 2020)에 의하면 녹색성장이란 "기술적 변화와 대체가 경제의 생태학적 효율성을 증대시킬 수 있고, 정부가 올바른 규제와 유인을 통해 이 과정을 촉진시킬 것이라는 약속"이다. 그린뉴딜이 녹색성장을 다루는지를 밝히기 위해 분석틀은 제안의 내용이 녹색성장을 포함하고 있는지에 대한 질문을 배치했다. 더욱이 그린뉴딜의 입증된 특징은 좋은 질의 일자리 창출에 대한 강조점이다. 일자리 창출은 루스벨트의 뉴딜 정책이 해결한 실업 문제의 가장 큰 환상이라고 언급되는 만큼, 그린뉴딜이 해당 목표를 달성하지 못할 가능성을 우려하는 목소리가 크다. 이러한 이유에서 그린뉴딜 제안이 장기의, 지속 가능한 그리고 좋은 질의 일자리를 창출하는 것을 목표로 하는지에 대한 질문이 중요하다(Lee, 2017). 마지막으로, 사회적 불평등에 대한 질문은 그린뉴딜 제안이 사회적 불평등을 줄이는 것을 인지·의도하고 있는지를 다룬다.

(3) 무엇(내용)

'무엇' 질문은 '왜' 질문에서 제시된 목표들을 달성하기 위해 무엇이 성취되어야 하는지와 관련이 있다. 그러므로 인프라 구축, 에너지 전환, 경제 재구성, 산업 전환의 4가지 하위 카테고리는 그린뉴딜의 목표들과 관련이 있다. 첫 번째 질문에서 인프라 건축과 스마트 그리드, 재생 가능 에너지의 양성 그리고 탄소제로 운송 시스템은 기후변화 완화와 적응 목표에 있어 아주 중요한 녹색성장을 달성하기 위한 수단으로 쓰인다. 두 번째 질문은 제안이 기후변화 탄력성 증진을 위한 지방과 커뮤니티 기반의 인프라와 주택 건축 내용을 담음으로써 사회적 평등의 달성이라는 목표를 반영하고 있는지 다룬다. '무엇' 질문 중 두 번째 하위 카테고리인 에너지 전환은 기후변화 완화에 있어 매우 중요하며, 그린뉴딜의 주요 구성요소이다. 따라서 에너지 전환을 달성하기 위한 소비자의 역할, 기술 그리고 법적 지지에 대한 질문이 제시되었다. 셋째로, 경제 재구성에 대한 내용은 제안이 지금까지 거론된 목표를 달성하는 데 있어 요구되는 재정적 개혁을 포함하고 있는지 다룬다(Elliott, 2008;

Rifkin, 2019). 마지막으로, 산업 전환의 내용은 농업, 운송업 그리고 무역 3가지 산업을 다룬다. 운송 수단은 잠재적 양의 온실가스를 배출하는 여러 주요 부문 중 하나로 지정된 바 있다(IPCC, 2019). 또한 농업과 무역 부문에서의 전환은 기후 탄력성과 녹색성장 달성에 있어 아주 중요한 역할을 할 것이다 (WTO and UNEP, 2018).

(4) 어떻게(수단)

'어떻게' 질문은 그린뉴딜의 목표와 내용을 실행하기 위한 수단에 대해 논한다. 하위 카테고리는 교육, 직업훈련, 연구와 혁신, 국제 협력 그리고 기금 조성으로 구성되어 있다(United Nations Environment Programme, 2008). 첫째로, 교육에 관한 질문은 제안이 기후변화에 대한 경각심 확대를 위해 공공 교육을 실시할 계획을 포함하고 있는지에 대해 묻는다(IPCC, 2014). 둘째로, 뒤따르는 질문은 제안이 지속 가능하고 평등한 고용 기회를 보장하기 위해 노동자들과 소수 그룹이 산업 전환에 합류할 수 있도록 하는 직업교육의 내용을 포함하고 있는지에 대해 묻는다. 훈련된 노동자에 대한 충분한 공급 없이는 녹색성장이 불가능하다(Lee, 2017; MacArthur et al., 2020). 그러므로 이 질문은 화석연료 산업사회의 노동자들과 소수로 하여금 에너지 전환 과정에 포함되도록 함으로써 정의로운 전환을 보장한다. 셋째로, 연구와 혁신에 대한 하위 카테고리를 통해 제안의 내용에서 그린뉴딜 목표 달성을 위한 기술적 발전의 중요성이 드러난다. 이는 연구와 발전을 위한 투자와 법적 지지의 내용을 제안의 내용에 포함시키고 있는지에 대한 것이다. 관련 연구에 의하면 기술을 위한 투자 역시 중요하지만, 기술의 도입과 시행을 허용하는 법적 지지 없이는 그린뉴딜 펀딩의 효과를 저하시키는 것밖에 되지 않는다. 넷째로, 국제협력 항목은 제안이 기후변화 완화와 산업 전환과 관련하여 국제 협력을 촉진할 방법을 포함하고 있는지에 대해 언급한다. 기후변화는 지식과 자원 공유,

기후 난민, 무역, 지원 그리고 화석연료 투자에 대한 관세와 관련해 여러 국가들 간의 협력을 필요로 하는 범국가적 이슈이다. 마지막으로, 기금 조성 카테고리는 제안이 개인 투자를 재원으로 포함시키는지 여부와, 펀딩의 재원과 공공투자의 구조에 대한 내용을 반영하고 있는지에 대한 것이다(Rifkin, 2019; Pettifor, 2019; Galvin and Healy, 2020).

3) 그린뉴딜 제안들에 대한 사례 분석

그린뉴딜의 비교 정치 틀을 적용하기 위해서, 이 글은 EU, 미국, 한국의 그린뉴딜을 분석한다. 3가지 이유로 다음의 사례들이 선정되었다. 첫째로, 세 그린뉴딜은 공통적이고 차별화되는 구성 요소를 모두 가지고 있어 그린뉴딜 틀의 정치적 특성을 적용하여 비교할 수 있다. 특히 이 요소들은 펀딩 메커니즘의 구체성이 가장 두드러지는 부분이다. 둘째로, 세 그린뉴딜 모두 민주정치의 형식에 맞는 정치 절차를 통해 제시되었다. EU의 그린딜은 EU 집행 기관에 의해 EU 의회와 유럽이사회에 제안되었고, 미국의 그린뉴딜은 의회 구성원들에 의해 의회에 제시되었다. 한국의 그린뉴딜은 정부에 의해 제안되었다. 셋째로, EU의 그린딜은 EU 의회에 의해 채택, 도입(2020.1.15) 후 실행 계획의 역할을 한 반면, 미국 그린뉴딜의 경우 상원에서 합의되는 데 실패(2019.3.26)했다. 한국의 그린뉴딜은 1기가 시행되었다. 그러므로 세 사례를 비교하는 것은 발전된 그린뉴딜 개념을 다양한 문맥과 내용 속에서 분석적 틀로 적용하는 데 기여할 것이다.

그린뉴딜을 비교하기 위해 문헌 분석을 주된 방법론으로 이용한다. 그린뉴딜 체계의 정치적 특성에 기반하여 정식으로 제안되고 공개된 유럽이사회의 Green Deal Communication[COM(2019)640]과 US(H.RES.109) 의회의 문건, 한국 정부의 문건에서 각각의 질문들에 대한 답을 찾았다.

4) EU의 그린딜

EU에서는 2019년 12월 새로 선출된 EU 집행기관 아래에서 그린딜이 제안되어 현재 시행 중이다. 새롭게 등장한 코로나19 팬데믹의 여파로, 이 제안은 EU의 경제회복 계획을 위해 더 신속하게 시행되어야 한다는 재촉을 받았다. 이 글의 분석틀을 통해 EU의 그린딜은 누가, 왜, 무엇을, 어떻게 시행되고 있는지를 살펴본다. EGD는 구체적인 국가 단위보다는 지역 단위로 발전되고 있다.

(1) 누가(주체)

유럽 그린딜의 주요한 정책 개시자는 EU집행위원회(European Commission)이다. 제안은 "국가, 지역, 지방 당국, 시민사회 그리고 EU의 기관 및 협의체와 긴밀히 협력하는 모든 다양성의 시민"을 주체로 제시하고 있다(European Commission, 2019). 그럼에도 불구하고 '깊이 있는 변혁적인 정책들'의 발전 주체는 역시나 EU집행위원회이다. 그린딜은 학계, 기업 및 시민사회의 참여를 강조한다. 제안의 내용은 또한 EU 산업전략의 채택을 통한 산업 변혁의 중요성을 설명한다. 여기에는 인프라와 같은 큰 스케일부터 조세제도, 사회적 이익에 이르는 구체적 영역까지 모두 포함된다. 부가적으로 그린딜은 철강, 화학, 시멘트와 같은 '에너지 다소비 산업들'을 목표로 하므로 탈탄소화와 현대화가 필수적인 행동 영역이다. 주요한 정책 타깃으로서 종종 소비자들로 언급되기도 하는 EU 시민들은 기후 복원력을 높이는 주체로 명시된다. '정의로운 전환 메커니즘'은 낙오자가 없고 모두가 "전환에 가장 취약한 시민과 노동자들"(European Commission, 2019)의 포괄적 보호에 기여할 수 있도록 하기 위한 계획을 제시한다.

(2) 왜(목표)

그린딜은 경제와 사회를 더 지속 가능한 선상에 놓기 위한(European Commission, 2019) 기회를 강조한다. 2가지 주요한 원칙이 성장 전략으로 널리 묘사되고는 하는 그린딜을 정의한다. 그 내용은 2050년에는 온실가스의 순배출을 제로로 만드는 넷제로(Net-Zero)를 목표로 하면서 "현대적인 자원 효율적이고 경쟁력 있는 경제와 함께하는 더 공정하고 번영한 사회로의 EU 변혁"(European Commission, 2019)을 희망한다는 것과 경제성장이 자원 사용으로부터 탈동조화된다는 것이다. 또한 제안은 "EU와 그의 글로벌 파트너들은 생물다양성 손실을 막을 필요가 있다"고 언급하면서 환경 보존과 생물다양성의 중요성을 나타내고 있다. 그러므로 그린딜은 유럽의 자원 자본을 보존하고 재건하는 계획을 포함하는 생물다양성 전략을 후원하고 있는 것이다. 즉, 그린딜은 토지와 바다의 사용에 관한 내용을 다루고 기후변화를 생물다양성 손실의 중요한 동인(European Commission, 2019)으로 고려한다.

(3) 무엇(내용)

EGD는 인프라를 위한 계획, 기후 회복력을 위한 국가와 지방의 커뮤니티 인프라 계획으로 구성되어 있다. EGD는 특히 학교시설 보수를 제안한다. 교육환경 개선과 공공건물 에너지 효율화를 통해 탄소 저감에 기여할 수 있기 때문이다. 계획은 또한 오염을 줄이기 위해 교통수단, 그중에서도 특히 도시지역의 교통수단의 역할을 강조한다. 건물들은 건물의 에너지 효율화를 위한 공공 및 민간 건물 리노베이션의 맥락 속에서 진행된다. 그린딜은 또한 에너지 비용 지불에 어려움을 겪는 가구들을 돕기 위해 사회적 주택을 우선순위에 둔다. 건물 효율성을 통해 절약된 비용은 교육과 공공 보건을 지원하기 충분할 것이기에, 학교와 병원들을 보수하는 데도 초점을 맞추고 있다. EGD는 '모든 다양성'의 시민들을 대상으로 하는 조치를 강조하며 사회적 포용성을 나타낸다. 산업 부문에 있어서 기업들과 금융기관들은 기후와 환경적 데이터에 대한 공개를 늘려 투자자들이 자신들의 투자 지속가능성에 대해 충분히 알 수 있도록 해야 한다(European Commission, 2019)는 내용을 명시하고 있다. EGD는 범국가적 기반의 조세개혁, 화석연료 보조금 제거, 세금 부담을 오염에 부과하는 것 그리고 사회적 이슈들을 고려하는 맥락을 만들어 낼 것이며 동시에 회원국들의 증가하는 환경적 관심을 반영하기 위해 더 목적성 있는 부가가치 세율의 사용을 장려한다(European Commission, 2019). 또한 새로운 순환경제 행동 계획이 EU의 경제를 현대화할 것이고 순환경제로부터 국내외적인 이점을 얻을 것(European Commission, 2019)이라는 점도 내재되어 있다. 이로써 순환경제 행동 계획은 모든 부문에서 전환을 일으킬 것으로 기대되고 있다.

산업 전환을 위해서 EGD는 지속 가능하고 스마트한 이동성을 위한 전략을 제시한다. 이는 주로 배출 및 기후변화 목표를 달성하기 위해 운송 산업을 규제하는 법적 제도로 이루어져 있다. 화석연료 보조금 폐지, 현재의 항공 및 해양 연료 비과세 제도(European Commission, 2019) 폐지를 위한 의도를 명시하고 있다. 농업 측면에서는 농장에서 식탁까지(farm to fork) 전략이 지속 가능한 농업 정책을 다루며 EGD에서 말하는 순환경제 달성과 직접적으로 연결된다. 여기에는 공통의 농업 정책과 같은 확인된 기존 정책의 개정이 포함되고, 기후변화를 다루고, 환경을 보호하고, 생물다양성을 보존하는 노력을 경주하기 위해 계획되었다.

(4) 어떻게(수단)

목표를 달성하고자 내놓는 정책 수단은 실효성을 담보하기 위해 중요한 부분이다. 우선 EGD는 교육기관을 통한 공공 교육을 강화한다. EGD가 확인한 바에 따르면 학교들, 훈련 기관들 그리고 대학들은 성공적인 전환에 필요한 변화를 추도하기 위해 학생들, 부모들 그리고 넓은 커뮤니티와 교류할 준비가 되어 있다(European Commission, 2019). EGD는 사전에 새로운 기술을 배우고 가르치는 것은 생태학적 전환의 이점을 얻기 위해 필수적임을 강조한다. 전략은 훈련의 중요성을 강조하지만, 실제 타깃 그룹은 유럽 전체의 인력으로 확장된다.

EGD는 혁신 측면에 있어 연구 개발을 목표 달성을 위한 중요한 요소로 여긴다. 접근 가능하고 상호 정보교환이 가능한 데이터들은 데이터 주도 혁명의 핵심이다(European Commission, 2019). EGD는 연구와 혁신이 근거를 기반으로 한 결정들을 가능하게 하고 환경문제를 이해하고 다루는 능력을 확장시켜 준다(European Commission, 2019)고 밝혔다. 농업, 운송과 인프라 발전 그리고 에너지 효율성 및 전환을 포함하는 다양한 수준에서 기술적 발전과 연구는 각 부문에서의 목표와 기후변화 결과를 달성하기 위한 수단으로 강조되고 있다. 전반적으로 증거 기반의 연구를 발굴·지원·우선시하는 것은 유럽 그린딜 목표 달성에 중요한 신기술, 지속 가능한 해결책 및 파괴적 혁신(European Commission, 2019)을 제공하는 핵심 영역이 된다.

EGD에서는 국제 협력이 강조된다. EGD는 EU를 세계 다른 지역에서의 기후 활동들을 지지하는 리더로 확인하고 있다. EGD는 지속 가능한 개발을 촉진하기 위해 다른 국가들이 각자 자신들의 몫을 받아들이도록 설득하고 지원하는 데 초점을 두는 보다 강한 '그린딜 외교'를 발전(European Commission, 2019)시키는 것을 목표로 한다. 국제 협력의 대상은 유엔, G7, G20, 세계무역기구(WTO) 그리고 관련 국제 포럼들을 포함하는, 이미 존재하는 외교 채널들로 구성되어 있다. EGD는 중국과의 파트너십을 촉진하고 아프리카연합(AU)을 통해 아프리카의 종합적 전략을 지지할 뿐만 아니라 가까운 이웃에 대한 지원 또한 제안하고 있다.

기금 조성과 관련해 EGD는 국제사회를 위한 공공 및 사적 펀딩을 모두 제안하고 있으며 이는 EU에 특히 집중되어 있다. '글로벌 리더'로서, EU는 공적 자금이 충분하지 않을 것이기 때문에, EU와 회원국들은 민간 재정을 동원함으로써 파트너와 협력하여 자금 격차를 해소할 수 있도록 그들의 지원을 조정할 것이라고 설명한다. 이러한 목표 아래, EU집행위원회는 "예산의 25%를 기후 관련 목표에 할당할 것"이라고 제안했다. 집행위원회는 또한 민간 부문의 참여를 가능하게 하는 투자 환경을 만드는 데 있어서의 정책 역할을 확인했다. 지역적으로 EU 내에서 국가 예산을 통해 공공투자, 소비 그리고 세금이 해로운 보조금이 아닌 녹색 우선순위 전환에 도움이 되는 녹색예산도구로 사용될 것이다. EGD는 민간 및 공공 자금이 확보되는 몇 가지 메커니즘을 확인한다. 여기에는 유럽혁신위원회, 호라이즌 유럽 프로그램(Horizon Europe Program) 및 기타 기존의 EU 기관들이 포함되며 모두 지속 가능한 성장을 지원하는 금융 시스템을 개발하기 위해 지속 가능한 자금을 조달한다.

5) 미국의 그린뉴딜 제안

미국에서 그린뉴딜은 하원 의원 알렉산드리아 오카시오 코테즈(Alexandria Ocasio-Cortez)와 상원 의원 에드워드 마키(Edward Markey)에 의해 2019년 3월 제116회 회기에 상정되었다(US Congress, H.RES.109). 이 정책의 개발은 "미국의 과중한 화석연료 의존으로부터의 정당한 전환"(Newell and Mulvaney, 2013)에 대한 국가적·국제적 수요의 증가를 다루면서 경제를 재활성화하기 위한 일련의 정책들을 제시할 필요성을 느낀 민주당에 의해 이루어졌다. 이 제안은 미국이 100% 재생 가능한 무공해 에너지 자원을 사용하고 탄소중립을 달성하면서도 보편적인 보험과 같은 야심 찬 사회경제적 목표를 달성하고자 하는, 10년 정도의 국가적 동원을 요구했다.

(1) 누가(주체)

미국의 그린뉴딜 제안은 정치적 의지를 동원하는 측면에서 '하향식' 접근을 보여 주었다. 미국 그린뉴딜은 연방정부를 주요 정책 개시자로 두었다. 그뿐만 아니라, 미국의 제안은 다양한 이해관계자의 참여를 주요 촉매제로 보고(IPCC, 2018), "최전선의 취약한 커뮤니티들, 노동조합들, 협동조합들, 시민사회, 학계 그리고 기업들"(US Congress, H.RES.109)과 상의하여 제안을 발전시키고자 한다. 더욱이 기후 회복을 지지하고 생물다양성을 높이기 위한 과학 기반의 프로젝트를 적용하는 것에 강조점을 두기도 한다. 그러므로 전반적인 접근은 협의 계약 이해 당사자들의 관점 중심으로 이루어진다. 덧붙여 지방정부 주체들과의 공동 시행에 대한 언급도 존재한다. 미국 그린뉴딜은 사업 및 산업 타깃이 구체적이며 산업과 사업 개혁을 위한 다양한 수준의 개입을 요구한다. 마지막으로, 미국 그린뉴딜 제안은 원주민들, 피부색·이주민·탈공업으로 인해 조직된 커뮤니티들, 가난한 사람들과 저임금 노동자들, 여성들, 노인층과 노숙자들, 장애인과 청년들에 대한 강조와 함께 "모든 커뮤니티와 노동자들에게 공평하고 정의로운 전환"(US Congress, H.RES.109)을 위해 취약 그룹의 사회적·경제적 변화를 강조한다.

(2) 왜(목표)

그린뉴딜의 목표들은 통상 그 존재에 정당성을 부여하고자 한다. 미국 그린뉴딜은 잠정적인 시행 시점부터 약 10년 정도 유지할 목표로 온실가스 '무배출'을 설정하고 있다. 이 제안은 기후적·환경적 목표를 구체적인 사회정의 목표와 함께 달성하는 것을 강조한다. 그린뉴딜 목표들은 기후변화 재난에 대한 복원력을 구축할 것임을 분명히 하면서 산업, 기후 그리고 커뮤니티 회복을 강조하는데, 이는 인프라 복원력을 반영하는 선에서 인프라 구축과 강화 등을 진행할 것임을 의미한다. 일부분은 녹색성장에 대한 강조점과 함께 일자리 창출 잠재력에 집중되어 있다. 그러나 생물다양성과 보존에 대한 명시적인 언급은 없다.

미국 그린뉴딜은 지속 가능한 일자리들과 고임금의 창출을 강조한다. 첫째로, 그린뉴딜은 중산층의 경제적 안정성을 회복시키기 위한 목표를 설정한다. 둘째로, 이는 지역 제조업을 부흥시키고 '수출되는' 오염을 감소시키는 하나의 방식이다. 셋째로, 노동자들의 삶의 질을 향상시키고 경제 변화를 이루기 위한 수단으로 간주된다. 경제성장으로부터 자원 활용에 비동조하는 것과 관련해 미국 그린뉴딜은 비동조화라는 용어를 구체적으로 사용하지는 않는다. 미국 그린뉴딜은 농업과 음식 산업 등에 주목하고 있으며, 농업인들과 협업해 '오염을 제거'하고 토양 건강의 지속가능성을 보장하기 위해 농업을 재건설하는 것의 중요성을 강조한다. 사회적 불평등과 관련해서 미국 그린뉴딜은 삶의 기준을 향상시키는 목표에 있어서 야심 찬 정책들을 포함하고 있다. 그린뉴딜은 "미국의 모든 사람들에게 높은 질의 건강보험, 감당 가능한 비용의 안전하고 적절한 주택, 경제적 안정성, 깨끗한 물, 깨끗한 공기, 건강하고 적당한 음식과 자연에의 접근성"을 제공할 것을 목표로 한다(US Congress, H.RES.109).

(3) 무엇(내용)

미국 그린뉴딜의 핵심은 인프라 구축, 에너지 전환, 경제 재건설 그리고 산업 재편에 대한 내용이다. 미국 그린뉴딜은 공정한 전환을 위한 인프라에 대해 2가지 접근 방법을 제시한다. 우선은 관심 산업에 대한 직접적인 투자가 기술 발전과 향상을 유발할 것이며, 산업 투자가 산업 혁신을 촉진할 것이라고 주장한다. 이 결과로 에너지 효율적인 건축물들, 스마트 그리드 기술들 그리고 고속철도와 같은 인프라들이 구축될 것이다.

아울러 제안은 효율성과 회복 그리고 취약계층의 접근성을 보장하기 위해 주택과 건축 문제를 다루고 있다. 미국 그린뉴딜 속 일부 기준들은 기존 건물들을 에너지 효율적으로 업그레이드할 것과, 안전과 비용, 에너지와 물 효율성을 극대화함으로써 지속가능성을 보장하는 기준들에 따라 새 건물들을 짓는 것을 제안한다. 제안은 미국의 모든 사람들을 대상으로 한 적절한 비용, 높은 질의 주택 공급에 대해 다룬다.

그린뉴딜은 에너지 소비자를 구체적인 타깃으로 나타내기보다는, 미국의 전력 수요가 100% 깨끗하고 재생 가능한 에너지를 통해 충족되어야 함을 확인하고 있다. 그린뉴딜은 최종 소비자로 간주되는 취약한 커뮤니티와 함께하는 지방정부 수준에서의 협의를 특히 강조한다. 이러한 협의는 취약한 커뮤니티에서의 정의로운 에너지 전환을 보장하기 위한 것이다. 미국에서 증가하는 사회적 불평등을 생각해 보았을 때 그린뉴딜은 공정한 전환 이행을 위해 필수적인 정책이다.

경제 재건에 대한 내용을 다루면서 그린뉴딜은 세금 개혁과 순환경제의 중요성을 확인할 수 있다. 그럼에도 불구하고 이 두 분야는 미국 그린뉴딜이 다루지 않는 주요한 영역들 중 하나이다. 금융 개혁 또는 조세제도는 탄소중립 경제를 달성하는 데 있어 전혀 언급되지 않는다. 폐기물 관리와 물과 에너지 효율성을 제어하기 위한 효율성 증대 문제에 대한 강조는 있지만, 순환경제를 중시해서 자원 낭비를 줄이고 자원 효율성을 향상시키는 역할에 대한 구체적인 제안은 없다. 산업투자 측면에서 교통부문 정비에 대한 언급은 있다. 이 목표는 교통으로부터의 무배출을 보장하고 깨끗한, 적당한 비용의 그리고 접근 가능한 대중교통과 철도(US Congress, H.RES.109)를 늘리는 것이다. 더욱이 농업은 미국 그린뉴딜의 뚜렷한 타깃 분야이다. 그린뉴딜의 목표 달성을 위해 중요한 것은 무배출을 위해 농부들과 협업하는 것, 토양의 건강을 보존하는 지속 가능한 실천 방안을 도입하는 것이다. 그린뉴딜은 또한 이 타깃 그룹이 그들의 산업으로부터 오염을 '제거'하는 데 필요함을 나타냈다. 끝으로,

미국 그린뉴딜은 목표 달성을 위한 중요한 요소로서 무역에 대한 언급을 포함한다. 무역은 이 제안의 규제적 측면에 속하며 환경보호를 보장하는 동시에 더 높은 수준의 조달 표준을 조성하기 위해 강화되고 모니터링된다.

(4) 어떻게(수단)

그린뉴딜의 정치는 교육, 직업훈련, 연구와 혁신, 국제 협력, 그리고 기금 조성을 정책 목표를 이루는 데 있어서의 주요 수단으로 본다. 이 부문들은 이행 수단을 필요로 한다. 직업훈련의 측면에서 소수자들, 취약한 커뮤니티에 대한 내용은 미국 그린뉴딜 전반에 걸쳐 설명되어 있으며, 해당 내용들은 명시된 개입을 정당화한다.

그린뉴딜 자체가 앞서 언급된 모든 커뮤니티와의 합의를 통해 도입될 수 있도록 제안되었으며, 또한 그린뉴딜 프로젝트 및 프로그램의 '소유'인 지역사회 참여, 풀뿌리 동원 및 참여를 통해 대부분의 사회 프로젝트가 주도될 수 있도록 보장한다. 제안의 내용은 높은 질의 일자리에 접근 가능하게 할 뿐 아니라, 그린뉴딜로 인한 전환의 영향을 받은 노동자들에게 동등함을 보장하기 위한 훈련과 향상 기회를 제공한다.

연구와 혁신 부문에 있어서 기술 향상은 목표 달성을 위한 도구이다. 미국 그린뉴딜은 기술 분야에 대한 투자를 우선시하면서, 더 큰 투자와 혁신을 촉진하기 위한 국제 교류협력에도 참여하여 그 중요성을 강조한다. 이와 관련된 방식으로 국제 협력은 기술, 전문 지식, 제품 그리고 기금 교환을 이루기 위한 하나의 플랫폼이다. 한편 제안 속에 이러한 국제적 공동 작업은 기후 이슈에 있어 미국을 국제적인 리더로 역할하도록 하는 목표를 가지고 있으며, 여러 위기들을 방지하는 과정을 다른 국가들이 배우고 모방하게끔 하여 그들의 그린뉴딜 달성을 '돕는 것'을 목표로 한다.

기금 조성 메커니즘은 그린뉴딜 제안의 핵심적 사안이다. 미국 그린뉴딜은 실행 정책환경을 만드는 데 있어서 연방정부의 역할을 강조한다. 제안은 향후 목표 달성을 이루어 낼 수 있을 유리한 투자 기회와 사업 환경을 조성할 수 있기를 바란다. 이뿐만 아니라 구체적으로 깨끗하고 재생 가능한 기술과 산업을 대상으로 하는 공공투자, 특히 연구 개발에 대한 투자를 이끌어 내고자 하는 목표 또한 존재한다. 미국 그린뉴딜은 민간투자와 자금 흐름의 범주를 구체적으로 설명하기보다는 투자와 투자기회 창출에 주목한다.

6) 한국의 그린뉴딜

한국은 코로나19로 인한 경제침체 극복과 경제구조 전환을 위해 2020년 7월 한국판 뉴딜을 제시했다. 예기치 못한 코로나 확산으로 인해 경제성장률과 일자리 창출에 부정적 영향을 끼쳤고, 이는 소득 감소, 수요 축소, 생산 감소와 실업이라는 악순환을 야기할 가능성을 높였다. 이에 한국 정부는 한국판 뉴딜을 국가발전전략으로 제시한다. 한국판 뉴딜은 크게 디지털 뉴딜, 그린뉴딜, 안전망 강화로 이루어졌다. 그중 그린뉴딜은 탄소중립을 지향하는 저탄소·친환경 경제로의 전환을 추구한다(관계부처 합동, 2020).

(1) 누가(주체)

한국의 그린뉴딜은 전형적인 하향식 정책으로 한국 정부가 정책을 입안하고 시행한다. 관계부처 합동으로 제안된 한국판 뉴딜 종합계획은, 뉴딜 자체가 한 정부 부처만의 계획이 아님을 나타내고 있다. 한국판 뉴딜 관계장관회의에는 과학기술부·환경부·산업부·고용부 장관이 고정으로 참석하고, 실무지원단은 기획재정부에 설치하여 기획재정부 1차관이 맡게 되어 있다.

정부 외에 다양한 이해관계자들의 정책결정 참여는 명시적으로 나타나지 않는다. 또한 초기 그린뉴딜의 경우 지방정부의 역할을 구체적으로 밝히지는 않았다. 정책 대상은 주로 재생 에너지 산업과 기업들이다. 기후변화에 취약한 사회와 집단을 그린뉴딜계획 자체에 명확히 규정하고 있지는 않지만, 한국판 뉴딜의 사회 안전망 강화 항목을 통해, 그린경제 전환에 따른 실업과 일자리 미스매치, 양극화에 대한 정부의 안전망 강화를 방향으로 제시하고 있다.

(2) 왜(목표)

한국의 그린뉴딜은 그린경제로의 전환 촉진을 주요 목표로 삼는다. 기후변화 위기의 파급력과 시급성으로 인해 저탄소·친환경 경제에 대한 요구가 증대되었고, 관련 분야 일자리와 신산업을 창출함으로써 기후위기와 경제 위기를 동시에 극복하겠다는 목표이다. 그린뉴딜의 목표는 경제적인 번영과 글로벌적인 공적·사적 규제에 대응하는 방향으로 설정되었다. 유럽의 탄소국경조정제도나 글로벌 기업의 공급망에서 경쟁 우위를 상실하지 않기 위한 방안이다. 주로 녹색성장과 관련된 일자리와 산업 창출에 초점을 맞춘 계획이다.

기후변화 완화와 관련해 계획상 탄소중립과 연계한다는 언급은 있지만, 그린뉴딜을 통해 얼마만큼의 온실가스 감축을 목표로 하는지에 대한 유기적인 연계를 제안하고 있지는 않다. 또한 기후변화 적응과 관련해 적응에 대한 명시적인 목표보다는 스마트 그린 도시, 도시 숲, 생태계 복원 등의 목표를 제시하고 있다. 사회적 평등에 대한 목표는 그린뉴딜 이외의 사회 안전망 지원 항목에서 고용과 디지털 그린인재 양성 목표를 제시하고 예산을 배분하고 있다.

(3) 무엇(내용)

그린뉴딜에 2025년까지 투자되는 총 사업비는 73.4조 원으로 이 중에서 국비는 42.7조 원으로 구성되어 있다. 녹색 인프라, 신재생 에너지, 녹색사업 육성을 통해 65.9만 개의 일자리를 창출하겠다는 야심 찬 계획이다. 2030 온실가스 감축 목표, 재생에너지 3020 이행 계획 등과 연계하여 그린뉴딜을 통해 탄소중립과 녹색전환을 추진함으로써 3분야, 10가지 세부 계획을 제시한다. 인프라 부문은 도시, 공간 생활 인프라의 전환으로 ① 공공시설 제로 에너지화, ② 국토, 해양, 도시의 녹색 생태계 회복, ③ 물 관리 체계 구축으로 구성된다. 에너지 부문은 저탄소·분산형 에너지 확산을 위해 국비 24조 원을 투자하고, 일자리 21만 개를 창출하려는 계획이다. ① 스타트 그리드 구축을 통한 에너지 관리 효율화, ② 신재생 에너지 확산과 공정한 전환, ③ 그린 모빌리티 (전기차, 수소차) 보급 확대가 주요 내용이다. 녹색산업 활성화를 위해 6.3조 원의 국비를 투자해 6.3만 개의 일자리를 창출할 계획이다. 이를 위해 ① 녹색 유망기업을 육성하고 녹색산단을 조성하고, ② 녹색 혁신기반 조성을 위한 연구 개발과 금융을 활성화한다.

한국의 그린뉴딜은 한국의 실정에 맞게 종합적인 성격을 띤다. 경제성장의 방향을 저탄소로 잡고 있다는 측면에서 의의가 있다. 그러나 탄소중립과 관련해 구체적인 탄소감축 수단과 목표가 연계되어 있지 않다는 한계가 존재한다. 또한 실질적인 일자리 창출의 방안이 로드맵에 따라 제시되고 있지 않다는 점도 더 보충되어야 한다. 또한 녹색경제의 재구성을 위한 정부와 민간의 투자와 금융에 대해서는 논의하고 있지만, 탄소세 등의 재정계획을 담고 있지는 않다. 순환경제를 추구하는 내용이 미진한 점도 보완되어야 한다.

(4) 어떻게(수단)

그린뉴딜을 추진하기 위해 대통령이 주재하는 한국판 뉴딜 전략회의를 설치하고, 당정 협업논의를 구축한다. 민간 기업, 광역지자체, K-뉴딜위원회가 참여하는 거버넌스 구조이다. 그린뉴딜을 위한 교육과 직업훈련은 한국 그린 뉴딜의 주요 내용 중 하나이다. 그러나 전체적인 교육 내용은 디지털 전환 (초·중·고 디지털 교육 인프라 조성, 대학 직업훈련 기관의 온라인 교육)에 초점을 맞추고 있다. 그린뉴딜과 관련해서는 녹색 융합기술 2만 명을 특성화 대학원 운영을 통해 양성하고 환경산업 분야의 재직자·실무자 교육 확대방안을 제시하고 있다.

그린뉴딜 목표 달성을 위해 연구와 개발에 투자하는 내용을 강조한다. 녹색기업 중 스타트업에 대한 전 주기 지원과 그린 스타트업 타운을 조성하고, 녹색 5대 선도산업(청정 대기, 생물 소재, 수열, 폐자원, 자원 순환) 분야에 클러스트 구축, 온실가스 감축 기술(이산화탄소 포집·저장·활용 기술)에 대한 R&D를 지원한다는 내용이 포함되어 있다.

한국의 그린뉴딜계획은 국제 협력을 촉진할 계획을 명시적으로 제시하고 있지 않다. 재정 정책의 일환으로 국내 산업, 일자리 창출에 무게를 두고 있어 국제 협력이나 지원에 대한 논의가 우선시되고 있지 않은 것으로 보인다.

2. 논의

주체 문항들에 관해서 EU, 미국, 한국의 제안에 그린뉴딜 개시자와 타깃이 모두 포함되어 있다. EU와 미국의 제안은 의회와 다른 지자체의 지지를 받는 연방정부와 EU집행위원회를 주요 정책 행위자로 보는 데 반해, 한국은 중앙정부를 주요 행위자로 보고 있다. EU 그린뉴딜은 기후협약에 따라 지역 에너지 커뮤니티와 시민 대화를 구축하는 데 있어서 지역 당국의 역할을 명확하게 설명했다. EU 제안의 내용과 비교했을 때, 미국과 한국의 그린뉴딜은 일련의 행정 수준에서 '지방 당국'을 나열한 정도다. 주요 행위자들을 명명하는 것은 중요하며 그린뉴딜 제안, 핵심 구별점은 EU 제안에서 나타나는 '조치 항목'이다. 보다 구체적으로 이는 대화를 촉진하는 것이 지역사회와 각 지방 당국의 간극을 좁히는 것의 중요성을 이해하고 있음을 입증한다. 또한 이는 풀뿌리 차원에서 실행할 수 있는 정의로운 전환을 보장하고자 할 때 불가피하다. 그린뉴딜 목표들에 관해 EU, 미국, 한국의 그린뉴딜은 약간의 정도 차이는 있지만 기후변화 완화 및 회복과 지속 가능한 일자리 창출 그리고 공정하고 정의로운 전환을 강조한다. 이 5가지 요소들은 그린뉴딜 목적의 핵심을 이룬다. 몇몇 요소들에는 차이점이 있다. EU 그린뉴딜은 생물다양성과 전통적인 환경 보존을 주요 목표로 삼는다. 마찬가지로 녹색경제로부터 온실가스 배출 축소를 분리시키는 것 또한 EU 그린뉴딜의 주요 목표 중 하나다.

내용 측면에서 EU, 미국, 한국의 제안들은 인프라 건축과 에너지 전환 지점에 공통점이 있다. 미국 제안은 깨끗한 공공 대중교통을 만들고자 하고, EU 제안은 순환경제의 중요성을 이야기하며, 한국 제안은 녹색산업 성장을 강조한다. 조세개혁 중심의 차이점도 존재한다. EGD는 조세개혁을 제시하고 화석연료 에너지 사용과 오염에 책임을 가중하여 넷제로 목표를 달성하려 한다.

그린뉴딜 정책들을 시행하기 위해서는 견고하고 복합적인 수단들이 아주 중요하다. 직업훈련, 연구와 발전에 대한 구체적인 강조는 EU, 미국, 한국 제안의 내용에서 공통적으로 나타난다. 펀딩 메커니즘의 측면에서 한국과 EU 제안은 그린뉴딜 시행을 위한 구체적인 재원을 설명하고 있다. 반면 미국 제안은 재원과 펀딩 메커니즘에 대해 구체적으로 언급하고 있지 않다. 또한 EGD의 국제협력계획에 대한 강조와 비교했을 때, 미국의 제안은 미국을 기후 리더로 만들고 다른 국가들을 돕기 위한 명확한 계획을 세우지는 않은 채 여러 서비스 및 기술의 국제적 교환 가치를 상징적으로 선언할 뿐이다. 한국은 국제 협력에 대한 언급이 미비하다.

〈표 12-2〉는 〈표 12-1〉에 제시되었던 질문 체계를 이용해 각국의 그린뉴딜 제안 문서를 비교한 것이다. 각 문항은 제시된 틀에 기반해 미응답, 다소 포함됨, 명백히 포함됨의 척도로 평가되었다. 척도의 2가지 기준은 인지 정도와 내용이다. 인지 정도는 틀에서 제기되는 질문의 내용이 언급, 정의 및 제안되었는지를 나타낸다. 내용은 제안된 행위자, 목표, 내용 및 조치의 종합 정도

〈표 12-2〉 그린뉴딜 체계의 정치를 기반으로 한 분석 결과

그린뉴딜 질문의 정치	EU	미국	한국
누가(주체)			
정책 개시자	확정적으로 포함됨	다소 포함됨	확정적으로 포함됨
주요 주체들의 의견 반영	확정적으로 포함됨	확정적으로 포함됨	다소 포함됨
지방정부의 역할	확정적으로 포함됨	다소 포함됨	다소 포함됨
정책 타깃	다소 포함됨	확정적으로 포함됨	다소 포함됨
경제적 변화와 기후변화, 취약한 커뮤니티들	다소 포함됨	확정적으로 포함됨	다소 포함됨
왜(목표)			
완화 목표	확정적으로 포함됨	확정적으로 포함됨	다소 포함됨
생물다양성과 환경적 보존	확정적으로 포함됨	다소 포함됨	확정적으로 포함됨
기후 회복	확정적으로 포함됨	확정적으로 포함됨	다소 포함됨
높은 질의 일자리 창출	확정적으로 포함됨	확정적으로 포함됨	확정적으로 포함됨
녹색성장	확정적으로 포함됨	다소 포함됨	확정적으로 포함됨
사회적 불평등 감소	확정적으로 포함됨	확정적으로 포함됨	확정적으로 포함됨
삶의 질 향상	다소 포함됨	확정적으로 포함됨	다소 포함됨
무엇(내용)			
인프라 구축	확정적으로 포함됨	확정적으로 포함됨	확정적으로 포함됨
기후변화 회복을 위한 커뮤니티 기반의 인프라 구축	다소 포함됨	다소 포함됨	다소 포함됨
에너지 전환	확정적으로 포함됨	확정적으로 포함됨	확정적으로 포함됨
경제 재건	확정적으로 포함됨	다소 포함됨	확정적으로 포함됨
순환경제	확정적으로 포함됨	다소 포함됨	
그린 모빌리티 산업 전환	다소 포함됨	확정적으로 포함됨	확정적으로 포함됨
농업을 위한 산업 전환	확정적으로 포함됨	확정적으로 포함됨	다소 포함됨
무역을 위한 산업 전환	다소 포함됨	다소 포함됨	다소 포함됨
어떻게(수단)			
기후변화에 대한 교육	다소 포함됨	다소 포함됨	확정적으로 포함됨
직업훈련(사회적 평등)	확정적으로 포함됨	확정적으로 포함됨	확정적으로 포함됨
연구와 혁신	확정적으로 포함됨	확정적으로 포함됨	확정적으로 포함됨
국제 협력	확정적으로 포함됨	다소 포함됨	거의 포함되지 않음
펀딩 메커니즘	확정적으로 포함됨	다소 포함됨	확정적으로 포함됨

를 의미한다.

　EGD는 무엇을 내용으로 담고 있고, 목표들이 어떻게 달성될 것인지에 대한 중요한 세부 사항을 설명한다. 이어 언급될 내용과 같이, 미국 그린뉴딜과의 중요한 차이점은 정책 기준 및 수치 목표를 구체적으로 설정한다는 점이다. 또한 그린뉴딜이 EU뿐만 아니라 세계적 주체들의 공동 책임이라는 점을 크게 강조하는 것은 그린뉴딜의 성패에 대한 기준점으로 여겨진다. 그러므로 EU집행위원회는 리더십과 파트너십을 입증하고 탄소 유출을 줄여 전 세계적으로 그린뉴딜을 실현하기 위한 EU의 역할을 강조한다. 목표가 어떻게 달성되는지에 초점을 두는 이러한 측면은 전 세계적 파트너십에 대한 더 큰 정치적 의지와 관심을 반영할 수 있다. EU 제안은 EU 이외의 주요 행위자들을 언급하고, 이는 녹색전환에 주요 행위자로서 참여하는 것뿐만 아니라 지구적인 기후변화 우려를 지지하는 데 관심이 있음을 뜻한다. 이는 향후 기후변화를 다루는 지역 기구뿐만 아니라 국제기구와 국가들의 협력이 중요함을 강조하는 것이다.

3. 결론

　정치학의 기본적인 질문들을 이용해서, 이 연구는 그린뉴딜의 주체, 목표, 내용과 수단을 포함하는 질문들과 하위 구성요소들을 제시했다. 이 분석틀은 다른 국가들의 그린뉴딜 제안들을 분석하는 데도 적용될 수 있을 것이다. 이 비교 연구는 세부 내용, 측정 가능한 목표들, 국제협력계획과 자금원을 경험적으로 제시한다. 전환을 위한 견고하고 잘 계획된 기금 조성 메커니즘은 정부 부양책에서 가장 핵심이다. 자금과 투자 없는 그린뉴딜은 구체화되지 않은 소원에 불과하다. 복합적이고 구체적인 주체, 목표, 내용과 올바른 수단을 통해 그린뉴딜 제안의 도입을 가능하게 할 수 있다. 그러기 위해서 그린뉴딜을 위한 세부 실행계획은 비전을 달성하는 방향으로 시행되어야 한다.

이 글은 지역 및 국가 수준에서 그린뉴딜 정책에 정책적 함의를 제시한다. 첫째로, 명확하게 정의된 주체들(정책 개시자들, 타깃과 협력자들), 복합적이고 견고한 목표, 내용 그리고 수단들은 효과적인 녹색 부양책과 기후변화 대응을 위해 반드시 필요하다. 이 틀은 국가 및 지역 수준에서의 그린뉴딜을 설계하는 데, 혹은 평가 도구로서 활용할 수 있다. 또한 지방 혹은 국가적 수준의 그린뉴딜이 '무엇을, 왜, 어떻게'라는 질문에 대답할 수 있다면 시민들과의 소통은 훨씬 쉬워질 것이다. 둘째로, 그린뉴딜 계획을 실행하기 위해 초기 설계 단계에서 기관과 예산의 도입이 준비되어야 한다. 그렇지 않으면 정치인들, 관료들, 기업들, 전문가들과 시민들을 설득하기 어려울 것이다. 더욱이 가시적인 목표를 통해 그린뉴딜의 잠재적 이점을 명료화한다면 사회로부터 더 많은 지지를 얻을 수 있을 것이다.

이 글의 한계는 앞으로의 연구를 통해 메워질 수 있을 공백이다. 첫째로, 몇몇 국가들(캐나다, 호주, 그리고 바이든의 미국 정부)이 그린뉴딜의 제도화를 고려하고 있으므로, 비교 연구의 종적 확대와 단면적 확장이 이루어진다면 다양한 맥락에서 그린뉴딜들의 차이점과 공통점을 분석하는 것이 가능해질 것이다. 둘째로, 그린뉴딜의 도입 여부를 분석하는 간단한 메커니즘만으로도 그린뉴딜 제안들의 영향력에 대한 이해를 높일 수 있을 것이다. EU 제안은 채택되었고, 미국 제안은 채택되지 못했다. 그러나 바이든 정부 동안 뚜렷한 그린뉴딜 정책의 발전 및 변화가 있을 것으로 기대된다. 셋째로, 그린뉴딜 계획의 영향은 향후 평가되어야 한다. 위에서 다루어진 그린뉴딜 제안은 실제로 효과적으로 시행되어야 한다. 그러기 위해서는 그린뉴딜 정책 평가 설계가 일자리 창출과 혁신을 통한 경제적 번영뿐만 아니라 지속가능성 개선의 실효성을 반영할 수 있어야 한다. 이러한 측면에서 향후 연구는 분석적 틀이 그린뉴딜의 효과적인 도입과 수행에 어떠한 영향을 미쳤는지 조사해 볼 수 있을 것이다. 넷째로, 사례 연구를 늘림으로써 분석적 틀과 관련 질문들은 논리적으로 일관되며, 모든 구성 요소를 포괄하도록 업데이트될 수 있을 것이다. 이렇게 각 구성 요소 간 상호작용(어떠한 행위자가 어떠한 목표, 내용과 수단을 통해 다른 결과를 야기할 수 있는지)을 분석하는 것은 그린뉴딜 정치의 역동적인 틀을 제공할 것이다.

참고문헌

관계부처 합동. 2020. 「한국판 뉴딜 종합계획」 발표. https://www.moef.go.kr/nw/nes/detailNesDta
    View.do?searchBbsId=MOSFBBS_000000000028&searchNttId=MOSF_000000000040637&menu
    No=4010100

—

Aici, Ahmet Atil, and Zeynep Bnl. 2012. "Green New Deal: A Green Way out of the Crisis?"
    Environmental Policy and Governance, 22(5): 295~306. doi:10.1002/eet.1594.

Albert, Michael J. 2020. "The Dangers of Decoupling: Earth System Crisis and the 'Fourth Industrial
    Revolution.'" *Global Policy*, 11(2). Blackwell Publishing Ltd: 24554. doi:10.1111/1758-5899.
    12791.

Bang, Guri. and Miranda A. Schreurs. 2010. *A Green New Deal Framing US Climate Leadership*.
    1st ed. Routledge. http://ebookcentral.proquest.com

Barbier, Edward B. 2010. "Global Governance: The G20 and a Global Green New Deal." *Econo-
    mics: The Open-Access*, 4(20102): 135. doi:http://dx.doi.org/10.5018/economics-ejournal.
    ja.2010-2.

Bauhardt, Christine. 2014. "Solutions to the Crisis? The Green New Deal, Degrowth, and the
    Solidarity Economy: Alternatives to the Capitalist Growth Economy from an Ecofeminist Eco-
    nomics Perspective." *Ecological Economics*, 102: 6068. doi:10.1016/j.ecolecon.2014.03.015.

Bloomfield, Jon and Fred Steward. 2020. "The Politics of the Green New Deal." *Political Quarterly*,
    91(4): 77079. doi:10.1111/1467-923X.12917.

Chohan, U. W. 2019. "A green new deal: Discursive review and appraisal." Notes on the 21st Cen-
    tury(CBRI).

Dauncey, Guy. 2019. "Ten Green New Deals How Do They Compare? The Practical Utopian."
    https://thepracticalutopian.ca/2019/09/27/ten-green-new-deals-how-do-they-compare/.

Elliott, Larry, Colin Hines, Tony Juniper, Jeremy Leggett, Caroline Lucas, Richard Murphy, Ann
    Pettifor, Charles Secrett, and Andrew Simms. 2008. "A Green New Deal Joined-up Policies to
    Solve the Triple Crunch of the Credit Crisis, Climate Change and High Oil Prices." The Green
    New Deal Group.

European Parliament. The European Green Deal. 2019/2956(RSP). Introduced on December 11,
    2019. https://www.europarl.europa.eu/doceo/document/TA-9-2020-0005_EN.html

Fitz, Don. 2014. "How Green Is the Green New Deal? Green Social Thought 65: A Magazine of Synthesis and Regeneration."

Galvin, Ray and Noel Healy. 2020. "The Green New Deal in the United States: What It Is and How to Pay for It." *Energy Research and Social Science*, 67(December 2019). doi:10.1016/j.erss. 2020.101529.

Government of the Republic of Korea. 2020. "Korean New Deal: National Strategy for a Great Trans-formation." https://english.moef.go.kr/pc/selectTbPressCenterDtl.do?boardCd=N0001&seq=4948.

H.Res.109 Recognizing the Duty of the Federal Government to Create a Green New Deal. 2019. 116th Congress. https://www.congress.gov/bill/116th-congress/house-resolution/109/text

Hickel, Jason and Giorgos Kallis. 2019. "Is Green Growth Possible?" *New Political Economy*, 3467. Taylor & Francis. doi:10.1080/13563467.2019.1598964.

Holtz-Eakin, Douglas, Dan Bosch, Ben Gitis, Dan Goldbeck, and Philip Rossetti. 2019. "The Green New Deal: Scope, Scale, and Implications. American Action Forum." https://www.american-actionforum.org/research/the-green-new-deal-scope-scale-and-implications/

House of Commons. Decarbonisation and Economic Strategy. Bill 155 2019-21. Introduced on July 7, 2020. https://publications.parliament.uk/pa/bills/cbill/2017-2019/0365/190365.pdf

IPCC. 2014. *AR5 Climate Change 2014: Mitigation of Climate Change*. Cambridge, United King-dom and New York, NY, USA. https://www.ipcc.ch/site/assets/uploads/2018/02/ipcc_wg3_ar5_full.pdf

Jenkins, Tim and Andrew Simms. 2012. "PAPER 1: THE GREEN ECONOMY." https://sf.stakeholder-forum.org/fileadmin/files/PAPER 1_Green Economy_Final_vj.pdf

Jha, Shikha, Sonia Chand Sandhu, and Radtasiri Wachirapunyanont. 2018. "Inclusive Green Growth Index: A New Benchmark for Quality of Growth." doi:10.22617/TCS189570-2.

Lasswell, Harold Dwight. 1936. *Politics: Who Gets What, When, How.* Whittlesey House, McGraw-Hill Book Company. doi:10.5840/zfs193761185.

Lee, Jae Hyup, and Jisuk Woo. 2020. "Green New Deal Policy of South Korea: Policy Innovation for a Sustainability Transition. Sustainability (Switzerland)." MDPI AG. doi:10.3390/su122310191.

Lee, Taedong, and Taehwa Lee. 2016. "Evolutionary Urban Climate Resilience: Assessment of Seo-ul's Policies." *International Journal of Climate Change Strategies and Management*, 8(5). Emerald Group Publishing Ltd.: 597612. doi:10.1108/IJCCSM-06-2015-0066.

Lee, Taedong. 2017. "The Effect of Clean Energy Regulations and Incentives on Green Jobs: Panel

Analysis of the United States, 19982007." *Natural Resources Forum*, 41(3). John Wiley & Sons, Ltd: 14555. doi:10.1111/1477-8947.12125.

Luke, Timothy W. 2009. "A Green New Deal: Why Green, How New, and What Is the Deal?" *Critical Policy Studies*, 3(1). Informa UK Limited: 1428. doi:10.1080/19460170903158065.

MacArthur, Julie L., Christina E. Hoicka, Heather Castleden, Runa Das, and Jenny Lieu. 2020. "Canada's Green New Deal: Forging the Socio-Political Foundations of Climate Resilient Infrastructure?" Energy Research and Social Science. Elsevier Ltd. doi:10.1016/j.erss.2020.101442.

Martinez-Fernandez, Cristina, Carlos Hinojosa, and Gabriela Miranda. 2010. "Green Jobs and Skills: The Local Labour Market Implications of Addressing Climate Change." www.oecd.org/dataoecd/54/43/44683169.pdf?conte

Nersisyan, Yeva and L. Randall Wray. 2020. "Can We Afford the Green New Deal?" *Journal of Post Keynesian Economics*. Routledge. doi:10.1080/01603477.2020.1835499.

Nugent, James Patrick. 2011. "Changing the Climate: Ecoliberalism, Green New Dealism, and the Struggle over Green Jobs in Canada." *Labor Studies Journal*. doi:10.1177/0160449X10392528.

O'Neill, Daniel W. 2020. "Beyond Green Growth." *Nature Sustainability*, 3(4). Springer Science and Business Media LLC: 26061. doi:10.1038/s41893-020-0499-4.

OECD. 2011. "Towards Green Growth." *OECD Green Growth Studies*. OECD. doi:10.1787/978926 4111318-en.

Pettifor, Ann. 2019. *The Case for the Green New Deal*. Verso.

Reddy, P. Parvatha. 2015. "Climate Resilient Agriculture for Ensuring Food Security." *Climate Resilient Agriculture for Ensuring Food Security*. Springer India. doi:10.1007/978-81-322-2199-9.

Rifkin, Jeremy. 2019. "The Green New Deal Why the Fossil Fuel Civilization Will Collapse by 2028, and the Bold Economic Plan to Save Life on Earth." St. Martin's Publishing Group.

The European Green Deal. 2019. "EUROPEAN COMMISSION." https://eur-lex.europa.eu/legal-content/ EN/TXT/?qid=1576150542719&uri=COM%3A2019%3A640%3AFIN

The Green New Deal for Europe. "10 Pillars of the Green New Deal for Europe." Accessed April 15. https://www.gndforeurope.com/10-pillars-of-the-green-new-deal-for-europe

The Green New Deal Group. "Our Core Principles." Accessed at https://greennewdealgroup.org/principles/(June 7)

The Sunrise Movement. "Green New Deal Strategy." Accessed https://www.sunrisemovement.org/gnd-strategy(June 7)

Tienhaara, Kyla. 2014. "Varieties of Green Capitalism: Economy and Environment in the Wake of the Global Financial Crisis." *Environmental Politics*, 23(2). Routledge: 187204. doi:10.1080/09644016.2013.821828.

Tienhaara, Kyla. 2016. "Governing the Global Green Economy." *Global Policy*, 7(4): 48190. doi:10.1111/1758-5899.12344.

U.S. Congress. House. Recognizing the duty of the Federal Government to create a Green New Deal. H.Res.109. 116th Cong., 1st sess. Introduced in House February 7, 2019. https://www.congress.gov/bill/116th-congress/house-resolution/109/text

United Nations Environment Programme. 2008. Background Paper on Green Jobs. UNEP Background Paper. http://www.unep.org/labour_environment/pdfs/green-jobs-background-paper-18-01-08.pdf

World Trade Organization(WTO), and United Nations Environment Programme(UNEP). 2018. Making Trade Work for the Environment, Prosperity and Resilience.

지은이

조명래

단국대학교 석좌교수. 제18대 환경부 장관 및 제11대 한국환경연구원장을 역임했다. 현실 정책과 시민운동에 참여하면서 자본주의하의 공간환경 문제에 대한 정치경제학적 연구를 주로 수행해 왔다. 저서로 『공간으로 사회 읽기』(문광부 우수도서, 2014), 『녹색토건주의와 환경위기』(2013), 『지구화, 되돌아보기 넘어서기』(2009), 『현대사회의 도시론』(문광부 우수도서, 2008), 『개발정치와 녹색진보』(2006), 『녹색사회의 탐색』(학술원 우수도서, 2001), 『포스트 포디즘과 현대사회의 위기』(1999) 등이 있다.

송동수

단국대학교 법과대학 교수. 독일 본(Bonn) 대학에서 환경행정법으로 법학 박사를 취득했으며, 한국과 EU 환경법 분야를 연구해 왔다. 저서로는 『일반행정법 총론』(2022)이 있고, 주요 논문으로 「탄소중립 구현을 위한 CCUS 기술의 촉진에 관한 법제 연구」(2022), 「유럽 환경법의 리스크관리 법제」(2021), 「기후변화 대응 신기술 적용과 법제 개선방안」(2020), 「신기후변화협약 체제에서의 한국 환경법제의 대응」(2019) 등이 있다.

윤종원

단국대학교 신소재공학과 교수. 나노 소재를 기반으로 한 에너지 저장 및 환경소재 분야를 연구해 왔다. 저서로는 『태양광 발전 시스템』(2012), 『에너지 분석 실험』(2013), 『재료 기초 실험』(2014) 등이 있고, 주요 SCI 논문으로는

"Characterization of surface-modified LiMn2O4 cathode materials with indium tin oxide (ITO) coatings and their electrochemical performance"(2014) 외 100여 편이 있다.

김정인

중앙대학교 경제학부 교수. 미국 미네소타 대학교에서 환경경제학 박사학위를 취득하고 포항제철 경영연구원에 일했다. 대통령 산하 탄소중립위원회와 국가기후환경회의 및 국무총리실 녹색성장위원회 위원으로 활동했다. 이 외에 인천항만공사 ESG 위원, 남부발전 탄소중립위원, 정부 투자기관 평가위원과 서울에너지공사 이사회 의장을 수행한 바 있다. 주요 저서로는『물과 기후 변화』(공저, 2015),『물과 인권』(공저, 2014),『녹색 성장 1.0』(공저, 2013),『그린 잡』(공저, 2010) 등이 있다.

이소라

한국환경연구원(KEI) 지속가능전략연구본부 연구위원. 자원순환 정책과 온실가스 감축, 전과정평가(LCA) 분야를 연구해 왔다. 주요 연구 보고서로는『지역기반 자원순환 평가 시스템 구축 및 녹색전환 전략 마련 연구』(2021),『순환경제로의 전환을 위한 플라스틱 관리전략 연구』(2019) 등이 있고, 주요 논문으로는「포스트 코로나 시대의 자원순환 정책분석 연구」(2021)가 있다.

변병설

인하대학교 행정학과 교수. 미국 펜실베이니아 대학교 대학원에서 도시 및 지역계획학 박사학위를 취득하고 한국환경정책평가연구원에서 도시계획과 환경계획을 연계하는 도시환경계획 분야를 연구했다. 저서로는『환경정책론』(2019), 편저로는『도시계획론』(2021)이 있다. 주요 연구로는「회복탄력성 기반 쾌적한 도시 구축방안 연구」(2020), 「기후변화에 대응하기 위한 커뮤니티 리질리언스 평가지표 개발」(2017), 「지속가능한 생태도시계획」(2005) 등이 있다.

독고석

단국대학교 토목환경공학과 교수. 연구 분야는 물 관리 정책, 정수 처리기술 및 개발도상국 적정기술이다. 국회물포럼 부회장, 국경 없는 과학기술자회 회장, 서울시 수돗물평가회 의장을 역임했다. 주요 논문으로 "Enhanced flotation technology using low-density microhollow beads to remove algae from a drinking water source"(2021) 등이 있다.

하미나

단국대학교 의과대학 예방의학교실 교수. WHO 서태평양 사무국 기후변화와 건강정책 전문가 자문단, 한국보건산업진흥원 R&D 진흥본부 건강기반구축단장, 환경부 환경보건정책관을 역임했다. 주로 환경이 사람의 건강에 미치는 영향에 관심이 있으며, 화학물질, 방사선 및 전자파 노출의 건강영향, 특히 어린이의 성장 발달 및 건강에 대해 270여 편의 연구 논문을 국제 학술지에 발표했다. 저서로는 『환경보건정책입문』(공저, 2022), 『방사능 상식사전』(공저, 2011) 등이 있다.

추장민

한국환경연구원(KEI) 선임연구위원. 환경정의, 저소득계층 환경정책 및 기후변화 적응정책, 북한 및 중국 환경문제, 동북아 환경 거버넌스 분야를 연구해 왔다. 저서로는 『복합재난시대: 위험사회에서 안전사회로의 전환』(공저, 2022), 『녹색전환: 지속 가능한 생태 사회를 위한 가치와 전략』(공저, 2020), 『환경과 복지』(공저, 2014) 등이 있고, 주요 연구 보고서로『환경정의 종합계획 마련 연구』(2019),『한-중 탄소 배출권거래제 비교 및 협력방안 연구』(2019),『한반도 지속가능 발전을 위한 북한 환경 연구 로드맵 수립』(2019),『환경복지지표 및 기준 개발에 관한 연구』(2014),『저소득계층의 기후변화 적응역량 강화를 위한 정책방안 연구(Ⅰ·Ⅱ)』(2010~2011),『도시지역 저소득계층 보호를 위한 환경정책 연구(Ⅰ·Ⅱ·Ⅲ)』(2007~2009) 등이 있다.

문태훈

중앙대학교 도시계획·부동산학과 교수. 한국의 환경 정책과 지속가능발전 분야를 연구해 왔다. 저서로는『한국의 지방자치』(공저, 2022),『시스템 사고로 본 지속가능한 도시』(2007),『환경정책론』(1997) 등이 있고, 논문으로는「한국 대도시의 참발전지수 연구」(공저, 2022), "Analyzing climate impacts on health, energy, water resources, and biodiversity sectors for effective climate change policy in South Korea"(공저, 2021),「성장의 한계 논의의 전개와 지속가능발전에의 함의」(2016),「환경문제의 개선을 위한 공공적 접근방법의 확대: 필요성과 가능성 그리고 과제」(2010),「지방자치단체 환경행정 역량 평가모델의 개발과 적용에 관한 연구」(2003),「도시별 지속가능성의 측정과 도시간 지속가능성 비교연구」(공저, 1999),「한국에 있어서 정부와 기업간의 관계: 환경보전, 공정거래, 산업기술개발정책을 중심으로」(1993) 등이 있다.

이재영

공주대학교 환경교육과 교수. 오하이오 주립대학교에서 환경교육으로 박사학위를 받았으며, 환경교육·생태전환교육·지속가능발전교육 분야를 연구해 왔다. 저서로는『사건중심 환경탐구』(2016),『학교, 생명을 노래하다』(공저, 2015),『한국 환경교육의 흐름 1』(2014) 등이 있고, 논문으로는「한국 환경교

육 제도화 10년의 성과와 과제」(2019), 「빅데이터를 활용한 환경교육의 국내
외 변화추세에 대한 통시적 분석」(2019) 등이 있다.

이태동

연세대학교 언더우드 특훈교수, 정치외교학과 교수. 환경-에너지-인력자원
연구 센터장을 맡고 있다. 도시의 기후변화와 에너지 정책을 국제 관계와 비
교 정책의 관점에서 분석하는 연구를 하고 있으며, 환경-에너지 정치, 마을학
개론, 시민사회와 NGO 정치 등의 과목을 가르치고 있다. 저서로『에너지전
환의 정치』(2021),『환경-에너지 리빙랩』(2019),『우리가 만드는 정치』(2018),
『마을학 개론』(2017), *Global Cities and Climate Change* (2015)가 있으며,
국내외 유수한 저널에 60여 편의 논문을 출판했다.

한울아카데미 2392

기후변화와 탄소중립

ⓒ 조명래 외 11인, 2022

지은이 | 조명래·송동수·윤종원·김정인·이소라·변병설·
　　　　독고석·하미나·추장민·문태훈·이재영·이태동
펴낸이 | 김종수
펴낸곳 | 한울엠플러스(주)
편집 | 배소영

초판 1쇄 인쇄 | 2022년 8월 30일
초판 1쇄 발행 | 2022년 9월 5일

주소 | 10881 경기도 파주시 광인사길 153 한울시소빌딩 3층
전화 | 031-955-0655
팩스 | 031-955-0656
홈페이지 | www.hanulmplus.kr
등록 | 제406-2015-000143호

Printed in Korea.
ISBN 978-89-460-7392-0 93300 (양장)
　　　 978-89-460-8204-5 93300 (무선)

한울엠플러스의 책

탄소중립과 그린뉴딜
정치와 정책

- 환경정치연구회 엮음 | 김명성·김민정·김성은·김성진·나용우·박혜윤·
  손병권·송영·신상범·오경택·이재영·이재현·이진영·이태동·이혜경·
  이흥구·이희섭·임시정·임은정·조정원·한희진·황정화 지음
- 2021년 12월 15일 발행 | 신국판 | 576면

거스를 수 없는 시대의 화두, 탄소중립
인류 역사상 가장 큰 시장실패, 기후변화

2020년 코로나19 시국 전후로 기후문제 악화와 경제적 위기가 지속되면서 '2050 탄소중립'이 글로벌 의제로 부상했다. 이는 전 지구적 현안이고 거스를 수 없는 이 시대의 화두이다. 각국 정부는, 포스트 코로나 시대에는 인간 삶의 방식과 자본주의 경제운용 방식에 근본적 변화가 도입되어야만 함을 절감하고 있다. 최근 영국 글래스고에서 개최된 제26차 유엔기후변화협약 당사국 총회(COP26)에서는 '글래스고 기후합의'를 채택하고 온실가스 감축과 탈탄소 투자에 관한 선언을 발표한 바 있다. 이러한 세계적 추세에 발맞춰 한국 정부는 2020년 7월과 10월에, 한국형 그린뉴딜과 2050 탄소중립 장기저탄소발전전략을 선언했다. 탄소중립은 멀고 힘들지만 가야 할 길이다. 그린뉴딜은 탄소중립 달성과 경제위기 극복을 위한 구체적 방안이다.

이 책은 탄소중립과 그린뉴딜을 둘러싼 다양한 행위자의 이해관계, 갈등과 협력의 행동양상을 관찰하고 분석한 결과를 제시한다. 더불어 그 대안을 논의하고 모색하면서 개인, 제도, 정부, 시스템 차원을 포괄해 전면적이고 폭넓은 수준의 구조적 변화가 필요하다고 말한다.

글로벌 기후변화 거버넌스와 한국의 전략

- 김연규 엮음
- 2018년 5월 10일 발행 ┃ 신국판 ┃ 368면

급변하는 국제 기후체제의 다양한 현안을 다각적으로 검토하다
미국, 중국, EU, 일본 등 주요 강대국의 기후변화 대응동향 분석

2015년 12월 파리기후협약이 채택되면서 선진국과 개도국이 모두 참여하는 신기후체제의 출범이 가시화되었다. 하지만 2017년 6월 기후변화 정책의 필요성을 부정하는 트럼프 대통령이 파리협정에서 탈퇴함에 따라 전 세계 기후변화 거버넌스가 크게 흔들리고 있다. 이처럼 급변하는 국제 기후체제에 대응하기 위해서는 각국의 현황과 전략을 면밀히 파악해야 한다.

이 책에서는 각 장별로 주요 강대국의 최근 동향과 국가별 기후대응 방안을 검토한다. 또한 미국과 중국이 기후변화 협력을 추진하게 된 과정, 한·중·일의 원자력 협력과 그 속에서 한국이 해야 할 역할, 국제 에너지 시장에 큰 영향을 주고 있는 4차 산업혁명과 셰일혁명, 에너지 시장에서 주도권을 잡기 위해 노력하는 글로벌 에너지 기업들, 온실가스를 저감하기 위해 시행되고 있는 배출권거래제의 현황과 전망 등 기후변화와 관련된 현안에 다방면에서 전문적으로 접근하고 있다.

기후변화협약에 관한 불편한 이야기
가라앉는 교토의정서, 휴지가 된 탄소배출권

- 노종환 지음
- 2014년 7월 30일 발행 | 신국판 | 216면

2015년 시행을 앞둔 탄소배출권거래제, 제도 시행과 유보를 둘러싼 갈등의 핵심은?
교토의정서, 당사국 총회, 배출권거래제…… 그 이면에 감추어진 불편한 진실

이 책에 따르면 앞으로 배출권거래제를 핵심으로 하는 교토의정서의 방식대로 기후변화협약이 전개될 가능성은 희박하다. 아마 지금까지와는 다른 접근으로 전 세계가 기후변화 문제에 대응하려 할 것이다. 즉, 한국에서 배출권거래제를 시행하든 말든, 배출권거래제 자체의 전망이 밝지 않다고 예측한다. 중요한 것은 '배출권거래제를 하느냐 마느냐'가 아니라, 지구가 더워지는 것을 우리가 얼마나 걱정하고 그것을 막기 위해 어떤 노력을 기울일지 담론을 정리하는 것이라고 주장한다.

기후변화 문제에 대해서는 긴 호흡으로 어떤 방향으로 나아갈지 생각해야 한다. 당장 1, 2년 앞을 보는 접근으로는 기후변화 문제에 관한 올바른 해결책이 나올 수 없다. 먼 길을 떠나기 전에는, 먼저 우리가 어떤 곳으로 가야 하는지, 어떻게 갈 것인지 깊이 생각할 필요가 있다. 그래야 헤매지 않고 가려고 했던 길로 갈 수 있다. 이 책은 배출권거래제의 시행 여부를 논하기에 앞서, 우리가 가려고 하는 곳이 어디인지 어떻게 가야 할지 다시 한 번 살펴보자고 촉구하고 있다. 현재 논의에서처럼 배출권거래제 자체가 목적이 되어서는 곤란하다. 배출권거래제는 어디까지나 수단이다.